U0514815

普通高等院校新闻与传播学精品规划教材

# 财经新闻报道

### 第二版

主编　宋祖华　周根红

WUHAN UNIVERSITY PRESS
武汉大学出版社

**图书在版编目(CIP)数据**

财经新闻报道/宋祖华,周根红主编.—2版.—武汉:武汉大学出版社,2023.10
普通高等院校新闻与传播学精品规划教材
ISBN 978-7-307-23641-7

Ⅰ.财⋯　Ⅱ.①宋⋯　②周⋯　Ⅲ.经济—新闻报道—高等学校—教材　Ⅳ.G212

中国国家版本馆 CIP 数据核字(2023)第 045851 号

责任编辑:徐胡乡　　　责任校对:李孟潇　　　版式设计:马　佳

出版发行:**武汉大学出版社**　(430072　武昌　珞珈山)
　　　　(电子邮箱:cbs22@whu.edu.cn　网址:www.wdp.com.cn)
印刷:武汉中远印务有限公司
开本:720×1000　1/16　印张:22.5　字数:403 千字　插页:1
版次:2013 年 1 月第 1 版　　2023 年 10 月第 2 版
　　　2023 年 10 月第 2 版第 1 次印刷
ISBN 978-7-307-23641-7　　　定价:49.00 元

版权所有,不得翻印;凡购我社的图书,如有质量问题,请与当地图书销售部门联系调换。

# 目　录

# 第一章
# 财经新闻报道概述

经济与大众传媒的结合，是 20 世纪 90 年代以来重要的文化现象之一。新时期以来，随着市场经济的确立和经济结构的调整，经济成为影响国民生活和社会发展的重要因素。我们的日常消费、投资理财、人际交往、教育就业、医疗保险、交通出行等，其实都是重要的经济现象。与此同时，大众传媒迅速崛起，报刊、电视、网络以及不断涌现的各种新兴媒体等有力地重组着现代的生活方式和社会结构，它们不仅成为我们获取信息的重要渠道，也深深地影响着我们的思维模式。由此，大众对媒体的依赖程度不断加深。可以说，今天我们正生活在一个被经济和媒体所包围的世界之中，我们无时无刻不在与它们发生着紧密的联系。因此，财经新闻报道顺理成章地成为受众关注的焦点、热点，并逐渐超越了新闻学范畴，成为整个社会的普遍性知识。

## 第一节 从经济新闻到财经新闻的转变

20 世纪 90 年代以来，我国社会主义经济建设快速发展，原有的"经济新闻"不断扩展范围、创新形式，为财经新闻报道的诞生与发展奠定了广阔的社会与市场基础，最终实现了向"财经新闻报道"的转型。财经新闻报道通过拓展报道领域、深化报道内容、改进报道方式等一系列措施走出了一条快速发展、日益成熟的道路，它以更加宽阔的视野、更加恢弘的气势、更加专业的素养和更具深度的报道，参与到我国的经济社会建设和公众经济信息传播过程中。

### 一、传统经济新闻的内涵

无论是从历史发展源流来看，还是从概念关系来看，财经新闻都与经济新闻都有着深厚的渊源，梳理两者关系及其流变很有必要。

什么是经济新闻？经济新闻的定义有多种说法，由此可以探析其特点和属性。比较权威的是《中国新闻实用大辞典》中给出的定义："经济新闻是有关生产、流通、分配、消费等一切经济领域新闻的总称。"这是一个基于传统经济学框架的说法。有人认为,"经济新闻是对新近发生的经济事实的报道",① 显然这种说法来自陆定一对"新闻"所下的定义,只不过是将其限定在了"经济"范围内;也有人认为,"经济新闻是报道人类一切经济活动的新闻,或以经济活动为主要内容的新闻。经济活动包括经济建设、经济改革、经济生活等"。② 或者,"经济新闻是人类社会最新经济关系、经济活动和最新自然、经济现象及其发展趋势信息的报道"。③ 这两个定义重点解释"经济"的内涵规定性和基本外延,但对经济新闻特质的提炼和针对性表述略显不足。

总体来说,国内对经济新闻的解释有"经济事实说""经济信息说"和"经济选择说"三种。它们从不同的侧面、不同的层次以及不同的角度对经济新闻做出了不同的界定,为经济新闻的学科属性和发展奠定了重要的基础。其实,随着我国经济的不断发展与创新,经济新闻也呈现出一个不断发展变化的过程,它的报道内容、报道形式以及社会功能都随着时代的发展而变化,是一个动态发展变化的过程。

贺宛男在《财经报道概论》一书中,通过对经济新闻和财经新闻的对比分析提出了一个全新的思路。她认为,受众作为经济人分别有三重角色:生产者、消费者和投资者。生产者,通常可以理解为一个人的职业,他或她赖以谋生的手段、所担任的社会角色,如工人、农民、厂长、经理、医生、演员、教师、政府官员,等等。传统经济报道以生产者为核心受众,常常按部门经济设置版面和职能部门,如工业经济、农业经济、商业经济……与此相对应,综合性报纸内部多设置工交部、财贸部、农村部等。20 世纪 80 年代,随着城市体制改革的蓬勃兴起,各部门权力下放,中央各部委和省市委办一级均可办报,一度还出现过很多诸如冶金报、纺织报、机械报、工业经济报、农业经济报之类的行业报、部门报。所以,传统的经济报道通常是从工作角度找新闻,是工作报道,报道主体通常是厂长、经理、政府官员等少数人,充其量挖掘几个典型,加上几个劳动模范的感人事迹。④ 这种对经济

① 张颂甲:《经济新闻写作浅说》,经济日报出版社 1991 年版,第 4 页。
② 徐人仲:《经济新闻学初探》,新华出版社 1993 年版,第 5 页。
③ 程道才、严三九:《经济新闻写作概说》,中国广播电视出版社 2001 年版,第 2 页。
④ 贺宛男:《财经报道概论》,复旦大学出版社 2009 年版,第 1 页。

新闻的解读，基本符合 20 世纪 80 年代前后的大量经济新闻实践，也为我们理解经济新闻提供了一种新的思路。

从类别分析视角来看，"我们可以把经济新闻分作四种类型，即市场新闻(特指消费市场)、产经新闻、财经新闻和政经新闻。产经新闻以产业经济和区域经济(不同的区域往往会有不同的产业重点和产业支柱)为主要内容，而政经新闻则往往会涉及一个国家和地区的经济安全和政经大局，通常已上升为政治问题，如中国入世、东南亚金融危机、世界石油变局等。当然，四类经济新闻也会互相交叉，如产经新闻除了引起产业领域和地区官员的重视外，往往还为有关投资人所关注，因此从某种意义上说也是财经新闻；政经新闻则为所有人——从国家元首到平民百姓——所关注，但这种关注并不像市场新闻和财经新闻那样，有特定指向或切身利益。因此，四类经济新闻还是有各自的边界可以大致区分的"。①

**二、财经新闻的兴起**

20 世纪 90 年代后，经济发展逐渐突破了行业领域和生产者视野，传统的经济新闻不能适应现实的变化，就会失去关注度，人们情愿从"报屁股"读起，去关心体育新闻、文娱新闻以及社会新闻。因此，向以消费者为核心受众的市场报道和以投资者为核心受众的财经新闻报道转型，成为经济新闻发展的必然方向。

中国有主动意义的消费者，是随着 20 世纪 80 年代城市体制改革后才出现的。改革大潮带来的一部分人先富、大部分人后富，触发了亿万人民自主消费的强烈欲望，这就是消费类媒体——如消费报、市场报、信息报、旅游报、物价报，以及财经类广播电视节目"忽如一夜春风来、千树万树梨花开"之宏观大背景。于是，多方位的、色彩斑斓的消费媒体几乎映红了所有媒介，并带来了丰厚的利润。从某种意义上说，曾经风光无限的都市类报纸赖以生存发展的报道主体也就两大块，即消费市场和社会新闻。

投资者的"到来"比消费者更晚。有了钱，人们总是先满足消费需求，然后再想到投资，想到钱生钱。20 世纪末，以投资者为核心受众的财经报道和财经媒体应运而生。1998 年，《财经》杂志创刊。随后，《中国经营报》《经济观察报》《21 世纪经济报道》崛起，被称为"三大新财经媒体"。财经新闻的概念迅速被新闻界所接受，并逐渐替代传统经济新闻取得了主导地位，

① 贺宛男：《财经报道概论》，复旦大学出版社 2009 年版，第 3 页。

成为学界和业界的共同话语。

财经新闻的内涵和外延目前还没有一个非常权威的界定。有两种说法在新闻实践中被普遍使用：第一种说法聚焦一些特定领域，指出银行、保险、证券等领域发生的新闻是财经新闻；第二种说法则认为，从金融、资本市场的角度报道经济活动与现象的新闻都是财经新闻。前者被认为是狭义的概念，后者则被认为是广义的概念。在当今时代，财经新闻显然已经像空气一样渗透在每一个角落：网红是文化现象，更发展出了网红经济；美国的NBA可以归属体育新闻，也是经济新闻的热门选题；五花八门的娱乐新闻常常为众人关注，同时它也通过"眼球经济"和"注意力经济"成为财经新闻报道的重要一环。许多社会热点问题，都可以从财经的角度进行探索和报道。作为传统经济新闻的一种发展和改进，财经新闻是用经济学的视角去观察审视周围世界，任何新闻都有可能成为财经新闻报道的内容。

与传统经济新闻相比，财经新闻报道既对资本、财富、企业、投资等核心领域高度关注，又对政经、财经、产经、市场消费等领域全面覆盖。如《21世纪经济报道》的财经新闻报道，触角伸向了每一个角落：宏观经济政策、经济法规、财政预算与收支、财税制度、价格、保险、会计、审计、农工贸、劳动工资福利、信用、金融、货币、基金、债券、统计、基本建设、国际分工合作、租赁、期权、社会保障、就业、政府采购、电子商务、人才与劳动力等。关联经济活动的诸多领域也正得到越来越多的关注，比如发展经济与生态环保之间的关系，教育、医疗领域的改革问题，城市经济地理和大文旅等。可以说，经济活动有多丰富，财经报道就有多热闹。

### 三、经济新闻向财经新闻转变的意义

从经济新闻向财经新闻的转变，不仅仅是名词和称谓的变化，更是为了更好地理解当前财经新闻报道的内容、方法和重点，在更为广阔的意义上为财经新闻报道提供新的可能和发展空间。

(一)报道内容的突破

从经济新闻向财经新闻的转变，是对传统经济新闻报道内容的突破。传统经济新闻是基于生产者的报道模式，而财经新闻是从消费者和投资者的角度进行报道的。基于生产者的报道模式常常拘于政府和生产者的立场，导致经济报道选题狭隘，陷入"工业围绕产值转，农业围绕季节转，商业围绕节日转，市场围绕柜台转"的怪圈。而财经新闻报道"从过去只注重宏观政策领域的报道扩展到具体的市场主体的报道；从过去只注重生产领域的报道扩

展到流通、分配和消费领域的全方位报道。同时,新生的经济问题和经济现象又为经济报道提供了前所未有的新鲜选题"。① 尤其是经济体制的变革使市场的经济主体和游戏规则发生了重要的变化,企业和公司成为重要的经济主体。同时,伴随着资本、金融市场的发展,股票、基金、债券、期货、保险、外汇买卖、个人理财等新的经济现象不断出现。这一切都为财经新闻的发展奠定了充分的现实基础。因此,财经新闻报道不断突破传统经济新闻报道的限制,报道内容的范围不断扩大。

(二)报道思维的突破

从经济新闻向财经新闻的转变,是对传统经济新闻报道思维的突破。传统经济新闻报道立足政府和生产者,偏重计划、管理端的报道以及生产端的报道,甚至固化为枯燥乏味的工作总结和报告,不能反映全球化背景下经济社会的变化,乃至产生"经济新闻无经济"的现象。财经新闻报道的兴起打破了原有的僵化、教条式报道模式,回归经济本身,经济思维得到了突出和强化。因此,从传统经济新闻报道向财经新闻报道的转变,是对原有的话语模式和报道方式的突破,能够进一步解放思想,根据经济环境的变化及时调整报道思路、创新报道方式。

财经新闻报道的思维要求财经记者必须学会从财经视角去报道各类新闻,从财经的视角透视新闻现象,用新闻的思路传播经济信息。在当今这个注意力稀缺年代,一切引发公众关注的现象都可能蕴含着财经新闻,无论是社会新闻、娱乐新闻,还是时政新闻、科技新闻,都可以从经济视角挖掘出新颖和深层次的财经新闻。例如,现在的娱乐界人士通常是某地某个行业品牌的形象代言人,这些人一旦发生问题,就会对相应的行业、品牌带来显著的影响。

(三)媒体生态的变革

从经济新闻向财经新闻的转变,也是促进新闻媒体生态变革的重要推动力。财经新闻报道的崛起开拓了一个广阔的发展市场,从世纪之交以"新三大财经媒体"为代表的一批财经媒体的涌现,到各种综合类媒体争相推出专业化财经新闻版面或节目,再到投资理财类媒体、专业化财经频道、财经电视节目等细分财经媒体发展,财经媒体格局不断完善。近年来,数量众多的"财经自媒体"不断涌现,这些"准媒体"既为财经新闻报道的创新发展开拓

---

① 赵智敏:《"万能"模式的颠覆——60 年经济报道嬗变解析》,《新闻界》,2009年第 6 期。

了空间，又常常鱼龙混杂，给媒体管理和生态优化提出了挑战。从整体上看，财经新闻报道日益成为媒体争夺的重要领域，各种媒体为了在竞争中立于不败之地，不断探索新的报道内容，改革报道方式，无形中促进了我国财经新闻报道水平的提高。

## 第二节　财经新闻报道的特征

作为新闻报道的一个分支，财经新闻报道毫无疑问应该具有真实性、时效性、重要性、准确性等新闻报道的共性特征。但是，作为一种专业化的报道类型，它与经济有着天然的联系，经济的专业性和独特性决定了财经新闻报道必然具有其自身的个性特征。

### 一、政策性

政策性是财经新闻的首要特征。财经新闻与国家政策关系密切，政策的调整常常会对经济产生重要影响，所以，财经新闻报道必须密切关注国内外的相关政策及其变化，如银行利率的调整、银行存款准备金率的调整、房产新政的出台、国际石油输出措施等。多了解国家的方针政策，尤其是有关经济的方针政策，才能够把握时代脉搏，增强指导性和前瞻性，写出好的作品。如：

#### 珠三角民企老板百亿巨资砸向"低碳产业"

国际金融危机后，敢为天下先的珠三角民企老板厌旧贪新，纷纷抛弃陶瓷、纺织、有色金属等传统行业，迷恋上光伏、风能、电子信息等低碳产业。据不完全统计，去年以来，珠三角民企投资低碳产业的资金已超百亿元，投资额首次超过传统产业。省经信委有关人士认为，在产业结构调整的大潮下，珠三角民企又一次走在市场前面，成为广东低碳经济的"先锋"力量。

昨天，广东昭信集团董事长梁凤仪一见到记者就高兴地说，他们自主研制的半导体照明芯片设备即将投产。梁凤仪曾是佛山有名的鞋业大王，金融危机一来，一双鞋赚不到一元钱。一气之下，梁凤仪把鞋厂关了，改行搞 LED 照明。没想到，一年赚了几千万，成了 LED 大王。记者走马珠三角发现，像梁凤仪这样"厌旧贪新"的民企老板不胜枚举。佛山南庄陶瓷第一人关润尧一年之内关闭属下 11 家陶瓷厂，发展全省最大的环保商品城；南海"塑料罐大王"罗意自急流勇退，转行当了风力发电的"行业干将"；东莞"机电大王"沈剑山摇身一变，成了当地最大的可再生能源开发商。

这些昔日"洗脚上田"的农民企业家，谈起低碳产业滔滔不绝。他们最青睐的是半导体照明、OLED、太阳能等行业，仅佛山，规模以上光电企业超过250家，总产值200多亿元。

投资低碳产业，珠三角民企老板毫不手软，项目动辄过亿元，如三水的薄膜太阳能项目，总投资达50亿元；顺德的彩虹OLED项目，前期投入就达5000万元。

在民企的冲锋陷阵下，广东低碳产业迅猛发展。粗略估算，目前广东低碳产业总产值约6600亿元，占全省工业总产值的9%；工业增加值1250亿元，占全省的8.2%。

最近，省经信委制定了一份《广东省新兴产业发展研究报告》，把新能源、电子信息产业、生物医药和新材料四大低碳新兴领域作为产业结构升级的突破点。

省经信委一位负责人说，预计未来5到10年，低碳新兴产业将以每年20%以上的速度高速增长，成为广东工业经济的主要增长点和国民经济的重要支柱。

（马勇、彭纪宁：《羊城晚报》，2010年3月22日）

这是一篇反映经济结构调整大潮下广东民营企业适应市场变化、捕捉市场机遇的优秀新闻作品，曾获得第21届中国新闻奖消息类二等奖。敢为天下先的珠三角民企老板从陶瓷、纺织、有色金属等传统行业转向光伏、风能、电子信息等低碳产业，民企投资低碳产业的资金首次超过传统产业，这对于珠三角经济发展乃至全国经济发展来说都是一个重要的新动向。作者独具慧眼，及时抓住这一新鲜事物，反映广东省委、省政府提出的产业升级政策收到的初显效果。在倡导低碳节能环保、探索绿色可持续发展的今天，这篇新闻仍然有其独特意义。

**二、专业性**

财经新闻报道是一种专业性很强的报道。当我们在进行财经新闻报道时，绝不能在传统新闻报道前加上"财经"两个字就万事大吉。与社会新闻、娱乐新闻、体育新闻、文化新闻相比，财经新闻报道需要更深层的新闻信息、更系统的分析梳理、更专业的表达形式，需要借助大量的经济学知识和方法解读经济现象，需要运用准确、合理而又明晰易懂的语言和符号制作新闻。很难想象，一个连市盈率、多头、平仓、公司治理、收入实现等概念都不懂的记者能做财经新闻报道！透过现象看本质，通过信息整合、数据分析等方式挖掘隐含的新闻事实，则是优秀财经新闻报道的必然选择，也是优秀的财经新闻记者必备的品质。例如：

> 2005 年 7 月 26 日，银监会公布了二季度末主要商业银行的不良贷款数据：主要商业银行(国有银行和股份制银行)不良贷款余额 11637.3亿元，比年初减少 5545.2 亿元，不良率 8.79%，比年初下降 4.43 个百分点。其中，国有银行不良贷款余额 10134.7 亿元，比年初减少5616.2 亿元，不良贷款率 10.12%，比年初下降 5.45 个百分点。

当你面对以上这一连串的数字，你会怎么报道？你是打算写一篇"国有银行不良贷款下降"的财经新闻呢？还是仅仅只是正确地把这些数字用新闻报道的形式转述出来？专业的记者从不满足于此，而是从这些数据里探寻更为深刻的问题，《经济观察报》的记者李利明就从一个专业角度进行了分析，发现了"降中有升"的深层事实：

> "如果剔除工行财务重组的因素，今年上半年国内银行的不良贷款余额将不降反升，其中，国有银行不良贷款余额将增加 723 亿元。"

他还将眼光放开去，进一步分析了 2003—2005 年的有关数据，为读者展现更长时间段内不良贷款变化的轨迹：

> 事实上，从 2003 年年底以来，国有银行不良贷款的大幅下降无不与财务重组和政策性处置有关。从 2003 年年底中行和建行股改前夕到今年 6 月底三大国有银行相继完成财务重组，这一年半的时间里，每个季度国有银行不良贷款都会比年初"双降"：
> 2003 年年末，国有银行不良贷款余额 19168 亿元，比年初减少1713 亿元，不良率为 20.36%，比年初下降 5.85 个百分点；
> 2005 年二季度末，国有银行不良贷款余额 10134.7 亿元，比年初减少 5616.2 亿元，不良率 10.12%，比年初下降 5.45 个百分点。

这一年半的时间里，国有银行的不良贷款余额从 19168 亿元下降到 10134.7 亿元，下降了 9033.3 亿元。

之所以 2004 年二季度和 2005 年二季度不良贷款大幅"双降"，分别源于中行、建行和工行通过财务重组对总计 10190 亿不良贷款的集中处置。

但如果剔除了政策性剥离因素，那么在这一年半的时间里，国有银行的不良贷款余额不是下降了 9033.3 亿元，而是增加了 1156.7 亿元。①

这样的深度解读，使得一个看起来表明国有银行不良负债下降的信息，其背后还有更为深刻的东西。因此，作为一个财经记者，你需要深厚的专业知识，否则连被采访对象的话都听不懂，更不要说去判断、质疑哪些话是正确的或错误的了。

### 三、实用性

与其他新闻相比，实用性强是财经新闻的显著特点。"柴米油盐酱醋茶"，财经新闻不仅为人们提供日常商品价格变动的信息，还能够快速解读股票、期货、理财产品等金融商品的变化。所谓"你不理财、财不理你"，在几近全民理财的当下社会中，财经新闻能够也需要进一步发挥其实用性。正如陈力丹曾经指出的，经济新闻已经成为每个人或其家庭经济生活经验以外的"大经济"的认识来源，一个微小的变动，甚至某些相关人士的口头表示，一经披露就会影响市场行为，影响预测。经济的象征性趋势，使得各种前景分析方面的报道中，心理成分更加突出，通过报道给公众留下的"印象"或"感性认识"，已经成为国民经济的重要因素，影响着经济本身的正常运作和职能的发挥。②

财经新闻的实用性主要包括三个层面：对于管理者而言，财经新闻是勾连市场和受众的"媒介"，能够把受众引向市场，又能把市场推向受众；对于传播者而言，财经新闻是一种传播工具，通过向受众传播财经信息和经济理念以影响现实的经济生活；对于受众而言，财经新闻则是了解相关经济决

---

① 李利明：《国有银行不良资产暗升千亿 与政府博弈所致》，《经济观察报》2005 年 7 月 30 日。

② 陈力丹：《经济新闻理论与实践的几个问题》，《今传媒》2005 年第 11 期。

策、经济行为的重要依据。

骚扰电话是多年来人人痛恨、人人喊打的一个现象，然而屡禁难止，其深层经济因素许多人并不了解。2018 年 7 月，工业和信息化部等 13 个部门印发《综合整治骚扰电话专项行动方案》，在全国开展综合整治骚扰电话专项行动，工信部也曾先后约谈运营商及骚扰电话问题突出企业。基于这种社会现实和受众需求，新华社记者冯松龄、张海磊"卧底"骚扰电话源头企业，写出了监督报道《记者"卧底"骚扰电话源头企业，内幕触目惊心》，利用第一手材料揭露骚扰电话的新花样和背后经济动因，指出"治理骚扰电话的难点在于其已经形成了一个完整的'黑色产业链'"。该报道受到社会的广泛好评，荣获第 32 届中国经济新闻大赛一等奖。

### 四、前瞻性

财经新闻报道肩负着为受众提供咨询指导、解释服务的功能，不仅要反映经济的发展和变革，还要有一定的前瞻性。如果说常态的财经新闻报道主要是传递已经发生的经济信息，前瞻性的财经新闻报道则是一种观点性的信息，其"前瞻性"新闻价值体现于自己的评价和预判与事实发展相符合的程度，以及它对受众的影响。一个好的财经新闻记者应该运用其独特的新闻敏感及对新闻事实的价值判断，为受众提供事实性信息和分析性信息，发掘信息背后更深层次的隐藏价值，从而帮助受众拓宽对信息的理解和把握。[1]

对于财经新闻报道来说，前瞻性包含三个层面的含义："第一，记者面对新闻事实时能够基于现实世界的经验以及事物之间的必然联系，对事物发生、存在可能性进行预测；第二，新闻事件发生后，记者经过超前的分析对它的意义进行提炼，写出具有指导性的新闻，给迷惑中的人们提供一些指向；第三，从具体的新闻事件出发，揭示出新闻事件的发展变化规律。不管是哪一个层面的前瞻性，其最终的指向都在于'辅助决策'。"[2]正是在此意义上，陈力丹认为，"在记者能够直接或间接影响对经济看法的地方，他们更加成为经济的一部分，而且更加成为广泛的政治游戏中重要的、间接的游

---

① 彭焕萍、张思玮、甄巍然：《经济新闻的前瞻性亟待增强》，《新闻知识》2007年第 9 期。

② 彭焕萍、张思玮、甄巍然：《经济新闻的前瞻性函待增强》，《新闻知识》2007年第 9 期。

戏者。他们不只是观察员和记者，他们能够影响他们试图报道的经济"。①

20世纪90年代初，《经济日报》曾发表过一篇耐人寻味、影响广泛的文章，题目叫做《多数企业活不好 少数企业死不了》，作者詹国枢在文章开头就用了一个通俗易懂又发人深思的比喻：

> "绿野、苗圃，成千上万株小苗，头碰头，肩并肩，密密麻麻挤在一起。空气严重不足，养料极度匮乏，眼见得小苗蔫蔫然日渐萎黄。怎么办？送气排风，施肥浇水。效果不佳，未见起色。果断间苗！把那些枝叶已经萎黄，根须已经溃烂，无法成材的病苗，毅然拔除，腾出空间。空气，清新了，养料，充足了。一株株地伸枝展叶，充满勃勃生机！大自然生生不息的景观，给予我们耐人寻味的启示：小苗生长发育如此，企业生存发展不亦如此吗？"

进而，文章深刻地论述了"结构调整"(包括产业结构、产品结构、企业结构等)和建立现代企业制度的问题。这篇文章轰动一时，时任国务院总理李鹏还特别肯定了文章中的一些观点。我国理论界权威人士曾指出，这篇文章实际上起到了催生中国"破产法"出台的作用。②

---

① 陈力丹：《认识新形势下经济新闻的重要地位》，《新闻实践》2005年第3期。
② 童政：《经济新闻的价值属性及其实现》，广西大学2003年硕士学位论文。

# 第二章
# 财经新闻报道的发展历程与趋势

　　1978 年是中国经济新闻报道的一个分界线。从 1949 年中华人民共和国成立到"文革"结束这段时间，我国处于计划经济体制之下，经济新闻报道主要集中在生产领域：农业新闻报道的主题就是"春种、夏管、秋收、冬修"四季歌，工业新闻常常拘泥于"年初开门红、年中双过半、年尾超计划"的框架，再用各地各部门在生产方面的成就报道来填补空白，要么聚焦微观的某工厂特定内容的"单项定点式"报道，以及多工厂的"同主题协奏"；经济人物报道则逃不出"高、大、全"的形象。从某种角度讲，在计划经济时代，还不存在真正意义上的经济新闻报道。① 改革开放以来，我国经济发展取得了举世瞩目的成就，经济领域的新现象、新问题也层出不穷，财经新闻报道的内容不断拓展，报道方式日趋多元，与社会发展保持了良好的互动，并随着社会的进步而不断完善。

## 第一节　财经新闻报道的发展历程

　　改革开放以来，我国的经济新闻报道明确了自身角色定位，根据经济发展不断创新，每一个阶段的新闻报道都有着鲜明的时代印记和丰富的历史内容。21 世纪以来，随着经济全球化进程的加速，我国经济不断地融入世界经济的总体格局之中。顺应这种经济发展的大潮，我国的财经新闻报道及时反映经济变动，记录社会发展成就，思考经济领域的重要问题，营造良好的舆论环境，为国家的经济社会和人民生活提供了有效的参照。

### 一、改革开放初期的经济新闻报道

　　新时期伊始，随着"以经济建设为中心"口号的提出，经济逐渐成为社

---

① 陈力丹：《我国经济新闻的发展和变化》，《新闻实践》，2000 年第 4 期。

会发展的重要内容。1979 年 3 月，中共中央宣传部召开全国新闻工作会议，明确新闻宣传工作的中心要转移到经济建设方面来，经济新闻报道开始受到重视。随着我国经济建设的发展和新闻改革的进一步深入，经济新闻的报道范围从生产领域扩大到宏观经济政策、生产、流通、交换、消费、服务金融、证券等领域，在报道形式和技巧等方面也进行了十分有益的探索与实践，报道文体不再限于消息、通讯、评论老三样，而是出现了预测性报道、深度报道、立体式报道、客观性报道、精确报道等多种形式，摄影图片报道也大量出现。经济生活的进步与日益繁荣促进了经济报道的报道题材、范围，以及方式的变化，而经济新闻的发展也反过来推动了经济建设，为人民服务成为经济报道追求的最终目标。

(一)经济话语的复苏与泛政治化倾向

党的十一届三中全会以来，党和国家工作的重点逐步转移到经济建设上来，经济新闻逐步复苏并迅速走向繁荣，它在整个新闻传播活动中的比例逐步增大、地位也不断提高。有研究者对《人民日报》进行抽样统计研究发现，1979 年的经济新闻报道恢复到了 1954 年中央规定的不少于 40% 的水平，达到了 42%，随后又逐年攀升，1989 年提高到 57.6%。10 年的时间增长了 15% 之多，而从 1989 年到 1994 年的 5 年时间，继续上升到 65%，这在原有的基础上又上涨了约 8 个百分点，经济新闻真正体现了"以经济建设为中心"这一宗旨。①

黄瑚在总结中华人民共和国成立后经济报道的特点时概括为两点："一是经济宣传报道的重要成绩紧密配合党和政府的中心工作。二是突出报道国家重点建设的成就，将介绍先进人物和先进经验看作经济宣传密切联系群众的一个重要报道方针。"②换言之，宣传是经济报道和其他主题新闻报道共同的核心要求。然而，如何更好地反映日益丰富和多样的经济生活，是一个必须解决的时代课题。从 20 世纪 80 年代开始，随着以《经济日报》为代表的一批专业经济媒体的出现，这种情况有所改观，不过，囿于时代的大背景和计划经济体制的局限，当时的经济新闻并未从根本上改变传统的报道风格。

有学者将传统经济报道的内容特征概括为"五多五少"："一是指令性报道多，来自社会的报道少；二是从政府指导工作角度的报道多，从人民群众

---

① 李冬梅：《改革开放以来经济新闻的发展与演变研究》，山西大学 2010 年硕士学位论文。

② 黄瑚：《中国新闻事业发展史》，复旦大学出版社 2008 年版，第 317~318 页。

需求的角度报道少；三是生产性的报道多，流通、分配、消费领域的报道少；四是封闭式的报道多，开放式的报道少；五是单向传输多，与传播对象双向交流少。"①应当说，这"五多五少"很好地概括了当时经济新闻报道的总体特征。因此，改革开放初期的经济新闻报道仍然具有宣传性泛政治化的特征，重在宣传党的经济方针政策，实用性不强。

(二)报道的模式化比较明显，侧重宏大主题叙事

这一时期的经济新闻报道以行业为核心内容，以工作为报道角度，报道主体大多是生产单位和生产者，报道的模式化现象较为显著，如"农业四季歌"和"工业三部曲"现象。"农业四季歌"即"春种夏管秋收冬修"，"工业四季歌"即"首季开门红、二季双过半、三季战高温、四季满堂红"，或者"三部曲"，即"年初开门红、年中双过半、年底超计划"等。这种模式化的经济新闻报道在我国存在了很长时间，报道内容、报道题材、报道视角、报道方法都形成了固化的套路，缺乏创造性。总体来说，"经济新闻的报道面过窄，主要集中在生产领域，对消费领域涉及较少；对人民群众的经济生活，经济报道则涉及更少。经济新闻的写法呆板，缺乏应有的变化，形式单一，读来无味"。②"经济新闻文风死板、拘谨，事件报道平铺直叙，喜欢罗列干巴巴的数字，堆砌深奥的经济词汇"。③

这一时期的经济新闻报道，常常热衷于大题材和宏观叙事，如"中国经济走势录""大潮涌珠江""香香臭臭话广东""进进退退话江苏"等，带有浓重的20世纪80年代的启蒙烙印。当然，时代特点和历史特征往往是一种复杂的存在，"往往写作者缺乏必要的节制，在写作的过程中失去了客观叙述，带有一种急于介入事件中去充当评判人，充当呐喊者的心态。记者悲天悯人的精英意识、主观意识也是浸透纸背"。④

(三)经济新闻深度报道出现，舆论监督功能初现

随着社会的发展与改革的深入，经济发展稳步前进，人民群众的生活日益丰富多彩，经济体制改革与原有的计划经济体制产生了新的问题与矛盾。

① 阮观荣：《新闻改革新阶段的主要标志和任务——新闻改革新阶段浅谈(一)》，《声屏世界》1998年第10期。

② 程道才、严三九：《济新闻写作概说》，中国广播电视出版社2001年版，第7页。

③ 赵智敏：《"万能"模式的颠覆——60年经济报道嬗变解析》，《新闻界》2009年第6期。

④ 刘勇：《中国财经媒体的代际划分》，《大经贸》2010年第8期。

经济新闻报道进一步向广度和深度拓展，对出现的新现象、新问题进行深入全面的分析，经济新闻深度报道应运而生，以理性的视角去关注改革开放过程中出现的新现象、问题和矛盾，成为转型社会的必然选择。

1986 年，"全国第七届好新闻评选"首次设立了"深度报道奖"，《长江漂流系列报道》和《遗弃女婴事件连续报道》获得了一等奖，深度报道作为一种报道类型正式确立。1987 年的"全国好新闻评选"活动中涌现了一批优秀的经济新闻深度报道，受到人们的广泛关注，如《经济日报》的《关广梅现象》，《人民日报》的《布鲁格冲击》《改革阵痛中的觉悟》《中国改革的历史方位》，以及《中国青年报》的《西部贫困探源》等。这些报道选题重大、资料翔实、内容丰富，写作方法也有创新，对事物的分析准确犀利、一针见血。《经济日报》对"关广梅现象"的报道就是典型代表。关广梅是辽宁省本溪市的一位商业职工，她从 1985 年起，在公开招标中夺标，先后租赁了 8 个国营和集体副食品商店，共拥有职工 1000 人，总销售额占全市商业系统副食品零售商店总额的 1/3，利润额占 1/2，多次获得党和国家的荣誉称号，她组成的租赁群体被评为本溪市的先进企业。较高密度的个人租赁门店、惊人的利润增长在一定程度上左右着本溪副食品供应的市场规模，形成了本溪市独特的"关广梅现象"。这一现象的出现引起了当时群众的疑惑，甚至掀起了一场关于"资本主义与社会主义"路线、"资产阶级自由化"、"要不要党的领导"等问题的大讨论。《关广梅现象》这篇报道对此进行了全面深入的报道，展开了自由的讨论，报道认为："关广梅现象"引出了更多的社会现象，这些现象向改革的人们提出了一些迫切需要回答的问题。这些问题是深化改革进程中所不能回避的。[1]

在工业战线上，最引人注目的是对 1980 年"渤海 2 号"沉船事故的报道。1980 年 7 月 22 日《人民日报》发表消息，披露了 1979 年 11 月 25 日石油部海洋石油勘探局的渤海 2 号钻井船由于官僚主义原因在迁移过程中翻沉这一重大事故，并在其后用社论、通讯等形式进行了连续报道。该报道引起了国务院领导的高度重视，国务院最终做出决定，解除石油部长的职务，承认国务院有关领导的严重失职，并给主管石油工业的国务院副总理记大过处分。这则深度报道成为当时经济新闻领域重要的舆论监督报道，初现了新时期经济新闻报道的舆论监督功能。

---

[1]　庞廷福、杨洁、谢镇江：《关广梅现象》，《经济日报》1987 年 6 月 13 日。

（四）经济言论随笔的出现

这一时期经济新闻报道的一个新特点，就是经济新闻体裁的多样化，出现了经济言论、经济随笔、经济漫画等新的报道形式。其中以经济言论和经济随笔为盛，《人民日报》1980年起开设了"市场随笔"栏目，《经济日报》1983年起开设了"市场小议""经济纵横"等栏目，这些栏目刊发了大量三五百字篇幅短小的经济言论，对经济生活领域出现的各种经济现象、经济问题发表感想或建言献策。

这一时期经济新闻的语言风格也呈现出了一定的多样化趋势，注重语言的通俗化，讲究修辞手段的应用，以达到易懂、有趣、受众乐于接受的效果。如《财贸战线》"经济地理"栏目发表的新闻报道《祖国的绿色宝库——大兴安岭》（1980年6月3日）、《人民日报》发表的新闻报道《"杀鹅"，还是"养鹅"？》（1981年9月9日）等，都是用通俗形象的语言解释相对专业的经济事件。这也许可以看作20世纪80年代经济新闻报道旨在突破僵化教条报道模式的一种尝试。

（五）商情信息服务兴起

随着改革开放后市场经济逐步活跃，商情信息成为社会关注的焦点，也成为这一时期新闻报道关注的焦点。1979年10月1日，《人民日报》下属的《市场报》正式创刊，这是新时期第一份经济类报纸。从创刊之日起，它就把报道重点放在了市场活动和商品交换方面。20世纪80年代，《财经战线》《经济日报》《经济参考》等全国性经济报纸先后创刊，同时出现了众多地方性、行业性的经济类报纸。其中，《经济日报》的表现尤为突出，它推出了经济信息专栏，主要刊登每条不过百十字的市场动态新闻，如《薯干严重短缺》《火柴市场供应趋缓》《纯棉布库存逐月上升》《20吨废钢铁无人订货》等。这些"豆腐块"看起来好像不起眼，却受到当时正在蓬勃兴起的广大乡镇企业主和农村专业户、个体户的热烈欢迎。1984年冬至1985年秋，该报的信息专版连续刊出有关钢铁、化肥、农机、家电、汽车、自行车等，以及粮油棉和农贸市场的分析、预测信息，引起社会各界特别是经济界、企业界的广泛关注，一些大型国有企业不断去报社提出咨询，全国各地的商业、供销部门更将这些信息作为掌握行情变化的依据。这是令人可喜的新现象。

## 二、20世纪90年代的财经新闻报道

1992年年初，邓小平同志到南方视察，发表了著名的"南方谈话"；同年秋天，中国共产党第十四次全国代表大会召开，会议明确提出了我国改革

开放的目标是建设社会主义市场经济体制；1993 年年初，社会主义市场经济体制写进了我国宪法。同年 11 月 1 日，中国共产党第十四届三中全会通过了《中共中央关于建设社会主义市场经济体制若干问题的决定》，把十四大确定的经济体制改革目标和基本原则加以系统化、具体化，成为建立市场经济体制的总体规划和改革开放的行动纲领，开创了中国经济全新的发展空间。这些大政方针的实施在推动改革继续深入、经济继续发展的同时，也带动了我国经济新闻的快速发展，一批专业性经济新闻报刊创刊，尤其是《中国经营报》《经济观察报》和《21 世纪经济报道》三大新财经媒体的出现，奠定了财经新闻报道的基石，从此，经济新闻报道全面转向财经新闻报道。

（一）财经新闻本体的回归

20 世纪 90 年代，财经新闻媒体兴起，尤其注重经济发展过程中已存在的问题、新出现的问题和困惑，回应受众关切。从 90 年代初开始，随着经济改革的深入，新兴财经媒体逐渐出现和成长，财经新闻报道在手法、模式、体裁等方面开始发生有别于传统的变化。90 年代中后期，《财经》《21 世纪经济报道》《经济观察报》《中国经营报》等专业性媒体崛起，更是将这种变化发展为一种明确的发展趋势。陈力丹将其概括为四个方面的变化："一、从以经济数字为依据，单纯报道成绩、宣扬大好形势的政治宣传，逐渐转变为主要以发现、预测问题和为群众解惑为主。二、经济新闻对于舆论的引导，不再仅仅是灌输简单的政治意识，而往往表现为直接引发公众的经济行为。三、知识将是新世纪经济的主要表现形态，因而经济新闻的科学技术和经济学的含量大大增强。四、经济新闻已经开始从主要写给干部看，转变为主要写给消费者看。"[①]

（二）财经新闻报道的专业化

随着新兴财经媒体的崛起，财经新闻报道开始了专业话语的探索，许多财经新闻报道采用大量复杂的经济学知识和专业术语。有研究者发现："不仅仅是在经济专业事物的表达上，而且在话语整体的表述中，来自西方经济学、哲学、社会学等社会科学的学术思维和学术表达话语取代了政治话语的单一地位。这意味着'新财经新闻'已经在意识形态基础上完成了由传统政治经济学向建立在以自由选择、公平交换为理念的现代市场经济基础上的现代西方经济学学说的转换。不仅如此，在采访对象的身份上，大量使用学者、专家的声音，这与以基层劳动者和基层管理者为主要采访对象的做法大

---

① 陈力丹：《我国经济新闻的发展和变化》，《新闻实践》2000 年第 4 期。

相径庭。采访对象身份的转换意味着思维的转变,也意味着新闻话语对学界话语权的重视。"①当然,如何处理好专业化和通俗化的关系,如何更好地运用经济理论解释我国的经济现象与问题,仍旧是一个"在路上"不断探索的过程。

(三)财经新闻的故事化叙事

20世纪90年代的财经新闻报道,更加注重于从微观角度报道信息,以故事化叙事结构文本。这甚至成为了一些财经媒体的办报理念,《财经时报》宣称:"我们希望新闻事件化,事件数据化,数据形象化。"而《21世纪经济报道》声称:"在报道内容上侧重于经济新闻的故事化和深度分析。"不少媒体以《华尔街日报》为模仿对象,将"华尔街日报体"移植到中国财经新闻报道中,探索故事化报道方式,当然也加入了一些用以调动受众兴趣的元素,如流行一时的经济风云人物专访,有不少就写成了充满失败、挫折与成功喜悦的人生故事。正如有论者所说:"财经故事的好处在于能够满足不同层次读者的需求,使高层次的读者能读出财经故事背后的深层次内涵,获得大量未知的信息,而较低层次的读者则将财经故事作为一种消遣。通过讲述财经故事,使各个层次的读者各取所需,各得其所。"②

(四)证券类报道大量出现,财经观念初步成形

1993年以后,伴随着我国证券市场的成长,《上海证券报》《中国证券报》《证券时报》三大证券类报纸应运而生,成为上市公司信息披露的指定报纸。"在上世纪90年代,三大报的头版除了一些非常重大的政治、财经新闻(如党的代表大会、'两会'、中央经济工作会议等)外,基本上是以证券新闻一统天下。"③一时间,各地纷纷创办各种证券报纸,原有媒体开办证券类栏目,晚报、都市报甚至地方党报都相继开辟了专门的证券版面,《经济日报》还把证券版独立出来,创办了《证券日报》。这些证券类报纸的诞生开拓了传统经济新闻的报道领域,更加明确了财经新闻为经济建设服务、为百姓投资理财服务的功能。

由此,经济新闻报道发生了以下几个方面的变化:"一方面,由于大众

---

① 王舒怀:《20世纪90年代中国经济新闻话语变迁研究》,北京大学2005年硕士学位论文。

② 魏明革:《财经新闻报道百姓化的路径》,《新闻世界》2011年第2期。

③ 杨宇东:《新竞争环境下证券报的财经新闻报道刍议》,《新闻记者》2005年第8期。

对经济方面的信息需要越来越大，经济类报纸数量也不断增加，致使经济报道细分，从而引起了受众的细分趋势；另一方面，经济新闻的报道范围扩大以及经济类报纸数量的增加，使得已有经济类报纸不得不扩版，形成了经济类报纸的竞争日益激烈，这对于扩大经济新闻报道内容，改进报道方式起到十分重要的作用，而且报道核心也在转向市场和企业；而更重要的影响是，证券报纸的盛行说明'财经'的观念正在酝酿形成之中。这些变化都表明了在市场经济条件下的中国经济新闻报道正在逐渐走出传统模式，推进了经济报道的发展走向一个新的阶段。"①

### 三、21世纪以来的财经新闻报道

进入21世纪，中国加入了世界经济贸易组织，经济全球化的脚步势不可挡，同时国际经济贸易对中国经济的渗透也加快了步伐，我国的经济运行呈现出更加活跃和复杂的态势，社会生活和新闻工作的经济化趋势十分明显，越来越多的大众作为消费者或投资者，对财经新闻的关注也与日俱增，财经新闻报道因此具有了广阔的发展空间。在这种情况下，受众不仅要求高质量、全方位、个性化的经济信息，对财经新闻报道传播经济信息的能力、水平、方式和速度也越来越挑剔，对财经新闻报道的指导性、专业性、多样性等方面提出了更高的要求，提高财经新闻报道的整体水平势在必行。

（一）报道呈现多样性，报道领域进一步扩大

迈进21世纪的财经新闻，报道领域进一步扩大，报道方式和角度更加多样化。首先，财经新闻报道内容指向更明确，针对性更强。随着信息社会的来临和社会主义市场经济的发展，受众迫切希望从财经新闻报道中获取大量的市场资讯，包括股市、车市、楼市、IT行业、保险、利率等信息，以及围绕人民生活的煤、水、电、气、医疗等方面的信息变动。这就要求财经报道与投资者、消费者的切身利益直接相联，既侧重于宏观经济政策面，又侧重于微观企业运作面及中观产业行业走势的日常生活面。其次，财经新闻报道急需融入"世界性"信息。随着世界经济一体化进程的加快，全球经济贸易往来日趋频繁、活跃，世界经济的互动效应有了明显增强，进一步加大对国际经济变化的报道，尤其加大影响国家决策和人民群众生活方面的报道，具有必要性和紧迫性。再次，从财经视角分析其他新闻现象成为普遍现象。某种意义上说，几乎所有的新闻现象都有经济因素参与，各种新闻都有

---

① 毅鸥：《新时期中国经济新闻的发展流变》，内蒙古大学2010年硕士学位论文。

演变成财经新闻现象的可能，如气候、战争、政治等新闻，在一定条件下都会转变为财经新闻，因此，从财经视角分析相关新闻现象，能够进一步拓展媒体的报道空间，也有助于开拓报道的深度，提高报道的前瞻性价值。

(二)突出服务受众意识，报道针对性进一步增强

服务性是财经新闻报道的重要特点，一篇优秀的财经新闻应该能够指导社会公众正确地认识经济生活中的各种矛盾，回答和解释经济生活中的各种问题。随着经济生活的新理念、新方式、新现象推陈出新，人们难免会陷入迷茫，因而需要通过权威、理性、准确的财经新闻对此加以引导。在社会主义市场经济条件下，受众获取经济新闻的目的不仅是"知晓"某个经济事实，更是要了解事实背后的原因，明晰事实信息对自身可能产生的价值。简单地说，就是是否有用。看一则房改政策的报道，受众便可知晓自己住房改善的前景；浏览一条某种钢材紧俏的信息，金属公司的经营者就能对其经营策略做出相应的调整。服务意识的提升也提高了报道的针对性，财经新闻报道必须进一步结合现实要求不断转变观念，创新发展：从写给领导决策者看转变为写给投资者、消费者看；报道内容从关注领导活动转变为关注大众题材，变工作角度为生活角度，变生产角度为市场角度；多从投资者角度写经济、写商品、写行情报告，从消费者受益的角度写成就；多写信息，多写生活特色，多写服务内容。①

(三)写出经济背后的人来，人文关怀进一步提升

一切经济活动都是人的活动，一切经济活动都是"为了人"的活动，经济看似由金融、财政、税务、GDP 等不同活动组成，其本质是人的生活。财经新闻要报道经济事实，更要关注其对人类生活的影响。在新闻实践中，西方记者十分注意在报道中写人。无论是写事件新闻，还是写非事件新闻，他们很少以事论事，抽象概括地去写，而是力求把事件与人的活动有机地结合起来，在写事件中写人，并用人的活动去充实、丰满事件。他们的写法值得我们借鉴。财经新闻报道应该超越高深的经济理论和复杂的数据，注重人文视角，展现人文关怀。所谓人文视角，是指从所报道的环境和报道对象的现实条件及历史背景出发，采用文化的、发展的、人性的、关怀的综合评判方法和眼光，去报道经济、社会、历史人文、地理等方面的综合变化及发展情况。② 全国获奖好新闻《经济学家赶集》选取经济学家买擀面杖、挖耳勺

---

① 陈力丹：《我国经济新闻的发展和变化》，《新闻实践》2000 年第 4 期。

② 童兵：《科学和人文的新闻观》，《新闻大学》2001 年夏季刊。

等这样的细节，形象生动，非常易于接受，于故事叙述中透露了改革开放后小商品集市上的多种选择，这样容易引起受众兴趣，也很好地表现了农贸市场作为国营大商业的补充的必要性。温州经济迅速崛起时，许多记者大谈其成功的种种客观原因，而《经济日报》记者詹国枢采写的《神秘的温州人》却"独具慧眼"，看到了温州成功背后不可忽视的重要原因是温州人的深层人文精神：善创新、敢冒险、能自立。这使得该报道在同类题材中脱颖而出，既多了一份文化的厚重，又显得极为深刻。

（四）批评性报道兴起，舆论监督功能逐步强化

21世纪后，财经媒体出现了第三次转型，即发挥舆论监督功能，揭示经济发展中存在的问题，财经报道的批评性功能得到强化。在这方面，《财经》杂志提供了有说服力的注解。从1998年创刊，它便详尽披露广信事件、红光事件、苏三山事件，为中国财经新闻报道"引爆1998"。2000年，该杂志又率先揭露引起中国资本市场巨大风暴的"基金黑幕"，加之《银广夏陷阱》《庄家吕梁》《谁在操纵亿安科技》等报道，引发了21世纪财经新闻领域的重要变革。凭借着这些报道，《财经》杂志一跃成为备受关注的财经新闻专业媒体。在这之后，许多媒体将目光转向经济领域，发表了大量舆论监督性的重要报道。如新华社的《贫困县刮起奢侈风》《中国名牌"楚源"烫金奖匾后是沉重的环保代价》，《人民日报》的《药价为什么这么贵》，《南方周末》的《一个城市拆迁的标本审读》，《中国经营报》的《股市地下融资渠道调查》《外商坐庄中国股市揭秘》《真正的风险暗流：明星基金如此玩短线》，《中国经济时报》的《兰州证券黑市狂洗"股民"》《揭开北京出租车业垄断黑幕》，《财经》杂志的《谁的鲁能》《健力宝案原委》《哈尔滨天价医疗费事件真相调查》《再问央视大火》等，这些批评性财经新闻报道量大面广，影响巨大，受到了社会各界的广泛关注，充分表明了财经新闻报道舆论监督功能的强化。

（五）顺应全球化潮流，拓展报道的国际视野

21世纪后，世界经济一体化程度加深，各大经济体之间的相互影响日益显著。世界经济的发展和波动，都对我国产生重要的影响，如2008年美国的经济危机导致全球经济陷入低谷，中国经济也受到很大影响。当然，随着我国在世界经济体系中作用的增强，我国已经成为世界经济发展的重要增长动力源，其发展变化常常形成全球性的影响。基于此，21世纪后的财经新闻报道越来越注重用国际眼光审视经济领域发生的重大事件。

例如，2019年，我国相关政府部门就网络数据使用安全问题进行了一系列专项治理活动，1月，中央网信办、工信部、公安部、市场监管总局四

部门联合发布公告，宣布开展为期一年的 App 违法违规收集使用个人信息专项治理，并委托成立了 App 专项治理工作组。7 月，工信部启动了针对电信和互联网行业提升网络数据安全保护能力的专项行动。就这个事关千家万户及诸多互联网企业发展的重大事件，《中国经济周刊》于 2019 年 10 月刊发了《数据隐私保卫战》的深度报道。该文不仅报道了专项治理的具体情况，还探究了互联网行业尤其是大数据行业"野蛮生长"的状态，分析了其运用用户数据获利以促进行业发展与侵害用户信息权利之间的复杂关系：

> 用户适度分享自己的数据，确实可以获得更便捷、更低成本、体验更好的服务，而互联网公司也会因此不断迭代算法，创新产品，获得更快的发展。但是，这个"适度"的边界如何界定？红线应该画在哪里？如何平衡保护隐私、控制风险和产业发展、鼓励创新的关系？……太多的重要的疑问待解。

显然，这个问题并非简单"一刀切"式的"一禁了之"所能解决。该报道介绍了我国在制度层面所采取的举措，更指出"数据隐私的问题已经是一个全球性问题"，需要考量并借鉴世界各国的做法。文章指出：

> 去年 5 月 26 日，欧盟《通用数据保护条例》(GDPR)正式开始实施。这部被称为"史上最严格数据隐私保护条例"实施一年多以来，开出了数张天价罚单，引起全球震动。……GDPR 推出的原因复杂，并不仅仅只是出于数据隐私保护的目的。"实际上，GDPR 的出台，欧盟内部经历了前所未见的游说博弈过程，这也反映了 GDPR 本身并非纯粹的个人数据规范，而是深层次融合了国际政治博弈、产业经济竞争以及社会文化扩张等诸多元素的复杂综合体。"
>
> 实际上，针对数据隐私的立法在全球已经形成潮流，日本、韩国、印度、巴西、俄罗斯等国都设立了类 GDPR 的隐私保护法，美国各州也已经陆续在落地隐私保护的法规……联邦隐私法目前还处在讨论和平衡各方利益的阶段，短期内出台的可能性不大。

文章结尾，作者并没有简单化地"报喜"，也不是站在道德高地呼吁一番，而是从国际视野提出了一个开放性的问题："欧洲激进，美国警惕，中国呢？中国需不需要给企业也戴上一道'紧箍咒'？隐私安全的红线应该画在哪里?"这样的报道,无疑更有助于进一步理性看待并以合理的方式解决数据使用与侵权这个全球性的复杂难题。

## 第二节　财经新闻报道的发展趋势

当前,随着我国传媒业的整体转型,媒介融合趋势加剧,移动传播渐成潮流,财经媒体的竞争将更加激烈,财经媒体逐渐细分化,经济结构和格局面临着新的调整,全球化趋势愈加明显,同时由于社会结构的深层次调整和转型等因素,财经新闻报道进入全新的发展时期。

### 一、注重专业化发展,获取细分领域优势

财经新闻报道已经超越了传统经济新闻报道的范畴,报道内容不断拓展,报道方式不断多元化。在未来的发展过程中,这一趋势将进一步发展,并将向纵深化开拓。

纵观传媒发展史,专业化一直是财经类媒体安身立命的法宝。《华尔街日报》总是将精心制作的深度财经报道放在报刊的首页,它花费大量的时间和人力,以独特的视角和方式,将一篇篇专业化十足又充分体现人文关怀的深度分析报道展现在读者面前,让人们一看就能体会到《华尔街日报》的真诚。同时,对信息进行深度分析和权威判断的能力是财经媒体获得影响力的基础。如《金融时报》每年要出版大约 200 期《金融时报调研》系列,该系列由《金融时报》在世界范围内的专家型记者调查、撰写,内容包括对工商管理、金融与投资、个人理财、出口和信息技术等方面的评论与分析、个案研究和解释性数据与图表等,该系列成为国际商界精英的重要信息来源。[①]

当下,在信息来源同质化的新闻生态下,细分化成为财经新闻报道发展的必然趋势,如股市、基金、金融、货币、就业、贫困、房产、环保、医疗等重要行业和财经维度,都已经形成相对独立的专业化领域,财经媒体要想在激烈的竞争中获得发展,必须在报道的专业化和深度上做足文章。万德资讯、东方财富网、同花顺财经、金融界等或深耕财经数据、或专注于某一细分领域,都在专业化发展方面迈出了坚实的步伐,具有显著的竞争优势和良好的发展前景。

---

① 周慧:《财经新闻报道的发展趋势》,四川省社会科学院 2008 年硕士学位论文。

## 二、重视数据库资源开发，创新数据报道形式

不少全球知名的财经媒体是依托数据型公司的，如彭博通讯社和路透社，它们的财经新闻报道是其财经数据的"副产品"，并不直接盈利，真正盈利的是经济金融数据、研究报告以及分析等业务。

成立于1981年的美国彭博资讯公司是目前全球最大的财经资讯公司。"彭博信息"的产品主要是透过特别设计的终端机呈现的实时财经数据及图表、分析软件、交易记录，以及电子、平面、电视与广播等媒体上的新闻传播。路透社1851年在伦敦成立，2008年路透社和汤姆森公司合并，合并后的路透继续提供金融、医疗保健、法律与法规、科技、税务等方面的数据信息。不少国际知名财经媒体也开展了数据产品开发工作，如英国《金融时报》的"金融时报指数"、道琼斯公司的"道琼斯指数"、《日本经济新闻》推出的"日经225指数"等。

目前，我国不少财经媒体仍然停留在"财经新闻"本身，对财经信息资源的挖掘不够深入，仍然是"新闻提供商"。不过，已有一些媒体不断开展数据库方面的创新尝试工作。

2004年9月，第一财经有限公司推出了"道琼斯第一财经中国600指数"，这是中国的第一个媒体财经指数，它将上海证券交易所和深圳证券交易所中最大的上市公司纳入并统一在一个指数当中，提供实时跟踪中国证券市场交易状况的综合基准指数。2007年，第一财经研究院成立，作为非营利独立智库研究机构，该研究院"致力于改善经济政策"，基于事实和数据的独立研究和分析，提供创新的可实施政策方案和建议，推出了年度旗舰报告、课题研究、决策咨询、论坛研讨会以及指数和排名等系列产品，包括人民币指数、金融条件指数以及中国高频经济活动指数等。[①]

万得信息技术股份有限公司(Wind)是中国大陆领先的金融数据、信息和软件服务企业。在国内市场，Wind的客户包括中国绝大多数的证券公司、基金管理公司、保险公司、银行和投资公司等金融企业；在国际市场，已经被中国证监会批准的合格境外机构投资者(QFII)中的众多机构是Wind的客户。同时国内大多知名的金融学术研究机构和权威的监管机构也是该公司的客户，大量中英文媒体、研究报告、学术论文等经常引用它提供的数据。在金融财经数据领域，Wind已建成国内完整、准确的以金融证券数据为核心

---

① http://www.cbnri.org/aboutus/。

的一流大型金融工程和财经数据仓库，数据内容涵盖股票、基金、债券、外汇、保险、期货、金融衍生品、现货交易、宏观经济、财经新闻等领域。精于数据，以数据为起点，Wind 的财经新闻报道密切关注金融市场日新月异的发展，形成了鲜明的特色和独特的优势。

财新传媒也积极开发数据业务，2015 年成立财新智库，通过持续的行业数据积累和分析观察，推出了"财新中国新经济指数"，围绕数字经济、新能源汽车、健康医疗等战略新兴产业搭建行业评级产品和相关数据库，完善自己的核心知识体系。2017 年"财新数据+"上线。围绕其智库产品体系，财新传媒能够为客户提供包含品牌营销、行业报告及分析咨询服务等在内的智库型服务，其品牌价值不断提升。

### 三、实施集团化战略，推动品牌化发展

建立跨媒体财经新闻集团是财经媒体实施集群化、产业化发展的重要途径，也是提升财经媒体产业竞争力的有效组织形式。美国的道琼斯公司、彭博通讯社等都是跨媒体财经新闻集团发展的范例，如道琼斯公司拥有《华尔街日报》(含亚洲版和欧洲版)、《远东经济评论》、《巴伦周刊》、《财智月刊》等纸质媒体；道琼斯路透商业资讯网、华尔街日报网等网络媒体；CNBC 商业财经新闻频道、60 家广播电台等广播电视媒体；此外还拥有道琼斯指数、道琼斯全球股票指数、道琼斯互联网股票指数以及专门为中国市场编制的道中、道中 88、道沪及道深指数等数据产品。这种跨媒体、多种经营的财经新闻集团，为我国财经媒体的发展提供了参照。

随着我国经济在全球经济中地位的提高，加之人工智能、大数据、网络直播和短视频等传播技术的推动，我国财经媒体在风口之下也不断加快集团化步伐，以专业化内容打造财经精品，进而推动原创财经传播品牌的发展与全球影响力的提升。人民网、新华网、中央电视台等国家级媒体的财经媒体布局持续升级，传统门户网站的财经专版如新浪财经、搜狐财经、腾讯财经等不断丰富功能并提升影响力，"第一财经""21 世纪报系"等市场化专业媒体也借助新媒体平台进一步布局，通过集群化发展并提升品牌实力。

"第一财经"构建传统媒体和新媒体的全场景生态布局，拥有第一财经电视、第一财经日报、第一财经广播、第一财经周刊、第一财经网站、第一财经研究院、第一财经微信矩阵和第一财经微博矩阵，并在积极探索数字媒体业务(如无线业务)和金融商业信息服务业务(如实时财经新闻业务和数据库业务)。第一财经致力于为中国广大投资者和商界、经济界人士，以及全

球华人经济圈提供实时、严谨、高质的财经新闻，打造具有公信力和强大影响力的全媒体金融与商业信息服务集团。

"21世纪报系"将构建集报纸、杂志、电视、电台、网站、客户端和移动视频等于一体的财经全媒体产业链，加快金融信息服务商排头兵和金融市场建设参与者的转变。目前，21世纪媒体群已经形成了覆盖报(21世纪经济报道)、刊(城市画报、21世纪商业评论、快公司)、网(21经济网、21财经搜索)、端(App客户端)、社交媒体(微博、微信)集群的多元化产品矩阵，并在媒体平台方面持续发力，建成了财经内容生产链条平台、中国首个阳光化的财经媒体社交平台和平台级的金融服务提供商。

财新传媒作为财经资讯全媒体集团，主要聚焦于中宏观的财经趋势洞察，持续输出优质、原创资讯内容，依托网站、期刊、视频、图书、会议等多层次的产品和平台，服务于以政商学界的高影响力人群为核心的用户体系。

### 四、传播手段日趋多样，报道方式更加多元

财经新闻报道不断吸纳各种新的传播手段和传播方式，丰富报道内容，提升报道对受众的吸引力。《华盛顿邮报》的一个创新就是地图新闻，通过数据挖掘，以数据化地图的形式呈现新闻，为了加强互动，还使用了AR(增强现实)和pop-up(弹出的推荐窗口)增强可视化新闻的交互体验。《卫报》推出了数据博客，包含地图、图表等效果互动图，用Flash呈现动态效果，用Google Fushion来呈现时间线、交互性图表等。[1] 我国财经媒体也进行了多方面的探索创新，如直播、短视频和场景化传播等。

一是直播。在当下的即时传播时代，财经报道对时间性的要求更加苛刻，不仅股票、汇率等信息要零时差及时传送，相关分析文章也常常以直播的形式传递，包括文字直播、视频直播、短视频呈现等多种方式。各大财经媒体需要根据自身优势和客户需求，对各种财经市场信息24小时监测，对相关重大事件、特色系列专题等进行文字或视频直播。

二是短视频。人类传播已经迈入视觉化时代，尽管不少复杂深层的财经信息需要以文字和数据的形式才能准确传递，但如何将其视觉化以吸引受众仍然是潮流所向，短视频信息量密集、接受度高、可操作性强、制作相对便

---

[1] 王笑影：《人工智能时代财经新闻生产现状、问题及对策研究》，暨南大学2019年硕士学位论文。

捷，因而成为炙手可热的财经新闻表达形式。财经媒体往往通过自制、与其他自媒体合作或购买引入等方式，为受众提供财经咨询、市场分析等类型的短视频产品。

三是场景化传播。许多财经信息是在具体环境下生成的，在仿真的场景下进行传播有助于减少传播阻力，以便受众轻松、准确地接受。场景化传播既能充分利用文字、图片、直播、音视频等传播手段和工具的融合优势，又能够关照不同接受层次的受众，照顾他们对财经信息的个性化理解偏好，形成基于场景的沉浸式传播，从而优化受众的传播体验，提升受众的美誉度和忠诚度。

# 第三章
# 财经新闻报道的媒体格局及其发展变化

我国经济新闻报道的历史可以追溯到 19 世纪中期。1857 年 10 月，中国最早的中文报纸《香港船头货价纸》创刊。另一份著名的经济类报纸则是 1893 年在上海创刊的《新闻报》，该报被称为"柜头报"，上海的众多店铺都订阅，供自己也供顾客阅读。1949 年后，我国一度没有全国性的专门的经济类报纸。1956 年 10 月，天津《大公报》进京，成为专门的全国性经济类报纸，但它在当时发挥的经济作用非常有限。1966 年 5 月"文革"爆发，9 月该报停刊。"文革"结束后，我国进入经济建设的新时期，财经媒体也迎来了新的发展机遇。

## 第一节　财经报刊的发展历程

进入新时期，随着经济话语的复苏，财经新闻逐渐成为新闻报道的重要类型，经济新闻媒体呈现出蓬勃的发展势头。20 世纪 90 年代中后期，专业财经媒体崛起并获得国内外的普遍重视，重构了中国财经媒体市场。迈入 21 世纪以后，网络媒体的更新迭代为财经媒体发展提供了新的契机，基于平台的主要财经媒体和数量众多的财经自媒体交相辉映，财经媒体发展迈进了一个新时代。

### 一、重新创办经济类报纸，侧重泛经济信息报道

中国的经济类媒体是在计划经济体制大背景下，在传统党报的基础上发展起来的，改革开放后，经济市场的活跃和经济政策的导向性作用使得经济类报纸获得了巨大的发展。根据中国出版年鉴有关数据统计，1979 年全国只有两家经济类报纸《财贸战线》和《市场报》，而截至 1981 年 8 月发展为 18 家，至 1982 年 7 月，则有 21 家。[①] 到 1985 年，全国各种经济类报刊发展

---

① 沈毅：《中国经济新闻史》，北京大学出版社 2008 年版，第 252 页。

到了 200 多家。这些专业媒体的出现成为当时经济社会发展的呐喊者，也是其后财经报刊发展的探索者，有着非常重要的意义。

（一）商情信息类报纸的创办

改革开放伊始，随着市场经济日趋活跃，商业信息需求日益增长，于是一批以商情信息为主要内容和旨趣的经济类报纸应运而生，其中影响较大的主要有《市场报》和《经济日报》等。

《市场报》于 1979 年 10 月 1 日创刊，是人民日报社主办的经济类报纸。该报的宗旨是"为消费者、生产者、经营者和决策者服务"，为促进我国市场经济发展进行了多方面的开拓性探索：冲破禁锢刊登广告，甚至登载征婚启事；在产品经济年代"逆流而行"，为商品流通摇旗呐喊，为产供销牵线搭桥，倡导多种经济成分和多种经营形式并存。它设立了"市场预测""缺货登记簿""顾客推荐和评议""国外新产品"等信息服务栏目，是当时最具有服务意识的报纸。①

《经济日报》的前身是《财贸战线》，创刊于 1978 年 8 月 29 日，它是在原《大公报》的基础上创办的一份经济类周报，以宣传党在新时期的财贸政策为主，同时十分注重服务性消息。1981 年 1 月 1 日改名为《中国财贸报》，"报道内容以商业、外贸、粮食、供销合作、物资管理、工商管理、财政、税收、金融、物价管理为主，兼顾轻工业、纺织工业、手工业、旅游业等，还有增加国际经济方面的报道内容"。1983 年 1 月 1 日，该报又更名为《经济日报》，进一步转变为全国性的经济类报纸，归国家经贸委领导。由此，这份报纸成为以宣传改革为使命的中央级媒体，并具有强烈的政治色彩。但是，《经济日报》并非一贯老成持重的呆板面孔，而是进行了许多探索，其中影响较大的有两件事。

第一，提出"信息化"办报方针。20 世纪 80 年代，我国新闻界对"信息"一词还颇为陌生，《经济日报》的时任总编辑安岗却提出"报纸改革一定要走信息化之路"。1982 年 11 月，在筹办《经济日报》的会议上，安岗提出两条意见：一是要扩大新闻信息量，做到传达中央精神快，舆论监督魄力大，尽快树立报纸在经济新闻宣传中的权威地位；二是利用报纸社会联系面广的优势，努力开发经济信息资源，搞好信息传播，为全社会提供信息咨询服务，使报纸成为现代大众传媒。为了落实这两条意见，《经济日报》突破报纸机构设置格局，率先成立信息部。1983 年 1 月 1 日，《经济日报》在创

---

① 米艾尼：《〈市场报〉转制记》，《瞭望东方周刊》2009 年 10 月 20 日。

刊号上就推出了经济信息专栏。

第二，开展多种经营。安岗敏锐地意识到信息的价值，决定从刊登大量经济信息为全社会提供无偿的资讯服务逐步转变为有偿服务，创办信息经济实体，先后在国家经贸委支持下兴办了"全国新产品信息中心"，在上海市委、市政府支持下兴办了"上海国际经济信息中心"，经国家工商局批准成立了"神州经济科技开发公司"，由中央财经领导小组审批成立了"中国经济信息公司"，这些公司搞经济信息交流活动，有的还开展了商品展销和技术转让洽谈等实务。①

此外，新华通讯社于 1981 年创办了《经济参考报》，1984 年邓小平为该报题词"开发信息资源，服务四化建设"。《粤港信息报》(后改为《粤港信息日报》)于 1985 年 1 月 1 日创刊，由广州市计划委员会主管，但该报没有政府部门下拨的经费，是一张体制外的报纸。1985 年创刊的《信息时报》是广州创办最早的大型财经类日报，其宗旨是为广州及珠江三角洲地区的经济服务。这些报纸都关注商情信息，有些报纸甚至直接冠以信息报，其宗旨可见一斑。

(二)经济行业报的发展

具有行业或部门特色的经济类报刊的出现与发展，是这一时期的另一个突出现象。如外贸部主办的《国际商报》、中国人民银行等八家金融机构主办的《金融时报》、中华全国工商业联合会主管主办的《中华工商时报》、中国社会科学院工业经济研究所主办的《中国经营报》、国家发改委主办的《中国经济导报》等。这些报纸往往以某个经济领域为观察基点，对经济现象、经济政策、经济故事、经济任务等进行特定的报道。

《国际商报》由对外经济贸易部主办，创刊于 1985 年 4 月。这份报纸是为适应中国对外经济贸易迅速发展的需要而创办的，其宗旨是："让中国了解世界，让世界了解中国，促进对外更加开放，发展中外经济合作。"根据这个宗旨，它着重于宣传中国对外经济贸易方面的方针政策，报道对外经济贸易领域的重要活动，传递国内外经济、贸易和市场信息，同时也刊登一些有关国际经济贸易方面的知识性稿件。该报纸信息内容广泛，既报道世界各国经济贸易和商品市场方面的信息，又传播国内从中央到基层、从各个部门到各个地区有关对外经济贸易活动的重要信息，是当时中国开展对外经贸研

---

① 雷凡:《锐于进取 勇于开拓——安岗主持创办经济日报工作纪实》，http://academic.mediachina.net/article.php? id=5837。

究、信息、咨询和宣传工作的一个重要阵地。它经常以独家的翔实材料，发表关于扩大出口、保证进口、利用外资、引进技术、对外承包工程和劳务合作、对外经济和技术援助、双边多边经济技术合作等方面的新闻和文章，刊登国家发布的有关对外经济贸易方面的法规和管理办法。该报还经常有针对性地发表专论，宣传党和国家对外经贸方面的政策措施，评述国际经贸重大事件，反映对外经贸部门和读者的意见与呼声。

《金融时报》创刊于1987年5月1日，由中国人民银行、中国工商银行、中国农业银行、中国银行、中国建设银行、中国人民保险公司、交通银行和中信实业银行八大金融机构共同出资联合创办，中国人民银行主管，它是中国改革开放后第一个以股份制形式创办的新闻媒体。该报"立足金融，服务经济；通过金融，反映经济"，及时发布金融方针、政策、法规、信息等，是一份专业性很强的报纸。

《中华工商时报》创刊于1989年10月6日，由中华全国工商业联合会主管主办，以促进民营经济健康发展、引导民营经济健康成长、树立民营经济和民营经济人士积极健康形象为根本宗旨，充分体现了"统战性、经济性、民间性"特点。"《中华工商时报》的创办，真正是给人耳目一新的感觉，它那别致新潮的版式、密集轰炸式的消息新闻，都让国内的媒体受到很大的冲击。……后来有人对此给了很高评价，说《中华工商时报》的面世，可以算是新闻政治化向新闻财经化转变的一个标志。"[1]尤其在20世纪90年代，《中华工商时报》起到了中国财经报纸转型的引领作用。

上述经济类报纸在当时的经济报道和政策宣传中取得了重要的成就，产生了很大的影响。这些媒体"大大有别于此前政治化报刊的媒体，细微到关心民生、关注市场动态，宏大到扫描国内外宏观经济，对国家经济结构、老百姓日常经济生活的介入大大加深。对此前很长时间处于政治运动之中、只关心指令性计划及生产的普通人士来说，这无疑打开了关注经济生活和民生的全新视野。它们的出现对此前已适应了按上级指令组织生产、久不知道市场竞争为何物的企业们，真正是起到了一种传达政策信号，组织和发动生产、经营活动，宣传先进榜样、鞭挞经济生活中的落后和不法现象的'经济布道者'和宣传组织者的作用"。[2]然而，这些报纸的性质为事业单位，运

---

[1]　刘勇：《媒体中国》，四川人民出版社2000年版，第54~55页。

[2]　洪宾：《当代中国财经传媒：嬗变、超越与扩张——试析近期财经传媒热的时代演变历程、内在动因及发展趋向》，《现代传播》2004年第4期。

营模式有很重的行政色彩，它们对经济现象和经济行为的报道往往着眼于政治角度，对经济的复杂性尤其是对各利益主体的影响报道不够充分，读者的感觉是离生活较远，实用性不强。

**二、1992—1998 年：经济新闻报刊的财经化**

1992 年，邓小平的"南方谈话"揭开了中国社会主义经济体制改革的序幕，经济类媒体也顺应这一进程，推动着时代的发展。一些媒体受其政府主管部门的影响，成为资本市场的指定报刊；其他原有经济类媒体纷纷进行改革，试图适应经济体制的转型，为自身发展寻求道路；更有一些新生的经济媒体从诞生便走向一条市场化的道路，并获得了空前的发展。

（一）金融类报刊的出现

1990 年年底，上海证券交易所和深圳证券交易所陆续开业。1992 年春，邓小平同志在"南方谈话"中强调允许股票试点："证券、股市，这些东西究竟好不好，有没有危险，是不是资本主义独有的东西，社会主义能不能用？允许看，也要坚决地试。看对了，搞一两年对了，放开；错了，纠正，关了就是了。"①受他的讲话的鼓舞，我国的改革开放进一步深化，金融改革步伐加快，证券类报纸兴起，如《上海证券报》《中国证券报》《证券时报》《证券市场周刊》等，同时，它们还带动了一批地方金融证券报刊和地方报纸证券版的出现，形成了 20 世纪 90 年代蔚为壮观的证券新闻热。

《上海证券报》创刊于 1991 年 7 月 1 日，它伴随我国证券市场的建立而创刊，是我国第一份提供权威金融证券专业资讯的全国性财经日报。该报秉承为投资者服务、对投资者负责的宗旨，及时、准确地传递各类金融、证券及各类财经综合资讯，大力开展投资者教育和服务工作，获得了投资专业人士和广大中小投资者的信赖和支持。它和中国证券市场共同成长，走过了一条艰辛的创业之路，成为了这段不平凡历史的重要见证者。证券市场上发生的重大事件，《上海证券报》都没有缺席。

《中国证券报》创刊于 1993 年 1 月，同年成为中国证监会指定披露上市公司信息的报纸，1996 年 1 月创办《中国证券报》电子版，1997 年 10 月推出《中国证券报》周末版。到了 1998 年 5 月，据国家统计局中国经济景气监测中心、央视调查咨询中心等机构联合发布的调查报告显示，《中国证券报》

---

① 朱佳木：《坚持党的基本路线一百年不动摇——重温邓小平南方谈话》，《毛泽东邓小平理论研究》2012 年第 3 期。

成为阅读率最高的全国性四大证券报纸之一。该报在财经活动方面很有特色，如1999年起和中国人民大学联合主办的"中国资本市场论坛"、已经举办多年的上市公司"金牛百强"评选活动等。

《证券时报》创办于1993年11月28日，是人民日报社主管主办的全国性证券类日报。该报坚持正确的舆论导向，积极宣传党和国家有关政策法规，客观、准确、全面、及时地传递证券市场信息，以促进资本市场健康发展为己任。该报积极为我国股市发展鼓与呼，留下了不少经典报道，如1996年，深圳市出台一系列振兴深市的措施，该报以空前的报道力量进行宣传，独家开展绩优公司巡礼的报道活动，点燃了全国投资者及企业参与深市的热情；1997年亚洲金融风暴发生后，我国股市陷入低迷，《证券时报》浓墨重彩地报道市场发生的积极变化，引导市场持续走好，等等。①

《证券市场周刊》创刊于1992年2月17日，当时名为《证券投资周刊》。创刊初期，该刊内容主要分为三大块：政策面信息，即关于证券市场的宏观政策；基本面信息，就是关于上市公司的发展及经营状况的报道；技术面信息，即证券市场的盘面变动和走势分析。随着聚拢而来的证券分析师、财经专家等知名人士的增加，《证券市场周刊》品牌的市场影响力也不断提升。该刊是中国财经类刊物中最早实行"一号两刊"的杂志之一，1997年5月达到了自创刊以来的巅峰时刻，综合刊与市场刊两本加起来月发行量突破了100万份，这一记录至今众多财经类期刊仍无法望其项背。发行量的突飞猛进，也印证了创办市场刊、满足投资者技术分析信息需求策略的正确性。

20世纪90年代后期，根据金融业的发展和读者的需要，主流证券报刊对报道的内容和栏目进行了一定程度的调整，拓展了国债、期货、产权、地产、保险等领域，增加言论和评论的比重。不过，虽然有所拓展，几大证券报刊的新闻报道总体上仍局限于狭义财经领域，对国际资本市场也缺少关注。由于具有官方背景，作为指定的上市公司信息披露媒体，它们的广告业务有基本保障，垄断地位反而削弱了市场拓展积极性。这些不利因素，在证券市场不景气的背景下，显得更加突出，严重制约了证券类媒体的发展与壮大。②

--------

① 《同一个市场　同一个梦想——写在证券时报创刊15周年之际》，《证券时报》2008年11月27日。

② 王晓乐：《双重力量作用下的财经媒体激变——兼谈中国财经媒体发展的四个历史阶段》，《中国出版》2010年第6期。

（二）综合类财经报纸的改版：市场化的深入

20 世纪 90 年代，引人瞩目的财经媒体还有《中华工商时报》《中国经营报》等。这些媒体强化服务市场的意识，关注受众需求，又强调为经济建设服务，不断改革和创新，在发展中引领了财经报纸发展的方向。

《中华工商时报》背靠全国工商联这个民营经济和个体经营者的"婆家"，从创刊之日起就定位为关注民营经济的发展，不遗余力地为其摇旗呐喊、献计献策。《中国经济时报》依托国务院发展研究中心，兼有政府背景和专家优势，善于深度追踪报道中国经济体制改革在各个领域的进程以及中国经济发展的前沿问题，一度成为经济新闻报道的标杆。两家报纸的新闻报道兼具专业性和可读性，大到对宏观经济走势、金融证券投资、行业发展现况的及时分析，小到调查、解剖上市公司的成败案例，已颇具现代经济报道色彩。尤其值得一提的是《中华工商时报》，从那里走出了胡舒立、杨大明等一大批优秀财经新闻工作者，是不少财经记者成长的摇篮。

《中国经营报》创刊于 1985 年，其实质性的改革发展和影响力提升在 90 年代。1993 年，该报创办的子报《精品购物指南》一炮打响，迅速成为北京最受欢迎的服务类报纸；1996 年，《中国经营报》进行重大改版，进行了重新定位，确定其目标读者是"生活在经济发达地区，受过高等教育，在经济组织中担任中层以上管理的 30 岁至 50 岁左右的男性公民。他们在公司中对一个部门的运作全权负责，是公司战略的具体操作和执行者，有一定人员、资金的决策和管理权，关注竞争对手、行业的发展变化，关心工商新资讯和国家经济政策"。《中国经营报》追求以独到的透视眼光看待新闻事件，以相对微观的新闻视角为切入点，以深度报道为主要报道手段做"新闻话题"，以尽可能专业的水准做分析，以尽可能通俗的语言面对读者，在易懂的前提下做到精深。① 由于成功的改版，加之营销和发行策略改革，该报迅速成长为国内领先的综合性、全国性财经类报纸。该报提出的"窄众意义上的专业化目标群体定位"理论，"三步五秒规律""一元钱规则"等理念、手法，都给中国经济新闻界耳目一新的感觉。

（三）财经新闻期刊的新发展

早在 1985 年 2 月，《经济日报》就和中国厂长（经理）工作研究会联合创办了《中国企业家》杂志，这是中国最早的财经期刊之一。此后，我国财经

---

① 李佩珏：《关于新时期经济类报纸发展的思考——从〈中国经营报〉的发展谈起》，《中国报业》2001 年第 5 期。

期刊曾经历一次扩张期，但所办期刊大多定位于经济领域的中低端读者，走的是泛财经的道路，创刊后仍然依靠主管、主办部门的行政化操作，虽然热闹一时，但随着市场竞争的加快和行政手段的消隐，这些刊物基本走向消亡，如《企业家》《环球管理》等。有了前车之鉴，同时为了适应我国经济专业化发展现状，针对特定群体的财经期刊开始出现，这些杂志大多定位于财经领域的某个行业或特定的领域，涵盖了不同层面的读者，杂志针对性显著增强。①

《中国经济周刊》是人民日报社主管主办的一份经济周刊，也是中国最早的一份经济周刊。前身是《中国经济快讯》周刊，1992年作为经济内参创办，1999年公开发行，2002年首次改版，2003年正式更名。《中国经济周刊》定位于"领导者决策的经济参考"，是一份以政经为主的综合经济类期刊，它为中央、地方及企业的领导层提供有决策借鉴价值的资讯，旨在做中国经济转型的真实记录者、中国经济国际化的理性观察者和中国经济复兴的历史见证者。与其定位相适应，《中国经济周刊》的报道内容着力在四个方面，即以体制经济为核心的宏观经济、以城市经济为核心的区域经济、以企业经济为核心的产业经济、以金融为核心的财经领域。

**三、1998年至今：财经报刊的繁荣与发展**

1998年以后，中国财经报刊的发展真正进入一个财经时代。此前，中国的财经媒体大多依托于某一行业或政府部门，报道内容亦多有局限。《中华工商时报》《中国经营报》等报刊的改革探索适应市场化发展的道路，他们在新闻机制和报道理念等方面为中国财经媒体的发展提供了借鉴，在业界产生了重要的影响，推进财经报刊迈入新的阶段。

（一）《财经》杂志创刊

《财经》杂志创刊于1998年4月，其最初是以《证券市场周刊》月末版的形式出现的，2000年10月正式以《财经》刊名出版发行。

《财经》在其创刊伊始显得锐气十足，它的受众定位是"活跃在各个行业的企业主管、职业经理人、政府官员和经济界学者"。《财经》杂志早期的报道可以说恰是当时经济变革与前进的缩影：《中创倒了，海发行关了》及《君安震荡》如实记录了一起金融动荡风波，为体制改革和法制建设的紧迫性而

---

①　吴玉兰：《中国财经类媒体发展研究》，中国社会科学出版社2010年版，第36页。

呼号;《十大牛股 十大熊股》《反通缩:1998 年至 1999 年的战争》监测经济发展的轨迹,试图为未来拨开浮云;《切开中国电信》则透过独家报道,强调只有冲破垄断才能迎来生机。1999 年 5 月,《财经》推出封面文章《WTO悬念》,主编胡舒立亲自飞抵美国西雅图——WTO"千年多边谈判"地,采访到中国谈判代表龙永图,采写了独家报道,在 WTO 新闻大战中拔得头筹。

2000 年 10 月起,《财经》杂志发表了揭露基金管理公司腐败的《基金黑幕》,揭露上市公司造假的《银广夏陷阱》,揭露股市腐败的《谁在操纵亿安科技?》,揭露庄家操控股票市场的《庄家吕梁》等一系列文章。凭借这一系列揭黑打假的文章,《财经》开始在同类媒体中脱颖而出。《财经》秉承"独立立场、独家报道、独到见解"的理念,观察并追踪中国经济改革的重大举措、政府高层的重要动向、资本市场建设的重点事件,及时予以分析和评论,对资本市场在中国的成长变化予以特别关注;对于海外发生的重大经济、时政要闻,《财经》亦经常派出记者现场专访,其报道以新闻的独家性和权威性见长。

(二)新兴财经媒体的崛起

自 2000 年起,中国财经媒体的迅速崛起和快速式发展成为 21 世纪中国媒体发展的重要亮点。1996 年改版的《中国经营报》取得了意想不到的成绩,2000 年呈现出火爆现象,广告收入和发行量突飞猛进;2002 年,《21 世纪经济报道》和《经济观察报》创刊,引发了新一轮的财经媒体热。从进入 21世纪第一年开始,一直到 2004 年中国第一张全国性财经日报《第一财经日报》诞生,中国新类财经报纸可谓异彩纷呈、层出不穷,它们为中国报业带来了新的气息,资本与媒体的联姻、主流媒体的社会担当、对财经内容的专业追求等激发出财经传媒作为产业的巨大能量,开辟了媒体发展的另一番天地。它们赋予了经济类报纸全新的内容,重新找寻到了主流媒体的社会地位,在这种新闻意识带动下,不同种类报纸展示出可喜的发展前景。

作为新类财经报纸的代表之一,《中国经营报》是经济类报纸从计划经济向市场经济转型的鲜明写照。[①] 在 1996 年改版成功后,该报一步一个脚印,在 21 世纪前后迈出了独有的坚实步伐:将 1997 年、1998 年确定为发行年,2000 年是广告年,2001 年是影响力年,2002 年是竞争力年,2003 年是品牌年。2004 年和 2015 年,该报分别创办了《商学院》和《家族企业》两本杂志,形成了"一报两刊"的发展格局。面对互联网的挑战,该报总编李佩

---

① 张原:《新时期中国经济类报纸发展研究》,山西大学 2007 年硕士学位论文。

钰认为优质内容才是关键："原来我们是靠纸媒发行，现在我们靠互联网传播，把内容做好，提供更有价值的内容。我觉得《中国经营报》做的每一个项目都是把我们 30 多年来积攒的东西，一鱼多吃，专注于我们的核心价值。服务于读者，立足自身的价值点，不断变换方式去尝试新的途径去满足他们的需求。"①

《21 世纪经济报道》脱胎于《南方周末》经济版，2001 年 1 月 1 日正式创刊。它提出了"新闻创造价值"的口号，凭借更专业更独立的新闻精神和更权威更独到的新闻品质，成为中国商业报纸的领导者。它主动根据市场需求创新改版，连续推出了政经、评论、研究以及产经与商业等版块，满足阅读的深层需求。《21 世纪经济报道》版式风格大气沉稳，长于犀利、深刻的深度报道，注重在微观领域中突出整体性，有责任感，讲求实事求是，体现出冷静务实的理性色彩。清晰的定位、优质的运作、有效的营销手段、充满现代气息的版式、极富冲击力的标题、深度运作的新闻内容，加上背靠南方报业强大的全国性信息采集力量和广告发行资源，《21 世纪经济报道》获得了非常大的成功。其独特的风格和新闻报道，开创了财经媒体的一个新时代。目前，《21 世纪经济报道》已发展为 21 世纪报系，其媒体群已经形成了覆盖报、刊、网、端、社交媒体集群的多元化产品矩阵，形成了财经全媒体产业链，正在加快向金融信息服务商排头兵转型和金融市场建设参与者的转变。②

2001 年 4 月，《经济观察报》创办，其口号是"理性，建设性""不冲动、不破坏、不媚俗、不虚伪、不偏激、不炒作、不盲从、不骄傲，以务实、开放、求证的心态冷静地观察经济走势，以全新的视角报道经济新闻"。③ 基于这一办报理念，《经济观察报》更显温和，它以中国社会拥有财富、拥有权力、拥有思想、拥有未来的实力阶层为读者对象，在短时间内快速成长，和《中国经营报》《21 世纪经济报道》被称为中国财经报纸的三面旗帜。在互联网尤其是移动互联网的冲击之下，该报坚持传统，奋力前行，"我们的承诺和过去一般无二。唯要检省的是，我们是否能够不负所望，

① 李佩钰：《〈商学院〉15 年，守住本分，以终为始》，《商学院》2019 年 4 月刊。

② 《南方报业签重大合作项目 21 世纪全媒体转型加速》，https://it.sohu.com/20151026/n424122518.shtml。

③ 何力：《经济观察报：理性、建设性的两年》，http://home.donews.com/donews/article/4/46855.html。

值得信赖。我们是否坚持用高品质的内容连接人，以客观、真实和准确的报道，理性与建设性的观察与思考，帮助人们更好地理解这个世界。我们是否不改初心，在流量的恣意喧闹中保持一份冷静，不冲动、不虚伪、不媚俗、不破坏"。①

2004 年 11 月 15 日，《第一财经日报》创刊。作为中国第一份全国性的综合财经日报，该报采取跨媒体的办报模式，由上海广播电视台、广州日报报业集团、北京青年报社联合主办，它在发刊词中说："作为一张主流大报，我们推崇商业的力量，关注商业力量的伟大进军，记录资本与财富的运动过程；但我们深知，尽管时代的标志是商业，但商业的精神绝不只是时尚和金钱。我们把商业看成一种责任。负责任的商业，就是一种文明。没有文明的商业，就没有文明和谐的社会。"《第一财经日报》坚持社会主流、专业负责、理性大气、贴近市场的编辑方针，已密集覆盖中国主要经济带和重要商业城市，并在纽约、华盛顿、旧金山、伦敦、巴黎、柏林、布鲁塞尔、东京、首尔等地拥有驻外记者。历经多年发展，该报已经成为我国很有影响力的财经报纸，先后获得"中国十大专业报品牌""中国最具影响力产业类媒体状元""影响中国十大行业媒体""2017 年百强报纸"等荣誉。

2004 年 12 月 9 日，《每日经济新闻》在上海创刊，它由解放日报报业集团和成都日报报业集团联合投资、联合主办，是专注于公司新闻与理财服务的主流财经日报，主要栏目有国际、国内和上海经济动态、重大经济政策及事件解读、资本和要素市场行情、重点产业情报、工商管理案例普及教育和商业实战技巧分析等，并提供"每日商学院"等特色版面和栏目。2008 年以来，该报由单一报纸向全媒体平台发展，搭建了一报（每日经济新闻）、两网两端（每经网/英文网、每经中文简体 App/繁体 App）、官方微博、官方微信、官方视频矩阵，并构建了多个行业细分传播阵列，曾在 2014—2016 年连续三年获得"中国报纸移动传播百强榜"财经类报纸第一名，2017 年和 2018 年，连续获得"中国报纸融合传播百强榜"市场类财经媒体第一名。

（三）财经期刊的蓬勃发展

2000 年前后，《财经》杂志的成功为财经期刊的发展起到了重要的示范作用，财经信息的细化需求也为财经期刊提供了进一步的发展空间。1998年《IT 经理世界》创刊，2000 年 8 月《商务周刊》创刊，由此，从面向企业

---

① 文钊：《写在经济观察报第 1000 期：这正是绽放的时间》，《经济观察报》2020年 12 月 19 日。

家、经理人的专业财经期刊到面向普通老百姓的大众理财类刊物，财经期刊纷纷涌现，兴起了一股创办财经期刊的风潮，2001 年被业界称为"财经期刊年"，《新财富》《今日财富》《数字财富》《理财周刊》《商界名家》《销售与管理》等期刊，都是在这一时期创办的。其中，值得一提的是《第一财经周刊》和《财新周刊》。《第一财经周刊》于 2008 年 2 月创刊，它在世界金融危机爆发后的经济不景气时期，以全然不同的视角报道商业新闻，立志发现一个"明亮的商业世界"，服务特定人群。①《财新周刊》创刊于 2010 年，每周一出版发行，全年 50 期，精选金融、资本、经济、社会等领域的重大新闻进行梳理报道，近年来发表了《穿透安邦魔术》《反腐 600 天》《百亿美元陷阱》《危险的关系》《奢侈动车》等热点报道，产生了广泛的社会影响。

近十年来，财经期刊数量庞大，竞争激烈。如《销售与市场》《中国企业家》《商界》《环球企业家》《经理人》《中外管理》《新经济》《成功营销》《时代财富》《竞争力》《新财富》《数字财富》《今日财富》《创业家》《商界名家》《销售与市场》《中外管理》《市场观察》《大众商务》《品牌》《商战赢家》《财经界》《资本市场场》《知识经济》等，读者从刊名就能判断这些刊物的市场定位。如此繁多的财经类期刊，同质化竞争在所难免，加之互联网冲击尤其是各种财经自媒体的竞争，如何创新发展是一个不得不直面的严峻课题。

## 第二节　电视财经频道的发展历程

与专业财经报刊蓬勃发展的情况相辉映，电视财经频道和电视财经节目也经历了较大的发展。从 20 世纪 80 年代兴起的经济生活类节目，到 90 年代以降不断发展的金融投资理财类节目，加之全国性和地方性财经频道的发展探索，电视财经报道成为多年来人们接收财经信息的喜闻乐见的媒体选择。自 1973 年开播以来，中央电视台财经频道经过多次改版，不断调整自身的受众定位和新闻理念，为国内电视财经媒体发展提供了可供借鉴的范本。如今，以中央电视台财经频道和第一财经频道等为代表，我国电视财经频道和财经节目不断转型发展，逐步改善了原有的单一格局，成为我国财经媒体融合发展中不可或缺的重要存在。

---

① 赵金：《财经媒体的发展新趋势：访〈第一财经周刊〉总编辑何力》，《青年记者》2008 年 7 月（上）。

### 一、电视经济新闻的发展与探索

自 1978 年始，电视经济新闻不断发展，一方面，它扮演着对社会群体的经济启蒙角色；另一方面，随着新兴的劳动者群体、私营企业主等的出现，它也开始了专业化尝试。

(一) 经济新闻功能的转变

改革开放伊始，精英话语和主流意识形态话语依然色彩鲜明。1985 年 1 月 1 日，中央电视台正式向全国推出第一个介绍国内外经济、科技发展动态的栏目"经济生活"，主要还担当着意识形态的宣传功能。正如 1986 年 12 月广播电影电视部在青岛召开中央电视台第二套节目向全国传送会议时所指出的："经济信息节目的任务是宣传党和政府经济改革的方针政策，传播国内外经济信息的商业行情，沟通城乡和国内外产销渠道，当好企业和消费者的参谋，为四化建设、为人民生活服务。"①

不过，为了更好地反映改革开放后不断变化的经济生活，中央电视台也在不断改革，经济类节目开始从政策论释转向经济信息提供、经济知识传播。1987 年"综合经济信息"栏目一经播出好评如潮，其中，"经济新闻""经济博览""周末热门话题"等子栏目备受赞誉。《北京沙子口货场哄抢西瓜》和《首都海关货物积压严重》等新闻报道更是引起了中央领导的高度重视。1989 年 12 月 18 日，中央电视台第二套节目推出全新栏目——"经济半小时"，该栏目分为"经济信息""看市场""桥""72 行""新书架""开眼界""消费者之友""世界经济窗口""经济博览""经济透视"和"祝您致富"等 10 多个自由组合的子栏目，注意抓取与人民生活和切身利益相关的话题，增强节目的服务性，并采取 2 名主持人对播串讲的活泼方式，成为当时经济新闻改革的成功范式。

这一时期，我国各地方电视台也开始对经济栏目进行改革探索。1981 年，上海电视台在新闻节目中辟出"市场掠影"栏目，周六播出，每次两三分钟。1985 年，该节目更名为"经济之窗"，每周一播出，时间增加到了 20 分钟，设置了经济专题、评论、人物报道等栏目。1987 年 6 月 15 日，上海电视台设立电视二台，经济类栏目全面铺开，报道领域进一步拓展，每天经

---

① 《一个专业化电视频道的成长路线图——由"CCTV-2 到 CCTV 经济"的四个关键阶段》，参见央视网，http://www.cctv.com/financial/special/C11066/20031016/101390.shtml。

济节目播出时间达到 50 分钟。到了 20 世纪 80 年代末，我国各地电视台普遍设立了经济栏目，如北京台的"经济信息"和"市场信息"、福建台的"每周一富路"和"市场信息"、广东台的"市场漫步"、山东台的"经济与生活"、新疆台的"科技与信息"，等等。

（二）电视财经节目的多向探索

20 世纪 90 年代起，电视经济栏目进一步发展，并且加大了财经内容的报道。1993 年 1 月，上海东方电视台成立伊始就开播了"东视经济传真"栏目；上海有线电视台信息频道 1993 年 7 月开播，节目更为多样，包括"经济要闻""企业风云""牵线搭桥""金融行情"等。1993 年 10 月，天津经济电视台开播，设立了"经济信息"和"经济透视"栏目。据《中国新闻年鉴》统计，1993 年全国省级电视台新增经济栏目 15 个，地市级电视台新开经济栏目 30 多个，一时间，电视经济类节目遍地开花，为电视财经新闻趋向成熟奠定了扎实的基础。

影响较大的是"东视财经"的出现。1994 年，上海东方电视台推出了我国第一档电视财经节目——"东视财经"，其口号为"今日全球财经，东视最先放送"。作为东方电视台适应社会主义市场经济体制的需要进行电视新闻业务改革的一部分，东视财经结合上海未来国际金融中心、贸易中心、经济中心的地位，以境外节目为蓝本展开探索创新，以股市期货与世界各主要市场行情为主打内容，每天提供以往只有国外才有的快节奏财经动态，成为一些经济部门必看的信息源。财经一下子成了热门词汇，它以全新的内涵取代了以往计划经济下的"财经"二字。①

1996 年，中央电视台经济频道正式成立，它标志着经济新闻有了相对独立的话语，形成了以经济为主题内容的综合频道格局，包括综合报道（如"中国财经报道""世界经济报道"）、服务类节目（如"生活""商务电视"）、专业对象节目（如"金土地""经营有道"）和深度报道（如"经济半小时"）四个结构单位。2000 年，该频道第二次改版，确立"经济·生活·服务"的口号，表明自身向大众迎合的态度。针对观众的不同收视特性，它将节目进行调整，不仅对"经济半小时""经济信息联播""中国财经报道"等知名栏目进行改版、深化，更针对证券市场、房地产市场、汽车消费等财经、时尚类信息开辟新的栏目，如"证券市场""证券之夜""中国房产报道""清风车影"等，

---

① 温天：《东视财经——我国第一档财经电视节目出台记》，《当代电视》1995 年第 1 期。

节目的实用性、服务性和娱乐性也得到全面提升。2003 年 10 月，央视经济频道进行了第三次改版，全新定位为"经济频道"，改版后的经济频道摒弃了原先混杂其中的影视及娱乐节目，改由资讯板块、服务板块、财经板块、深度资讯板块和益智娱乐板块 5 个板块组成，形成了以经济资讯为核心内容，具有专业特色且覆盖面较广的经济频道。

### 二、电视财经新闻的专业化探索

（一）中央电视台经济频道的专业追求

随着市场经济的深入人心，经济因素日益渗透进国人生活的方方面面，成为国民的一种思维方式和观察事物的方法。在这种背景下，专业化的新闻品质成为财经新闻的必然追求。

中央电视台经济频道几经改版，虽然没有变成完全专业化的财经频道，但它对专业品质的追求是一贯的，只不过它是以大众为主要受众群体，要顾及频道的服务性、大众性和覆盖面。"我们要坚持专业的品质，也要增强社会影响力。"[1]在内容选择和播报方式上，除"经济半小时"等栏目延续传统的深度报道外，"第一时间"和"全球资讯榜"都采用轻松的方式，打造泛财经化的资讯报道模式。尤其是"全球资讯榜"，采用排行榜的形式发布新闻，融通国内外热点经济，分为要闻、财经、人物、公司、科技几大类别，发布财经领域最具影响力的新闻排行，整个节目以国际视野传播全球资讯，大气、轻松、有趣。

2001 年 7 月 9 日，"经济半小时"做出重大调整，将维持了 12 年之久的 30 分钟的节目长度延长至 35 分钟，节目的形态也相应调整，不仅为经济事件和经济现象进行全面、深入的报道，还对当日的新闻进行独到的信息筛选，为观众提供最有价值的关键新闻。如"整顿市场经济秩序——我们在行动""核心竞争力""入世元年经济观察""人在单位""省部长访谈录"等大型系列节目，从这些系列节目可以看出中央电视台经济频道在新闻专业化方面的努力。

（二）地方财经频道的专业化发展

2002 年，北京电视台财经频道成立，它是以财经资讯栏目和证券节目为主干、以深度经济报道和理财服务性栏目为特色的专业化频道，主要有

---

① 　朱艳燕：《央视荧屏再度变脸　经济频道全新亮相》，《中华工商时报》2003 年 10 月 14 日。

"天下财经""财经五连发""天天理财""首都经济报道"等栏目。2003 年，济南电视台商务频道正式开播，定位于关注商人、商事、商机、商情，立足本土，服务消费，力求逐步突破地域性，搭建一个真正具备电视特性的专业化商务频道。同年，第一财经频道开播，它定位于专业的财经电视频道，致力于为中国广大投资者和全球华人经济圈提供实时的、严谨的、高质量的财经新闻和深度评论，目标是成为中国最大最强的专业财经资讯供应商，它的"中国经营者""亚洲经营者""会见财经界""财富人生""决策""头脑风暴"等一大批财经栏目特色显著，具有很高的专业化水平。

2006 年是财经频道发展达到高潮的一年。根据对我国 51 家省级及以上电视台的官方网站（包括港澳台地区在内）进行信息检索的结果，当时以"财经""经济""商务"或"资讯"命名的电视频道共有 23 个，包括 16 个经济频道、3 个财经频道、3 个资讯频道，以及 1 个商务信息频道。当然，快速发展显示了我国巨大的财经新闻需求以及电视媒体对财经新闻报道的重视，但专业化之路不是一蹴而就的。除了定位"专业财经频道"、专业水平较为领先的第一财经频道外，号称"专业财经"的北京电视台财经频道的财经节目也未超过 1/2，其他多数是泛财经频道，包括以"民生财经"定位的浙江经视，采取"大经济""大资讯"定位的 CCTV-2，以博彩作为自己特色的陕西电视台三套，以时尚消费类节目为主的云南电视台四套和福建电视台七套，偏重"民生新闻"的南方经视，以及影响有限的广西电视台七套、天津电视台经济生活频道、河南电视台经济生活频道、香港凤凰卫视资讯台、河北电视台经济生活频道、安徽电视台经济生活频道、甘肃电视台经济频道、四川电视台经济频道等。①

经过重新创办、改进、调整和快速发展等阶段后，我国财经媒体形成了较完整的媒体结构，报道水平得到很大提高，财经媒体的格局相对稳定。在报纸方面，形成了《中国经营报》《21 世纪经济报道》《经济观察报》《第一财经日报》为主体的市场竞争格局；在期刊方面，形成了《财经》《中国企业家》《第一财经周刊》等为主体的专业化和通俗化并存的格局；在电视方面，形成了中央电视台财经频道和第一财经两种专业化财经频道并立、地方财经频道各显神通的局面；门户网站方面，形成了新浪财经、网易财经、和讯网等财经新媒体。

---

① 黄梦阮、詹正茂、陈晓清：《电视财经频道的节目形态和内容比较研究》，《声屏世界》2008 年第 8 期。

　　同时，在全球经济一体化和传播全球化背景下，媒介技术的发展提供了更大的传播空间和更多的可能性，财经媒体的发展面临着新的机遇和挑战。一方面，主要财经媒体为应对传媒技术变化而不断构建基于平台的优势，如"第一财经""21世纪财经"等，已形成了报纸、期刊、电视、广播、网络、"两微一端"(微博、微信、客户端)等多媒体矩阵，同时，数量众多的财经自媒体和准自媒体日益拓展着财经新闻传播的可能性空间。虽然这些自媒体良莠杂陈、生生死死，但从整体上看是我国财经新闻信息传播中一支无法忽视的力量。个性化推荐、内容付费等传播方式创新，也带来了巨大的想象空间。另一方面，我国财经媒体发展所面临的挑战也是明显的，既要规范名目繁多的财经自媒体，又要充分释放我国经济社会发展所带来的广阔的可能性空间，打造出与我国地位相适应的全球知名财经媒体，以促进我国财经新闻报道的良性发展，更好地服务于国家的建设，增进人民的福祉。

# 第四章
# 财经新闻报道策划

近年来，由于新闻媒体竞争的不断升级以及新闻信息获取渠道的日益多元，新闻资源由当初的"买方市场"转为"卖方市场"，于是，新闻策划在新闻活动中的作用越来越重要。重大事件、重大政策、社会热点等新闻报道，各种媒体都不会错过。在此"同题竞争"的情况下，如何以优质的报道达到最好的报道效果、满足受众的需求，就需要媒体对各类新闻选题进行提前策划，寻求创新路径，这样才能做到"人无我有，人有我新"，让新闻报道亮点纷呈。

## 第一节　财经新闻报道策划的基本原则

财经新闻报道策划是财经新闻传播过程中极为重要的一项决策与设计环节，是媒体对新闻报道的选题、角度、形式、内容、规模等方面进行的一系列策划活动。与一般新闻报道策划一样，财经新闻报道策划也需要遵守新闻政策和新闻规律，同时还需要切合财经信息传播的特点和规律。概括来说，财经新闻报道策划需要遵守的原则，主要有导向性原则、真实性原则、创新性原则和协同性原则等。

### 一、导向性原则

导向性原则是财经新闻策划的首要原则。我国的财经新闻媒体都是党领导下的媒体，必须服从党的领导，服务人民利益，遵循正确的舆论导向，将舆论导向放在第一位。财经新闻报道策划的导向性原则，主要包括政策导向、社会导向和经济导向。政策导向是指财经新闻策划应该吃透党和政府的政策法规精神，在进行新闻策划时要符合政策要求，积极宣传和报道各项政策精神和要求。社会导向就是财经新闻报道要具备人文关怀，关注民生发展，维护社会公平与正义，创造人民福祉，积极提升新闻报道的民生价值与社会影响价值。经济导向就是财经新闻报道要引导社会经济的发展，理性分析经济社会发展中出现的各种现象，既释疑解惑，又弘扬正能量，为经济社会发展营造良好的舆论环境。

迈进新媒体时代，习近平总书记指出，新闻舆论工作各个方面、各个环节都要坚持正确舆论导向。财经新闻报道策划必须始终坚持正确政治方向，积极发挥舆论导向作用，为经济社会持续健康发展凝聚强大正能量。

党的十六届六中全会指出："我国已进入改革发展的关键时期，经济体制深刻变革，社会结构深刻变动，利益格局深刻调整，思想观念深刻变化。"我国社会的发展和人们的思想观念发生了巨大变化，产生了新的价值关系和价值诉求，形成了多样化的价值取向。但是这些多样化的价值取向也带来了一系列的社会问题："在对需要的满足上，过分强调需要内容的合理，忽视了满足方式的合理合法，造成为了满足需要而不择手段；在对利益的追求上，过分强调物质利益，忽视了精神价值，造成物质生活富裕而精神生活贫瘠；在人与自然的关系上，重'人类中心'，轻人与自然的和谐相处，造成环境破坏和代际关系紧张；在效率与公平的关系上，重经济效益，轻社会效益和公平正义，造成行业、城乡以及阶层收入差距的扩大；等等。"①因此，财经新闻报道需要在财富增长与道德价值、穷与富、社会阶层、公平诚信等方面，树立正确的舆论导向，弘扬社会主义核心价值观。财经新闻报道策划要善于把党和国家的路线、方针和政策转化为具体的新闻报道，增强新闻报道的有效力，积极倡导社会主义的正确思想指引，弘扬社会公平正义，彰显良好社会风气，用正确的舆论引导公众更好地认识社会问题，维护国家与社会和谐稳定。

## 二、创新性原则

当前新闻传播速度迅猛，新闻来源多样化，新闻呈现多端多屏化，选择也更加丰富。受众之所以选择这一家媒体的新闻而不选择另一家媒体的新闻，考虑的重要因素之一就是新颖性。新闻策划的目的就是依据现实发展和受众需求，在报道理念、方式方法等层面推陈出新，扩大新闻的接收面和影响力。因此，创新性便成为财经新闻策划的重要问题。新闻策划的创新有许多方面，包括形式的创新、观点的创新、内容的创新等。新闻策划的创新性要求我们，"要多采用独家新闻，多使用独家策划手段，多运用独家观察眼

---

① 杨桂华：《弘扬社会主义核心价值观是新闻媒体的神圣职责》，《人民日报》2014年5月29日。

光。即使同样的新闻事件，也要做到我的角度最独特；同样的新闻话语，我的声音最有个性；同样的新闻样式，我的特色最别具一格"。①

2016年2月，习近平总书记在考察《人民日报》等媒体时指出，随着形势发展，党的新闻舆论工作必须创新理念、内容、体裁、形式、方法、手段、业态、体制、机制，增强针对性和实效性；要适应分众化、差异化传播趋势，加快构建舆论引导新格局；要抓住时机、把握节奏、讲究策略，从时度效着力，体现时度效要求，努力推出有思想、有温度、有品质的作品。习近平总书记的重要讲话，为创新财经新闻报道策划提供了基本遵循、指明了正确方向。搞好新闻舆论创新、抓好新闻报道策划创新，是当下财经新闻报道必须认真解决好的一个现实而紧迫的课题。

例如，环保话题是一个新闻热点，也已经变成了常态话题，如何创新？《经济日报》的做法值得借鉴。2005年12月3日，国务院发布《国务院关于落实科学发展观加强环境保护的决定》（以下简称《决定》），要求各省、自治区、直辖市人民政府，国务院各部委、各直属机构必须把环境保护摆在更加重要的战略位置，切实解决突出的环境问题。城市河流治理与开发作为城市环境建设的重要内容之一。《经济日报》结合《决定》的重要内容，自2006年8月3日起连续推出大型系列报道"城市河流，让我们重新认识你"，从"城市河流治理，是一个生态问题，同时也是一个经济问题"的角度，对10个城市治理城市河流的做法进行了深入报道，具有较强的创新性。报道刊出后在社会上引起广泛反响，读者纷纷来电、来信予以肯定，众多媒体纷纷转播、转载。相关部门领导还就读者关心的相关问题作了分析与阐述，《经济日报》也予以刊发。该组系列报道获得了第十七届中国新闻奖一等奖。②

### 三、真实性原则

真实是新闻的生命，真实性是新闻报道策划创新的前提条件，创新要在遵循真实性原则、依托新闻事实的基础上进行，不可以凭空想象。新闻策划应该追求创新性、独特性，不能人云亦云，但是，追求创新性不能沦为追求奇、怪、偏、险，甚至刻意反弹琵琶，哗众取宠，损坏了新闻的真实性。脱

① 王清、陈立波、袁蕾：《新闻报道策划的创新点》，《新闻前哨》2016年第10期。

② 李丽婷：《经济新闻系列报道策划探析——以"城市河流，让我们重新认识你"为例》，《新闻研究导刊》2014年第7期。

离了客观的新闻事实，报道策划就失去了存在的基石。

新闻策划与新闻的真实性问题在 20 世纪 90 年代便成为学界和业界讨论的焦点，随着虚拟空间的发展和"后真相"文化的泛起，加之商业因素对新闻报道策划的影响，这个问题依旧需要进一步关注。新闻的真实性问题进一步受到了严峻的考验，虚假新闻现象仍然比较严重，即便一些知名媒体也难以幸免。《财经》杂志曾在 2016 年春节期间策划过一组"返乡日记"系列文章。一篇名为《春节纪事：一个病情加重的东北村庄》的报道于 2016 年 2 月 14 日由《财经》杂志通过其微信公众号发布，随后中国青年网、中国网、中国台湾网、江苏扬子晚报网、山东齐鲁晚报网等新闻网站和辽宁《大连日报》微博、广西《南国今报》微博、湖南《文萃报》等媒体相继转发，引起众多网民的关注和讨论。然而，这篇报道是记者在未进行实地采访核实的情况下写成的，后续的编辑把关等环节也没有做好，结果造成了恶劣的社会影响。

### 四、协同性原则

财经新闻报道策划是一项需要多方面合作的活动，正因为是群体行为，才应该协同作战，强化协同性原则。一方面，要将采编人员的知识、能力及智慧聚合成一个整体；另一方面，也要充分发挥各个采编人员的特点和优势，博采众长；同时，更有利于新闻媒体集中财力、物力，突出新闻报道重点，攻克新闻报道难点。[①] 因此，财经新闻策划要做到"跨部门、跨媒体、跨地区"的系统运作。"跨部门"就是指新闻策划要实现记者与记者的协作，记者与编辑的协作，文字记者与摄影记者的协作，文字编辑与美术编辑的协作，新闻部门与经营部门的协作等。"跨媒体"既是指同一媒体集团内部要实现各媒体间的合作，也指与其他并无隶属关系的兄弟媒体之间展开合作，共同进行财经新闻策划。"跨地区"就是新闻策划要放宽眼界，不能局限于某一地区，而是要有全球视野、全国视野、全域视野，实现跨地区的联合。

《第一财经日报》对新闻策划的方法和要求是："策划在先，协同作战，重点突破。"其新闻策划有规范的流程，从方案的提出到计划的实施，包括提出选题、设计方案、保证评估、筛选择优、采写、编辑制作等，都不是某个编辑和记者的个人行为，而是媒体多个部门的采编人员共同参与、协同作战的产物。无论是战略性的新闻策划，还是战役性的新闻策划，甚至是战术

① 《中国财经报社转观念强传播：立足资源优势大胆创新策划》，《潇湘晨报》2020 年 6 月 9 日。

性的新闻策划，莫不如是。

《三联生活周刊》关于新冠疫情的报道就体现了强烈的协同性。2020年1月下旬，《三联生活周刊》于1月20日就派出文字记者吴倩、王珊、张从志和摄影记者蔡小川等奔赴武汉，后方则有20多名记者协同报道。1月22日下午，《三联生活周刊》微信公众号发布了记述武汉现场的开篇报道——《武汉新型肺炎：为何直到今天才引起更大注意?》，迅速获得反响。在跟踪疫情的两周内，《三联生活周刊》主刊先后推出《武汉现场》和《武汉会战》两本"新冠特刊"，均将武汉医护人员列为封面故事人物。根据疫情的发展状况，《三联生活周刊》因时制宜采取分栏式归纳报道，在加强主刊报道的同时，充分发挥各种新媒体的特长和优势。首先，在微信公众号开设"新冠肺炎"专栏，将其划分为记者原创、非典旧稿、读者投稿和咨询活动四个部分。其次，《三联生活周刊》在中读App上开设"抗击疫情，认知生命"专栏，采用声音、文字、图像相结合的报道方式，使读者多元化了解最新的疫情动态。同时，《三联生活周刊》还通过抖音短视频发布了"关注疫情，三联在行动"的纪实短视频合集。①

## 第二节　财经新闻报道策划的个性化落实

新闻报道每天面对的都是新的环境、新的对象，因此，新闻策划也需要审时度势，在多种角度的探索中寻找最合适的策划方略。"从新闻的第二落点、第三落点甚至更多落点拓展和延伸新闻视角；从最能揭示事物本质方面选取新闻角度；从发展变化中选取新闻角度；从以小见大中选取新闻角度；从具有广泛共性的话题中选取新闻角度；从事物的侧面选取新闻角度；从群众最关心的问题中选取新闻角度；从政策走向中选取新闻角度；从加强舆论监督方面选取新闻角度；从重大事件中选取新闻角度；从比较分析中选取新闻角度，等等。"②确实，新闻策划的角度多种多样，在任何一个维度上只要有创新、有突破，都有可能成就一个好的新闻策划。

具体来说，财经新闻报道的策划应该着力把握住重大题材、重点产业领

①　舒竞：《新媒体时代突发公共卫生事件的新闻策划创新探析——以〈三联生活周刊〉的"新冠肺炎"系列报道为例》，《新闻前哨》2020年第6期。

②　王清、陈立波、袁蕾：《新闻报道策划的创新点》，《新闻前哨》2016年第10期。

域、社会热点和突发事件等几个重要维度，探索策划的个性化落实路径和机制。

## 一、提前组织部署，做好重大题材策划

重大题材包括各类重大节日、纪念日、会议、活动等，如中华人民共和国成立 70 周年、中国共产党成立 100 周年、抗战大阅兵、全国两会等。这些重大题材并非突然发生，而是有其周期性，在新闻报道中可以进行预先准备，提前策划。同时，这些重大题材的新闻报道规模大，受众覆盖率高，但同题的报道也比较多，想要脱颖而出，就需要先声夺人，在策划上下功夫，事先进行周密的部署，而不是临时仓促应对。

2019 年是中华人民共和国成立 70 周年，各大媒体均开展了丰富多彩的报道活动。《中国财经报》当年 5 月就确定了国庆特刊的策划方案，即以"追寻民族精神的足迹"为主线，选取自中国共产党成立以来，在革命战争年代、社会主义建设时期和改革开放时期创造和凝聚出"精神"的典型地方，通过记者实地采访，探寻"精神"传承和发扬的实践脉络，回答"中国靠什么走向富强"的时代之问。该报选取了浙江嘉兴(红船精神)、陕西延安(延安精神)、贵州遵义(长征精神)、河南林州(红旗渠精神)、北京中关村(创新精神)、福建晋江(拼搏进取精神)、四川汶川(抗震救灾精神)等 15 个省份的 18 个市县，自 7 月中旬起，陆续派出采访小组奔赴各地，以实地采撷的鲜活事例，生动描绘了各地民众继承和发扬优良传统、奋力创造美好生活的动人图景，同时揭示了财政在推动地方高质量发展方面所作出的巨大贡献。10 月 1 日，《中国财经报》以"壮丽 70 年 奋斗新时代"为刊头，精选上述采访报道优秀成果，推出 16 个版、图文并茂的大型国庆特刊，掀起了庆祝中华人民共和国成立 70 周年报道的高潮，在财政系统引起了良好反响。

2021 年是中国共产党成立 100 周年。100 年来，中国共产党带领全国人民谱写了中华民族自强不息、顽强奋进的壮丽史诗。围绕建党百年这一主题，第一财经推出"红色路标，发展新锐"专题策划，选择党的百年历史中一些具有历史意义的路标进行报道。这些路标，既是历史丰碑，也是精神传承之地，记录嘉兴、遵义、井冈山、延安、古田等红色路标，可以致敬历史，领悟党带领全国人民从革命、建设、改革、发展一路走来的百年风雨和丰功伟绩。这组新闻报道包括《传承红船精神，嘉兴要打造长三角一体化新增长极》《延安再出发：曾由石油主沉浮，如今苹果产值超 200 亿》《转折之城遵义的"新长征"：白酒辣椒蜂蜜引领经济发展》《"两弹一星"精神在海

晏：从第一颗原子弹到乡村振兴》《闽西老区龙岩再出发：建生态型现代化城市，与湾区联动发展》《首倡"大包干"的安徽农村，借"新土改"走向乡村振兴》《孕育红军精神的英雄土地，如何打造全国一流开放高地》《"共和国摇篮"谋划十四五，亮出850亿元招商项目清单》等，将红色精神与经济发展紧密结合起来，策划出了一组气势恢宏、视角独特的财经新闻报道。

### 二、密切关注重点产业，加强重点题材策划

改革开放以来，我国经济实现了高速发展，这个发展过程也是产业不断转型升级的过程，产业结构发生了巨大的变化。2015年5月，国务院发布了《中国制造2025》，这是我国部署全面推进实施制造强国的战略文件，是我国实施制造强国战略第一个十年的行动纲领，是我国制造业未来10年发展设计的顶层规划和路线图，目标是努力实现中国制造向中国创造、中国速度向中国质量、中国产品向中国品牌三大转变，推动我国到2025年基本实现工业化，迈入制造强国行列。该文件确立了十大重点发展领域：新一代信息技术产业、高档数控机床和机器人、航空航天装备、海洋工程装备及高技术船舶、先进轨道交通装备、节能与新能源汽车、电力装备、新材料、生物医药及高性能医疗器械、农机装备。2021年3月11日，十三届全国人大四次会议表决通过了关于国民经济和社会发展第十四个五年规划和2035年远景目标纲要的决议。"十四五"规划纲要提出，要坚持稳中求进工作总基调，以推动高质量发展为主题，以深化供给侧结构性改革为主线，以改革创新为根本动力，坚持把发展经济着力点放在实体经济上，加快推进制造强国、质量强国建设，促进先进制造业和现代服务业深度融合，强化基础设施支撑引领作用，构建实体经济、科技创新、现代金融、人力资源协同发展的现代产业体系，其中，值得关注的六大重点产业是科技创新和自主（TMT+医药生物）、制造强国和现代化（高端制造业）、扩大内需和消费、能源安全和绿色发展（新能源+环保）、国家安全和军队现代化、粮食安全和农业现代化等。长期以来，财经新闻媒体在各产业领域内深耕细作，积累了大量丰富的报道经验，在新的环境下，需要进一步及时关注国家产业政策和产业发展动态，关注上述重点产业，加强重点题材的策划与实施，才能够做出优秀的财经新闻报道。

例如，迈入21世纪以来，产业集群在我国迅速发展和崛起，形成了强大的产业配套和生产制造能力，迅速提高了劳动生产率，为国民经济持续快速增长提供了巨大动力，它已经成为区域经济最有竞争力的组织形式之一。

为了反映这一发展变化,《经济日报》曾策划了一组名为《成长中的产业集群》的系列报道,并获得第 19 届中国新闻奖二等奖。该系列报道选择了包括浙江诸暨珍珠产业集群、江苏建湖节能灯产业集群、重庆摩托车产业集群、广东东莞家具产业集群、云南斗南花卉产业集群等 13 个具有典型意义的产业集群,深入剖析其发展经验,对我国产业集群的发展具有重要的借鉴意义,引导我国区域经济的科学发展。① 这套系列报道的每一篇报道都具有相对独立性,通过大量的调查对于某个特定产业集群的发展路径、成功经验和存在问题等进行了剖析;整套 13 篇系列报道之间又具有一定的逻辑性,即不同类型的产业集群具有不同的发展路径,相应也存在不同的问题,13篇报道组成一个整体,就是对我国当前产业集群发展问题的整体透视。从单篇来看,每一篇报道都是对特定产业集群的案例解剖,对各地培育产业集群具有很强的借鉴意义。

### 三、围绕社会热点话题,精心策划

随着我国市场经济的迅猛发展和全民经济意识的觉醒,财经新闻报道已经成为事关国计民生的重要新闻类型。长期以来,财经新闻报道多体现为政府、专家的视角,表现出宏观和专业的报道特征,"'国家叙事'和'专家叙事'居于强势地位"。② 然而,随着经济对社会生活的渗透和普通民众知识水平的提升,财经新闻报道不再曲高和寡,而是不断追求贴近民众生活,反映民众关切的经济现象,反映老百姓身边的经济故事。同时,当下的财经新闻报道还积极主动介入公共话题,建立公共话语平台,缝合着经济发展过程中的裂隙,重塑着人们对经济现象的理性认知。

第一,财经新闻报道更为注重对国家大政方针、宏观经济等进行精细化解读,努力贴近普通民众的日常生活。如英国脱欧、一带一路、亚投行成立、人民币升值、经济新常态、京津冀一体化、雄安新区的设立等这些原属于国家和政府宏大叙事的经济现象,财经新闻报道也开始着眼于其对人们生活带来的影响,重在报道这些现象给我们生活带来的变化和即将带来的变化。如英国脱欧的相关报道中,媒体报道侧重英国脱欧使人民币面临双重贬值压力,进而分析其对我们日常消费过程中物价的影响。

---

① 吴玉兰、张祝彬:《经济新闻系列报道策划探析——以近五届中国新闻奖获奖作品为例》,《新闻界》2012 年第 5 期。

② 戴维:《经济新闻应关注民生》,《新闻窗》2008 年第 1 期。

第二，财经新闻报道更为注重财经信息变化与民众日常生活、日常话语的结合。随着信息社会的来临和市场化程度的提高，受众迫切希望从财经新闻报道中获取市场资讯将对生活产生什么样的影响，如股市、车市、楼市、保险、利率等以及围绕人民生活的煤、水、电、气、医疗等方面的改革信息。如"政府救市"对股票涨跌产生的短期或长期影响；房地产新闻中的房产税征收、限购政策对购买住房的影响；营改增政策实施后，对餐饮行业外卖业务的影响等。第 21 届中国新闻奖获奖作品《5 位一线工人代表"生活压力账本"追踪》7 篇报道，紧扣《工人日报》为职工说话宗旨，让从事建筑、环卫、城市公交、机械加工、纺织工作的 5 位一线工人代表自曝"生活压力账本"：自己的收入增幅赶不上教育收费、医疗收费、物价、房价、财政收入的增幅，从而发出"必须加快收入分配制度改革，让职工收入实现与社会财富的同步增长，过上更幸福和更有尊严的生活"的呼吁。此组报道以寻常百姓的故事为报道视角，事件化展开，动态化运作，真实反映了一线工人的所思所盼，紧紧配合了党和政府着力改善民生这一主线。①

第三，财经新闻报道更应该着眼于人，体现出民生关怀。说到底，经济应该是人的活动，是与人有关的生活。财经新闻报道如果只停留于物的层面，着眼于产量产值、技术手段、财富增长、发展速度和建设规模等方面，就会成为一种片面的财经新闻传播，不能很好地解释经济生活中出现的种种问题，不能把握经济活动的走向和趋势，不能对市场经济的发展提出自己理性的意见，最终迷失自己的方向。媒体应该关注经济社会发展过程中普通群众的生活，站在群众的角度上，维护群众的利益，响应群众的呼声。如抗生素滥用、经适房质量、柴油紧缺、农民工讨薪、地沟油、皮革奶、医疗改革等相关的财经新闻报道，就体现了媒体的人文关怀，也体现出政府"以民为本"的施政理念。近年来，《小微企业调研行》《黄河善谷》《大伟招工和小张找工记》等一批"接地气""有底气""聚人气"的报道相继出现，普通群众成为新闻关注的焦点，以人为本、以民为本的政治理念更加突出，更具民本主张和人文色彩，也更加尊重民意，关切民间疾苦。

### 四、强化应急反应机制，做好突发事件策划

突发事件报道是衡量一个新闻媒体综合实力、组织能力和新闻队伍素质

---

① 吴玉兰、张祝彬：《经济新闻系列报道策划——以近五届中国新闻奖获奖作品为例》，《新闻界》2012 年第 5 期。

的重要标准之一,报道的好坏和水平的高低关系到新闻媒体的影响力和形象,甚至关系到国家的形象和社会的稳定。处理好突发事件报道策划,关键在于未雨绸缪,通过建立一个合理的长效突发事件应对处理机制,制定采编预案,使编辑记者能够在突发事件发生之后,迅速判断其新闻价值,把突发事件的新闻性与分析研究的理论性结合起来。①

界面新闻对"乐视危机"的报道就是一个典型案例。"乐视危机"可以说是一枚引爆了整个中国互联网经济的"重型炸弹"。2016 年,乐视资金链紧张,陷入财务危机,在经过多轮融资之后,危机仍未得到全面解决。"贾跃亭""乐视"频频登上百度热搜和微博热门话题榜,危机愈演愈烈。早在 2015 年,界面新闻就曾以《乐视危机:互联网电视谁将后发制人》为题发文报道,从乐视在打造互联网电视上的问题窥见其整个生态圈存在的问题。从"乐视问题"的发展脉络来看,不得不佩服界面新闻眼光独到、预测准确。2016 年 11 月 14 日界面新闻再次发文《乐视危机重重高管增持自救 贾跃亭或在香港寻求融资》,正式报道乐视资金问题。12 月 10 日,再次发文《乐视危机一个月》对乐视危机爆发一个月以来乐视的内部调整进行报道,并对其未来的发展方向进行预测。进入 2017 年之后,它更是以平均每个月十篇深度报道的发稿量对"乐视问题"进行报道。界面新闻之所以能够对乐视的资金问题进行连续、快速的报道,当然离不开其对乐视的长期关注,从而能够快速出击。

2018 年夏天,"顺风车司机杀人案"掀起了轩然大波。当年 8 月 24 日 13 时,温州乐清市 20 岁女孩赵某通过滴滴平台约上了车主钟某的顺风车,后被钟某性侵后以残忍手段杀害。2018 年 8 月 25 日,滴滴发布道歉和声明,称有不可推卸的责任,后续会积极配合警方,做好家属善后工作。8 月 28 日,滴滴发布郑重道歉声明,称顺风车业务模式重新评估,在安全保护措施没有获得用户认可之前,无限期下线。《财新周刊》在 9 月 2 日推出了封面报道《滴滴请回答》,对滴滴顺风车存在的问题进行了深入的揭示。该新闻报道的主要内容是:2015 年 6 月,滴滴顺风车上线,双向匹配非运营性车辆和用户需求,平台抽成。因其利用大数据撮合交易等互联网平台技术,以合乘方式实现车辆出行共享,理论上似乎最能实现减少资源闲置、提升节能环保、缓解交通拥堵等社会公共问题。令人意外的是,以"公益性"与"共享

---

① 吴玉兰、张祝彬:《经济新闻系列报道策划探析——以近五届中国新闻奖获奖作品为例》,《新闻界》2012 年第 5 期。

经济"为名的顺风车，不仅为滴滴贡献了可观的单量，更以其低成本的运营，成为比专车、快车等产品还要更早盈利的品类。滴滴顺风车盈利的背后，是违反公益合乘出行的"初心"，是在网约车和合乘车相关政策之间腾挪套利，以平台经营性之实、行非经营性之名的灰色产业链，其间种种管理失控，为偶然之凶案埋下了必然的伏笔。《财新周刊》素来以其专业化和快速化而备受业界关注。《财新周刊》的《响水余响：政策下的苏北苏南化工将何去何从？》《内蒙古政法窝案风暴》《操场埋尸 16 年：谁是"保护伞"》等报道，也是在面对突发事件时，快速接入报道，表现出较强的应急报道能力和应对突发事件的策划能力。

# 第五章
## 财经新闻报道的写作方法和视角选择

财经新闻报道的写作方法千差万别，没有一个固定的格式，应该在坚持真实性、客观性、独立性、准确性等基本原则的基础上，选取恰当的视角，强化适应财经新闻报道的方法，呈现财经新闻的独特规律，以更好地服务于祖国建设和人民生活。

### 第一节　用数据说话，实现新闻价值最大化

数据是把握经济生活不可缺少的工具，是构成新闻事实的重要组成部分。比如国家每个月定期发布的各类宏观经济运行数据、上市公司定期披露的财务报表等。因此，数据在财经新闻报道中具有非常重要的地位，"财经报道从本质上来讲是对数据的呈现、分析与解读"，"数据在财经新闻报道中的功用，首先是能帮助记者找出新闻点，提出正确而有价值的问题。其次，通过对国家、市场与公司进行比较，数据可以帮助受众发现关联性，理解差异和发展状况。再次，数据能为某些已广为人知的事件提供新的深入的解读视角。最后，数据可以成为预测未来趋势的有效分析工具"。①

可以说，如果离开了数据，财经新闻就没有说服力和可信度。不过，财经新闻报道并非简单罗列数据，而是需要从数据中寻找到新闻报道的切入点，通过数据发现新闻线索、提升新闻价值、深化新闻报道、创新报道模式。

#### 一、解读数据背后的信息，发现新闻线索

财经新闻报道绝不能简单停留在罗列数据的浅层次上，而应该深入挖掘数据背后的新闻信息，围绕数据多问几个为什么和怎么办，多思考这些数据

---

① 杭敏、John Liu：《财经新闻报道中数据的功用——以彭博新闻社财经报道为例》，《新闻记者》2015 年第 2 期。

意味着什么，这样也许会发现数据中隐藏的更大的新闻。

在过去的十几年里，我国在经济领域取得了辉煌成就，保持了三十几年的高增长速度，全世界为之惊叹，我国的经济数据也成为全世界媒体所关注的对象，每次的 GDP 等重要经济数据发布都会吸引众多的目光。我国从事财经报道的记者也习惯了"数字天生就是新闻"这一逻辑，常常抓住数据本身做文章，人云亦云，对数据的深入挖掘往往不足，无法看到表象背后的真实，报道更深层次的真实和具有独特意义的独家新闻。

例如，我国特色社会主义进入新时代，社会主要矛盾已经转化为人民日益增长的美好生活需要和不平衡不充分的发展之间的矛盾，经济需要高质量发展，各经济指标的关系更加复杂，不能只盯着 GDP 等少数指标来做文章，而是要综合分析各种指标的关系，如经济总量增长和经济效益提升、经济增长和能源消耗、经济发展的可持续性等。这就要求记者投入更多精力，下更大功夫，既要关注数字，更要分析梳理数据之间的关系，发现更重要的新闻线索，挖掘出数据背后更有意义、更有价值的新闻点来。请看《上海证券报》的新闻：

### 工业企业利润增速放缓　背后的忧与喜

受 PPI 涨幅回落等因素影响，前三季度工业企业利润增速持续放缓至 14.7%，创下年内次低。数据背后有忧亦有喜。忧的是，未来工业企业利润增速或继续放缓；喜的是，企业降成本、去杠杆效果继续显现，未来扶持政策将有助于民营企业提升利润空间。

国家统计局 27 日发布的数据显示，前三季度，全国规模以上工业企业利润总额增长 14.7%，增速比 1 至 8 月份减缓 1.5 个百分点，其中 9 月份利润增长 4.1%。

国家统计局工业司何平在解读数据时表示，工业企业利润增速放缓主要是受工业产销增速放缓、价格涨幅回落、上年利润基数偏高等因素的影响。

华泰证券首席宏观分析师李超认为，PPI 在翘尾因素及环保限产政策柔性化的共同影响下转为下行，预计未来工业企业利润增速仍将缓慢下行，年底增速或放缓至 13% 左右。

中信证券首席经济学家诸建芳也分析称，工业企业利润增速开始趋势性回落，但未来半年至一年工业企业利润增速仍将维持在 8% 至

10%，前景并不悲观。

尽管利润增速有所放缓，但值得注意的是，企业降成本、去杠杆效果继续显现，工业经济运行质量进一步提高。

一系列数据可以证明：1 至 9 月份，全国规模以上工业企业每百元主营业务收入中的成本为 84.31 元，同比下降 0.29 元；利润率为 6.44%，同比提高 0.29 个百分点。9 月末，工业企业资产负债率 56.7%，同比降低 0.4 个百分点。

一方面是企业成本降低，另一方面是资产负债率下降。在李超看来，这些都表明工业企业经营效益继续改善。

国有企业降杠杆成效更为显著。据统计局数据，9 月末，国有控股企业资产负债率为 59%，同比降低 1.6 个百分点。同期，私营企业资产负债率为 56.1%。

李超预计，政策支持民营经济将有助于其融资状况的继续改善，也有助于改善企业经营环境，提升利润空间。

从行业表现来看，新增利润主要来源于钢铁、建材、石油、化工等行业。数据显示，前三季度，钢铁行业利润增长 71.1%，建材行业增长 44.9%，石油开采行业增长 4 倍，石油加工行业增长 30.8%，化工行业增长 24.5%。五个行业合计对规模以上工业企业利润增长的贡献率为 72.4%。

李超表示，随着政策效果显现，基建补短板有望带动相关工业行业下游需求。同时，今年高端制造业投资增速仍显著高于整体制造业，预计国家可能继续加大对高端制造业的政策支持。

（梁敏：《工业企业利润增速放缓　背后的忧与喜》，《上海证券报》，2018 年 11 月 29 日）

这篇报道不仅注意到了工业企业利润增速放缓的事实，还发现了放缓背后"企业成本下降""资产负债率下降"等事实线索，并采用专家观点进一步补充丰富事实："这些都表明工业企业经营效益继续改善。"很显然，记者梁敏没有满足于简单报道经济数字，而是在对数据的分析中找到了增速放缓背后的成本和负债率"双降"这个新闻点。因此，经济数据不仅是直接报道的对象，更是分析的对象，挖掘数据背后隐含的事实和多种可能性，是捕捉高质量财经新闻的一个关键所在。

### 二、运用精确数据，提高新闻价值

英国经济学家威廉·配第在《政治算术》序言中指出："我不采用比较级或最高级进行思辨式的议论。相反，我采用这样的方法，即用数字、重量、尺度来表达自己想说的问题。"财经新闻报道要做到准确、有深度和力度，离不开数据支撑。经济数据运用得当，可以起到其他新闻事实难以起到的作用。

一篇财经新闻报道如果只做定性评价，由记者或专家说"好"或者不好，影响是"正面"或是"负面"，股市是"利好"还是"利空"，这样的内容是难以得到读者认可的，运用一些数据来分析或者佐证，新闻的真实性和可接受度就可能倍增，因为数据等可证实（或者证伪）的具体新闻事实是客观的，观点和评价则因人而异，甚至可能是言不由衷的"策略性表达"。

尤其是关于股市、基金、汇率等与数字非常密切的财经领域，数据几乎成为财经新闻报道的核心内容和价值点。近几年，数据新闻在财经新闻报道中扮演着越来越重要的角色，原因正在于此。当然，数据对财经新闻报道的重要性不只体现在数据新闻方面。现在许多媒体都会在财经新闻报道中采用数据尤其是图表等可视数据来充实、丰富报道的形式。尤其有关成绩、成就、解读政府工作报告等内容的新闻，通过运用精确数据，能够提升报道的影响力和可信度，进而也提升了财经新闻报道的价值。如：

### 我省交通图五年七变

祖籍沧州的郑先生在沪经商数年，前不久他从上海返乡，连遇两个"没想到"。

一是石家庄到沧州的高速公路上舒适、快捷、干净的旅途让他连说："没想到过去要走六七个小时的路现在只用 3 个小时。"

第二个没想到就是他离家前买的 1996 年版的《河北省地图册》已失去了作用，因为里面的河北交通图上，只标有京石和石太两条高速公路，而现在连沧州这个号称"交通死角"的地方都有两条高速公路穿过。

5 月 17 日，记者特地从河北省测绘局要了一张 2001 年版的河北交通图送给了郑先生。原河北省制图院总工程师师云杰介绍说："近几年，我省公路建设，特别是高速公路建设速度太快，交通图每年都要更新，有时一年要更新 2 次。从 1997 年到去年年底，河北交通图一共出了 7 版。"

对照新旧两张地图，我省高速公路飞速发展的步伐跃然纸上：从1996年底的"一横一竖"，到2001年底初步形成以北京为中心，石家庄、天津为枢纽，辐射10个中心城市和秦皇岛、京唐、天津、黄骅4个港口以及大同、阳泉两个煤炭基地的"两纵两横"、"开字形"布局的高速公路主骨架，我省已建成高速公路13条(段)。

省交通厅有关负责同志说，为打破经济发展的"交通瓶颈"，我省近几年加大了公路建设投资，1997年到2000年几乎每年投资都近130亿元，从1996年到2001年底我省已完成公路投资639亿元，新增高速公路1332公里。1999年全省高速公路突破1000公里，跃居全国第二位，2001年，通车里程达1563公里，继续保持全国第二。交通，正在成为我省国民经济的先行官。

省会到全省任意一个省辖市的车程均在6小时以内，目前我省路网平均车速已由1996年的30.2公里/小时提高到53.8公里/小时，"走高速"成为人们驾车出行的首选。

高速公路的快速延伸，带动了公路客运、货运的大发展和水平的提高。"高速直达"的出现，尤其激活了客运市场的一潭死水，也彻底改变了人们的出行观念。

这种伴随高速公路而生的新型陆路运输方式，以其及时、快捷的优势，吸引了大量客源，迫使"铁老大"放下了架子，民航降低了门槛。

截至今年3月，我省高级客运班车已达1169辆，客座32520个，配备空调、电视、卫生间等设施的"豪华大巴"，让人们体验的是先进的客运工具，"航空式服务"的出现，让乘客越来越深地感觉到当"上帝"的味道。

（石磊：《我省交通图五年七变》，《河北日报》，2002年7月11日）

如何写好写实成就是每个媒体都需要好好去反思的问题。这篇报道选择"交通地图"的变迁作为报道的核心内容，突破了以往单纯口号式宣传的报道模式，通过数据变化反映河北省交通的变化，既内容详实，又通俗易懂。

在财经新闻报道中用好数据，关键在平时的积累，需要做好数据收集和整理工作，随时关注数据变化。总体来说，经济数据的来源有三类：第一类是政府部门公布的经济数据，如国家统计局、中国人民银行、商务部等定期公布的数据。这类数据提供宏观信息，特点是权威性高、系统性强。我国于2002年开始采用国际货币基金组织制定的数据公布通用系统（GDDS），2015

年正式采纳国际货币基金组织数据公布特殊标准（SDDS），随着 GDDS 尤其是 SDDS 的推行，政府部门的许多宏观经济统计数据公布的频率和及时性、所公布数据的编制和核对方法、公布数据的评论和数据调整情况、数据发布的时间表等更为明确，便于在第一时间获得。第二类是国际经济数据，主要是国外的政府机构、市场及研究机构和国际组织公布的经济数据，如美国商务部、欧盟统计局、世界银行等部门和机构定期公布的经济数据。此外，一些民间机构如标准普尔、穆迪等评级机构公布的数据，密歇根大学消费者信心指数等数据也有相当的影响力。这类数据发布的时间和方式通常也有一定的规律，一般可从这些机构的官方网站或世界各大通讯社的报道中获得。第三类是国内的一些市场机构、民间机构或调查公司公布的数据，如市场调查机构对某一行业某类产品销售状况的调查，一些媒体在经济领域进行调查所获得的一些数据，等等。但采用这类数据必须相对谨慎，注意其发布的背景和目的，以及这类数据的产生是否科学。① 核实数据主要包括三个方面，一是数据是否精确；二是数据的来源（包括统计方法）是否科学；三是发布数据的单位是否权威。

### 三、数据作为背景资料，通过对比凸显新闻深度

　　数据对财经新闻报道的价值，不仅体现在准确反映最新动态事实方面，也体现在作为背景凸显新闻价值、开拓新闻深度方面。好的报道不能仅仅停留于某一个行业的某一个数据，或者停留于某一天发布的某一数据，它需要搜寻整理相关的其他实时数据和历史相似数据，将这些数据作为新闻报道的背景，通过对比凸显最新数据的价值，开掘新闻报道的深度。如：

**今天消息**

**告别"同命不同价"！**

广东元旦后试行人身损害赔偿统一按城镇居民标准计算，
农村居民受害人赔偿金将大幅提升

　　羊城晚报讯　记者董柳　通讯员陈虹伶　王静报道：告别"同命不

---

① 印久青：《经济报道中如何运用好经济数据》，《数据》2005 年第 8 期。

同价"!广东省高级人民法院 24 日上午发布了《关于在全省法院民事诉讼中开展人身损害赔偿标准城乡统一试点工作的通知》(以下简称《通知》)。农村居民受害人可获赔的"两金一费"(残疾赔偿金、死亡赔偿金、被扶养人生活费)数额,从此将有较大幅度提升。

《通知》打破了目前存在的城乡差异局面,明确了统一标准,实现了"一视同仁"。《通知》明确:2020 年 1 月 1 日以后发生的人身损害,在民事诉讼中统一按照有关法律和司法解释规定的城镇居民标准计算残疾赔偿金、死亡赔偿金、被扶养人生活费,其他人身损害赔偿项目计算标准保持不变。

现行司法实践中,"两金一费"因城乡居民不同身份采用不同计算标准,导致赔偿数额差异较大。根据《广东省 2019 年度人身损害赔偿计算标准》,2018 年广东省(深圳、珠海、汕头除外)城镇居民、农村居民人均可支配收入分别为 42066 元/年、17168 元/年,相差达 2.45 倍;人均生活消费支出分别为 28875 元/年、15411 元/年,相差达 1.87 倍。也就是说,同样的人身损害,城镇居民获赔,有可能分别是农村居民的 2.45 倍和 1.87 倍。

以广东省某起机动车交通事故损害赔偿责任纠纷为例,35 岁的农村居民王某被机动车碰撞身亡,双方承担事故同等责任,王某生前与另一人共同抚养其 60 岁的母亲。按照 2019 年度农村居民人身损害赔偿计算标准,其近亲属可获得死亡赔偿金 20.6 万余元,其母亲可获得被扶养人生活费 9.2 万余元,两项合计 29.8 万余元。若按照城镇居民标准计算,死亡赔偿金为 50.4 万余元,被扶养人生活费为 17.3 万余元,两项合计 67.7 万余元。赔偿权利人获得的赔偿数额提高了 37.9 万余元,达 2.27 倍。

"开展人身损害赔偿标准城乡统一试点,是人民法院深化司法体制改革,为促进城乡融合发展提供司法服务和保障的根本要求,也是平等保护受害人的生命权、健康权,更好地实现公平正义的重大举措。"广东高院副院长谭玲告诉记者,"试点期间,受诉法院将在立案、审理环节向当事人主动释明统一适用城镇居民赔偿标准,平等、充分地保障当事人诉讼权利。"

(《羊城晚报》,2019 年 12 月 24 日)

我国《宪法》第 33 条规定:"中华人民共和国公民在法律面前一律平

等。"但在交通事故等引发的人身损害赔偿纠纷案中，长期以来，基于城乡户籍不同等原因，不同受害者获得的赔偿数额相差悬殊。记者第一时间报道广东省高级人民法院发布的《关于在全省法院民事诉讼中开展人身损害赔偿标准城乡统一试点工作的通知》，指出该通知明确了统一标准，实现了"一视同仁"。但报道并未止于此，而是进一步运用宏观数据及典型案例数据来充实新闻，提高了新闻的辨识度和感染力。该报道在全国范围内引起了强烈反响，收到了良好的传播效果，荣获第三十届中国新闻奖一等奖。

### 四、注重数据的表达技巧，提升报道的感染力

英国汤姆森基金会编著的《新闻写作基础知识》中谈道："他（或她）最容易理解他个人经验范围内的事。当他读到国家收支赤字是 1 亿美元或国民生产总值是 50 亿美元时，他并不太清楚这是怎么回事；但当他听到国家的债务摊到每个男人、妇女和小孩头上是 2 美元时，就明白是怎么回事了。"这个例子告诉我们，受众不是专家，他们对数据有时并不能完全理解，这就要求记者在写作时要"因人而异"，根据受众的特点对数据进行处理，通过适当的表达技巧来传递数据信息，不能简单照搬。主要包括以下几个方面：

首先，简化数据。财经新闻报道需要用数据说话，但不是一味堆砌大量的数据，使得新闻报道枯燥乏味，让读者失去阅读的兴趣。一定要认真地问问自己，这些数据是不是必须用，它用来说明什么问题，它是否能简化一些？要时刻以读者需求为中心，选取他们感兴趣的内容：（1）归纳数据信息。对已有数据进行归纳是简化数据信息的常用方法。如："2000 年在国民经济保持较快的增长速度的情况下，全年第一产业增加值为 650 亿元，比上年增长 4.5%；全年第二产业增加值为 1670 亿元，比上年增长 6.8%；第三产业发展加快，所占比重明显上升，全年第三产业增加值为 2180 亿元，比上年增长 11.6%，超过 GDP 的增速，在 GDP 中所占比重上升到 36.2%，第三产业从业人员比重也达到 30.5%，首次超过第二产业比重（29.5%）。"这一堆数据就需要归纳简化，突出"第三产业强劲增长，在经济结构中比重增大"这一新闻点，这样才能便于读者理解。（2）不要让读者做算术，因为读者不喜欢花时间去计算。不要说"全市 800 万人口，6800 个核酸检测人员要一天完成所有人员的检测，都累坏了"，而是说"一个核酸检测人员一天要检测近 1200 人，按工作十个小时计算，每小时要测 120 人，平均每分钟要测 2 人"。（3）使用相同的单位。不能说"XYZ 公司出售了 15000 台电冰箱，

而它的竞争对手的销售额是 1400 万美元"。作为记者，他有必要把数据转换成相同的单位，或者用销售量，或者用销售额作为统计类别，并且保持计量单位一致。

其次，换算数据。记者要善于用通俗易懂的语言和事例具象化表达经济数据，增强经济数据的可读性。《滞销掀钮　加班增产为什么》一文这样形象化地表达数据："掀钮生产太多，外贸库存总数达 76 万箩，内贸库存总数近 20 万箩，内外贸合计占用资金超过 720 万元。全市仓库积压的掀钮存货，如果铺在南京路上，可以从外滩直铺到静安寺再打 394 个来回。"通过把抽象的数据变成直观的形象，掀钮积压滞销的情况一目了然。再比如，一位记者在报道美国国债于 1981 年 10 月突破 1 万亿美元大关时这样说："如果将这 1 万亿美元换成 1 美元一张的钞票，一口气数下去，一秒钟数一美元，需要 31668 年才能数完。"从受众的日常生活体验角度出发来表达数据，是一个常用的策略。一篇名为《钢铁价格上涨》的报道把工业产品的价格上涨与读者的经济利益直接挂钩，它这样写道："制造一台家用煤气炉的钢材将涨三十五美分，一台洗衣机所用的钢材将涨价二十三美分，冰箱为二美分。"

最后，翻译数据。把数据翻译成新闻语言，实际上就是尽可能地用通俗的语言把数据的含义表达出来。而要把数据"翻译"好，应当把握这样的原则：千万不要把读者当成经济学家，财经新闻报道与经济学杂志上的论文有非常大的差别，前者的传播对象是最广大的受众，而后者的对象则是业内人士。比如国有资产流失是一个复杂的经济学问题，许多人只有一些具体的认知，有一篇报道对这个问题的"翻译"就很值得称道：某个系统有 20 个企业，若卖掉几个濒临死亡的企业，一定会有人大呼国有资产流失。但细算一算，如果某个濒临死亡的企业每月消耗资产 50 万元，一年消耗资产 600 万元，这才叫作国有资产流失！这样的例子在我们身边还少吗？如果我们早点把这个企业卖掉，把所得的资金注入优势企业，不但能确保这部分国有资产不流失，而且还能使其增值，这才是真正的盘活存量。① 这样的"翻译"，不仅有助于读者更好地把握相关数据的含义，也有助于加深他们对盘活国有资产的理解。

---

① 俞萍丽：《数字妙用写华章——经济报道中的数据运用》，《新闻实践》2001 年第 9 期。

## 第二节　用讲故事方式写活财经新闻

所谓故事化，美国普利策新闻奖得主富兰克林认为它是"采用对话、描写和场景设置等，细致入微地展现事件中的情节和细节，突现事件中隐含的能够让人产生兴奋感、富有戏剧性的故事"。一般来说，故事化新闻就是以讲故事的手法来报道新闻的一种写作方式，充分运用故事化叙事的优势，增强新闻的可读性和感染力，从而达到更佳的传播效果。在财经新闻报道历史上，《华尔街日报》曾经大力推动故事化写作，其成功经验被概括为"华尔街日报体"广为流传，也被国内不少财经媒体视作学习的榜样。21 世纪以来，财经故事报道形式越来越为我国财经报纸媒体所青睐，有报纸公开表达对讲故事方式的赞赏态度，如《财经时报》说"我们希望新闻事件化，事件数据化，数据形象化"，《21 世纪经济报道》则宣称要"在报道内容上侧重于经济新闻的故事化和深度分析"。

贺宛男在《财经报道概论》里说："在财经报道领域，做故事的题材和背景资料是如此丰富如此宽泛如此深厚，例如，通过对公司高管人员的公开信息的介绍，以及对大量经营信息和经营业绩的研判，可以为漂亮的财经人物故事铺垫出大量材料和细节；通过公司上市时的招股书、上市书，以及此后因种种原因中道衰落、被人并购而发布的收购报告书等，可以做成一篇从成长到衰落、颇为曲折离奇的公司故事；从交易所多种公开信息中寻找蛛丝马迹，还可以做出以各种手段坐庄、炒作、内幕交易等财经故事。"[1]

《亚马逊：微笑背后的故事》就是一篇这样的报道，它通过亚马逊内部文件、现前任员工采访、美国报警电话记录和政府线人提供的证据，揭开亚马逊为追求配送时效，如何将仓库变成伤害一线员工的工厂：安装自动化设备仓库的员工遭受重伤的比率提高了 50%，有些甚至比整个行业的 2 倍还多。比如在加州特雷西，引入机器人以来的四年，严重伤害比率几乎翻了 3 倍；印第安纳仓库的一名员工死亡以后，当地政府为吸引亚马逊的投资，悄悄取消对该公司的制裁。该报道在 2020 年获得了美国财经新闻领域最负盛名的新闻奖——杰拉尔德·勒布奖。

---

[1]　贺宛男：《财经报道概论》，复旦大学出版社 2009 年版，第 33 页。

### 一、选择具有代表性的人物，以小见大突出新闻主题

选择较有代表性的普通百姓或家庭，从微观切入来进行叙述，然后引入财经新闻报道主题，把故事背后的经济风云突变的深层次原因娓娓道来，深入剖析揭示经济现象的来龙去脉，从而避免在写作中充斥大量的专业术语和冰冷数据，以致出现"外行看不懂，内行不愿看"的情况。因此，优秀的财经新闻报道要善于"以小见大"，通过对小人物的财经故事的叙述，让受众感受市场的变化和经济的冷暖。如：

> 5年前，顿宁决不提前工作。身为太平洋银行与信托公司主席，顿宁先生总要迟到20分钟才跨进办公室。"阶级就要有其特权。"他对自己说。
>
> 今天不同了，顿宁决不迟到。
>
> 现在他为自己工作，一天工作14小时，在加州街与教堂转角处高声叫卖："苹果大拍卖。"
>
> 顿宁先生是许多前银行家之一，过去3年中，全国倒闭了9000多家银行，他们也都在挣扎着想旧部复活。

这段文字截取了一个破产的银行家的两个对比鲜明的镜头，形象地反映了美国经济危机过程中财经人的戏剧性变化，进而又点出了他跃跃欲试的复出心理。这是一篇典型的"华尔街日报体"报道的开头部分。它以引人入胜、趣味盎然的人物小故事开头，再自然过渡到所要交代的新闻大主题。我国的不少财经报纸也曾借鉴这种故事写作手法。我们来看《21世纪经济报道》的一篇报道《乳业复苏之辩》的开头：

> 家住上海崇明的陈惠明这几个月发现，常去的超市冷藏架上，牛奶几乎销售一空。这是与一年前甚至大半年前截然不同的情景。
>
> 陈惠明的另一个身份是一家拥有800头奶牛的养殖场的负责人。眼前的状况让陈惠明很高兴，因为这意味着挤下的牛奶不用发愁销售了。"乳业在复苏了！"他觉得这一点就是最好的证明。现在奶牛场的销售也的确好过从前。

这篇报道写的是中国乳业在经历了"三聚氰胺事件"后由沉寂到复苏的

变化，但作者却以普通奶场负责人的视角关注整个中国乳业的发展及其对个体的影响和意义，角度新颖，可读性自然较强。

其实，以小见大，通过典型人物和故事反映重大主题是叙述性文体的一种基本写法。在新闻报道中，记者既需要胸怀大局，又要深入生活认真采访，将时代需求和百姓经历、感受艺术化地结合起来，这样才能够制作出真正的精品。在这方面，我国一代代新闻人留下了许多经典名篇，如《经济学家赶集》《从邮局看变化》《两家子公社干部开始睡上安稳觉：夜无电话声 早无堵门人》等，现在细品仍韵味无穷。

## 经济学家赶集

本报讯　3月4日下午，经济学家薛暮桥到北京北太平庄农副产品市场赶集。

这位75岁高龄的老人，兴致勃勃地挤进人群，东瞧西看，问这问那。见到卖鲜鱼的，便问是怎么运进城里来的。有几个顾客正和卖主讨价还价，最后达成协议：一元二角一斤。薛暮桥同志高兴地说："好，我也买一条。"卖鱼的拣了一条又大又肥的活胖头鱼，一称，五斤重。薛暮桥一边付款，一边说："看来还是两个市场好。"买完鱼，又买了一条擀面杖。这时，一个老头在叫卖挖耳勺。他赶忙过去花三分钱买下一个，说："我很早就想买这么个小东西，总买不着，今天算是盼着了。"

赶完集，来到市场管理所。薛暮桥对管理所同志说："这样的市场多开辟几个，分散一些就更方便了，是不是可以让那些较富裕的社队自己投资建市场呢？"管理所同志说，也有个别人搞投机倒把。他说："我看要进行教育，做到公买公卖。我们以国营市场为主，农贸市场作为补充，提倡社队集体卖货，也保留少数商贩。"

（冯国熙：《经济学家赶集》，《市场报》，1980年4月25日）

经济改革搞活市场的成效如何？老百姓的生活感受是衡量的一把重要尺度。不同于当时的一般做法，这篇小通讯讲述了经济学家薛暮桥赶集的故事，通过他的耳闻目睹、言行举止来反映搞活市场给人们带来的生活便利，很形象生动，富有感染力。在这篇报道中，薛暮桥有两个角色，一个是普通市民，写他赶集的经历和感受；另一个是经济学家，写他对市场建设的意见建议。两个角色集中在这个充满生活气息的小故事中，新闻的独特价值就呼之欲出了。

## 二、发现数据背后的故事，彰显新闻的戏剧冲突

财经新闻报道离不开数据，然而孤立和静止的数据常常不能说明任何问题。要写出数字的变化和背后的矛盾冲突，新闻才能够有新意，有价值。因此，挖掘数据背后的故事，在生动的故事叙述和矛盾冲突中展现数据等"硬内容"，是写好财经新闻的一个基本功。这就要求记者在采访时时刻关注数据背后的故事，寻找数据背后的戏剧性冲突，善于发现那些不寻常数据背后不寻常的故事。

1999 年年初，《长江日报》记者黎勇参加长航集团武汉长江轮船公司的一个合同签字仪式。长航集团当时是一家"著名"的"老大难"亏损企业，武轮公司虽然是该集团效益比较好的一家子公司，但当时也是"半生不死"，已经长期没什么"动静"了。然而，记者赶到签字仪式现场发现竟然签的是一个 2 亿元的单。记者对这个大数额订单产生了浓厚的兴趣。因为即使对当时经营情况比较好的企业来说，这也是一个大单，一个亏损企业为什么能接到？这里面究竟发生过什么？于是记者耐心捕捉仪式上有关官员、企业领导和合作方的讲话，终于发现了故事！原来，1998 年 8 月长江发大水，九江段干堤溃口，正是九江江面上的长航武轮公司的一条驳船，连船带货物沉入江中，在关键时刻锁住了龙口，为堵住溃口立下了汗马功劳。抗洪结束后，九江市举行庆功宴，九江市长问长航方面有何要求，长航方面介绍了企业目前运力过剩、货源不足的困境，而九江市长知道江西最大的合资公司、江西亚东水泥公司当时面临运能不足、急需解决运输问题。于是，在九江方面的撮合与介绍下，双方一拍即合，达成了有关协议。这则颇具戏剧性的故事，使得记者写成了报道《大洪水"做媒"武轮亚东"联姻"(副题)堵口义举引来台资两亿(主题)》。①

挖掘看似寻常数据中可能存在的不寻常的故事，是一个更具有难度的操作，它不仅需要记者有披沙拣金的能力，更需要记者有不放过一切可能发生的新闻的敏感和责任心。140 万双袜子虽然数量不小，也只是一个寻常的数字。但是，记者余兰生发现这批袜子是武汉袜厂近 10 年来积存下来的，袜厂宁愿让袜子在仓库里发黄、变色、贬值、被老鼠咬破，也不愿意卖出去。

─────────

① 黎勇：《从数字中寻找故事 从故事中体现思想——经济报道提高可读性和深化主题的一种思路》，《新闻战线》2006 年第 2 期。

这显然不合常理。于是，记者紧紧围绕这批袜子，在通讯《140 万双袜子的命运》中讲述一个原汁原味的故事，营造出戏剧性的冲突：如果不卖掉袜子，可以按原价照样记在资金账上，年年如数照算成绩；而如果卖掉，就要降价，就要亏本，就要影响政绩，历任厂长以"新官不理旧账"的逻辑搁置这批袜子。于是，袜子积压的时间越来越长，降价的幅度也越来越大，造成的损失也越来越多。记者通过故事突出新闻的主题，把人们的注意力引向"企业产权制度"。① 这篇通讯获得 1997 年度中国新闻奖一等奖，新华社在报道评奖揭晓的消息中特别提及这篇报道，说它"以小见大，引发了人们对国企改革的深层次思考"。

### 三、用形象事实说话，凸显细节和现场感

美国学者罗伯特·赫利尔德认为：一个好的完整的新闻故事应该类似于戏剧表演，要"时刻保持故事的现场感和紧张感"，"提供给读者任何可能得到的细节"。② 财经新闻报道当然也不能放过场景、细节和形象的描写，记者需要运用各种表达手段和符号，在读者头脑里构造一种生动鲜活的画面。第 32 届中国经济新闻大赛一等奖作品、中国青年报社的新闻报道《写字楼"大考"》报道 2020 年春夏之际疫情冲击之下北京市写字楼出租情况，记者张均斌没有执着于数据，而是通过几个鲜活丰满的故事来反映事物的丰富性和复杂性，其中的一个故事这样写道：

### "谁愿意退租离场"

……

张小朵原来租在 CBD，这里客户多，公司办公地点也能体现企业的实力，她和大楼方面签了 3 年租约，今年正好到期。去年年底，大楼租售部的工作人员还打电话问她续租的事，她答应了，每天每平方米 11 元左右的价格在 CBD 并不算高，如果"搬家"，还要花钱重新装修，也面临员工流失的问题，张小朵并不愿意折腾。

可是疫情后，她改变了主意。过完年，她就着手打听丽泽、亦庄等

---

① 黎勇：《从数字中寻找故事 从故事中体现思想——经济报道提高可读性和深化主题的一种思路》，《新闻战线》2006 年第 2 期。

② 李希光：《畸变的媒体》，复旦大学出版社 2004 年版，第 81 页。

新兴商圈的写字楼情况,也实地跑了一些地方。凭借较低的租金以及逐渐完善的交通和商业配套,这些新兴商圈已成为市场新宠。最终,她考虑把公司安在亦庄的一个产业园里。

"虽然距离北京核心区远点,但那又怎样呢?"张小朵这样安慰自己,身边不少朋友早几年就已经搬了。她列举了新址的种种优势,比如租金只要每天每平方米5元,园区还有免费接驳员工的大巴,工作人员的服务态度特别好……

说着说着,她叹了一口气:"要不是实在没办法,谁愿意退租离场?"

张小朵创业8年,公司从早期寥寥数人发展到现在近百人的规模,其间虽然也经历了很多困难,但公司的发展总体是向好的。

那些年中国经济一直保持中高速增长,北京很多著名的写字楼就是那时候建起来的。比如国贸三期,那曾经是北京最高的建筑;两年后,"中国尊"的地块被中国中信集团拿下,建成了现在的北京第一高楼;再后来则是骏豪·中央公园广场……这些都是当代中国具有广泛影响的地标性建筑。

搬到CBD前,张小朵在望京的一幢乙级写字楼里办公。因为业务的缘故,她常常来CBD谈合作,她喜欢看这些高楼,有时谈得晚了,她索性就在楼宇间散会儿步。看着不同颜色的灯光闪烁,人流来来往往,有一种说不出的充实和满足感。

3年前,她终于搬进了CBD。搬家那天,公司主要负责人举行了"庆功宴",那时,她们刚签下了一个大客户的订单,日子蒸蒸日上。宴会上,大家一起说了很多豪言壮语,立誓要重新在CBD"开疆拓土"。觥筹交错间走到了现在,张小朵说,每次一闭眼想到这些,总感觉一切恍如昨日。

就像疫情本身一样,疫情对经济的冲击充满着不确定性,它可能持久,也可能只是一时的影响;可能带来严峻的挑战,也可能给人以意想不到的市场机遇。正是这种复杂性的存在,张小朵的故事显得更为真实、丰富、具体,它把故事主人公的无奈和犹豫表现得历历在目,同时也传达了其对事业、对宏观经济的失望中隐含着希望的复杂心理。如今,此次疫情虽然已经消散,但细读这篇报道,其故事化表达及其反映出的"丰富的真实",显得尤为难得。

当然，讲故事不是最终目标，财经新闻报道追求的是对新闻真实的挖掘和展示，是对社会责任的表述和承担，是对正确经济价值的分析与倡导。正如威廉·E. 布隆代尔在《华尔街日报是如何讲故事的》一书中所说："我们所有人承担着一种责任，一种常常被我们忽略的责任，这就是我们既是事实的提供者，更是故事的讲述者。如果我们没有做好这两件事，就没有人理睬我们的作品……人们永远在思考哪些元素让一个故事从本质上变得有趣；如何在瞬间吸引观众的注意力；如何安排故事情节，让故事具有持续的吸引力；以及如何让故事深深刻在人们的记忆中等等。"①

## 第三节　以人文关怀报道经济生活

人是经济活动的主体，经济活动同人的其他活动方式一样，其最终目的都是保持和优化人的生命存在。因此，财经新闻如果只停留在物的层面，着眼于产量产值、技术手段、财富增长、发展速度和建设规模等方面，就会成为一种片面的新闻传播，它就难以更好地解释经济生活中出现的种种问题，对经济活动的走向和趋势的把握就可能出现偏差，最终迷失自己的方向。"把文化因素作为内生变量纳入经济分析中，显然扩大了经济分析的视野，比起那些只关注市场机制、劳动分工、物质资本等因素的纯经济分析，更有理论说服力。"②

关注人在经济生活中的作用，可以使财经新闻报道摆脱传统经济报道的套路，不是只盯着成本—效益做文章、只围绕着利益最大化的功利目标打转转，而是把价值判断和规范分析引入人的经济行为，把人的差异和经济的差异联系起来，把人的发展与经济的发展统一起来，使财经新闻报道在经济规律、科学理性与人文理性的有机融合中实现新的发展。讲究人文关怀，就是关注经济中"人"和"人"的作用，就是关注不断提高经济服务于人民生活这个最终目标，正是从这个意义上讲，财经新闻报道不能只注重产品生产、金融变化等"物"的因素，还要关注人的精神生活，把经济和新闻结合起来，体现人文关怀精神。

---

① ［美］威廉·E. 布隆代尔：《〈华尔街日报〉是如何讲故事的》，徐扬译，华夏出版社 2006 年版，第 3 页。

② 单波：《经济新闻传播的文化学研究》，《现代传播》1996 年第 1 期。

### 一、走进日常生活，感受百姓心声

如同其他报道一样，财经新闻报道也是源于人的生活，反映人的生活。再大的问题与百姓的生活总是有直接或间接的联系，从百姓生活中找出故事，使之与报道的主题结合起来，以平民化的视角，通过讲故事的形式切入经济活动与经济现象，以百姓的意识、眼光和态度来选择和处理新闻，就会让读者觉得可亲、可信，给受众以入木三分之感，增强了贴近性。① 英国《金融时报》的经典之作《"要发票吗?"》为此提供了生动的注脚，报道的开头这样写:

> "要发票吗?"
>
> 在中国某城市的街头，一个中年男子锲而不舍地尾随着我，反复地、但诡秘地追问我，一直到确信我真的不感兴趣才罢休……
>
> 这句追问一直尾随了我多年，上述情景除了地点、人物、口音有所不同之外，其余基本一致。即使我后来去了加拿大和英国，但只要回中国出差或探亲，还是经常会听到这句熟悉的"问候语"。
>
> 这句追问甚至追到了英国——我最近经常收到来自中国的电子邮件，询问我是否需要发票。下面便是一封这类垃圾邮件的"问候":
>
> "风起云涌商潮滚滚，相信您是拔尖的成功人士，原谅我的打扰。我公司每月有剩余发票可以向外代开(普通商品、运输、广告)，绝对低价正规。如有需求，欢迎来电洽商，我们一定尊重您的意见。"②

看到这样的开头，也许你会哑然失笑，因为你也可能经历过这样的事情。遗憾的是，我们没有发现的新闻，《金融时报》发现了。围绕发票为何成"市"、发票市场的顾客、假发票也"与时俱进"等方面，《金融时报》进行了深入的采访调查，写得既幽默生动，又一针见血。也许受此启发，2005年12月10日，《经济观察报》也发表了一则有着类似角度的新闻——《火车站的塞卡人》:

> 猜猜看，天天站在火车站逢人就塞上一张卡的工作能够获得多少报

---

① 周宪彪:《经济报道要"找故事"》，《新闻实践》2008年第6期。
② 魏成:《"要发票吗?"》，《金融时报》2005年10月31日。

酬？12 月 8 日上午，深圳火车站，两个来自四川的中专毕业生给出的答案是：月收入介于 2000 元至 5000 元之间。

问题是，他们甚至说不出为之服务的这家公司老板的名字，其中一位叫杨俊的小伙辩解道："我们可是一家大公司，在美国上市，好像叫纳斯达克是吧？""没错，我们在这里租的一平方米的小工作台每月都要几万块的租金。"另一位叫沈强的很得意。

接下来的场景估计您颇为熟悉——"免费赠送，可以预订优惠酒店客房、机票"。随后，我手里多了一张携程卡，这两个小伙子是携程深圳公司驻守在深圳火车站一楼的一个通道中的工作台成员。

他们每天西装革履并挂上工作牌工作 7 个小时：不断地向过往的旅客派发携程旅行网的会员卡，这是携程公司最直接的市场推广手段。该公司雇佣了超过 1000 位这样的"发卡手"，遍布全国几百个城市的火车站、长途汽车站、机场、边境口岸，以至于他们的高管们几乎不太可能有时间都巡视一遍。①

也许上述两种场景现在已经不常见了。但是，变化的是具体生活场景，不变的是财经新闻要追求经济生活真实和民众生活体验的初衷。在一个虚拟和真实交融的网络化时代，我们既要时刻关注身边发生的故事，也需要关注网络虚拟空间的经济现象，更需要将网上网下相结合，挖掘网络热点背后的经济现象和经济故事。新华社的《记者"卧底"骚扰电话源头企业 内幕触目惊心》，《中国青年报》的《直播风口上的谁》，《中国经济周刊》的《数据隐私保卫战——爬虫背后的灰色大生意》，《北京商报》的《屡禁不止的四方支付洗钱产业》，《每日经济新闻》的《"校园贷死灰复燃"系列调查》等，这些近年涌现出的优秀作品，都有这样的异曲同工之妙。

**二、坚持普通人立场，关注公众利益**

美国经济学家加尔布雷思著的《经济学和公共目标》至今读来仍然很富有现实感，他提出，经济学应当关心人，应当关心社会公共目标。大量的经济问题其实就是民生问题，是关系公众利益的新闻。财经新闻报道选择民生视角，既是新闻宣传坚持贴近实际、贴近生活、贴近群众的需要，也是新闻

---

① 周涛、华威：《他们改变了旅行社业态 火车站的塞卡人》，《经济观察报》2005年 12 月 10 日。

报道的内在要求。只有在报道中贴近人、关注人，才能了解财经新闻的内在价值和核心意义。从民生谈国是，从人文谈经济，多点切入、大题小做、深入浅出，这才是实现经济报道"软着陆"的唯一有效办法。①

财经新闻报道应该关注经济发展过程中普通群众的生活，维护群众的利益，回应群众的呼声。"菜篮子"问题关乎城乡广大居民的生计，我国政府一直十分关心。1994年，《中国青年报》记者苏会志、王进业发现了一个值得关注的现象：上市的蔬菜数量、品种并不少，但是菜价太贵，日日见涨，居民难于承受。于是，两位记者紧紧抓住这个问题，不辞劳苦，追踪千余里，写成了报道《菜价追踪》（《中国青年报》1994年4月12日），将菜价不断上涨的原因极真切地展示在公众面前。这篇优秀的财经新闻报道，正是记者将群众利益放在首位，真正深入调查的结果。《21世纪经济报道》的《中国西兰花梦断日本，数万菜农损失过亿》，是一篇呼吁政府完善对农产品检验制度的报道，但作者没有止于干巴的数字和简单的理性分析，而是以关怀之心为普通农民呐喊，全文渗透着记者对菜农切身利益的关注以及对他们遭遇的同情，感染力让人印象深刻。由此可见，财经新闻报道必须将经济现象与人文关怀联系起来，将视野从经济、财经领域向人文学领域拓展，挖掘财经新闻背后的深层信息，给大众带来更深层次的触动和思考。②

财经新闻报道要关注公众利益，主动通过议程设置，发挥媒体的社会建构功能，切实解决群众的问题。2019年7月，天津、上海、北京等地先后公布支持夜间经济发展举措，"夜经济"成为一个值得关注的经济现象，它能够对供给侧结构性改革、新旧动能转换等主题提供有效支撑。然而，新华社记者王明浩、李鲲的报道《"夜经济"点燃中国发展新引擎》并没有简单从宏观角度入手，而是贴近人民生活，以盛夏之夜天津民园广场的热闹场景开头，从"夜经济"促进经济增长、带动消费升级、关乎城市治理三个层面依次铺开，紧扣人们关注的问题，通过对夜市中普通人物的描写来还原真实，文章极富感染力和可信度。该报道在《新华每日电讯》头版头条发表后被广泛转载，荣获了第三十届中国新闻奖三等奖。

财经新闻报道站在普通人的立场，需要告诉读者某一经济活动对人所产生的影响。当下人们生活在一个被经济所包围的世界里，任何一处经济信息、经济政策和经济事件的变动都可能对人们的生活产生重要的影响，物价

---

① 赵宗符：《当前经济报道的问题及创新》，《青年记者》2002年第9期。
② 邓吉、王冉：《经济新闻中的人文关怀》，《媒体时代》2010年第12期。

变化、利率调整、医疗改革、食品卫生安全、股市变动、公司并购或重组等，最终都落实在"人"身上。财经新闻报道应该深入探究这些变化和影响，将其清晰地传递给可能的受众。2004 年 10 月 28 日，央行上调金融机构存贷款基准利率，这是中国自 1995 年 7 月以来首次调升贷款利率，也是自 1993 年 7 月以来首次调高存款利率。这样的金融信息对整个社会行业和群众生活产生什么影响？这是新闻报道应该予以重点关注的。2004 年 11 月 1 日，《经济观察报》的《加息后的金融业全景》对该事件进行了全面梳理，它开头就选择了这样一个场景：

> "我们都已经准备要走了，这时一位同事偶然地上了央行的网站。"一位交易员说。他看到央行网站上挂出了"上调金融机构存贷款基准利率"的消息。一下子，所有人都惊住了。在极短的时间内，通过各种传播渠道：短信，电话，MSN……每个行业人士口中只有三个字："加息了！"

这个开头直击大家的反应，很好地传递了当时人们对加息事件的惊讶和关注。随后，该报道详细分析了此次加息对银行、保险、基金等金融行业的可能影响，同时，它没有局限于各个行业的分析，而是落实到加息对各个行业里的"人"的影响。如："保险产品对客户的吸引力将下降，新业务增长将受制约，同时利率上升后客户的退保率也会上升。""在目前全球的加息背景下，应以两三年为投资期，应相对减少在股票和长期债券上的投资，加大对短期债券的投资。"该报道既关注财经政策变化，又在捕捉人们相关反应和心理变化的基础上透视政策变化可能带来的影响，为人们提出相应的财经对策，这种与生活相融合、与读者息息相关的报道，是财经新闻努力的一个方向。

### 三、揭示经济生活中人的精神面貌

经济活动是人的活动，没有人就没有经济活动和经济现象。从人的角度写经济，写经济变化对人的影响和人的变化对经济的影响，透视人与经济的关系，这是财经新闻报道的应有之义，也是提升财经新闻选题价值的必然选择。

揭示经济生活中人的精神面貌，可以丰富财经新闻报道的内涵，摆脱财经报道"见事不见人"的弊端，使它变得有人情味。因此，写好写活财经新闻报道中人的活动,在财经报道中突出人文关怀,不仅是可行的问题,更是如何深入、全面、准确地报道好经济现象的问题。没有人的活动的经济报道,在很大程度上只是隔靴搔痒,当然更谈不上吸引受众了。①

著名报人范敬宜先生就非常善于通过经济现象反映人的精神风貌,无论是 20 世纪 80 年代的著名作品《两家子公社干部开始睡上安稳觉 夜无电话声 早无堵门人》,还是 90 年代反映南方改革开放的作品《"老外"开始怕"老乡"》《苏州人的性格变了》,都能够通过新闻人物的耳闻目睹、所思所感来揭示其精神面貌,进而透视出经济和社会变化的新颖、微妙之处,显示出经济发展变化的意义,从而提高了报道的感染力,深化了报道的主题。

揭示经济生活中人的精神面貌,还有助于发现独特的新闻点,写出独特的、有价值的报道。经济发展的许多方面具有共同性,经济学往往主要探索这些共同性;新闻则不同,它不是要反映比比皆是的常态经济现象,不是要追求"放之四海而皆准"的方式方法,它需要反映特定时间、特定地点的具体新闻事实,需要挖掘具有个性特色的经验教训。在人和经济的复杂关系中、在特定历史时空和现实情境中反映人的经济活动和思想感触,对高质量的财经新闻报道来说,常常是不可或缺的选择。20 世纪八九十年代温州经济迅速崛起时,许多记者大谈其成功的种种客观原因,而《经济日报》记者詹国枢采写的《神秘的温州人》却"独具慧眼",看到了温州成功背后不可忽视的重要原因:得益于温州人的移民传统、"农商并举、义利并重"的地域文化以及求生存、求温饱的生存压力等因素,温州人具备了善创新、敢冒险、能自立等深层精神因素。这使得该报道在同类题材中脱颖而出,多了份文化的厚重,具备了深刻性。

揭示经济生活中人的精神面貌,需要财经新闻报道以人为中心,把视角转移到人的活动上来,反映人的生存方式和生存状态。近几年,长途货运行业以及货车司机的境遇引起社会的广泛关注,也引发了媒体的广泛关注。和不少报道只见事、不见人不同,中央广播电视总台 2020 年推出的报道《颠簸货运路》多方位呈现货车司机的酸甜苦辣,受到广泛好评。该系列报道一共10 个短片,每个短片 15 分钟,一个短片记录一个卡车司机的一段旅程,既让人们看到了这个特殊群体在外风光的一面,也让我们了解到他们四处奔波的种种不易。在这里,我们看到了千千万万卡车司机的国家情怀,他们为祖

① 漆明明:《论新时期经济新闻报道的人文视角》,广西大学 2005 年硕士学位论文。

国建设增砖添瓦，感到的是由衷的自豪；当司机杨华明把钢构件送到元江特大桥施工现场，并直播给自己的女儿看时，语气里充满了兴奋和骄傲；在这里，我们也看到一部卡车就是一个家，一部车维系一个家庭的开支：孩子的学费、老人的赡养金、给妻子买衣服的钱。在这里，露出的是浓浓的亲情，反映的是真切而又踏实的生活。

# 第六章
## 宏观经济报道与财经记者的宏观视野

  财经记者在对财经新闻事件进行报道时，一定要具备宏观（macroeconomic）、中观（mesoeconomic）和微观经济（microeconomic）的视野。只有具备了这些视野，财经新闻报道才能做到具体、深刻和有的放矢。微观经济视角主要聚焦于市场经济中具体以个人、家庭、企业为单位进行的生产、分配、交换、消费活动；宏观经济与微观经济相对应，一般指的是国民经济的总体活动；中观经济则关注的是被微观或宏观经济学所忽略的机构及制度层面。本章将主要关注宏观经济报道。

  经济学的出发点是效用问题，即人们的幸福程度，而这种效用可以用作为流量的国民财富来定义和测量，这就涉及国内生产总值（GDP）的概念。所谓国内（地区）生产总值（GDP），指的是一个国家（或地区）的所有常住单位在一定时期内所生产的全部最终产品和服务的价值总和，它是用价格计算的，反映了一个国家（或地区）的经济总体规模和经济结构。虽然这一概念遭到一些学者的质疑，认为它在数据统计上不科学，不能反映人均 GDP 的占有量，以及未考虑生态、环境污染等可持续发展问题，也有一些媒体对中国未来是否需要 GDP 指标做过相应的讨论。[①] 但考虑到中国为发展中国家的基本事实，GDP 仍旧是经济发展的重要衡量指标。所以，对于从事常规宏观经济报道的记者来说，仍然要围绕 GDP 做文章。比如财经报道最经常做的选题就是 GDP 的总量、增速以及组成结构的变化等。

  目前，中国经济发展进入"新常态"，增速减缓，因此提质增效成为关键。根据数据统计分析，1977 年，在扣除了价格因素后，中国人均 GDP 水平仅仅是 25 年前的 2.5 倍；同样是 25 年的发展，2003 年中国人均真实 GDP 水平则是 1978 年的 7.3 倍。如果把时间拉到 2017 年，这一年中国人均

---

  ① 《是否要取消今年 GDP 增速目标 分析师这么看》，界面新闻，2020 年 4 月 1 日，https://finance.sina.com.cn/roll/2020-04-01/doc-iimxxsth2972756.shtml。

GDP 水平差不多是 1978 年的 24 倍。① 这充分说明，中国经济的绩效在改革开放之后获得了前所未有的增长。但是近来，随着进入新常态阶段，我国经济第一次出现了长时间的增速下滑：从 2010 年 10.6% 的两位数增长速度，下滑到 2016 年的 6.7%，2017 年虽略有上升至 6.8%，但 2018 年和 2019 年继续下滑到 6.6% 和 6.1%。由于市场经济循环有三个环节——需求、产出以及收入，而这三个环节也成为观察、分析当下宏观经济的三个视角。

## 第一节　需求侧分析：GDP 发展背后的"三驾马车"

从需求侧（即支出法）衡量 GDP，主要指的是最终使用的货物和服务减去进口货物和服务，用公式简单表述为：GDP = 最终消费+资本形成总额（投资）+净出口（出口−进口）。在这个公式里的消费、投资和出口，就是我们通常意义上所说的拉动经济增长的"三驾马车"。

### 一、投资

（一）依靠"投资"拉动经济

从过去国内的总需求来看，中国经济增长有非常明显的投资拉动型特征。最典型的例子是面对 2008 年全球金融危机，中国政府推出的 4 万亿元投资大单，使危机下的中国经济增长仍然保持在 8%。而自 2019 年年末以来，尽管遭遇 2020 年新冠疫情的冲击，根据固定资产投资的三个主要组成分项，即制造业、基建（交通运输、仓储和邮政，电力、燃气及水的生产和供应业，水利、环境和公共设施管理业三行业的总和）和房地产，一些专家通过对数据的分析预测，2021 年制造业投资将大幅增长，占投资的 30% 以上，基建投资将显著加快，房地产投资将维持在中高位水平。② 这充分表明，在中国，投资拉动的特征在进一步加强，几乎成为经济增长的主要模式。尤其在金融危机导致中国依赖外需（即出口）的经济发展模式面临困境的情况下，为了抵消外需的影响，过去十年中基建和地产成为中国经济的中坚力量。

在经济进入新常态的早期，许多人认为消费会成为下一个重要的经济驱动力，并认为消费比投资更加可持续。但提高消费取决于提高收入，提高收

---

① 徐高：《中国经济的关键问题》，《金融博览》2019 年第 9 期。
② 徐高：《中国经济增长动能分解》，《金融博览》2020 年第 5 期。

入要依靠提高劳动生产率，而提高劳动生产率则要求持续的技术创新和产业升级。如果没有投资，就不会有创新和升级，收入和消费增长也将大受影响。因此，一些专家认为，目前的重点应该是集中在改善投资效率上，从而让投资支持生产率提高、就业创造和工资增长，[1] 最主要的表现就是投资于短缺部门，用以补短板。比如在制造业方面，一些媒体关注芯片生产，[2] 由于目前它高度依赖进口，这就是要补的一块重要短板。而在基建问题上同样如此，事实上，从一些数据的对比可以发现，我国还处于城镇化过程中，与城市化相比，速度慢、质量差。尽管中国城镇化率从 1978 年的 18% 上升到 2012 年的 53%，却仅仅接近 5 年前中高收入国家就已达到的平均水平，"十四五"(2021—2025 年) 规划到 2025 年的目标是常住人口城镇化率要达到 65%。[3] 这充分表明，城镇化其实也是我们的一个短板。如果在城镇化领域进行投资，集中人口，提高规模经济，也可以提高效率。由于我国基建主要是由政府来承担，而最佳投资时机往往是在经济下行的时候：一方面，这时进行基础设施投资可以创造需求、稳定增长、增加就业；另一方面，在经济下行的时候投资成本也是最低的，这时各种原材料的价格和工人工资都相对较低。[4] 而基于此，当下新常态下，城镇化也将迎来新的机遇、挑战和发展可能性。

(二)制造业采购经理人指数(PMI)

PMI 是反映制造业扩张与收缩的重要指标，可以监测宏观经济走势。根据国外的经验，PMI 指数与 GDP 具有高度相关性，其转折点往往领先于 GDP 几个月，因为规模化的商业采购活动主要集中在少数权重产业，并且采购操作也有相似的集中性。这些产业包括：食品业、石油及其相关产品、钢铁及其相关产品、汽车产业等。具体可以观察两个指数，"制造业采购经理人指数(PMI)"、"财新中国制造业 PMI"(后改为"汇丰中国 PMI")，分别是由国家统计局、中国物流和采购联合会，以及国际金融信息公司 Markit 编制。这两个指数均是通过对企业采购经理的月度调查结果汇总、编制而成，前者主要覆盖中大型国有企业，包括部分中小企业；而后者则主要覆盖

---

① 林毅夫：《解读中国经济》，北京大学出版社 2020 年版，第 3 页。

② 马思潭：《吉利：芯片短缺继续造成确定性》，《金融时报》2021 年 8 月 19 日。

③ 樊旭：《清华教授：城镇化不等于城市化，中国城市化率不到 40%》，界面新闻，2021 年 4 月 12 日，https://www.jiemian.com/article/5938155.html。

④ 林毅夫：《解读中国经济》，北京大学出版社 2020 年版，第 246 页。

中小企业，民营企业居多。一般来说，PMI 通常以 50% 作为经济强弱的分界点，高于 50%，制造业经济扩张；低于 50%，反映制造业经济收缩。

对于从事宏观经济报道的财经记者来说，关于投资，当下及未来可以关注以下几个焦点问题：（1）新的投资点以及相关的政策和制度设计，比如自贸区及负面清单、京津冀一体化等；（2）城镇化的基本问题，包括户籍制度改革、土地制度改革、地方政府的财政预算及债务问题、社会融资、资源管制等；（3）制造业等经济状况的下行或复苏；（4）房地产投资问题。

### 我国城镇化率超过 60% 仍远低于发达国家 80% 平均水平，如何赶超?①

在 4 月 19 日国家发改委举行的 2021 年 4 月份新闻发布会上，国家发改委政研室副主任、新闻发言人孟玮介绍新型城镇化工作取得的积极进展和历史性成就时表示，1 亿非户籍人口在城市落户目标顺利实现。2020 年年底，常住人口城镇化率提高到 60% 以上、户籍人口城镇化率提高到 45.4%。

公开资料显示，2010 年，我国城镇化率约为 50%。这也就意味着，我国用了将近 10 年时间，使城镇化率迈上了新台阶。这一成绩的确来之不易。

但是，60% 的城镇化率仍远低于发达国家 80% 的平均水平。并且从发达国家发展经验看，城镇化率超过 60% 以后，城镇化速度会一定程度放缓，并且对经济增长的推动作用也将发生一些变化。如何抓住城镇化带来的机遇，为中国经济持续健康发展注入强劲动力?

户籍制度改革是新型城镇化建设的"加速器"。国家发改委近日印发的《2020 年新型城镇化建设和城乡融合发展重点任务》（以下简称《重点任务》），提出以深化改革户籍制度和基本公共服务提供机制为路径，打破阻碍劳动力自由流动的不合理壁垒，促进人力资源优化配置。

《重点任务》提出了 6 大具体措施，其中 3 条与户籍制度相关。这 6 大措施是：一是督促城区常住人口 300 万以下城市全面取消落户限制；二是推动城区常住人口 300 万以上城市基本取消重点人群落户限制；三是促进农业转移人口等非户籍人口在城市便捷落户；四是推动城镇基本

① 《我国城镇化率超过 60% 仍远低于发达国家 80% 平均水平，如何赶超?》中国经济周刊，2021 年 4 月 19 日，http://finance.eastmoney.com/a/20210419189033962 3.html。

公共服务覆盖未落户常住人口；五是大力提升农业转移人口就业能力；六是加大"人地钱挂钩"配套政策的激励力度。

新闻发言人孟玮表示，随着《重点任务》的印发，下一步，国家发展改革委将会同各地方各部门，加快实施以人为核心的新型城镇化战略，促进农业转移人口有序有效融入城市，提升城市群和都市圈承载能力，促进大中小城市和小城镇协调发展，加快建设现代化城市，提升城市治理水平，加快推进城乡融合发展。

业内分析认为，接下来，随着《重点任务》的落实，我国的城镇化水平将持续提高，也会进一步促使更多的农民通过转移就业提升其收入水平，从而拉动城镇消费，并促使消费结构不断升级、消费潜力不断释放。与此同时，也会带来城市基础设施、公共服务设施等巨大投资需求。这将为中国经济发展提供持续动力。

上文主要关注的是中国经济发展的一个长期热点问题——城镇化。作为综合研究拟订经济和社会发展政策、进行总量平衡、指导总体经济体制改革的宏观调控部门，发改委的一项重要职责就是推进落实区域协调发展战略、新型城镇化战略和重大政策。而财经记者可以通过关注发改委的新闻发布会、公开的重要文件等，向公众传达有关城镇化发展的重要方向，以及分析、解释投资为经济可能带来的重要前景。这篇报道主要从"户籍制度改革"这一长期受到关注的侧面对中国城镇化的未来走向进行了深入的解读。

## 制造业"飘红"增色中国经济复苏①

随着做好"六稳"工作、落实"六保"任务的各项政策措施持续发力，中国经济延续稳定恢复态势。国家统计局 10 月 31 日发布的数据显示，10 月份，中国制造业采购经理指数(PMI)为 51.4%，自 3 月份以来连续位于临界点以上，制造业总体持续回暖。

当前，新冠肺炎疫情的阴霾依然笼罩全球经济。作为全球第二大经济体，中国第四季度经济开局稳中向好，释放出积极信号，为世界经济复苏注入信心和希望。外媒迅速捕捉到这股经济暖流，纷纷向国际舆论

---

① 《制造业"飘红"增色中国经济复苏》，人民日报海外版，2020 年 11 月 9 日，http://www.gov.cn/xinwen/2020-11/09/content_5558891.htm。

场推送这一利好消息。

### "制造业正恢复到疫前水平"

PMI 被誉为评价经济变化的晴雨表，由订单量、生产、雇员、配送、存货 5 大数据经过统计加权而成。

美国《商业内幕网》11 月 2 日报道称，PMI 是监测经济运行的常用指标，通常认为 PMI 低于 45% 为经济低迷时期，而在经济扩张期间，PMI 往往在 50% 以上。中国官方公布的 10 月制造业 PMI 指数为 51.4%，表明中国经济正朝着稳步增长的方向发展。

除了官方公布的数据，一份民间机构发布的 10 月中国 PMI 指数，也引发外媒广泛关注。

据路透社 11 月 2 日报道，供需同步改善，带动中国经济延续向好态势。据财新和马基特 11 月 2 日联合公布的数据显示，经季节性调整，10 月中国 PMI 升至 53.6，高于路透社调查预估中值 53，并创下 2011 年 2 月以来最高水平。新订单指数大幅加速增长，企业主动补库存意愿强烈。

报道称，随着内需的持续扩大，中国经济正从新冠肺炎疫情的负面影响中迅速复苏。同时，PMI 持续扩张，意味着中国制造业正在逐步恢复到疫情暴发前的水平。

美国消费者新闻与商业频道（CNBC）分析，之所以两个版本的 PMI 指数存有一定差距，是因为在官方的调查中，国有大型企业占比很大，而民间机构调查发布的 PMI 指数，私营的中小企业占比更大。这意味着如今中国国内的制造业市场更具活力。据财新公布的数据显示，中国经济在工业领域持续向好，已经连续 6 个月实现正增长，各类厂矿企业经营者对企业未来的生产经营也信心倍增，达到了数年来的最高水平。

据英国《独立报》网站报道，美国 PNC 金融服务集团的比尔·亚当斯在一份报告中说："制造业正在引领中国经济复苏。"

"中国是今年受到疫情冲击的全球主要市场中的最大例外。"西班牙《国家报》网站刊发题为《中国赢得全球经济比赛》的报道称，中国的 GDP 曲线已经实现了人们期待已久的 V 形复苏，目前远远领先于世界其他国家。

### "关键在于迅速控制住疫情"

英国马基特市场调查公司 11 月 2 日发表的新闻稿指出，支撑 PMI 数值上升的是新接业务总量，月内新业务量整体大幅加速增长，创下

2010 年 11 月后最强劲增速。此外，为满足生产经营需求的增长，制造商相应增加采购，增幅可观。采购库存也随之上升，增速虽小，但已是 2016 年 7 月后最高。另一方面，因为需要向客户交付订单，成品库存出现轻微下降。

《华尔街日报》报道称，中国政府出台的扶持措施提振了制造业，国际市场需求出现局部反弹。随着各地开展促消费活动，长达八天的国庆、中秋假期也进一步提振了全国的消费支出。

西班牙《经济学家报》网站 10 月 31 日刊文称，德国安联研究公司指出，今年中国的出口意外增长，贸易平衡显然对经济增长作出了积极贡献。

"经济增长反映了中国通过严格的隔离措施以及对人口进行大规模追踪和检测等手段在疫情防控上取得的成效，也是中国政府采取多项措施恢复经济良好运行的结果。"西班牙《国家报》网站报道分析，中国经济复苏关键在于迅速控制住了疫情。疫情发生后，中国政府采取了严厉的防控和隔离措施。而对于其他国家来说，这在当时是无法想象的。此外，为给低迷的经济注入新活力，中国政府推出了一系列支持生产的措施。

日本共同社网站 11 月 2 日刊文称，在被称为"世界工厂"的中国珠三角地区，包括很多日企在内，企业的运营方式在经历疫情后，发生了明显变化。"所有员工都必须佩戴口罩"，这是在广州、佛山、深圳、东莞等城市设立工厂的各日企负责人一致的答复。

报道还指出，受新冠肺炎疫情的影响，很多企业的经营难以为继。为此，一些地方政府为企业提供了补助金。比如，佛山一家电子零件制造厂从当地政府获得了一项"复工补贴"。据悉，申请企业可以一次性获得 5 万元人民币的资金补助。此外，有的地方政府还减免了企业的水电费。得益于这一措施，广州松下空调公司降低了 5% ~ 6% 的运营成本。

### "加快世界经济复苏进程"

法国《费加罗报》报道称，随着整体市场状况强劲改善，中国制造商对于未来 12 个月的产出前景信心增强，乐观度升至 2014 年 8 月后最高点，普遍认为新冠肺炎疫情对 2021 年的负面冲击将减弱，全球经济环境将迎来好转。

澳大利亚西太平洋银行高级经济师埃利奥特·克拉克说："基本细

节表明，中国正在进入的新增长阶段将是强劲和具有韧性的。"澳洲联邦银行的分析人士说："在主要大宗商品消费国中，中国仍是目前唯一工业生产高于疫情前水平的国家。"

中国制造业强劲回暖，提振全球信心。

"中国的经济复苏相当快。"英国凯投国际宏观经济咨询公司分析师朱利安·埃文斯-普里查德说，"由于劳动市场快速发展，消费者重拾信心，财政刺激依然存在，我们相信中国的 GDP 将在年底重返疫情前的道路，比其他任何大型经济体都要快"。

中国经济复苏已经由工业领域向消费领域扩展，为提振世界总需求注入更大动力。

据德国《商报》报道，今年第三季度，奔驰汽车在华销量同比增长超过 23%，盈利占企业总盈利 1/3 以上；宝马在华销量同比增长 30%；奥迪则实现了自 32 年前进入中国市场以来的最佳表现。

据日本《读卖新闻》报道，如果中国经济持续复苏，不仅进入中国市场的外国企业业绩有望改善，还能加快世界经济复苏进程。

据美国消费者新闻与商业频道网站报道，东南亚国家很可能会从中国的经济反弹中获益，因为中国在该地区的出口中占据"最大份额"。

路透社报道称，借着中国经济好转的东风，亚洲开始看到经济复苏的迹象。中国经济早早复苏也让日本松了一口气。截至今年 9 月，日本对华出口猛增 14%，是两年多来最大增幅，其驱动力是对中国有色金属、芯片制造设备和汽车的强劲需求。

新加坡大华银行经济师全德健表示："中国经济正在恢复正常，对投资者信心来说是个好兆头。"

这是一则常规经济报道。由于 PMI 是反映制造业扩张与收缩的重要指标，可以监测宏观经济走势，有关 PMI 的变化情况分析和解读是财经记者的一项基本操作，即定期会关注的议题。如以 PMI 为关键词，在财新官网进行搜索可以发现，一个月内，该媒体涉及 PMI（包括以该指标为主题或内容提及）的新闻条数大约为 55 条。

**二、消费**

近年来，我们经常会提到一个词：扩大内需。扩大内需一方面要增加投资；另一方面要扩大消费。与投资相比，消费对市场的拉动更具本质性，因为各种产品和服务只有通过消费才能成为现实的商品，这时作为支持生产、开拓市场的各种投资才会增加。一个社会消费规模和水平的提高，从根本上意味着社会需求的增加；相反，如果一个社会消费规模和水平降低，则会使生产在很大程度上失去动力和目的，从而导致整个社会发展的动力不足。但问题是，中国居民消费长期明显偏低，而储蓄率大幅高于其他国家和地区，简单来说，中国长期存在消费不足、储蓄过剩的经济结构失衡。根据在一个封闭经济体(不考虑对外贸易)的恒等式，即"GDP = 消费+投资"可以推导出"储蓄= GDP - 消费=投资"。我们具体从储蓄率、消费率以及社会消费品零售总额对经济的这一问题做简单的解读和分析。

(一)储蓄率和消费率

18世纪，荷兰的曼德维尔博士在《蜜蜂的寓言》一书中讲过一个有趣的故事。一群蜜蜂为了追求豪华的生活，大肆挥霍，结果这个蜂群很快兴旺发达起来。而后来，由于这群蜜蜂改变了习惯，放弃了奢侈的生活，崇尚节俭，结果却导致整个蜜蜂社会的衰败！蜜蜂的故事说的是"节俭的逻辑"，在经济学上叫"节俭悖论"。在西方经济学史上，节俭悖论曾经使许多经济学家倍感困惑，但经济学家凯恩斯从故事中却看到了刺激消费对经济发展的积极作用。以个体而言，如果某个家庭勤俭持家，减少浪费，增加储蓄，往往可以致富。然而，凯恩斯却认为，节俭对于经济增长并没有什么好处。实际上，这里蕴涵着一个矛盾：公众节俭，降低消费，增加储蓄，往往会导致社会收入的减少。因为人们的收入通常有两种用途——消费和储蓄，而消费与储蓄成反方向变动，即消费增加储蓄就会减少，消费减少储蓄就会增加。所以，储蓄与国民收入呈现反方向变动，储蓄增加国民收入就减少，储蓄减少国民收入就增加。根据这种看法，增加消费减少储蓄会通过增加总需求而引起国民收入增加，从而促进经济繁荣；反之，就会导致经济萧条。

对于储蓄率来说，它指的是个人可支配收入总额中储蓄所占的百分比。而消费率又称最终消费率，是指一个国家或地区在一定时期内(通常为1年)的最终消费(用于居民个人消费和社会消费的总额)占当年GDP的比率。近年来，中国的储蓄率与高峰时的50%相比已经降了好几个百分点，但即便如此，无论与发达国家还是发展中国家相比，中国当前的储蓄率水平仍位于世界前列，储蓄和投资结构仍然严重失衡，"从中国人民银行公布的数据看，我国存款增速仍然较高，2019年一季度，居民部门新增存款规模创下近几年来新高，住户存款余额为77.6654万亿元，同比增速为 13.1%。而根据国际货币基金组织(IMF)的统计数据，2017 年中国储蓄率为 47%，远高于 26.5%的世界平均储蓄率，也高于发展中经济体和发达国家的平均水平"。①

对于目前中国经济结构存在的问题，一些学者认为这主要是因为中国缺乏调节消费与储蓄的市场调节机制。从微观层面的企业行为来说，企业投资缺乏来自消费者部门的约束，因而存在过度投资行为；国资委给国企设定的最重要考核指标"国有资产保值增值率"是规模指标，而民营企业家也可能存在打造"伟大企业"的诉求。而从宏观层面的国民收入分配来说，国民收入没有充分地流向消费者部门，因而消费者的消费偏低。②

(二)消费指标：社会消费品零售总额

在财经新闻报道中，我们经常见到"社会消费品零售总额"这个指标，它可以反映一定时期内人们生活水平的提高情况，反映社会商品购买力的实现程度，还能够反映零售市场的规模状况，因此是研究人民生活、社会消费品购买力、社会生产、货币流通和物价发展变化趋势的重要指标。在统计中，我们可以将消费品零售额按商品类别分为食品类、日用品类、文化娱乐品类、衣着类、医药类、燃料类等。

在这里要说明的是，消费品零售额并没有涵盖服务消费和住房消费，在汽车消费方面也只包括限额以上的一部分汽车消费，因此社会消费品零售总额与社会消费总额还是有一定差距的。但是，由于社会消费品零售总额与社会消费总额之间的变化趋势比较接近，并且社会消费品零售总额每月都有统计，便于对消费变动进行实时观测，因此各类经济报告中常用社会消费品零售总额来衡量社会消费总额。③

(三)通货膨胀、全国居民消费价格指数(CPI)

对消费的分析，还涉及全国居民消费价格指数(CPI)。比如经常有人抱怨现在什么都涨价：猪肉涨了，汽油涨了，生活用品涨了，各种劳务费用也在上涨，市场上"涨"声一片。这就是所谓的通货膨胀。所谓通货膨胀，就是"货币总量"相对"物品总量"不断增大的现象。简单地说，就是物价普遍

①　陈果静：《我国储蓄率仍远高于世界平均水平》，《经济日报》2019 年 7 月 2 日。

②　徐高：《宏观经济学二十五讲——中国视角》，中国人民大学出版社，2019 年版。

③　《国民经济和社会发展指标解读》，http://www.chinacity.org.cn/cstj/gmjj/54453.html。

上涨、货币相对贬值。从世界各国的经验来看,通货膨胀一般产生两大重要后果:一是货币购买力下降;二是财富重新分配。通货膨胀是经济增长最为危险的"恶魔",它既可能使经济增长遭受重创,也可能促成经济增长方式的深层次改变。通货膨胀有周期性,一般在经济繁荣的时候出现,经过发展,最后伴随经济的衰退,经济走向了反面,通货紧缩就开始了。

衡量通货膨胀的具体指标主要是一些重要的价格指数。美国的统计数据较为完备,其价格指数包括消费者价格指数(CPI)、生产者价格指数(PPI)、个人消费支出价格指数(PCE)、国内生产总值缩减指数(GDP deflator)等。在以上指数的基础上,还有核心价格指数(如 core CPI),就是将价格指数篮子里波动较大的成分(在美国是能源及食品)去除后的价格指数。我们最为熟悉的就是消费者价格指数(CPI),它通常也作为观察通货膨胀水平的重要指标。

CPI 是根据有代表性的一系列商品(包括服务)的价格来计算的物价上涨。我国 CPI 统计中包括 8 大类 600 多种商品,即食品、娱乐教育文化用品及服务、居住、交通通讯、医疗保健个人用品、衣着、家庭设备及维修服务、烟酒及用品,各类商品按照一定的权重进行计算。CPI 的计算公式是:

CPI=(一组固定商品按当期价格计算的价值/一组固定商品按基期价格计算的价值)×100

一般说来,当 CPI>3%时,就可以称为通货膨胀了;而当 CPI>5%时,我们把它称为严重通货膨胀。

在这一维度,宏观经济报道可以关注四个新闻点:一是关注新兴的消费行为、改善消费不足的政策设计,以及消费在国民经济增长中的地位和变化。二是通过关注一定时期内的社会消费品零售总额来看社会消费的数据和走向。三是国家对 CPI 的调控目标或季度的增减,并结合其他宏观经济指标进行趋势性的预测分析。四是分析 CPI 产生波动的原因,进行 CPI 的结构分析。

### 7月份CPI同比上涨1.0%,猪肉价格下降超四成

新京报快讯(记者 姜慧梓)记者从 8 月 16 日举行的国新办新闻发布会上获悉,7 月份,全国居民消费价格(CPI)同比上涨 1.0%,涨幅比 6

月份回落 0.1 个百分点；环比上涨 0.3%。

其中，食品烟酒价格同比下降 1.8%，衣着价格上涨 0.4%，居住价格上涨 1.1%，生活用品及服务价格上涨 0.3%，交通通信价格上涨 6.9%，教育文化娱乐价格上涨 2.7%，医疗保健价格上涨 0.4%，其他用品及服务价格下降 1.3%。

食品中，猪肉价格下降 43.5%，鲜菜价格下降 4.0%，粮食价格上涨 0.7%，鲜果价格上涨 5.2%。扣除食品和能源价格后的核心 CPI 上涨 1.3%，涨幅比 6 月份扩大 0.4 个百分点。

## 消费有望成为中国经济增长主要推动力

对北京的快递员蔡元浩（音译）来说，世界上最繁忙的购物节是一项苦活。尽管还处于疫情期间，但今年的繁忙程度达到了前所未有的水平。

"包裹多得我的快递车都塞不下了，"他指着那辆他骑着在北京居民区穿梭的三轮车说。从 11 月初开始，直至 11 月 11 日的"光棍节"，蔡元浩每天从早 6 时工作到晚 9 时，投递数百个包裹。

"光棍节"最初是中国单身人士通过购物来安慰自己的一种方式，现已成为一场每年一度的购物狂欢，反映了中国财富的不断增长，以及向网上消费快速转移的趋势。

今年，随着中国不断摆脱新冠疫情的影响，这个购物节还给我们提供了一睹消费在更广泛的经济复苏中所发挥作用的机会。一些经济学家认为，在经过数月的谨慎消费之后，中国家庭很快就会准备好开始一场更为持久的消费热潮。

仅从"光棍节"的证据就可以看出，在网上活动日益增加之际，人们的购物欲望已经非常强劲。中国领先的电子商务平台阿里巴巴（Alibaba）将此次购物节延长为共计 11 天的马拉松活动，并表示，中国购物者的下单金额达到 4982 亿元人民币（合 758 亿美元），同比增长 26%。

更广的角度看，今年的零售销售增长落后于工业生产增长——工业生产是中国在新冠疫情中引领全球经济复苏的突出驱动力。

但最新数据表明，消费正开始缩小这一差距。11 月中旬发布的官方数据显示，10 月份零售总额同比增长 4.3%，而同期工业增加值同比增长 6.9%。对抗疫限制措施很敏感的餐饮行业的销售额增长今年也首次转为正值，增幅为 0.8%。

摩根士丹利(Morgan Stanley)在最近发布的一份报告中预测，私人消费将取代出口和基础设施投资，成为明年中国经济增长的主要催化剂，国内生产总值(GDP)将增长 9%。

"中国消费者今年有很多额外储蓄，"摩根士丹利首席中国经济学家邢自强(Robin Xing)表示，"我们预计，随着消费者信心可能改善，这些额外储蓄的一部分将在 2021 年释放。"

摩根士丹利指出，今年前三个季度，储蓄达到可支配收入的 37%，明显高于往年。2019 年，这一比例为 32%。

高盛(Goldman Sachs)经济学家预计，消费将"接过接力棒，成为 2021 年经济增长的主要推动力"。他们估计，家庭消费在 2020 年下降 4%之后，将于 2021 年增长 13%。

除了家庭储蓄率将下降之外，他们还暗示，劳动力市场将继续复苏，几乎没有迹象表明会产生"疤痕效应"。10 月的城镇失业率为 5.3%，而去年底为 5.2%。

然而，不确定性依然存在。37 岁的林霄汉(音译)是中国东北城市抚顺的一名公交车司机。他本来计划今年花 10 万元人民币购买一辆新车，但最终将购车支出削减了 20%。"在目前的经济形势下，我需要为未来做准备，"他表示。

在工作班次减少 15%后，林霄汉在一家采矿厂找到了第二份工作来增加收入。

各行业的消费行为也不平衡，这在一定程度上与疫情的持续影响有关，尽管病例数仍然很低。汇丰(HSBC)大中华区经济学家陈敬阳指出，根据最新数据，旅游业等一些服务行业尚未完全复苏。她还指出，零售额的增长仍只有疫情前的一半。

相比之下，10 月份在线零售额同比大幅增长 24%。

不过，10 月份汽车销量同比增长 12.5%，显示出线下需求的改善。这一数据还有助于我们深入了解，正在复苏的中国能为全球企业提供什么样的支持。受益于第三季度在华销量同比增长近三分之一，德国汽车制造商宝马(BMW)本月发布了史上最佳销售数据。

消费的全面复苏将为中国政府的长期战略提供支持。中国政府的最新五年规划强调国内消费。摩根士丹利预计，到 2025 年，中国人均收入将超过 1.4 万美元。邢自强表示，这将使中国"跨入高收入国家的门槛"。

外国对华直接投资近期有所增加，尤其是在以中国消费者为目标的电子商务和物流等领域。

"我们将看到，消费者需求会持续升级，"邢自强表示，"中国正将国内市场潜力作为向外国公司开放的支柱，为它们提供进军国内市场的更多机会。"

（来源：《金融时报》作者：韩乐、瑞恩·麦克莫罗　时间：2020 年 11 月 30 日，https://m.ftchinese.com/story/001090421？adchannelID=&full=y&archive）

以上两则报道中，前者是一个时效性要求较高的小型通讯稿，相关部门每月都会公布 CPI 的相关浮动，媒体往往会第一时间向公众公布相关数据；而后者则是一篇较为深入的分析性报道，主要是对"光棍节"所带来的消费增长的分析，认为从数据来看，消费正逐渐缩小与工业生产的差距，可能成为未来经济增长的主要催化剂。

### 三、出口

出口指任何实物货品或消费品等，以船运、陆路运输或空运方式离开生产地（出境），而运送到世界各地。出口主要是贸易和销售活动，除了出口货品，还有出口服务，是指由本地生产商提供给外地顾客或消费者，例如大学教育、技术转移、影像娱乐、基金投资、人寿保险等的服务类出口。近 30 年来，在拉动中国经济增长的三个主要"引擎"中，投资和出口的拉动力更强，对经济增长的作用力也更大。特别是在东部沿海地区，服务于外需的出口加工型企业表现得最为明显，以致于形成了对外需有高度依赖的外向型经济特色。这是因为，我国过去的经济增长主要是通过投资拉动，然而巨大的产能并没有一个庞大的消费需求做支撑，所以长期需要向出口倾斜。

（一）出口与不确定性

不确定性是一个广泛的概念，它可以指宏观经济变量（如 GDP、总消费、投资）的波动，也可以指企业收益率等微观经济变量的波动，也可以指诸如战争、气候变化等经济事件。[1] 对于出口来说，它显著地与不确定性

---

[1]　鲁晓东、刘京军：《不确定性与中国出口增长》，《经济研究》2017 年第 9 期。

相关。

比如对于中国经济来说，2008年爆发的一场国际金融危机，改变了当时中国经济的外部环境，也抽掉了一部分外向型经济的生存基础，使得出口急剧下滑。就数据层面来看，出口增长从1978—2014年的平均16.5%下降到2015—2016年的负数。这说明，在内需持续不足而投资持续扩大，以及国际市场消费"中国制造"容量紧缩的情况下，我国经济的稳定性和安全性面临着严重的威胁。在经济危机以前，世界贸易的增长是世界经济增长的两倍以上，现在世界经济增长放缓，贸易增长的速度则低于经济增长的速度。中国出口下行的主要原因为占世界GDP一半的美欧日发达国家尚未从危机中复苏，减少了进口。

更重要的是，经济危机使得贸易所面对的不确定性增加。根据相关数据，中国出口的波动性相较之前，显著增加，贸易在经济不确定性面前显得格外脆弱，而这种不确定性不仅包括大多数国内学者关注的人民币汇率，还包括经济危机之后世界贸易格局的改变、各国的宏观经济政策、人民币的持续升值等各种因素。[1] 当然这种不确定性，也不全然是危机，它同时也能产生机遇。如在2020年全球新冠疫情暴发后，根据2021年的数据显示，中国出口反弹。很多分析指出，这种反弹一方面是全球经济和贸易有所回暖；另一方面更重要的，主要得益于国内经济发展水平的提升及FDI(外商直接投资)的增加。

(二) 出口退税率：产业政策调整的指标

出口退税一般称为"export tax refund"或"export tax rebate"，是指一个国家或地区对符合一定条件的出口货物在报关时免征国内或区间内间接税和退还出口货物在国内或区间内生产、流通或出口环节已缴纳的间接税(主要是增值税)的一种税收制度。其目的是为了使出口商品以不含税的价格进入国际市场，避免因进口国征税造成出口商品的双重税赋，以提高出口商品竞争优势。出口退税的概念可以从三个方面来理解。第一方面是"出口"，只有在货物出口后方可申请退税，退税时必须有货物出口的凭证。第二方面是"退"，即出口货物已纳税，只有已纳税，才能退税，同时退税的标准一般是参考退税率。第三方面是"税"，即退还的是出口货物在国内已缴纳的流转税，包括增值税、消费税。而出口退税率作为一个指标，是出口货物的实

---

[1] 蔡伟毅：《中国进出口贸易及其影响因素的结构性变动》，《中国经济问题》2018年第4期。

际退税额与计税依据之间的比例。它是出口退税的中心环节，体现国家在一定时期的经济政策，反映出口货物的实际征税水平，退税率是根据出口货物的实际整体税负确定的，同时，也是零税率原则和宏观调控原则相结合的产物。

2012 年 7 月，财政部、国家税务总局印发《关于出口货物劳务增值税和消费税政策的通知》，国家税务总局同时发布了《出口货物劳务增值税和消费税管理办法》，对现行出口退税政策做出较大幅度调整。如出口退（免）税申报期限延长，部分出口货物由征税调整为免税，生产型"小""新"企业可按月退税等。其实，我国出口退税率的调整与宏观经济走势密切相关。2007 年，国家为避免出口贸易顺差过大，对部分出口产品的退税率调低，就是"抑制外贸出口过快增长"。在 2009 年，为应对金融危机的冲击，鼓励出口，对部分产品的出口退税率进行调整。2012 年，对退税范围、退税时间等方面的调整，是考虑到出口的加工贸易企业危机，实质上是上一次政策调整的延续。①

通过以上分析，在"出口"层面，宏观经济报道可以关注以下报道点：一是关注出口退税率的指标，因为它反映了一个国家和地区的产业结构调整方向。二是观察进出口贸易总值。由于大量出口势必造成大量的外汇流入，进而推高人民币币值，提高我国商品的出口价格，这个过程目前已经开始发生，那么在这种趋势下，我们的出口是否还能保持竞争力？三是关注在中美贸易摩擦、"一带一路"等时代背景下的宏观调控和市场变动，观察中国出口的最新特点。比如与 2019 年相比较，由于中美贸易谈判第一阶段协议达成、对美出口产生了部分正向推动，2020 年出口获得了增加。②

### 路透：人民币升值挡不住中国出口势头凶猛
### 外汇储备创下七年来单月最大涨幅

分析人士认为，近期中国出口数据表现强劲缓解了人民币升值会拖累外贸复苏的担忧，监管层对汇率波动有更高容忍度，动用外储进行干预的可能性较小；而利差优势会继续吸引资金流入，贸易顺差也将提供

---

① 《出口退税政策松绑 8400 家莞企受益》，《东莞日报》2012 年 7 月 20 日。
② 王勇等：《中国经济增长的潜力、政策选择与 2020 全球宏观经济形势展望》，《国际经济评论》2020 年第 1 期。

一定助力，后续外储料稳中有升。

路透社报道，"11月美元指数下跌逾2%，非美资产折算大概可以解释200亿~300亿美元外储增加规模，"招商证券(18.140，-0.31，-1.68%)首席宏观分析师谢亚轩称，另外可能有外储经营收益因素。

11月美指下跌2.31%至91.869，人民币兑美元即期升值1.78%至6.5827，虽然实现6个月连升，但与其他非美货币相比升幅较小，这也导致人民币汇率CFETS指数逐步回落；且在人民币升至6.55关口之际，有交易员猜测有大行出手买美元缓和人民币升势的迹象。

他还认为，央行在三季度货币政策执行报告中重申，不进行外汇市场常态化干预，这表明坚持人民币汇率市场化的政策态度明确，再度干预外汇市场的可能性不大。

路透测算亦显示，11月美元走弱推升以美元计的外储规模。当月美元指数贬值2.31%，而欧元、英镑兑美元分别升值2.41%和升值2.94%，另外日元兑美元升0.35%。路透据此测算，11月汇率波动可能带来约250亿美元的正向估值效应。

(来源：中国小康网 时间：2020年12月8日，https://finance.sina.com.cn/roll/2020-12-08/doc-iiznctke5448611.shtml)

## 调查：中国出口商表示在贸易战下仍保持稳定

一直到本周，特朗普政府实施的直接关税措施仅限于500亿美元的中国进口商品，而中国去年运往美国的商品总值达5050亿美元。然而，风险正在上升，针对2000亿美元的中国商品加收10%的关税已于9月24日生效，美国贸易代表也警告，这些关税到明年将会增加到25%。作为回应，中国目前宣布另外对600亿美元的美国进口商品征收10%的关税。

此外，特朗普也威胁要对所有进入美国的中国商品征收关税。

我们的出口量指数调查与8月份的数字一样，保持60，略低于过去12个月的平均值61。

我们的出口展望指数(FTCR Export Outlook Index)，一项用来衡量下个月出口表现的数值，上涨2.9点至54.4，是去年11月以来最强劲的数据。这主要是由于较少公司预期未来一个月的出口会减少，而预期出口增长的公司比例从15.7%上升至16.6%。

我们的出口价格指数(FTCR Export Price Index)上涨6.4点至56.4，其中19.5%的受访者表示价格较上个月有所上涨，这是2016年10月以来的最高增长水平。

我们调查的出口成本指数(FTCR Export Cost Index)也有所上升，攀升3.9点至57.9，是今年1月以来的最高水平。虽然自2015年12月以来，成本上升一直被认为是出口商面临的最大问题，但在本月的调查中，新订单减少也占了同样的比例。

我们的调查显示，本月出现过去三个月以来的首次利润上升。我们的出口利润指数(FTCR Export Profit Index)上升3点，来到近7个月以来的高点52.7。尽管指数有所改善，但72.6%的受访公司表示，盈利能力与上个月持平，仅有16.5%的受访者表示有所改善。

（来源：FT中文网 作者：研究服务部门 时间：2018年9月29日，https://m.ftchinese.com/story/001079608？archive）

以上两个报道案例，前者主要是分析了人民币汇率对出口的影响，报道发现，在金融危机之后，中国出口虽然变动大，但仍具有一定的涨势；除此之外，尽管人民币升值，但是出口依旧增加，也从侧面反映了影响出口因素的多元性。而后者则着重分析了在中美贸易战的情况下中国出口的变动性和复杂性。

## 第二节　供给侧分析：结构性改革

除了扩大内需，供给侧的调整对于GDP也异常重要。供给侧是相对于需求侧而言，涉及劳动力、土地、资本、创新等生产要素。从供给侧(即生产)角度来看GDP，它指的是所有常住单位在一定时期内生产的全部货物和服务价值超过同期投入的全部非固定资产货物和服务的差额。即所有常住单位的增加值之和，简单来看就是：GDP＝总产出－中间投入。从生产角度来看经济增长，核心问题就是：怎样生产出更多的产出？

### 一、资本、劳动力、技术

改革开放以来，中国的经济增长主要是靠要素驱动获得的。以简单的生产函数 Y(产出)＝AF(K, L)来说明，首先是资本、劳动等要素投入量的增加(K和L的增加)，更重要的是市场化改革带来的要素配置效率的提高(生产函数 F 的改变)。① 借助宏观经济中的增长计量方法(Growth Accounting),从 1965 年至今的具体数据来看,在中国经济增长的动能中,资本积累对 GDP 增长的贡献一直持续增大。尤其在 2018 年,这个贡献达到了 5.0 个百分点,远高于同时期劳动力和技术进步的贡献总和,技术进步对中国 GDP 增长的贡献长时间以来也是逐步增大的。但是,在国际金融危机之后,技术对 GDP 增长的贡献一改过去 40 多年持续上升的趋势、大幅下滑。这一现象表明,单纯依靠技术进步提高全要素生产率即创新驱动型增长,相对来说仍然较弱,并且技术也成为我国经济增长减速的主要原因。②

面对经济下行的问题,2015 年 11 月,习近平总书记在中央财经领导小组第十一次会议上首次提出"着力加强供给侧结构性改革",当年 12 月中央经济工作会议将"去产能、去库存、去杠杆、降成本、补短板"作为 2016 年推进供给侧结构性改革的五大任务。③ 所谓供给侧结构性改革,一般指的是从供给、生产端入手,调整经济结构,使供给侧各要素实现最优配置,以促进经济增长。与此相关的两个主要问题:一是经济结构或产业结构。经济结构不合理,既影响要素配置效率,也妨碍技术进步。然而,"调结构"一旦遇到经济"保增长",往往让位于后者。二是要素驱动型增长的潜力尚未充分释放出来之时,没有足够的激励选择技术创新。面对这些现实困境,一些学者认为,供给侧结构性改革尽管以牺牲某些短期的效益、速度、体量为代价,但从长远来讲,是推进中国经济高质量发展的必由之路。要提高供给体系的质量和效益,就必须充分发挥科技创新的核心作用,加快实现科技创新成果的重大突破,强化创新人才培养引进,加强创新体系建设,激发全社会创新活力。

### 二、支持产业政策与经济转型升级

在过去,中国通过积极的财政政策既增加了短期的需求,也增加了长期的供给,现在供给侧结构性改革的许多措施旨在增加长期的供给,但也需要短期的投资才能实现,所以我们的宏观政策一直是将需求与供给管理结合在一起。

---

① 《当代中国宏观经济思想的变迁》,《中国改革》2021 年第 4 期。

② 徐高:《中国经济增长动能分解》,《金融博览》2020 年第 5 期。

③ 《习近平提"供给侧结构性改革",深意何在?》,新华网,2015 年 11 月 19 日,http://www.xinhuanet.com//politics/2015-11/19/c_128444441.htm。

我们现在推行的是"宏观政策要稳，产业政策要准"，一方面，由于有很多产业是发展短板，政府可以通过因势利导促进短板产业的发展；另一方面，促进技术和产业配置到新的效率更高、附加价值更高的产业中去。

从新结构经济学的视角，我国的产业目前可以分为五种不同的类型，政府在其中发挥着不同的作用：（1）以汽车、高端装备业、高端材料为代表的追赶型产业，政府可以在资金融通和外汇获取上给予支持。（2）以白色家电、高铁、造船为代表的领先型产业，必须自主研发新产品、新技术，才能保持国际领先地位。中央和地方政府可以用财政拨款设立科研基金，支持所在地领先型产业的企业与科研院校合作进行基础科研，支持企业开发。（3）以丧失比较优势或是产能有富余的产业为代表的转进型产业。这些产业中的企业需要根据需求作优化调整，可以通过直接投资的方式将产能转移到"一带一路"沿线，以及基建投资需求大的发展中国家。（4）以腾讯、阿里为代表的"弯路超车型"产业，政府可以提供孵化基地、加强知识产权保护、鼓励风险投资等。（5）以航天、超级计算机为代表的战略性产业，应该由中央财政承担，各地政府支持、鼓励配套产业的发展，并改善基础设施、子女教育、生活环境等软硬件条件。① 当然，不同时间段，着重发展的目标也不同，比如在"十四五"规划中，国家加大了对绿色经济和产业的布局，部署了"壮大节能环保、清洁生产、清洁能源、生态环境、基础设施绿色升级、绿色服务等产业"，"推进钢铁、石化、建材等行业绿色化改造"，"实施绿色技术创新攻关行动"，"建立统一的绿色产品标准、认证、标识体系"。

### 三、劳动就业率、失业率与老龄化

就业率是反映劳动力就业程度的指标，指在业人员占在业人员与待业人员之和的百分比，它反映全部可能参与社会劳动的劳动力中实际被利用的人员比重。一定时期在业人员越多或待业人员越少，就业率就越高，反之则越低。失业率是指失业人数同从业人数与失业人数之和的比例关系，反映了一定时期内可以参加社会劳动的人数中实际失业人数所占的比重。国际上通常将失业率7%作为临界点，超过7%就被视为进入警戒区间。我国目前使用城镇登记失业率概念，是指城镇登记失业人数同城镇从业人数与城镇登记失业人数之和的比例关系，其中，城镇登记失业人员是指有非农业户口，在一

---

① 林毅夫：《解读中国经济》，北京大学出版社 2018 年版。

定的劳动年龄内，有劳动能力，无业而要求就业，并在当地就业服务机构进行求职登记的人员。城镇登记失业率的计算公式为：

城镇登记失业率＝城镇登记失业人数/（城镇从业人数＋城镇登记失业人数）×100%。

就业/失业率问题一直是媒体常规的报道选题，近年来，与之相关的老龄化问题也开始凸显。目前，中国的总生育率已经下降到了每名女性生育1.3个孩子，远低于2.1个孩子的更替率。中国的生育率之所以下跌，可能是源于中国推行的独生子女政策，但由于孩子养育成本增高以及生育观念变化等原因，当下政策的松动并未让普通家庭选择生育更多孩子。到2049年，中国65岁以上的老年人口将增加1倍之多，达到4亿人，85岁及以上的"高龄老年人"将增加两倍多，达到约1.5亿人，此数量将超过美国和欧洲此类人口的总和。在处于工作年龄段的群体中，唯一有上涨趋势的区段介于55~64岁。当然，老龄化问题具有复杂性，有学者认为，劳动年龄人口的减少不一定预示着中国劳动力数量会急剧下降，劳动力数量还取决于劳动参与度;[①] 除此之外，一些学者通过数据分析发现，"人口红利"之于经济的影响被夸大，事实上，人口老龄化对GDP增速的影响非常微弱，并不明显。根据2001—2008年和2009—2018年这两个时间段的对比数据来看，劳动力对GDP增长的贡献只是从0.3个百分点小幅下降到0.1个百分点。而近来"三孩政策"、教育改革以及与劳动力供需矛盾相关的青年(大学生)就业、农村转移就业等政策，一定程度上也在解决劳动力数量及劳动生产率问题。

### 四、工业品出厂价格指数(PPI)

PPI是一个反映一定时期内全部工业品出厂价格总水平的变动趋势和程度的相对数，包括工业企业售给本企业以外所有单位的各种产品和直接售给居民用于生活消费的产品。通过该指数可以观察出厂价格变动对工业总产值及增加值的影响，常与CPI相联系。前文介绍过，CPI反映的主要是消费环节的价格水平，而PPI则反映的是生产环节的价格水平。根据价格传导规律，整体价格一般首先出现在生产领域，然后通过产业链向下游

---

① 姚洋：《中国如何应对老龄化、城乡差距等内部挑战》，财新网，2021年8月24日，https://opinion.caixin.com/2021-08-24/101759163.html。

产业扩散，最后波及消费品。因此，PPI一般与CPI为对应关系，前者可以预测后者。

从产业经济学来看，价格波动通过两条路径在产业链中传导，一条是以农产品为原料的生产：农业生产资料——农产品——食品；另一条是以工业品为原材料的生产：原材料——生产资料——生活资料。从现实来看，在第一条产业链中，农产品价格波动影响食品价格的波动。第二条的价格传导和波动不那么明显，而且可能背离，即出现工业生产者出厂价格(PPI)与CPI、GDP的增幅相背离。发生这种现象主要有两个原因，一是行业长期产能严重过剩，企业库存上升、产品滞销；另一个是市场有效需求不足，消费不能起到拉动经济增速的作用。

从供给侧来看，宏观经济报道有以下几个新闻关注点：(1)PPI与GDP增长、CPI之间的关联。(2)新兴产业部门及其产业升级、创新的政策、目标。(3)与劳动生产率相关的政策和指标分析。

## 上海建工：技术创新将为建筑业绿色转型提供支撑力

在碳达峰、碳中和的目标之下，作为传统的高耗能产业，建筑业要实现绿色、低碳的可持续发展，关键需要创新引领。

近日，上海建工集团股份有限公司总工程师陈晓明在第一财经零碳峰会上表示，低碳节能建筑是未来行业发展的大势所趋，相比于其他行业，建筑业要实现碳达峰，是一个可持续的、循序渐进的过程，"低碳甚至零碳技术的发展与创新，将成为建筑业低碳绿色转型发展的支撑力"。

据悉，上海建工在"十三五"初期就提出了全产业链协同联动、建筑全生命周期服务商转型等战略，在推动行业绿色低碳发展上进行了探索和实践，目前已完全具备建筑全生命周期、全产业链碳减排的实施路径。"未来将以提效降耗为目标导向，通过科技创新引领行业发展，助力实现双碳目标。"陈晓明说。

### 绿色低碳带动技术创新

根据联合国环境规划署计算，建筑业是碳排放大户，消耗了全球30%~40%的能源。统计显示，我国建筑碳排放总量占全国碳排放比例超过了50%。单个建筑全生命周期碳排放，涉及建材生产、设计规划、建筑施工、建筑运维和建筑拆除等关键阶段。建筑生产和运维阶段合计碳排放量超过90%。

陈晓明认为，整个建筑业的产业链非常长，从项目策划到规划设计到整体开发，一直到最后的建筑更新，在这个过程中，不仅机遇多，也面临着诸多困难，"因为每个阶段所需要的技术不一样，技术的维度更加宽广"。

他在接受采访时表示，技术应用的目标不仅要保证工程质量、降低成本、增加效益，同时还要关注技术能否为生态目标做出贡献，这也从理念上提出了更高要求。因此，在绿色低碳的目标引导下，建筑行业将会带动创新技术的出现，继而推动这一传统产业的发展。

其中，纯粹从施工的角度而言，施工建造质量直接决定建筑运维创新水平与建筑使用年限，将决定单位时间内建材的碳排放量。陈晓明说，运用创新技术，不仅能直接减少建材使用量，还能创新建筑风格，科技创新在高品质、低碳的建造过程中将起到承上启下的作用，"建筑过程中的技术引领，对减少碳排放具有重要意义"。

陈晓明介绍称，上海建工有五大传统产业和六大新兴业务，在这些业务范围内，已经创新了一批绿色核心技术，既推动了传统产业的发展，也引领新兴产业的发展。

上海建工以绿色核心技术赋能传统业务，主要是在绿色建材和绿色建造环节，具体包括了国家级矿采开发技术、建筑的固废资源化利用、基于机器人(11.120, 0.01, 0.09%)技术的特种钢结构加工的设备工艺等。

在特种钢结构加工工艺及设备上，"采用了机器人技术以后，能够将相关建造技术降低20%左右的碳排放。以上海的世博轴阳光谷工程为例，当时的机器人加工点有10000多个，7000多种形式。在应用了机器人生产以后，可以节约图纸2865张，节约成本约5000万元，减少碳排放3.86万吨。"陈晓明介绍，这技术在降低人工付出、降低能耗上进行了一个有益的尝试。

其他比如国家级矿山开采技术，与传统开发相比，单位产品减碳率为54.25%；建筑固废的资源化利用技术，则是用粉煤灰、矿粉等工业固废的再利用生产替代水泥原材料，大幅降低水泥需求量，形成了从废弃混凝土到再生骨料和粉料，到再生混凝土等再生建材产品的完整产业链，达到百亿级产业规模，以上海建工混凝土年产量4200万方计算，每年可实现降碳量475万吨。

### 技术赋能行业新业态

上海建工以绿色核心技术赋能新兴业务方面，主要包括了生态环境、工业化建造、水利水务、城市更新、建筑服务业和新基建六大板块。

其中，应用郊野公园综合营建技术，通过城市区域建设碳汇，实现固碳释氧，助力构建城市碳汇系统。"我们充分考虑了不同地区的植物的匹配、多种植物与水环境的作用，建立了一些有特色的郊野公园，为地区的生态保护做了一些有益尝试。比如，上海的滨江森林公园，获得了国际风景园林师联合会（IFLA）亚太区优秀设计奖，总碳汇量约为634吨，这些郊野公园将长期为减碳目标进行服务。"陈晓明说。

污染场地的修复技术，则是将被污染的土壤进行高效处理，分离出土里的有害化学物和重金属物质，恢复土壤原来的样子，这样土地可以重新焕发生机。陈晓明介绍称，最近在桃浦工业区的场地修复项目，是上海最大的土壤与地下水修复工程，与有机污染土壤修复的异位热脱附技术相比，其碳排放降低了82%，并且在这一工程中实现了全数字化远程监控。

在预制混凝土技术构建的绿色生产线方面，上海建工引进智能流线化的生产线，大大提高了工效，降低了碳排放，所降低的碳排放达到2400万吨，换算成植树造林的面积达到了1600多亩，生态效益非常显著。

那么，面向未来，上海建工还将有哪些绿色技术创新？陈晓明告诉记者，根据规划，主要包括数字化、工业化和绿色化三大方面。

他表示，数字化需要跟传统工艺相结合，这意味着，未来，建筑业每一步的传统工艺都能以数字化的形式表达出来，这是第一步。

"其次是工业化，今后，我们希望大量的建筑产品是在工厂里预制好的，运到现场进行装配，这样，一方面可以解决工地的人工使用，使劳动力聚集到工厂，形成产业工人；另一方面也有利于保证建筑质量。"陈晓明说，此外，在绿色施工技术方面，未来将会有更多的绿色环保技术应用到建筑上，这也是他们正在研究创新的一个方向。

他表示，这三方面如果能够齐头并进、相互交融，相信将会带动建筑业的传统技术发展，"随着社会进步、生态文明建设的加快，未来，我们将会有一系列的创新技术出来。"

（来源：第一财经　时间：2021年8月26日，https://finance.sina.com.cn/jjxw/2021-08-26/doc-ikqcfncc5139469.shtml）

## 产业工人转向城市服务业——中国未来如何提高生产力?

美国一直担心自身制造业的衰落,然而美国并不是唯一一个出现制造业萎缩的国家。几乎所有的工业化国家都是如此,无论是贸易顺差国(如德国、意大利、日本),还是贸易逆差国(如美国、法国、英国)。这种下滑主要受两个因素驱动:一是在高收入国家中,随着收入增长,大众对于服务的需求增速要远快于商品,因此就业大量涌入服务业;二是由于发达国家劳动力成本高,企业有强烈的意愿用机器替代人。

然而中国的情况有所不同。从 1990 年开始,伴随着收入的大幅增长,制造业就业先降后升,直到 2014 年之后才又出现下行趋势。我们用城镇制造业就业人数来分析这段时期的变化,因为这是国家统计局对制造业就业人数最准确统计。在 1990—2000 年,城镇制造业人数减少了 40%(或 2064 万),相当于城镇总就业人口的 12%。这种惊人的下降是由于国企改革导致的。尽管数万家国企倒闭给区域经济造成巨大冲击,但这次改革展示了中国市场化的决心,也为之后美国支持中国加入 WTO 奠定了基础。中国在 2001 年加入 WTO,之后城镇制造业就业迅速壮大,并在 2014 年达到历史峰值(7961 万),占城镇总就业的 20%。之后,由于城镇服务业的崛起吸纳了大量劳动力,制造业就业占比逐步下降至 2019 年的 15%。

### 制造业生产力持续提升

尽管制造业就业比例在下降,但下降的部分集中在国有部门,而私营制造业是在加速扩张。从 2004 年起,国家统计局开始公布私营部门的就业数据。可以清楚地看出,在 2004—2019 年这 15 年间,国有企业几乎没有创造新的就业,新增就业基本来自私营部门。私营制造业在 2019 年占到城镇制造业人数的 44%,为历史最高点。如果算上广大农村地区的就业,这个比例会更高,因为同期农村私营制造业的人数翻了一番,占到全国私营制造业人数的一半。由于私营部门的劳动生产率远超国有部门,中国制造业的劳动生产率提升显著。

和美国相比,中国制造业的劳动生产率水平仍然落后,但是增速要快得多。用制造业行业增加值除以就业人数来代表生产率,在 2015—2019 年这五年中,中国制造业的劳动生产率还不到美国的 1/3,但是增速是美国的 2.3 倍。其中第一个推动力来自国内急速增长的商品需求。

过去 20 年，中国经济增速是美国的 5 倍，但是人均收入还不到美国的 1/10，尽管中国收入增长迅速，但由于绝对水平较低，家庭消费增长仍然集中于商品，而非服务，因此对工业品的需求大大增加了。

第二个推动力来自国际上对工业中间品的需求。在国际分工中，中国逐步侧重于出口中间品而非最终消费品，在中美贸易战之后，这种趋势被强化了。因为最终产品受制于高关税，许多企业倾向于将生产的最后一步移至其他亚洲或拉美工业国，并从中国进口中间品进行生产。这种转变推高了中国制造的生产力，因为中间品的生产（如棉布）比起最终产品的生产（如衣服）更加容易实现自动化。

第三个推动力来自老龄化。MIT 经济学家 Acemoglu 用美国数据发现老龄化加速了美国使用工业机器人等自动化设备的进度。类似的转变也发生在中国。根据 2020 年第七次人口普查的结果，老龄化率（60 岁以上人口占比）已经达到 18.7%，比 10 年前提高了 5.4 个百分点。中国制造业就业在 2015 年首次出现下降。老龄化人口对于医疗、家政等服务的需求增长要远高于对商品需求的增长。同时产业工人变得愈发昂贵，给企业更大动力实现生产自动化。

### 产业工人转向城市服务业

尽管制造业的生产力提升很快，但近年中国整体生产力的增速却在下行，这和近年来产业结构向服务业的转型有关。在 2014—2019 年这五年里，制造业就业占比降低了 5 个百分点，而服务业则提高了 7 个百分点。工业劳动力大量转向城市服务业，制造业时常出现劳动力短缺的局面。因为服务业的劳动生产率低于工业，这本身就拉低了中国整体的生产力水平。不仅如此，在城市服务业中，也存在劳动力向中低端行业聚集的趋势。

服务业中，劳动生产率最高的是房地产、金融和信息软件业，但这三者的就业份额长期分别徘徊在 2% 以下，而且涨幅缓慢。相比之下，就业涨幅最快的行业是商业租赁、住宿餐饮、批发零售，过去五年这三个行业的城镇就业涨了近三倍，但是他们的生产率水平是服务业中最低的。住宿餐饮业不但劳动附加值低，而且过去五年的生产力水平还下降了，这反映了该行业大众化的趋势，电商平台的兴起进一步拉低了行业利润。

### 提高生产力：创新和需求

中国计划在 2035 年实现人均收入水平要在 2020 年的基础上翻一

番，达到中等发达国家水平。这意味着在未来 15 年要达到年均 4.7% 以上的 GDP 增速，生产力必须快速增长。但是，随着中国收入的提高，家庭收入更大的份额要涌入平均生产力水平较低的服务业。想要保持生产力长期增长，不仅需要提高创新能力，也需要投资和消费需求的持续提升。

中国人力资本深化将为创新提供保障。如今，大学教育在城市中几乎成为普及教育。如今，拥有大学以上学历的人占中国 25 岁以上人口的 23%，按照目前每年 800 万~900 万毕业生的速度，在 2040 年左右将达到美国现在的水平(36%)。但是创新的产业化以及有效的使用新技术都需要时间。哪怕在中国有国际竞争力的 AI、工业机器人和 5G 等方面，找到充分利用这些技术的方法仍然需要企业和城市层面大规模的试验。

疫情加速了企业的数字化进程，也加剧了贫富差距。生产力增长是长期收入增长的最终来源。正如诺贝尔经济学奖 Krugman 所言：生产力并不是一切，但是从长期来看，它几乎就是一切。政府仍需要提供持续的公共投资来释放经济潜力，包括升级城市数字基建、提升基础教育投资，以及对外来人口更加包容的城市化建设。服务业也需要扩大开放来提升效率。中国服务业的开放程度仍低于工业部门。OECD 的服务贸易限制指数(STRI)是衡量服务业的开放程度的权威指标，从最新数据可以看出，除了在建筑设计和工程师岗位较为开放外，中国服务业开放程度均落后于 OECD 国家。中国仍有极高的增长潜力，但前景取决于如何扭转生产力增速下滑的趋势。

(来源：FT 中文网 作者：王丹 时间：2021 年 7 月 26 日 https://m.ftchinese.com/story/001093335？adchannelID＝&full＝y&archive)

以上两个报道案例中，第一篇分析的是现在比较重要的"低碳转型"议题，在这种转型中，技术起着核心作用；另一篇则主要关注劳动力的转型以及生产率提高的问题。在日常工作中，财经记者应重视根据中央经济工作会议、中央深改组、国务院等有关机构的公开文件、发布会，关注结构性改革的方向和方针，以指导常规报道中的选题寻找和确定。

## 第三节　国民收入的分配、再分配

从收入角度来看，收入法 GDP 指的是所有常住单位在一定时期内创造并分配给常住单位的初次分配收入之和。用公式表达为 GDP＝劳动者报酬＋

生产税净额+固定资产折旧+企业盈余。消费既是我们经济发展的重要目标，也是持续拉动经济增长的重要因素，然而要使消费增长，收入就要不断提高。收入怎样才能不断提高呢？通过收入分配或者减税只能一次性地提高收入，并不能持续地促进收入增长。扩大消费对经济增长的贡献，需要从保持居民收入增长与经济增长同步，显著改善收入分配入手。作为财经记者，必须掌握国民收入分配和再分配的这一基本特征，在新闻报道中凸显居民、政府和企业多方话语。

**一、贫困与脱贫**

贫困一直是困扰中国经济发展的重要阻碍，也是世界各国面临的共同问题。当贫富分化达到一定程度后会扭曲激励机制。当经济发展成果被少部分人过度攫取，只能分得小部分蛋糕的大众就失去了奋斗的动力，年轻人逐渐变得"佛系"，经济活力下降，创新动能减弱，最终进入日本式的"低欲望社会"。

2015年10月底的中共十八届五中全会审议通过《中共中央关于制定国民经济和社会发展第十三个五年规划的建议》，旨在五年时间内，即2020年年底前实现解决贫困地区和贫困人口核心问题，一般称为"脱贫攻坚战"。2021年2月25日，中共中央、国务院在北京人民大会堂召开全国脱贫攻坚总结表彰大会，习近平在会上宣称中国的脱贫攻坚战取得了"全面胜利"，现行标准下9899万农村贫困人口全部脱贫，832个贫困县全部摘帽，12.8万个贫困村全部出列，区域性整体贫困得到解决，完成了消除绝对贫困的艰巨任务。同日，国务院扶贫开发领导小组办公室正式改挂国家乡村振兴局牌匾。不过中国的脱贫县从脱贫之日起设置五年的过渡期，防止返贫、致贫的机制仍需建立、健全。

尽管如此，我们目前除了有总体贫富差距外，还存在其他收入差距的问题。

根据《人民日报》早年的报道，我国收入差距还表现在以下四个方面：

——行业、企业间工资差距扩大。2010年，全国城镇单位就业人员平均工资36539元；全国城镇私营单位就业人员平均工资20759元。平均工资最高的行业是金融业，70146元；最低的农林牧渔业，16717元。最高与最低之比为4.2∶1。20世纪80年代，我国行业间工资收入差距基本保持在1.6~1.8倍。世界上多数国家行业间差距在1.5~2倍。

企业间工资差距更大。2010 年调查上海某银行员工工资及奖金人均为 29.66 万元，员工的其他福利人均 6.08 万元，合计 35.75 万元，是当年城镇单位企业在岗职工平均工资的 10 倍。

——城乡收入差距扩大。2010 年，城镇居民家庭人均可支配收入为 19109 元；农村居民家庭人均可支配收入 5919 元，二者之比达 3.23∶1。1990 年，这一比例为 2.2∶1。世界上多数国家这一比例在 1.6 以下。

——地区收入差距扩大。2010 年，平均工资最高的上海市为 66115 元，最低的黑龙江省 27735 元，最高最低之比为 2.38∶1。1990 年我国地区间最高工资与最低工资比为 1.84∶1。

——企业高管薪酬与普通职工收入差距扩大。据统计，上市公司高管年薪平均值 2010 年为 66.8 万元，是当年全国平均工资的 18 倍多。而部分私营企业、简单劳动者的工资偏低。2010 年，城镇私营单位中的住宿餐饮业、农林牧渔业、公共管理社会组织三个行业中就业人员月均工资收入在 1461 元以下，不到城镇单位企业在岗职工的一半。①

### 二、收入分配与共同富裕

中国共产党十九届五中全会提出的目标是，到 2035 年，人均国内生产总值要达到中等发达国家水平，中等收入群体显著扩大，城乡区域发展差距和居民生活水平差距显著缩小，全体人民共同富裕取得更为明显的实质性进展。共同富裕既是社会主义的本质要求，也是改革开放的初心。共同富裕"不是少数人的富裕，也不是整齐划一的平均主义"。

而追求共同富裕，就要调整收入分配格局。一般认为，在国民收入两个分配层次中，初次分配倾向于效率，收入分配差别既是市场效率的源泉和动力，也是市场效率的结果。但收入分配差别过大，有悖社会公平，损害市场效率。因此，政府在经济活动之外通过国民收入再分配进行有效调节，以强制性行政手段强调公平正义。其中，财税制度是改善收入分配的关键因素，主要体现在以下几个方面：第一，要提高财政的透明度，让社会对政府收支进行监督。政府财政资金用得好不好，其实很大程度上取决于有没有社会监

---

① 白天亮：《中国行业收入差距 4.2∶1 政府调控不可或缺》，《人民日报》2011 年 12 月 2 日。

督。第二，要解决财政收入分配不均衡的问题。如何在不同地区、部门、各级政府之间均衡分配财政资源，而且要让其分配能和政府担负的职能相配套，这是一个重要的方面。第三，要用一套更严格的制度来管理政府财源。从税收征管到财政资金的使用、支配，各个环节都要有一套更完善的制度，这样才能保证财政资金不流失，不出现腐败现象，不浪费，用到该用的地方。第四，政府支出结构要改善。中国现在整个经济结构存在失衡，总体上看储蓄率、投资率过高，现在约占 GDP 一半，消费比重过低，过去十几年期间消费率下降了十几个百分点。必须要靠合理的消费回升，使居民消费需求变成经济增长的主要支柱，否则经济增长疲软很难改变。①

　　而近来，以慈善事业为主渠道、奉行"道德原则"的第三次分配，正受到决策层越来越多的关注。2021 年 8 月 17 日，习近平总书记主持召开中央财经委员会第十次会议，聚焦扎实促进共同富裕问题。会议明确提出"构建初次分配、再分配、三次分配协调配套的基础性制度安排"。所谓"第三次分配"，一般是指社会力量通过捐赠、慈善、志愿者等方式实施的一种分配制度。改革开放以来，人民收入显著提高，生活持续改善，如今已全面建成小康社会，消除了绝对贫困。然而，由于复杂的经济社会原因，各阶层之间收入差距拉大，基尼系数居高不下，成为影响可持续发展的突出问题。出路就在于"扩大中等收入群体比重，增加低收入群体收入，合理调节高收入，取缔非法收入，形成中间大、两头小的橄榄形分配结构"。一般可以这样理解，第三次分配只是初次分配和再分配的补充，且三次分配之间存在效用递减现象，然而，它对于树立积极向善的财富观、塑造平等和谐的社会心理具有特殊作用，值得高度重视。

### 三、社会保障体系建设与完善

　　要实现共同富裕，不仅要加大国民收入再分配力度，还要不断健全社会保障制度。当前，我国正处于社会转型期，社会问题与社会矛盾日益突出。在此背景下，加强和创新社会管理，将以保障与改善民生为核心内容的社会建设提到国家战略的高度，进一步完善社会保障制度，不断提高保障水平，全方位满足国民对社保及相关服务的需求意义重大。近年来，我国不断完善以社会保险、社会救助、社会福利、慈善事业相衔接的覆盖城乡居民的社会

①　王小鲁：《中国如何缩小收入分配差距?》，FT 中文网，2016 年 2 月 2 日，https://m.ftchinese.com/story/001066017? adchannelID=&full=y&archive。

保障体系。我国农村社会保障制度取得了长足的进步，普及了农村最低生活保障制度，新型农村合作医疗制度进一步加强，新型农村养老保险制度试点工作顺利推进。但是，不可否认，我国社会保障制度尚未完善，还存在不少薄弱环节：社会保险主要覆盖的还只是城镇职工，大量农民、城镇居民仍徘徊在制度之外；老龄化给养老保险带来巨大冲击，如何保证资金充足也是需要研究的课题；医疗保险为百姓求医问药提供了基本保障，但百姓还希望医疗费用降一降，保障水平再提高一些。

社会保障体系建设关系着每个人的安全感和幸福指数，是切实关系民生的大问题，历来都是社会和政府关注的热点。2021 年 2 月 4—28 日，人民网开展第 20 次全国两会调查，超过 520 万人次参与。经过网友投票，在备选的 20 个热词中，"依法治国""社会保障""乡村振兴"位居前三。事实上，作为民生热点之一，"社会保障"已连续三年位列热词榜前三。"十三五"时期，我国建成了世界上规模最大的社会保障体系，基本医疗保险覆盖超过13 亿人，基本养老保险覆盖近 10 亿人。而当下以及未来，社会的普遍关注点仍主要聚焦养老、医疗、教育等民生领域。

### 四、基尼系数

在全球范围内，衡量收入差距的重要指标为基尼系数。基尼系数(或称洛伦茨系数)是 20 世纪初意大利经济学家基尼根据洛伦茨曲线提出的衡量收入分配差异程度的一个指标，通常用字母 G 表示，其值在 0 和 1 之间。G越小，表明收入分配越是趋向平等；反之，收入分配就越是趋向不平等。一般认为，0.4 以上的 G 值表示收入差距较大，当 G 值达到 0.6 时，则表示收入悬殊。

根据国家统计局数据显示，1978 年中国收入基尼系数为 0.317，2008年达到峰值 0.491，此后见顶回落，维持在 0.46 ~ 0.47，2019 年为 0.465。2020 年高收入(前 20%)和低收入(后 20%)群体的可支配收入之比为 10.20，较 2018 年的 10.97 有所回落，但仍处较高水平区间，2013—2020 年高低收入比的均值为 10.64。[①] 这表明，在收入差距方面，我国基尼系数和高低收入比较高，基尼系数高于 0.4 这一警戒线(近年来由于精准扶贫等原因有所缩小)，中等收入群体逐渐成为"夹心饼干"，收入增速落后于高低收入

---

① 任泽平：《中国收入分配报告：现阶段为何要更重视公平和共同富裕》，财新网，2021 年 8 月 19 日，https://opinion.caixin.com/2021-08-19/101757193.html。

群体。

从"收入及分配"角度看，宏观经济报道可以聚焦以下选题：（1）关注基尼系数与我国贫富差距的不同层面数据变化，比如中产贫困问题，应力避脆弱中产返贫；（2）聚焦收入分配，尤其对新提出的第三次分配相关的政策及制度的关注；（3）继续关注社会保障体系相关的改革、制度建设。

## 收入分配改革提速　"扩中"步伐加快推进

收入分配改革正多路并举、加速推进。《经济参考报》记者了解到，近段时间，围绕技能人才、科研人员等重点群体的增收方案不断出炉，公立医院薪酬制度改革等深入推进。与此同时，从部委到地方，还在加快谋划推进"扩中"方案，不断提高中等收入群体比重。业内表示，收入分配改革已经进入攻坚期和关键期，随着多领域探路突破，将更好激发人才红利、增添经济活力。

**重点群体增收举措频出**

近段时间，瞄准科研人员、技能人才等重点群体的增收举措加快落地。

7月28日召开的国务院常务会议，提出加大科研人员激励，提高科研项目间接费用比例，科研经费中用于"人"的费用可达50%以上。对数学等纯理论基础研究项目，间接费用比例可提高到60%。由单位缴纳的项目聘用人员社保补助、住房公积金等纳入劳务费列支。科技成果转化现金奖励不受所在单位绩效工资总量限制。

地方上，云南三部门近日联合发文称，为贯彻落实增加知识价值为导向的收入分配政策，进一步推进云南省科技成果转化，提升科研创新能力，云南省事业单位科研人员职务科技成果转化现金奖励纳入绩效工资管理。

在科研人员增收激励方案出炉的同时，技能人才薪酬分配指引也在加快落地。

7月15日，四川省贯彻技能人才薪酬分配指引工作启动暨培训会召开，就提高技术工人工资待遇、实现收入的合理增长进行部署。既可以根据企业自身需求，指导其建立完整的技能人才薪酬分配制度，也可以引导企业以不同技能群体为重点，有侧重、分步骤地完善一般技能人才或者高技能领军人才的薪酬分配制度。

据悉，四川省将以积极性较高、人力资源管理基础较好的国有企业、大型民营企业为突破口，引导企业探索建立健全适应企业发展需求的技能人才薪酬分配体系，在总结成功经验、突出典型示范的基础上，逐步向中小民营企业推广。

此外，河南省印发通知，将在 2023 年以前建立健全符合技能人才特点的工资分配制度。引导企业建立多层级的技能人才职业发展通道，完善体现技能价值导向的工资分配制度。

### "扩中"步伐提速推进

扩大中等群体是居民增收的重要目标。近段时间，从部委到地方都在加快谋划推进"扩中"方案，不断提高中等收入群体比重。

人社部近日公布的《人力资源和社会保障事业发展"十四五"规划》提出，以高校和职业院校毕业生、技能型劳动者、小微创业者、农民工等为重点，不断提高中等收入群体比重。江苏、四川等地近日密集发布相关规划，强调完善企业工资分配决定机制，促进企业建立健全工资正常增长机制，增加劳动者特别是一线劳动者劳动报酬，努力提高中等收入人群比重。

财政部部长刘昆日前在国新办新闻发布会上表示，将推动完善以市场为基础的初次分配制度，提高劳动报酬在初次分配中的比重，着力提高低收入群体的收入，扩大中等收入群体。履行好政府再分配调节职能，加大税收、社会保障、转移支付等调节力度和精准性，合理调节城乡、区域、不同群体间的分配关系，缩小收入分配差距。

"'扩中'是一个循序渐进的过程，是迈向共同富裕过程中收入分配制度改革体系的一部分。应让更可能成为中等收入人群的对象尽快增收，使其收入水平稳定地达到中等收入标准。"浙江大学共享与发展研究院研究员詹鹏对《经济参考报》记者表示。

北京师范大学中国收入分配研究院研究员朱梦冰也对《经济参考报》记者表示，实现共同富裕需要扩大中等收入群体规模，提高低收入人群收入是重要发力点。

在她看来，下一步要持续推进土地制度改革，让农民从承包土地上获得相应收益。提高农业技术水平，发展农村产业，大力促进乡村振兴，切实提高农民收入。持续推进城镇化，增加和稳定农民外出就业的机会，提高农民工资收入。此外，继续加大农村人力资本投入，提高农村教育质量，提升农民受教育水平，"这是提高农民收入最持续且有效的途径"。

另外,对于城镇地区的低收入群体,要创造更多就业机会,提高职工工资。对于没有劳动能力的人群,要加大社会保障力度,为其基本生活水平兜底。

**收入分配改革红利可期**

国家统计局数据显示,上半年,全国居民人均可支配收入 17642 元,同比名义增长 12.6%。其中,全国居民人均工资性收入 10104 元,增长 12.1%;全国居民人均经营净收入 2752 元,增长 17.5%;全国居民人均转移净收入 3204 元,增长 9.0%。

随着收入分配改革加快推进,更多增收红利将释放。《人力资源和社会保障事业发展"十四五"规划》对深化收入分配制度改革作出一系列部署。比如,事业单位逐步实现绩效工资总量正常调整,实行高层次人才绩效工资总量单列,探索主要领导收入分配激励约束机制,深化公立医院薪酬制度改革,推进高校、科研院所薪酬制度改革,完善消防员工资福利政策。

重点领域收入分配改革路线图和任务书也密集浮现。国家卫健委体改司一级巡视员朱洪彪日前在新闻发布会上透露,关于深化公立医院薪酬制度改革的指导意见不久后将正式印发,国家卫健委将积极协调有关部门,支持指导各地全面推行薪酬制度改革。

青岛等多地发文提出,全面推开公立医院薪酬制度改革,拓宽改革的经费渠道,允许医院自主设立薪酬项目,鼓励对主要负责人实行年薪制。

此外,浙江强调建立健全技能人才薪酬激励机制,完善国有企业薪酬分配机制,探索健全高校、公立医院、科研院所等事业单位薪酬制度。广西表示将推动以增加知识价值为导向的事业单位收入分配政策改革,研究事业单位绩效工资政策,增加绩效工资总量核定弹性,补充完善经费支持方式。

詹鹏认为,随着收入分配改革加快推进,更多居民增收红利将加快释放。重点群体加快增收,对于激发人才活力、增添经济活力、推动高质量发展也具有重要意义。

(来源:《经济参考报》作者:班娟娟 杨维兴 时间:2021 年 8 月 6 日 http://www.ce.cn/macro/more/202108/06/t20210806_36782973.shtml)

## 第四节　宏观经济报道的写作原则与方法

通过上述从需求、产出以及收入三个维度对 GDP 的分解及相关解读，总体来讲，宏观经济报道主要可以从三个层次来展开：第一个层次是关注宏观经济报道的微观层面，即关注国民经济或国民经济总体及其经济活动和运行状态，如由国家统计局、中国人民银行及财政部等国家机构定期发布的国民经济的总值、制造业指数、物价、劳动就业率、国民收入、货币发行规模、进出口贸易的规模增长及其波动等。第二个层次是关注宏观经济报道的中观层面，主要聚焦于引发宏观数据发生变化的货币政策、财政政策及产业政策等，同时也关注一系列税收政策，观察与分析财政支出与税收的政策变动是如何影响和调节总需求进而影响就业和国民收入的。第三个层次是关注宏观经济报道的宏观层面，即宏观调控系统机制或顶层制度的设计与改革，如需求侧或供给侧改革，货币政策，以及与金融市场相关的"去杠杆"机制等。

而围绕宏观经济报道，财经记者需要把握四个原则与方法：

### 一、树立宏观意识，挖掘新闻联系

宏观经济视角是财经新闻报道的基本要求，也是发现和分析问题的基础。宏观经济视角提醒我们，在进行财经新闻报道时，应该将财经新闻信息和事件作为一个整体，寻找它可能存在的宏观背景。学习宏观经济知识，其实重要的就是培养自身的宏观思维模式。以物价为例，普通消费者也感受到物价有了变动，这种感受是零碎和不全面的，存在很多的局限。物价形势究竟是怎样的，这就需要财经新闻报道来回答，不仅要从整体上报道物价，对物价形势作出说明——涨了还是降了，还要分析造成物价形势的原因，探究是什么原因造成物价变化。比如第一财经的报道《你感觉到物价上涨了吗?》(2021 年 4 月 12 日)中，具体分析了物价上涨的原因——"食品价格回跌是导致 CPI 同比提升有限的主要原因"，并且文章还进一步指出了未来的涨幅趋势以及宏观政策的应对。

所以，从事财经新闻报道的记者要报道物价，不能仅仅从个人感受来判断，需要掌握宏观情况，从宏观层面作出判断、进行报道。既回答人们遇到的问题，又告诉受众一些个人感受之外的宏观信息，这样的财经新闻报道才能有效引导舆论，发挥应有的作用。① 宏观意识就是要建立起事物之间的某种联系，在新闻报道过程中表现整体性、系统性和层次感，不能就事论事，不能停留在事物的表面。在观察一个事实时，要把它与其他同类事物联系起来，当作一个整体来认识，这样往往能发现一些从单个事实中发现不了的问题。

### 二、解读宏观经济政策，强化新闻指导作用

财经新闻报道需要提供"短平快"式的财经动态信息，让受众在短时间内迅速把握市场变化。然而，这种细碎的信息稍纵即逝，对于受众来说，具有长效作用的新闻信息更为重要。他们可以根据财经新闻报道提供的长效新闻信息，结合相关解读，把长效新闻信息作为一个分析工具或分析的背景，从而更好地安排自己的投资理财。这个长效信息就是宏观政策。很多人往往觉得宏观政策很空洞，其实空洞的不是宏观政策，而是媒体的报道。许多报道并没有认真地去解读宏观政策背后的东西，以及宏观政策可能对未来发展趋势带来的影响。因此，对于财经新闻报道，解读宏观政策尤为重要，要深入解读宏观经济政策对产业结构、地区经济发展、群众生活等可能产生的影响。如报道利率的调整，媒体除了进行常规的信息报道外，还要配合大量的分析解释性深度报道、经济述评、评论，或者从企业、银行、民众和政府的角度分析降息对社会和居民各方面的影响，或反映各方面对降息行为的预期，或深入分析降息可能对我国经济生活和经济运行产生的深远影响……这样的报道才能够帮助受众全面了解利息调整的意义及对自身生活的影响，使其对当前的经济生活作出正确的评价。再比如，20世纪80年代和90年代初，我国经济的"瓶颈"部门基本上是水泥、钢铁、煤炭等原材料行业，而今天，很多人所看到投资过热的却正是这些行业。投资高涨和经济过热、通货膨胀的关系到底是怎样的？引起投资高涨的原因是什么？在报道中，记者需要深入一线，就宏观调控中涉及的新问题和新趋势进行深刻的调查。

### 三、做足民生服务报道，增强新闻的可读性

宏观经济数据总是给人非常枯燥的感觉，要将其写成受众爱看的新闻就更难。如何突破宏观经济报道的禁锢、写出人们喜闻乐见的作品？显然，在

---

① 魏永刚、康守永：《"深入下去"与"跳得出来"——谈经济报道的宏观意识》，《中国记者》2006年第11期。

内容上，受众希望得到更丰富和客观的信息；在思想上，希望报道对社会生活影响有更深入的解读；在形式上，希望稿件与普通人的情感更贴近，通俗易懂，生动活泼。某种程度上，紧紧抓住"民生"这个关键词，用好用活高端资源，让受众容易懂、愿意看，就能增强宏观报道的有效性和影响力，彰显新闻报道的独特性。①

因此，如何将距离民众实际生活有些"遥远"的宏观经济数据"落地"，让它们切实与民众日常生活对接，是每一个财经新闻工作者应该思考的问题。CPI(居民消费价格指数)连续上涨意味着什么？人民币升值利弊何在？楼市走高是长期趋势还是短期反弹？投资高涨和经济过热、通货膨胀的关系到底是怎样的？金融危机背景下的经济走向又是如何？……诸如此类的问题，受到人们普遍关注。每一个宏观数据的公布，每一项调控政策的出台，每一处经济形式的细微变化，人们都会将眼光投向新闻媒体。他们希望从这里获取信息，消除疑虑，寻找方向，从而为自己的经济判断和投资决策找到参考。因此，如何"翻译"经济信息中枯燥的数字、晦涩的术语，使错综复杂的宏观经济问题变得通俗易懂，就成为一个重要着力点。比如，央视财经报道《823131亿元！意味着什么？与你息息相关》，就是将国内生产总值823131亿元进行分解，并且将不同的部分，比如工业、农业的具体情况分别与老百姓的普通生活相联系，使得普通受众更容易将国内生产总值嵌入自己的生活来理解，因而取得了较好的传播效果。

### 四、宏观经济报道的微观化视角

虽然报道对象是宏观经济，但是宏观不能与微观断裂，任何宏观数据的背后，都有微观现象与之对应，要从微观理性人的最优选择来理解宏观现象。即一方面，不要假设宏观指标之间有稳固的关系；另一方面，不要把宏观经济指标的数量视为神秘黑箱，而要探索数量关系背后的经济机制是什么。因而，从微观角度去观察宏观经济，这在一定程度上为人们探索宏观经济走势发展规律提供了一定的解决方案。如证券市场、投资动向、消费动向、企业动态、政府行为、价格变化等都反映着宏观经济的一举一动。当然，分析宏观经济走势还有其他切入点，如出口贸易目前对我国经济的影响就很大，还有失业率和就业率、国际石油价格等，对宏观经济走势也有重大影响。因此，记者想做好经济走势报道，就应多倾听专家的意见，提升报道

---

① 陈芳：《宏观经济报道的民生视角》，《中国记者》2008 年第 12 期。

的预见性价值。比如 21 财经的新闻报道《猪肉价格持续走低，其他物价却开始上涨？未来物价走势如何？》，就以"猪肉"这一微观的、直接与老百姓生活相关的物价变化，来分析宏观 CPI 的走向。因为在我国，猪肉作为食品价格的指标，一方面可以直接反映宏观物价的变动；另一方面，它又联系着普通老百姓直接的生活体验。

　　总之，分析报道经济走势对新闻媒体来说是一个高难度动作，媒体要想站得高、看得远、看得全，就必须注重分析经济运行中的一些细节，要善于从微观经济现象中把握宏观走势，这样才能做出符合经济实际走势的财经新闻来。那些以报道微观经济见长的报纸，也要注重对宏观经济走势的把握，因为报道微观经济不能脱离宏观经济背景，不考虑经济走势对微观经济的影响的财经新闻报道，是不可想象的。①

① 陈芳：《宏观经济报道的民生视角》，《中国记者》2008 年第 12 期。

# 第七章
# 资本市场与财经新闻报道

　　随着改革开放的推进，中国逐步从计划经济向市场经济转型，资本市场在改革开放的大潮中应运而生。1984 年 11 月，上海飞乐音响股份有限公司委托中国工商银行上海分行证券部向社会公众发行 50 万元人民币普通股，成为改革开放后公开发行的第一只股票，中国股票一级市场自此萌生。从 1990 年上海证券交易所成立，到 2020 年，中国资本市场成立 30 周年。30 年来，中国资本市场栉风沐雨、一路向前，取得了令世界瞩目的成就，实现了跨越式发展。1990 年年底，中国资本市场仅有 8 家上市公司，股票总市值 24 亿元人民币，债券托管余额 906 亿元人民币；如今中国资本市场成长为仅次于美国的全球第二大资本市场。如果从 1991 年 6 月 10 日我国第一份专业性证券类报纸《上海证券交易所专刊》(后改名为《上海证券报》)正式问世算起，中国资本市场报道已有 30 余年。30 余年来，中国资本市场报道与中国资本市场一样，在摸索、调整、创新中不断发展。

## 第一节　股票市场与财经新闻报道

　　股票市场是资本市场中最大的市场。股票市场规模巨大，涉及面广，关涉多方利益，也牵动着无数中小投资者的心，因此，股市报道受众面极广，颇为重要。霍华德·库尔茨在其《股市发言人：新闻媒体如何操纵华尔街股市的内幕》一书中写道："股市已经成为美国大众文化不可分割的一部分。所有有线新闻电视都在屏幕下方显示出一些表示道琼斯、标准普尔 500 以及纳斯达克价格指数的小方框，不管是总统遭到弹劾，还是轰炸巴格达和贝尔格莱得，股市行情都是雷打不动的节目。"采写可能影响全球资本流动的股市报道，集中体现了一名财经记者对所报道领域的扎实基本功，即对资本市场的洞悉了解，也考验财经记者在政府、金融界、互联网圈等不同领域的人脉。① 因此，股市的各个方面，都是财经新闻报道的重要领域。

---

① 《报道股市沉浮，如何策划选题？》，https://www.sohu.com/a/341883284_260616。

### 一、内幕交易和市场操纵

内幕交易和市场操纵行为是股市类财经新闻报道重点关注的对象。内幕交易是指证券交易内幕信息的知情人和非法获取内幕信息的人利用内幕信息从事证券交易活动。根据 2020 年新修订的《证券法》规定，证券交易内幕信息的知情人包括：（1）发行人及其董事、监事、高级管理人员；（2）持有公司百分之五以上股份的股东及其董事、监事、高级管理人员，公司的实际控制人及其董事、监事、高级管理人员；（3）发行人控股或者实际控制的公司及其董事、监事、高级管理人员；（4）由于所任公司职务或者因与公司业务往来可以获取公司有关内幕信息的人员；（5）上市公司收购人或者重大资产交易方及其控股股东、实际控制人、董事、监事和高级管理人员；（6）因职务、工作可以获取内幕信息的证券交易场所、证券公司、证券登记结算机构、证券服务机构的有关人员；（7）因职责、工作可以获取内幕信息的证券监督管理机构工作人员；（8）因法定职责对证券的发行、交易或者对上市公司及其收购、重大资产交易进行管理可以获取内幕信息的有关主管部门、监管机构的工作人员；（9）国务院证券监督管理机构规定的可以获取内幕信息的其他人员。证券交易活动中，涉及发行人的经营、财务或者对该发行人证券的市场价格有重大影响的尚未公开的信息，为内幕信息。同时新修订的《证券法》第八十条第二款、第八十一条第二款所列重大事件属于内幕信息。

媒体应该密切关注通过内幕交易进行股票市场的操纵行为，因为内幕交易和市场操纵行为严重损害投资者，尤其是中小投资者的利益。2000 年前后，《财经》杂志正是通过对股市操纵行为的报道赢得了读者的信任，其报道的《谁在操纵亿安科技？》《庄家吕梁》等都成为股市报道中的经典之作。《谁在操纵亿安科技？》这篇报道揭露的是曾经创造百元股神话的亿安科技背后的内幕交易和市场操纵。亿安科技的四个庄家公司广东欣盛投资、中百投资、百源投资和金易投资从 1998 年 10 月 5 日起，利用 627 个个人股票账户及 3 个法人股票账户，大量买入亿安科技之前身"深锦兴"的股票。四公司其时据称共持公司股票 53 万股，占流通股的 1.52%。到 2000 年 1 月 12 日，四大庄家所持亿安科技股票已达 3001 万股，占到了流通股的 85%。四家公司对股票的操纵，还包括"通过其控制的不同股票账户，以自己为交易对象，进行不转移所有权的自买自卖，影响证券交易价格和交易量"。受此手法迷惑，大量投资者在高位抢入亿安科技。2000 年 2 月 15 日，亿安科技以

104.39 元收盘,成为自拆细以来第一只百元大股,随后曾经到达令人惊叹的 126.31 元。根据证监会调查所揭示的事实,到 2001 年 2 月 5 日,上述四家公司控制的 627 个个人股票账户及 3 个法人股票账户共实现盈利 4.49 亿元,其手中的 3000 多万股票大部分已经在高位套现,股票余额仅剩 77 万股。《谁在操纵亿安科技?》通过层层深入的方式,从对亿安科技股价高涨的调查入手,进一步寻找操纵亿安科技的四家公司,然后对四家公司的关系(法人代表)进行调查,寻找隐藏在亿安科技神话背后的"操纵者"。《庄家吕梁》报道的是中科创业股票操纵者吕梁如何操纵中科创业,最终导致中科创业崩盘的事情。从组织资金进入企业筹划重组,到在二级市场控盘指挥,再到直接通过新闻舆论为自己造势,吕梁身兼三大角色轮转自如——他是中国股票市场上三位一体的"超级庄家"的典型代表。中科系于 2001 年到来之际崩溃,吕梁的庄家生涯亦就此结束。

### 二、机构投资者的报道视角

机构投资者从广义上讲是指用自有资金或者从分散的公众手中筹集的资金专门进行有价证券投资活动的法人机构。在西方国家,以有价证券投资收益为其重要收入来源的证券公司、投资公司、保险公司、各种福利基金、养老基金及金融财团等,一般称为机构投资者。其中最典型的机构投资者是专门从事有价证券投资的共同基金。在中国,机构投资者目前主要是具有证券自营业务资格的证券经营机构、符合国家有关政策法规的投资管理基金等。目前我国机构投资者发展迅速,主要包括:投资基金、养老金(包括社保基金和企业年金)、保险资金、证券公司、境外机构投资者(QFII),以及信托基金、投资公司、财务公司等机构投资者。

2020 年,境内专业投资力量日益发展壮大,无论是持仓还是成交占比都创新高,投资者结构出现边际改善。从交易情况看,2019 年年初至 2020 年 11 月底,境内专业机构 A 股交易金额合计约 112 万亿元,占全市场交易金额的比例为 17.75%,较 2018 年上升 1.34 个百分点。从持仓情况看,截至 2020 年 11 月底,境内专业机构持有 A 股流通市值合计 11.50 万亿元,较 2018 年末增加 6.26 万亿元,增长 1 倍多。境内专业机构持有 A 股流通市值占比 17.83%,较 2018 年末上升 3.47 个百分点。在投资者结构中,改善的最大亮点是公募基金。截至 2020 年 11 月底,公募基金持有 A 股流通市值的占比较 2018 年年底上升 2.63 个百分点,达到 6.67%。在优化公募基金注册机制、完善保险公司权益类资产配置监管、银行理财入市取得积极进展等务实举措推动下，A 股投资的专业化水平有所提高。① 从国际经验看，要保证资本市场平稳健康运行，机构投资者必须达到一定规模。以美国市场为例，其机构投资者占比在 50% 以上。近 30 年来，美国股市尽管也出现过动荡，但机构投资者的理性投资观念始终主导市场，确保了道琼斯指数基本围绕美国经济走势波动，并保持了长期牛市。

由此可见，机构投资者无疑是财经新闻报道的重要关注对象。原因在于：(1) 政府对机构投资者政策的调整和变化本身就是财经媒体所应关注的。例如，针对政府新一轮对机构投资者的政策调整，许多媒体纷纷将目光聚焦在机构投资者身上。《加大引进境外长期机构投资者力度》《发展壮大机构投资者须过三关》《加速引入机构投资者 证监会松绑公募基金力度空前》《机构投资者成为价值投资主力军》等新闻的出现，正是建立在对政策解读的基础之上的。(2) 在不断变动的财经市场中，应积极关注机构投资者的利益。2011 年 3 月 15 日，双汇集团济源厂收购含有"瘦肉精"的猪肉被央视曝光，一些媒体的报道要么局限于食品安全，或者集中于报道该事件对双汇集团股价的影响。然而，《21 世纪经济报道》的《基金下注双汇："瘦肉精"的危与机》(杨颖，2011 年 4 月 1 日) 则从机构投资者角度进行报道，分析了机构投资者纷纷抛售股票可能会对双汇产生的影响。(3) 在财经新闻报道中，要多关注机构投资者的动向。因为机构投资者在股市和公司股份中所占的比重很大，所以机构投资者的动向可能会影响到股市的发展，从而影响到公司的发展。《21 世纪经济报道》的《蓝筹攻势屡挫背后：机构投资者式微》(曹元、陶杏芳，2012 年 3 月 24 日) 就是从机构投资者的角度分析了蓝筹股一直下跌的原因：自 2009 年之后，市场再也没有出现过像样的蓝筹行情，沪深 300 的市盈率一路下跌。跟随沪深 300 市盈率下跌的还有机构持股市值占流通市值的比例。历史数据显示，二者成正相关的关系。

### 三、社保基金：特殊的机构投资者

社保基金由社会保障基金和社会保险基金组成。"社保基金"是一个被简化了的统称，其实社保基金共有 5 个内容：社会保险基金；社会统筹基金；基本养老保险体系中个人账户上的基金("个人账户基金")；包括企业补充养老保险基金(也称"企业年金")、企业补充医疗保险在内的企业补充

---

① 祝惠春：《机构投资者占比提升 资本市场正在发生结构性变化》，中华网财经，2020 年 12 月 29 日。

保障基金；全国社会保障基金。社保基金之所以是特殊的机构投资者，是因为社保基金是"保命钱"。因此，对社保基金全世界都有严格的限制，不允许随意投资，尤其是进入股市。2001 年 7 月，全国社保基金首次"试水"股市。2009 年 6 月颁布的《境内证券市场转持部分国有股充实社保基金实施办法》为社保基金引入了新一波"水源"，国有股权划转在 2010 年进入高潮。①2020 年 9 月 11 日，全国社会保障基金理事会发布《社保基金年度报告(2019年度)》显示，2019 年，全国社会保障基金资产总额 26285.66 亿元，同比增长17.59%；社保基金权益投资收益额 2917.18 亿元，投资收益率 14.06%，远超社保基金成立以来年均投资收益率 8.14%的水平。

围绕着社保基金、企业年金的入市，一批有见识的财经媒体花了大量篇幅予以报道。他们如此关注这一市场行为，不仅仅是因为社保基金是市场的重要参与者，是重量级的机构投资者，更是因为对中国社保体系的改革涉及整个社会收支乃至社会结构的改革。其具体运作过程中蕴含着极为丰富的金融创新题材，既涉及国家体制，又关系着普通老百姓的切身利益。对财经记者来说，此类报道需要学习和掌握很多专业知识，又得具备相当扎实的理论功底，更须透着对普通人的关怀，大至宏观，小至微观，这样才可以写出一篇篇不可多得的好文章。②《上海社保：危险的投资》(《财经》，2006 年 8月)这篇报道，以扎实深入的调查揭开了上海社保基金投资房地产、银行、股市等的乱象，挖掘这一规模浩大的投资背后更为深刻的内容：虽有制度滞后于实践的历史背景，但是也凸显了决策人与执行者的冒险，交织着权力寻租的"灰幕"。这篇报道被《南方周末》评为当年的"致敬之年度调查报道"，其评语这样写道：当同行还停留在讨论社保资金管理制度的重大缺陷时，8月，《财经》推出长达 1.3 万字的调查，以文献式的笔法，详细而立体地披露了从 20 世纪 90 年代前期开始，上海社保一系列规模浩大而"危险的投资"。

### 四、信息披露

所谓信息披露，主要是指股票发行公司按照国家和证券交易所规定，在指定报刊及时公开企业重要信息，以有益投资者进行自行判断的行为。另外，证券市场的各级主管和机构如果要对市场做出重大政策变动，按规定也

---

① 智梦寻：《社保基金的股市印章》，《新金融观察》2012 年 6 月 4 日。
② 贺宛男：《财经报道概论》，复旦大学出版社 2009 年版，第 89~90 页。

应及时予以信息披露。2021 年 5 月 1 日，证监会修订后的《上市公司信息披露管理办法》（以下简称《信息披露办法》）正式施行。《国务院批转证监会关于提高上市公司质量意见的通知》中亦明确要求：上市公司要切实履行作为公众公司的信息披露义务，严格遵守信息披露规则。循着这一方向，修订后的《信息披露办法》新增了对信息披露义务人的定义：除上市公司外，还包括上市公司董事、监事、高级管理人员、股东、实际控制人，收购人，重大资产重组、再融资、重大交易有关各方等自然人、单位及其相关人员，破产管理人及其成员，以及法律、行政法规和中国证监会规定的其他承担信息披露义务的主体。该办法对"什么该说"重新划定了范围，完善了强制披露的要求，补充完善重大事件的情形。如将"公司发生大额赔偿责任""公司计提大额资产减值准备""公司出现股东权益为负值"等事项，均纳入临时报告应披露的范畴。与此同时，新《信息披露办法》还给"什么能说"定了基调，允许公司进行自愿性信息披露，旨在提高上市公司信息披露的"含金量"；同时，突出自愿披露的持续性和一致性原则，强调不得利用自愿披露的信息不当影响公司证券及其衍生品种交易价格，进一步规范自愿披露行为。①

## 第二节　基金市场与财经新闻报道

基金是为了某种目的而设立的具有一定数量的资金。从广义上来说，基金可以分为投资基金、产业基金、慈善基金、养老基金、福利基金等。资本市场上的基金主要是指投资基金。就规模而言，我国的基金是股票、债券之后的第三大资本市场，但是，就公众的关注度来说，基金市场却是仅次于股票的第二大市场。因此，财经媒体的相关报道层出不穷。

### 一、公募基金和私募基金

投资基金是集中投资者的资金，由基金托管人委托职业经理人员管理，专门从事证券投资活动。可以说，投资基金是对所有以投资为形式的基金的统称，它分为公募基金和私募基金。公募基金的设立方式是公开募集，私募基金的设立方式是"向特定对象募集"。

基金一直都是金融市场中成长速度较快的行业。2019 年基金市场基金

---

① 《上市公司信息披露有"新说法"了！一文看懂》，《21 世纪经济报道》2021 年 3 月 20 日。

数量与基金规模均出现显著增长，截至 2019 年 12 月 31 日，公募基金市场存量基金 6084 只，较 2018 年增加 931 只；市场资产净值规模 14.66 万亿元，较 2018 年增长 13.47%；市场基金份额 13.72 万亿份，较 2018 年增长 6.60%。按照基金类型细分来看，2019 年基金市场结构调整较大，权益类和债券型基金规模占比扩大，货币型基金数量与规模占比持续下行。① 2020年，在资本市场结构性行情的影响下，主动股混基金业绩亮眼，在"炒股不如买基金"的背景下，公募基金市场规模增速达到 64.02%，创近五年新高，主动股混增幅达到 131.75%。从基金公司层面来看，近年来头部基金公司的市场占有率不断上升，2020 年年末市场前 15 家主动权益管理公司管理着主动权益基金规模的 61.08%，头部基金公司强者恒强的马太效应愈发明显。从产品角度来看，全年共成立新基金 1435 只，总发行份额达到 3.16 万亿份，爆款基金频发，"日光基"、小比例配售等情况频现。2020 年基金产品的创新也在不断推进：持有期型股混基金规模大幅扩张，首批 5 只 MOM产品正式获批，公募 REITs 配套规则逐渐发布。②

根据中基协 2020 年 1 月公布的数据，全国共有私募基金管理人 24488家，备案产品数量 82597 只，私募基金规模 13.82 万亿元，已经成为 50 多万亿元规模的资产管理行业重要的市场分支，同期，公募基金管理人 127家，发行产品 6544 只，管理规模 14.76 亿元，仅从规模来看，私募基金已经可以跟公募基金平分秋色。在私募基金的市场结构中，股权私募基金占据了绝对市场份额，大约 60%，证券私募大约 36%，还有约 4% 是其他类。股权私募主体地位与长期以来明显的制度套利优势有关，一二级市场的收益预期差非常可观，同时之前私募股权的项目中有很多回购条款增强了资金的保障力度，使得许多资金涌入一级市场，但由于管理人良莠不齐使得风险问题不断暴露，这也促使监管部门进一步严格对私募股权基金产品备案的要求。同时，私募基金的二级市场较为透明、流动性好且指数低位，吸引力不断增强，其投资需求被极大激发，自 2019 年下半年开始，私募产品的发行速度和规模都快速提升。由于私募基金不得公开宣传，监管对私募基金的认购人数也是有限制的，公司制及合伙制认购私募基金的人数不得超过 50 人，股份公司制和契约型私募基金的认购人数不得超过 200 人。同时，监管对参与

---

① 谭锟珲：《2019 年基金市场年度回顾与展望》，《金融界》2020 年 3 月 26 日。

② 倪韵婷：《2020 年公募基金市场回顾系列之(一)：年度总结篇》，新浪财经，2021 年 8 月 12 日。

私募基金的投资金额和投资人资格也有要求，即单只基金起投金额不低于100万元，单位认购要求净资产不低于1000万元，个人要求金融资产不低于300万元或者近三年个人年均收入不低于50万元的合格投资者，这也是私募基金为何被称为富人俱乐部的原因。

### 二、风格漂移

基金投资风格是针对权益类投资占比较大的股票及混合型基金而言的，其分类有很多种，如按照股票的投资规模可细分为大盘、中盘、小盘基金等，按照股票财务属性则可以细分为价值型、成长型、混合型基金等。具体投资风格的分类是将基金持有某种类型股票的资产规模最大且占比超过45%以上的定义为此类型基金产品；各种类型占比均低于45%的，则取投资规模占比前两名的定义基金投资风格类型。通俗来说，风格漂移就是基金公司改变了投资者购买时原定的投资计划，甚至背道而驰。由于国内基金业短期业绩排名的压力，一些基金公司为了追求排名上升，根本不照合同办事。尽管有价值投资、成长性投资、大盘股投资、中小盘股投资等各种风格的基金存在，但往往名不副实。如名为"大盘基金"或者"蓝筹基金"，买的却往往是中小盘股和各种题材概念股，这种"挂羊头卖狗肉"的现象比较严重。基金改变投资风格的原因各异，有的是由于看到未来市场趋势和板块行业变化而主动改变原有策略，有的则是因为基金净值表现等客观硬件原因而被动改变风格。此外，策略的改变对不同公司产品所产生的实际效果也大有不同。

### 三、老鼠仓

所谓"老鼠仓"，是指基金从业人员在使用公有资金拉升某只股票之前，先用个人资金在低位买入该股票，待用公有资金将股价拉升到高位后，率先卖出个人仓位进而获利的行为。受"老鼠仓"影响，参与基金投资的机构和普通"基民"的资金很可能蒙受巨大损失。关于"老鼠仓"形成的原因、产业链、监管难题、研判方法等，《时代周报》的一则新闻进行了详细报道：

#### 揭秘老鼠仓产业链

周良低着头，足足沉默了五分钟左右，一支烟旋即燃尽，他用力按灭烟蒂，语气低沉地对时代周报记者说："随便聊聊吧，我可是下了很大决心和你见面。'老鼠仓'的事情绝对不会轻易对外人谈起的。"

曾做过长达五年基金经理的周良,已经离职做个小私募。"尽管挣钱不少,我良心上过不了自己这一关。"比周良更决绝的是黄远,只做了三年基金经理后,就彻底离开了基金行业,正准备移民加拿大。"'老鼠仓'在基金行业是个很普遍的现象,有着极其完整的生态利益链条,我承认我也操作过。"

周良表示,基金是否存在利益输送现象一直是监管部门监控的重点,但隐性利益输送却始终存在。

"很多时候,从上市公司、券商到基金公司,这是一个完整的内幕交易链条,环环相扣。这也是查处'老鼠仓'的最大难点所在。"黄远说。

## 基金利益输送链

"现在人们往往把'老鼠仓'存在的原因,归结到基金公司身上,这是不对的。"周良表示,在整个基金产业链中,存在着各类利益主体。

"券商也是基金产业链中另一个重要的利益主体。"黄远对时代周报记者解释说,基金发行主要通过银行、券商等渠道,而基金投资需要通过券商席位实现。券商与基金建立了十分密切的合作关系。

此外,周良也表示,社保基金作为资本市场中主要的参与力量,也会指定部分基金公司代为管理投资组合。基金公司通过决策委员会形成投资决策方案,而具体的投资组合管理则由基金经理完成。

保监会主席助理、新闻发言人袁力曾明确表示,目前对于保险资金投资股市占比的规定本身就留有很大余地,各公司可依据自身情况灵活掌握,保监会不过多干预。"这往往就给一部分保险资金间接参与'老鼠仓'的运作,提供了一定的操作空间。"黄远说。

日前,一位业内人士对时代周报记者透露说,新疆青松建材化工(集团)股份有限公司(600425. SH,下称"青松建化"),疑似存在"老鼠仓",拉升前一天,有2万手分10次砸盘,第二天狂拉,其中70%是中国人寿保险股份有限公司(601628. SH,下称"中国人寿")的保险资金。

时代周报记者查阅青松建化的"十大流通股东情况"获悉,截至今年9月30日,中国人寿(个人分红-005L-FH002沪)持股548.72万股,中国人寿(普通保险产品-005L-CT001沪)持股474.55万股,中国人寿保险(集团)公司(下称"人寿集团")持股499.99万股,均属于新进。

"至于说这些保险资金是否参与'老鼠仓'交易,还很难判断。"周良表示，这需要详尽的交易记录进行分析。

同时，减持的有两个基金。中国银行—华夏行业精选股票型现持股1200万股，减持了192.56万股。中国工商银行—中银收益证券投资基金持有945.06万股，增持了99.99万股。而中信实业银行—建信恒久价值股票型证券投资基金持有252.22万股，减持了52.22万股。

在黄远看来，通过分析以上的利益主体，基金利益输送行为主要形式有：基金公司在券商股东席位频繁交易，创造佣金收入向券商股东输送利益。基金公司利用管理的公募基金产品向社保基金组合进行利益输送。

此外，基金公司利用新发产品拉升老产品重仓股，间接提升老产品整体业绩表现，也是利益输送的一种形式。同时，基金公司自购旗下产品，同时通过非公平交易行为利用非自购产品向自购产品进行利益输送。还有基金经理及其关联方"老鼠仓"行为是最典型的利益输送。

"当然，除此之外，基金管理公司与代销银行、托管银行，公募基金与各种类型的私募基金、上市公司之间也存在不同形式的利益输送。"黄远说。

## "老鼠仓"操作秘籍

"中国股市的特色就是无庄不成股，而'老鼠仓'就存在于这些大大小小的庄股当中。"黄远告诉时代周报记者，券商是庄股中的主力，利用自身具有融资的天然优势，从社会各方面融入大量资金坐庄拉升股价。坐庄本来是为了赚钱盈利的，但券商坐庄真正赚钱的不算多。

深圳一位不愿具名的投行老总对时代周报记者解释说，主要原因就在于券商把股价拉升后，大量底部埋仓的"老鼠仓"蜂拥出货，券商又在高位接盘。"老鼠仓"赚个盆满钵满。

周良透露说，就目前的行情来说，主力机构主要采取两种操作模式。首先是在大盘股上建仓，这类股票资金进出相对容易。一旦完成建仓，就可以向上拉抬。此时，"老鼠仓"获利的周期较短，跟庄意味较浓，但获利也相对较为容易。

"另一种机构操盘模式是选择中小盘股建仓。"周良表示，由于中小盘股每日的换手率较低，大资金无法在短期内完成建仓任务，因此在操作前都会进行周密的计划，会对选定的股票确定一个心理价位，一旦该股跌到这一价位就不断买入，阻止股价继续下跌，此时，机构持仓量会不断增加。

而在吸筹的同时，机构主力也会设定一个目标价位(通常在成本上加上10%~20%)。若吸筹期间指标股带动大盘上涨，使该股价格走高并达到预期目标，主力就采取减仓的策略，这样可以落袋为安，同时使股价不会很快上涨，以防以后加仓的成本过高。当大盘上涨到一定程度后展开回调时，会带动中小盘股回调并再度达到主力的吸筹价位，于是主力又开始继续加仓。

周良称，通过这种滚动操作，主力仓位不断增加，外面的筹码越来越少，短线客的筹码被吞噬，筹码锁定程度不断加深。直到股票仓位达到满意的程度后，机构主力才会向上突破吸筹区域，展开真正的拉升行情。

在这种操作手法中，"老鼠仓"除了跟庄获利以外，还充当锁仓的角色。在主力操盘的大部分过程中都按兵不动，直到行情接近尾声、股价接近主力的最终目标时才开始逐批卖出。

时代周报记者日前获悉，安徽海螺水泥股份有限公司(600585.SH，下称"海螺水泥")突现送红包行情，疑有"老鼠仓"，1天赚35万元。11月20日，开盘500手跌停砸盘，送出大红包。在红包送出后，该股股价随即一路上扬。以收盘价计算，当日接住这一跌停抛单的投资者，单日获利14.64%，5.92万股对应的获利金额为35.52万元。

黄远则对时代周报记者坦承，"海螺水泥这个'老鼠仓'若一旦卖出，就能获得大概接近4亿元的收入。凭我的直觉和经验，卖给基金的可能性最大。"

## "老鼠仓"监管难题

"'老鼠仓'的操作手法，往往都是非常隐秘的，如果不是掌握一手的交易记录，就很难取证。"周良和黄远一致认为，这也是中国"老鼠仓"屡禁不止的关键因素之一。

周良告诉时代周报记者，"老鼠仓"的操作往往有着比较明显的技术特征。一般来说，全天最低价与全天均价(个股成交额/个股成交量)相比，当最低价低于全天均价10%以上时，可以确认K线基本形态成立。这种K线的表现形式有两种：一种是长下影线；另一种是大幅跳低开盘形成的长阳线。

周良称，这种K线的出现背景是该上市公司并没有遭遇特大实质性利空，股价走势大多处于低位徘徊或温和上涨中，盘中的瞬间暴跌没有任何预兆。瞬间暴跌结束后股价迅速恢复原有走势，暴跌不会产生丝毫负面影响。"老鼠仓"的 K 线形态一般出现在股价即将拉升之际，而且，在这种 K 线形成后的一段时间里，股价会表现出良好走势。

而在黄远看来，"老鼠仓"的研判方法亦有迹可循。为了分清主力是否有出货的企图，可以采用当天涨幅作为筛选工具，判别主力是否急于拉升。经过测算当涨幅达到 1.2% 以上时最佳，这是主力急于拉升股价。

此外，黄远表示，为了辨别主力是否有出货的空间，可使用均线系统作为判断工具，"老鼠仓"形的 K 线形态成立当天的最低价要比 5 天移动平均价低 7.9%。为了判断主力是否有出货的量能，必须参考成交量。

"若在上冲过程中量能放大得过大过快，就要当心主力是否在出货，如果量能处于温和状态，那么，'老鼠仓'形的 K 线走势的最后一个技术条件也成立了。"黄远称。

"'老鼠仓'反映到盘面上有很多特征，只要细心观察，完全可以看到它的踪迹。"深圳一位基金公司的投资总监告诉时代周报记者，"老鼠仓"往往利用集合竞价机制人为制造低开，开盘后瞬间拉升行情，使其在低位的买单当天获利不小，而拉动上升的是公有资金。

"但在行情运行途中突然迅速下滑，接近自己挂在低位的买单，而后迅速拉升。从而打开涨停板封单，瞬间接近自己挂的买单而后再封住涨停，随后几日连续拉高等。"上述投资总监说。

案例俯拾皆是。周良对时代周报记者表示，山东鲁能泰山电缆股份有限公司(000720.SZ，下称"鲁能泰山")就曾是一个典型的例子。当天涨停板开盘，封住涨停板的买单有 20 余万手，主力快速撤单造成恐慌现象，用 1 分钟的时间以 20 万手买单封住涨停板，然后两天都是涨停板。第三天跳空高开，迅速拉高至 10.50 元，就在散户跟风买入时，"老鼠仓"已出货，赚钱走人。

"这还是短线的，更有长线的'老鼠仓'，可能逮住十几个涨停板。手里握着大把基民的钱可供操作，何时进出都心中有数。"周良表示，至于后来这只股票再怎么走，那是普通基民的事情，"老鼠仓"的资金又转移到别的股票上操作去了。

(《时代周报》，2009 年 11 月 26 日)

这则新闻通过对业内人士的采访，详细介绍了"老鼠仓"的形成情况，挖掘了"老鼠仓"背后的很多信息。首先，该新闻深入揭示了"老鼠仓"的利益输送情况，如基金公司、券商、银行和保险基金，新发产品和老产品，非自购产品和自购产品，基金经理与关联方，公募与私募，上市公司之间等各种不同形式的利益输送链条。其次，这则新闻还解读了"老鼠仓"的操作秘籍，即周期短获利快的大盘股建仓和需要周密策划的中小盘股建仓。最后，针对"老鼠仓"存在的监管困难，该新闻在揭秘的同时提出了研判"老鼠仓"的方法：一方面，可采用当天涨幅进行判断；另一方面，可以采用均线系统进行判断，从而加深了新闻的指导性和服务性。

## 第三节　债券市场与财经新闻报道

债券是政府、金融机构、工商企业等机构直接向社会借债筹措资金时，向投资者发行，承诺按一定利率支付利息并按约定条件偿还本金的债权债务凭证。债券的本质是债的证明书，具有法律效力。债券购买者与发行者之间是一种债权债务关系，债券发行人即债务人，投资者(或债券持有人)即债权人。目前我国已成为全球第二大债券市场，2020 年债市规模达到 112.46 万亿元(含利率债、信用债和同业存单)，信用债存量为 38.34 万亿元。因此，债券市场也是财经新闻报道的重要领域。

### 一、国债市场

国债是由国家发行的债券，是中央政府为筹集财政资金而发行的一种政府债券，其发行主体是国家。因其信誉好、利率优、风险小，国债又被称为"金边债券"。我国目前发行的国债，主要分为记账式国债和储蓄国债两种。储蓄国债发行量比较少，发行最多的还是记账式国债，占了绝大部分国债的发行量，包括 2020 年发行的特别国债，其实也算是记账式国债。

我国从 1981 年起重新开始发行国债。在发行之初(1981—1988 年)，我国国债主要作为弥补财政赤字的手段，发行额基本以当年财政赤字额为限，占财政收入和 GDP 的比重很低。1986 年，我国的国债发行量突破百亿元大关，此后，国债发行规模逐年增大。1994 年，为遏制通货膨胀，政府决定禁止财政向银行透支或借款，全部财政赤字必须以发行国债的方式弥补。在这种背景下，我国国债发行规模出现了跳跃性增长，当年国债发行额一举突破千亿元大关。1996 年 4 月，中国人民银行首次向 14 家商业银行总行买进

2.9亿元面值的国债，标志着中央银行公开市场业务的正式启动，表明中国政府已经开始运用国债市场进行宏观调控，国债政策已正式超越财政范畴明确无疑地成为政府宏观调控的工具。①数据显示，2020年我国发行的记账式国债超过了6.9万亿元，同比增长超过了80%，国债的发行量比其他任何一类债券的发行量都要高。其原因，一方面是因为国家需要靠发行国债补充财政资金；另一方面也说明了国债是一种广受投资者喜爱的投资产品，就算发行得多也不愁卖。②

## 二、地方政府债市场

地方政府债券一般用于交通、通讯、住宅、教育、医院和污水处理系统等地方性公共设施的建设。地方政府债券一般也是以当地政府的税收能力作为还本付息的担保。地方发债有两种模式，第一种为地方政府直接发债；第二种是中央发行国债，再转贷给地方，也就是中央发国债之后给地方用。2021年1月26日财政部发布数据显示，2020年，全国发行地方政府新增债券45525亿元。其中，发行一般债券9506亿元，发行专项债券36019亿元。数据显示，2020年，全国发行地方政府再融资债券18913亿元。其中，发行一般债券13527亿元，发行专项债券5386亿元。2020年，地方政府债券平均发行期限14.7年，地方政府债券平均发行利率3.40%。截至2020年12月末，全国地方政府债务余额256615亿元，控制在全国人大批准的限额之内。其中，一般债务127395亿元，专项债务129220亿元；政府债券254864亿元，非政府债券形式存量政府债务1751亿元。③

从近期来看，发展我国的地方债有利于弥补外需不足，缓解地方政府融资平台的压力，保障重大工程项目的资金需求，保持经济增长，促进充分就业。就远期而言，发展我国的地方债的重大意义在于：一是构建一个更加透明和高效的融资方式，进一步拓宽地方政府的融资渠道，促使政府融资模式的结构性转变，促进地方财政透明运行；二是锻炼政府市场化融资的能力，有利于形成市场对政府行为的硬约束；三是有利于丰富我国债券市场的产品

---

① 贾康：《国债发行30年回顾与前瞻》，《21世纪经济报道》2011年12月17日。
② 《国债市场迎来好消息，未来的国债品种或更多，国债怎么买最划算》，希财网，https://xw.qq.com/cmsid/20210119A0BN3B00。
③ 申铖：《2020年全国发行地方政府新增债券45525亿元》，新华社，2021年1月26日。

种类，提高债券市场的广度和深度，而且可以作为利率市场化的试验平台；四是作为一种金融资源的配置方式，地方债的发展有利于促进全社会资金的合理流动，提高资源的配置效率。①

### 三、公司债和企业债

公司债券是公司依照法定程序发行、约定在一定期限还本付息的有价证券。企业债券是企业依照法定程序发行、约定在一定期限内还本付息的债券。公司债券和企业债券本质上是同一类债券，在我国，公司债券和企业债券在以下方面有所不同：(1)发行主体的范围不同。目前，公司债券仅由上市的股份有限公司发行；企业债券则主要由中央政府部门所属机构、国有独资企业或者国有控股企业发行。(2)监管机构不同。公司债券发行由中国证监会核准；企业债券发行由国家发改委审批。(3)资金用途不同。公司债券可根据公司自身的具体经营需要提出发行需求。企业债的发债资金主要用于固定资产投资、技术改造更新、基础设施建设等方面。有研究者认为，说到底，现实中的"企业债"只不过是一种"准政府债"而已，从发行主体看，政府背景的大型国企总是"受宠"；从资金投向来看，发改委往往将企业债的审批与重大建设工程立项结合考虑，因而也就有了"三峡债""铁路债""电力债"的通行无阻；而且地方政府往往会通过所设立的企业实体来发债，为市政建设筹资，从而规避了《预算法》禁止地方政府负债的强制性法律规定，如上海的"世博债""浦东建设债"。② 2007 年 8 月 14 日，中国证监会正式颁布实施《公司债券发行试点办法》，我国公司债券发行工作正式启动。

### 四、可转换债券、可交换债券、可分离债券

可转换债券全称为可转换公司债券。在目前国内市场，就是指在一定条件下可以被转换成公司股票的债券。可转债具有债权和期权的双重属性，其持有人可以选择持有债券到期，获取公司还本付息；也可以选择在约定的时间内转换成股票，享受股利分配或资本增值。20 世纪 70 年代和 80 年代，可转换公司债券在发达金融市场开始流行，而我国是在 1992 年才首次进行试点(宝安转券)。1997 年，40 亿元可转换公司转券额度公布，可转换公司

---

① 宗良、周治富：《我国地方政府债券发展的路径与前景》，《银行家》2012 年 2 月 9 日。

② 黄韬：《从企业债到公司债的法律路径》，《法人》2007 年 4 月 3 日。

债券这一新产品在中国金融市场上进行试点推广。

可交换公司债券赋予债券投资人在一定期限内有权按照事先约定的条件将债券转换成发行人所持有的其他公司的股票。推行可交换公司债主要是从整个证券市场的稳定出发的，旨在引导"大小非"及大宗限售股份股东以股票作质押，发行可交换债券，避免其急于抛售或不计成本抛售股票，以缓解股市压力。换言之，可交换债券的发行是作为监管机构一种"救市"的手段而出现的。对发债主体而言，其发债目的包括股权结构调整、投资退出、市值管理、资产流动性管理等。2008 年 10 月 19 日，中国证监会正式发布《上市公司股东发行可交换公司债券试行规定》，规定明确发债主体限于上市公司股东，且应当是符合公司法、证券法和公司债券发行试点办法的有限责任公司或者股份公司，且公司最近一期末的净资产额不少于人民币 3 亿元。发债主体限于有一定规模和资质的公司，以防范部分不规范的小型公司发债的风险。为在一定程度上保持用于交换的股票作为担保物的信用，规定还对用于交换的上市公司股票的资质提出了要求，包括该上市公司最近一期末的净资产不低于 15 亿元，或者最近 3 个会计年度加权平均净资产收益率平均不低于 6%。同时，规定要求，发行公司债券的金额应当不超过预备用于交换的股票按募集说明书公告日前 20 个交易日均价计算的市值的 70%。2009 年 7 月，健康元发行了最多 6 年期、7 亿元规模的可交换债，以不超过 4000 万股的丽珠 A 股做担保，这是我国证券史上的首例可交换债发行。本次发行的债券面值人民币 100 元，利率由市场询价协商确定，将向丽珠集团全体 A 股股东按一定比例优先配售，优先配售后的剩余部分向其他有意向认购的投资者发售。

可转换债券为上市公司直接发行，未来可以转换成上市公司自己的股份，公司债券既可以由上市公司发行，也可以由其他符合条件的公司来发行，而可交换债券只有上市公司的股东才有条件发行，因为在发行的过程中，必须使用上市公司的股票来进行质押担保和预备交换。

可分离债券，全称为"认股权和债券分离交易的可转换公司债券"，是一种附认股权证的公司债，其本身为一种可转换债券，其特点是认股权和债券分离交易。由债券和权证两部分构成，上市后可分别交易，券商可将权证出售给追求高风险偏好的投资者，将债券出售给低风险偏好的固定收益投资者，以满足不同的投资需求。通俗地讲，一般投资人也可理解为买债券送权证，赋予了上市公司一次发行两次融资的机会。2008 年 11 月 13 日，马钢股份正式发行 55 亿元可分离债，成为证券市场首家发行可分离债的上市公司。根据马钢股份刊发的募集说明书，本次马钢股份发行 55 亿元可分离债，即发行 5500 万张面值 100 元、票面利率在 1.4%~2.0%、期限为 5 年，且同时可无偿获得 23 份认股权证的公司债券。上述认股权证的存续期为 24 个月，行权价为 3.40 元。持有人有权在权证上市满 12 个月之日的前 10 个交易日，以及满 24 个月之日的前 10 个交易日内行权。认股权证总量为 12.65 亿份。

### 五、评级机构

投资者购买债券是要承担一定风险的。如果发行者到期不能偿还本息，投资者就会蒙受损失。发行者不能偿还本息是投资债券的最大风险，称为信用风险。债券的信用风险依发行者偿还能力不同而有所差异。对广大投资者尤其是中小投资者来说，由于受到时间、知识和信息的限制，无法对众多债券进行分析和选择，因此需要专业机构对准备发行的债券还本付息的可靠程度，进行客观、公正和权威的评定，也就是进行债券信用评级，以方便投资者决策。债券信用评级的另一个重要原因是减少信誉高的发行人的筹资成本。一般说来，资信等级越高的债券，越容易得到投资者的信任，能够以较低的利率出售；而资信等级低的债券，风险较大，只能以较高的利率发行。

目前国际上公认的最具权威性的信用评级机构有三家，分别是美国标准·普尔公司、穆迪投资服务公司和惠誉国际信用评级有限公司。这三家公司负责评级的债券很广泛，包括地方政府债券、公司债券、外国债券等。由于它们拥有详尽的资料，采用先进科学的分析技术，又有丰富的实践经验和大量专门人才，因此它们所做出的信用评级具有很高的权威性。标准·普尔公司的信用等级标准，从高到低可划分为：AAA 级、AA 级、A 级、BBB 级、BB 级、B 级、CCC 级、CC 级、C 级和 D 级。前四个级别债券信誉高，履约风险小，是"投资级债券"，第五级开始的债券信誉低，是"投机级债券"。AA 级至 CCC 级可加上加号和减号，表示评级在各主要评级分类中的相对强度。穆迪的长期信用评级共分九个级别：Aaa、Aa、A、Baa、Ba、B、Caa、Ca 和 C。其中 Aaa 级债务的信用质量最高，信用风险最低；C 级债务为最低债券等级，收回本金及利息的机会微乎其微。在 Aa 到 Caa 的六个级别中，还可以添加数字 1、2 或 3 进一步显示各类债务在同类评级中的排位，1 为最高，3 则最低。通常认为，从 Aaa 级到 Baa3 级属于投资级，从 Ba1 级以下则为投机级。惠誉的长期信用评级分为投资级和投机级，其中投资级包括 AAA、AA、A 和 BBB，投机级则包括 BB、B、CCC、CC、C、RD

和 D。以上信用级别由高到低排列，AAA 等级最高，表示最低的信贷风险；D 为最低级别，表明一个实体或国家主权已对所有金融债务违约。因此，这三家机构信用等级划分大同小异。

标准·普尔公司和穆迪投资服务公司都是独立的私人企业，不受政府控制，也独立于证券交易所和证券公司。它们所做出的信用评级不具有向投资者推荐这些债券的含义，只是供投资者决策时参考，因此，它们对投资者负有道义上的义务，但并不承担任何法律上的责任。惠誉的规模较其他两家稍小，是唯一一家欧洲控股的评级机构。2011 年美国国债危机后，标准·普尔就降低了美国国债信用评级，彰显了该公司的独立性。有新闻这样报道：

## 标普首次下调美国国债评级

Damian Paletta　Matt Phillips

评级公司标准普尔（Standard & Poor's）的管理人员周五说，美国国债不应再被视为全球最安全的投资之一。全球金融体系的一块基石随之被撼动。

标普首次取消了美国债务保持了 70 年之久的 AAA 评级，说华盛顿最近达成的预算协议在应对美国财政状况的长期暗淡局面方面做得不够。标普将美国国债评级下调至 AA+，这个评级低于列支敦士登，与比利时和新西兰相同。

标准普尔酝酿下调美国债务评级已经有数月的时间。这一前所未有的举措是在数小时的重大波折之后做出的。它开始于周五早间，当时有消息透露说下调评级近在眼前，股市随之暴跌。下午一点半左右，标普管理人士通知美国财政部，他们计划下调美国债务评级，并向政府提交了他们的研究结果。不过，财政部官员注意到标普的计算中存在 2 万亿美元的误差，这令公布下调评级的声明推迟了数小时。后来，标普管理人士决定无论如何也要发布声明。晚上 8 点后，他们正式宣布下调美国债务评级。

标普说，下调美国债务评级反映出我们的观点，我们认为，国会和政府最近达成一致的财政整合计划不足以稳定政府中期债务局面。标普还指责说，在挑战日益加剧之际，美国决策和政治机构的有效性、稳定性和可预测性减弱。

美国债务评级的下调将迫使交易员和投资者实时地重新考虑一直以来作为现代金融基本假设的问题。自 7 月 14 日标普警告说可能下调美国债务评级以来，鉴于美国国债在华尔街和经济体系中的渗透程度，分析人士一直难以确定这样一种举动可能对金融格局带来怎样的影响。

可能的情况是，这一打击短期内可能更多的是心理上的而不是现实的。竞争对手评级公司穆迪投资者服务(Moody's Investors Service)和惠誉国际评级(Fitch Ratings)近几天保持了他们对美国债务的最高评级。此外，到目前为止，对担忧美国经济状况和欧洲债务危机形势的投资者来说，美国国债一直是一个安全避风港。宣布下调评级之前的论战可能进一步削弱其影响。

一项重要的担忧将是，外国投资者(尤其是中国)对美国国债的需求是否可能改变。中国是美国国债的最大外国持有者。据美国银行/美林(Bank of America Merrill Lynch)的研究，1945 年，外国人仅持有 1% 的美国国债；如今，他们持有创纪录高的 46% 的美国国债。

(《华尔街日报》，2011 年 8 月 6 日)

虽然债券评级只具有某种参照意义，但是，那些具有独立立场的评级机构所作出的评级还是具有一定权威性的，新闻媒体应该多加关注，为财经新闻报道提供参照。

### 六、主权信用评级

主权信用评级是信用评级机构进行的对一国政府作为债务人履行偿债责任的信用意愿与信用能力的评判。主权信用评级，除了要对一个国家国内生产总值增长趋势、对外贸易、国际收支情况、外汇储备、外债总量及结构、财政收支、政策实施等影响国家偿还能力的因素进行分析外，还要对金融体制改革、国企改革、社会保障体制改革所造成的财政负担进行分析，最后进行评级。主权信用评级一般从高到低分为 AAA、AA、A、BBB、BB、B、CCC、CC、C。AA 级至 CCC 级，可用+号和-号，分别表示强弱。主权信用评级究竟有什么作用和影响？它是否存在一个独立评价标准？它与一个国家的哪些因素有关？下面的新闻报道将有助于我们了解主权信用评级：

# 主权信用评级角逐：最隐秘的政治权力

高四维

在一堆令人敬畏的专业术语包装下，三大信用评级公司站在金融塔尖上，与尘世拉开了巨大距离，殊不知却隐藏着最易变现的世界性政治经济权力。

## 评级遵守盎格鲁—撒克逊模式

欧洲人对信用评级公司，几乎到了出离愤怒的地步。

2012年1月13日，标准普尔公司宣布，下调法国等9个欧元区国家及欧洲金融稳定基金（EFSF）的长期信用评级。紧接着，1月27日，惠誉宣布下调欧洲五国主权信用评级；2月14日，穆迪宣布下调欧洲六国主权信用评级。

欧洲议会高级官员、德国基督教民主联盟成员艾尔玛·布洛克立即在德国《世界报》上发言称："降级行为是美国评级机构对欧洲发动的一次攻击。他们在对我们搞货币战。"

自2009年12月三大机构对希腊的主权信用降级以来，欧洲就没了好日子。信用评级机构这个金融界的裁判，也遭到了金融界球员越来越多的指责。

《纽约时报》专栏作家弗里德曼有一句广为流传的论断："我们生活在两个超级大国的世界里，一个是美国，一个是穆迪。美国可以用炸弹摧毁一个国家，穆迪可以用债券降级毁灭一个国家。相信我，有时候真不知道哪一个霸权更有力量。"

穆迪只是一家评级公司，无非是给投资者出具一份金融产品质量如何的通行证，但如今这个不起眼的发证机构越来越攸关一个国家的生与死。

19世纪中下旬，美国通过发行国债、州债、铁路债券及公司债券融资的风气盛行。由于债券里隐藏了太多的复杂工程学知识，供需双方的信息不对称性达到了极端，刺激了投资者对债券的信息需求。

1909年，穆迪创始人约翰·穆迪对美国铁路公司的债券进行评估，首次采用字母评级法标注相关企业的投资风险程度，并提供了一个关于铁路债券价值的简单等级系统，此后，穆迪的评级服务渐渐扩大至所有的政府债券。之后，标准普尔与惠誉相继崛起。至2012年标准普尔主权评级达到128个国家，穆迪与惠誉的主权评级也均涉及100个国家以上。

　　"三大评级机构"在对一国主权债务风险形成机制的判断上各有特色。标准普尔将政治因素列为第一位，强调政治风险、市场经济程度和非市场因素对评级的影响；穆迪的评级模式考虑"经济开放度"与"美元化比率"，将一国主权信用与美国的关系挂钩；惠誉则将一国的国际地位纳入评级系统中。

　　目前，穆迪与标准普尔均为美资公司，惠誉虽是欧资控股，但总部设在纽约和伦敦。"他们之间有一个博弈关系，但也会参考其他评级进行修正，结果看起来似乎产生了一种'合谋'。"北京大学经济学院金融系副主任、中国金融研究中心副主任王一鸣说。

　　这个事先没有沟通的"合谋"，发出了共同的色泽：都以"盎格鲁-撒克逊模式"为价值规范，倡导自由主义经济理念，崇尚市场的高度自由化。与该模式越相似，评级越高；而若国家发展偏离该模式，则难以获得高评级。"如果不符合他们的模型，他们就认为这是有问题的，这是很武断的。"王一鸣直言。

　　单一的价值取向，使得"三大评级机构"普遍低估与忽视金融监管对于主权信用的重要影响，也对新兴经济体国家的主权评估不足。

　　经历了20世纪末的亚洲金融危机、2008年的全球金融危机以及当前的欧洲债务危机，人们发现，"三大"的信用评级不仅未起到预警风险的作用，反而对危机推波助澜。

　　中国人民银行行长周小川曾指出："评级业有可能在整个经济周期变动过程中起到顺周期作用，加剧宏观经济的周期性波动。宏观经济形势好的时候，评级公司不断调升评级，导致市场过度乐观，出现经济过热和资产泡沫；出现经济衰退时，评级公司往往大幅下调评级，加重对形势恶化的估计，扩大波动性。"

　　……

## 金融评级中国模式

　　默克尔所说的中国评级公司是成立于1994年的大公国际资信评估有限公司，这家民营企业现约占中国信用评级市场份额的20%，其余则基本由三巨头的中国子公司控制。

　　2010年7月，大公国际资信评估有限公司首次发布了对全球50个国家的主权信用评级报告。作为第一份"非西方主权评级"，大公评级报告引起国际市场一片热议。有西方媒体指出，这份评级报告的发布，反映了外界对西方评级机构的普遍不满。

这份报告中，最引人注目的莫过于大公给予美国的信用评级低于中国。中国信用等级 AA+，而美国信用级别则为 AA 并持"负面"展望。

与三大评级机构的同类评级相比，大公主权评级的异质性达到54%。主要差异集中在两类国家：大公对于政治稳定、经济发展的新兴经济体的信用评级高于三大评级机构，如中国、巴西、印度、俄罗斯等；而经济增长放缓、债务负担过重的发达国家，则低于三大评级机构，如美国、英国、法国、加拿大等。

大公国际总裁关建中对此解释，与三大评级机构进行主权评级时过于强调政治体制、人均 GDP、市场开放程度与独立的央行等因素不同，大公更加重视两个层面即一国的综合体制实力和一国主权政府的财政状况。

王一鸣教授表示，尽管大公的评级方法和技术还有诸多差距，但"市场评估的准确性需要靠多家竞争而不断提高，对可能人为操纵形成制衡，中国没有太注重评级市场，很晚才醒悟过来"。

2009 年 12 月，大公向美国证券交易委员会(SEC)提交"国家认可统计评级机构(NRSRO)"申请。因为美国拥有全球最大的资本市场，大公如不通过 NRSRO 资格认证而想在国际信用评级市场上获得一席之地的可能性近乎于零。目前共有 10 家信用评级机构获得 NRSRO 资质。除"三大评级机构"之外，还有 4 家美国公司(A. M. Best，Lace Finance，Realpoint，Egan-Jones)，1 家加拿大公司(DBRS)，2 家日本评级公司(R&I 和 JCR)。10 家无一新兴市场国家。

美国证交会在先后经过两次"延期批准"之后，于 2010 年 4 月 14 日做出决定，将大公的申请列入拒绝程序。

根据大公国际公布的美国证交会通知函件中的信息，大公遭拒的原因主要包括两个方面：(1)总部在北京的大公并未在美国设任何相关机构，未对任何美国公司进行评级，也并无任何美国公民订阅其评级信息；(2)证交会无法确定大公是否能遵守交易法及相关条款。

中央财经领导小组办公室吴红指称，大公进入美国受阻表明"信用评级与一个国家的核心利益密切相关"。

2011 年 11 月 8 日，大公国际宣布与白俄罗斯政府在北京签署委托协议，为白俄罗斯展开国家信用评级服务。这是大公正式接受的第一份委托国家信用评级业务。

(本文为节选，《凤凰周刊》，2012 年 3 月 26 日)

## 七、资产证券化

自 2008 年前后美国发生次贷危机，资产证券化这个名词逐渐为我国财经界所熟知。通俗来说，资产证券化就是企业单位或金融机构将其缺乏流动性但能产生可预见现金收入的资产加以组合，然后发行成证券，出售给有兴趣的投资者，借此过程，企业单位或金融机构能向投资者筹措资金。如景区门票收入、高速公路收费、应收账款等都可以作为一种资产抵押，利用资产证券化的方式公开发行，以此融资。广义的资产证券化中的资产包括实体资产和无形资产、信贷资产、证券资产、现金资产四类。狭义的资产证券化中的资产是指信贷资产的证券化。

（一）美国次贷危机：资产证券化的恶果

美国次贷危机，也译为次债危机，又称次级房贷危机。一般来说，银行贷款分为正常、关注、次级、可疑、损失五个等级，后三类为不良贷款。相对来说，次级贷款按揭贷款人没有（或缺乏足够的）收入/还款能力证明，或者其他负债较重。相对于给资信条件较好的按揭贷款人所能获得的比较优惠的利率和还款方式，次级按揭贷款人在利率和还款方式上，通常要被迫支付更高的利率并遵守更严格的还款方式。然而，受 2006 年之前美国信贷宽松、利率水平较低、金融创新活跃、房地产和证券市场价格上涨的影响，美国住房市场持续繁荣，住房贷款的证券化备受青睐。在这过程中，美国有些金融机构为一己之利，纵容次级贷款的过度扩张及其关联的贷款打包和债券化规模。于是，次级贷款吸引了众多房贷商和金融机构，越来越多的证券化产品被开发和生产出来，其中规模最大的是被称为"两房"的"房地美"和"房利美"。"房地美"和"房利美"是美国政府支持、私人投资者控股的两大住房抵押贷款融资机构。以"房地美"和"房利美"为代表的金融机构住房抵押按揭贷款打成一个个资产包，然后制作成标准凭证，再将这些证券化的产品卖给投资基金等机构投资者。然而，为防止市场消费过热，2005—2006 年，美联储先后加息 17 次，利率从 1% 提高到 5.25%。这使得次级抵押贷款的还款利率也大幅上升，购房者的还贷负担大为加重。同时，住房市场的持续降温也使购房者出售住房或者通过抵押住房再融资变得困难。这种局面直接导致大批次级抵押贷款的借款人不能按期偿还贷款，进而引发"次贷危机"。从 1970 年最早出现第一笔住房抵押贷款证券化开始，至今美国资产证券化业务已遍及汽车贷款、信用卡应收款、消费分期付款、租金、版权专利费、高速公路收费等广泛领域。在投资银行家眼中，一切可以证券化的资产几乎全部被证券化。因此,当 2008 年美国次贷危机爆发后,受到影响的并非只是房地产行业,而是被完全证券化了的整个美国社会,并波及世界各国。

关于美国次贷危机的报道,一时间遍布各大媒体。《第一财经日报》的《贪婪的代价》(2008 年 10 月 6 日)以次贷危机的最大失败者——雷曼 CEO 理查德·富尔德"现在不得不从雷曼兄弟的总部、纽约第七大道 745 号的 31 层搬出,搬到以前属于闲杂人等的 1271 号"这一极具讽刺意味的细节入手,对次贷危机产生的原因进行解释;然后作者以一个个生动的事例和故事,用通俗易懂的语言讲述了美国次贷危机发生的过程。美国《商业周刊》的五篇系列报道《莫道前路无痛楚》《美国国际集团错在哪里?》《找回平衡的契机》《走向坦途还是脱轨》《华尔街之殇》注重报道次贷危机之后的美国政府和金融业,以独到的观点、深度的分析和深刻的反思成为美国次贷危机报道中的优秀典型。《环球》杂志的报道《美国式危机传导路线图》详细报道了美国次贷危机的酝酿、发生、传播、扩散、转移和发散全过程。这篇报道有助于我们全面了解美国次贷危机发生的整个过程。原文如下:

## 美国式危机传导路线图

### 记者 陈昕晔 实习记者 刘琳 赵聪超

3 月 16 日,摩根大通宣布以 2.4 亿美元收购美国第五大投资银行贝尔斯登,成为美国次贷危机中又一"超常"新闻。一家有 5000 亿美元资产的知名投行为何如此低价贱卖?经济学家谢国忠说,因为"现在没有人知道贝尔斯登的资产当中究竟有些什么、究竟值多少钱,甚至连最终可能损失多少都没人知道"。

但人们已经知道,如果摩根大通不"出手",贝尔斯登就会轰然倒下,那将引发一场无法收拾的金融崩盘。同时,也使人们警觉,美国为什么不把任何一家哪怕危机累累的银行贱卖给别人?

持续一年的次贷危机,本身是一个巨大的黑洞,其中一个又一个的漩涡,扑朔迷离,连漩涡中的人都不知底细,次贷危机造成的损失到底有多大?究竟有多少家投行及金融机构买了多少次贷衍生品?次贷危机如何殃及全球经济?美国到底怎样抹平次贷危机?次贷危机何时能见底?……这些问题,人们自然就更难找到确切的答案。这正是次贷危机的可怕之处。

现在能确切感到的是,这次金融风波是一场典型的"美国式危机":

高智商人群在非同寻常的、虚拟梦幻般的现代经济中运作出事了，而且美国危机了，其他国家也跑不了，因为次债早已把大伙儿牵扯进来了，现在你们都得来救我，救我就是救你们自己。

美国梦，带了金融创新的傲慢，带着全球经济引擎的信用，带来高额回报的预期，虚拟经济世界的诡异，把半梦半醒之间的人引向那里，梦醒时分，全世界的实体经济却已阴影笼罩。

这场带着些许现代荒诞色彩的"美国式危机"酝酿、发生、传播、扩散的故事是这样发生的……

### 第一步：酝酿
### 美国吹起一个一个泡泡

在美国，有相当数量的低收入者或金融信用不高的人群。按美国房屋贷款原来的严格审查程序，他们是不太可能获得购房贷款的。但低收入者的住房，是一个巨大的市场，只要降低贷款的门槛，购房的需求就会释放出来。

于是，从20世纪80年代开始，美国一些从事房屋信贷的机构，开始了降低贷款门槛的行动，不仅将贷款人的收入标准调低，甚至没有资产抵押也可得到贷款买房，进而形成了比以往信用标准低的购房贷款，"次贷"也因此得名。

放贷机构可不是慈善家，他们不是提供"经济适用房"。获贷人"零首付"轻而易举地跨进了买房的门槛，过去没能力买房的人群一下就有了买房的条件，当然，与优质贷款人的固定利率、较低的贷款利息等相比，肯定要付出更高的利息，贷款的利率也要"随行就市"浮动。对放贷机构来说，它可以从中获得比贷给优质贷款人固定利率、较低贷款利息更高的收益。可谓"两头乐的好事"。然而，这一"设计"构建在了一个贷款人信用低的基础平台上，一旦贷款人无力如期付息还本，放贷机构烂账砸锅无疑，风险甚大。

……

本来次贷贷款人就是低收入者，这时候，他会怎么办，还不了贷款，只好不要房子了。贷款机构收不回贷款，只能收回贷款人的房子，可收回的房子不仅卖不掉，而且还不断贬值缩水，于是不要说什么盈利，就连资金都转不起来了。从2007年2、3月开始，美国一些次级抵押贷款企业开始暴露出问题，首先是新世纪金融公司因濒临破产被纽约证交所停牌。

## 第二步：扩散

### 美国式危机的逻辑轨迹———一个也躲不了

如果只是美国的次级抵押贷款企业出了问题，并不一定导致一场牵动金融全局的次贷危机，因为次贷本身的规模是可以确定的。据国际货币基金组织（IMF）的统计数据：美国次贷占美国整个房地产贷款的14.1%，在1.1万亿~1.2万亿美元，而其中的坏账，据高盛的测算是4000亿美元。2006年，美国的GDP为15万亿美元，一个可以确知的危险并没有那么可怕。

次贷之所以酿成危机，是因为次贷早已经通过美国金融创新工具———资产证券化放大成为次级债券，弥漫到了整个美国乃至全球的金融领域。

……

正如沃伦·巴菲特所警告的，投资者已从美国次级抵押贷款市场发生的事情中认识到，这些证券可能是"金融大规模杀伤性武器"，如同弗朗肯斯坦创造的怪物。是的，美国创新了一个怪物，美国人住上了房子，还不起钱就跑了；美国的债券却卖到了全世界，这些银行、基金等无处可跑，于是各国"央行直升机群"来了，向美国银行大把撒钱。美国人不说主权基金不好了，他们欢迎这些钱进来挽救美国，但是他们其实不会把任何一家哪怕危机累累的银行贱卖给你。这就是美国式危机的表现和逻辑。

## 第三步：转移

### 全球股市陪伴美国震荡

北京大学中国信用研究中心教授章政指出，"美国次贷危机的信用传导链条的核心是风险转移，上游机构不断将风险转嫁给下游，在每一个转嫁环节中，投资者都将评级作为决策的一个重要参考"。美国在上游，其他国家在下游。

这场美国次贷危机的击鼓传花进行到2007年7月，鼓声骤然而停。又是评级机构点燃了次贷传导的导火索。

信息不对称使次贷衍生产品的投资人对评级机构有相当高的依赖度。可是，评级机构只能用建立在历史数据之上的计量模型来推算违约概率。一旦房价、利率变化，模型原有的假设条件就不复存在了。

……

## 第四步：发散
### 美为自救，让金价、油价发飙

比较各国麦当劳"巨无霸"的价格，或者按照购买力平价(PPP)计算星巴克大杯拿铁咖啡的价钱，都会发现美元兑经合组织多数成员国货币的汇率都出现了下跌。

美元贬值是美国政府转嫁和化解次贷危机的一种有效手段。此次信贷危机很可能标志着美国作为全球经济最终消费者的局限性。经合组织在去年年底发布的《经济展望》中指出：调整已在进行之中。

该组织预测，2007年美国内需最终仅会增长1.9%，低于2006年的2.9%，2008年的增幅将进一步放缓至1.4%。2007年和2008年，随着美国实际贸易赤字缩减，净出口对经济增长的贡献将为正值：2007年贡献0.5个百分点，2008年为0.4个百分点。如此，美国正将前些年"出口"到全球其他地区的刺激因素重新"进口"回来。信贷紧缩很可能会加速这一过程。因此美国需要净出口强劲增长。同时，美元贬值所造成的通胀只要在美国人尚可承受的范围内，通胀也会发挥积极作用，美国人还贷实际上减少了。因此美国政府纵容了美元不负责任的贬值。

……

## 下一步：思考
### 虚拟经济梦醒时分

我们生活在一个虚拟与现实越来越纠缠不清的世界。虚拟世界曾经许诺了梦想，但梦总会醒来。2000年，世界从互联网的虚拟世界中堕入现实，2007年金融体系的虚拟之梦再次被打落尘世。

在虚拟的金融体系中，人们看到的是那些叫做ABS、ABCP、CDO、CDS、SIV的证券。普通人见到这些如堕雾中，根本搞不清，即使是那些买了这些债券的投行、对冲基金对其也并不了解，他们大多也是以评级机构的评级作为参考的。同时，这里面还夹杂着对一个强势国家的信用迷信。

而当虚拟的金融体系出现危机时，人们看到的是各国央行直升机群在协同行动，向市场撒钱——真正的钱。美联储、加拿大央行、英国央行、欧洲央行、瑞士央行在救助陷入流动性缺乏的投行。

……

次贷危机暴露了金融资本主义面临着监管的巨大挑战——那些玩火者应该知道什么是疼，而各国央行的救助规模越大，意味着将来对金融机构实行的监管也就必须越严厉。

这可能也提醒了人们：如果美国的金融监管到位的话，次贷还能酿成危机吗？

（《环球》，2008 年第 7 期）

（二）我国资产证券化的发展

我国在 1992 年就开始了资产证券化的尝试，但银行的信贷资产证券化始终未予放行。1997 年 7 月，央行颁布《特种金融债券托管回购办法》，规定由部分非银行金融机构发行的特种金融债券，均需办理资产抵押手续，并委托中央国债登记结算公司负责相关事项。这在某种程度上使不良资产支持债券的发行成为可能，此后出现了由资产管理公司主导的几笔大额不良资产证券化。

2000 年，人民银行批准中国建设银行、中国工商银行为住房贷款证券化试点单位，标志着资产证券化被政府认可。

2004 年 2 月，《国务院关于推进资本市场改革开放和稳定发展的若干意见》发布，其中第四条"健全资本市场体系，丰富证券投资品种"提出，加大风险较低的固定收益类证券产品的开发力度，为投资者提供储蓄替代型证券投资品种，积极探索并开发资产证券化品种。

2004 年 12 月 15 日，央行公布实施《全国银行间市场债券交易流通审核规则》，为资产证券化产品流通扫清了障碍。

2005 年，央行和银监会发布《信贷资产证券化试点管理办法》，银监会同年发布《金融机构信贷资产证券化试点监督管理办法》。2005 年 12 月 15 日，国家开发银行和中国建设银行分别成功发行了第一只 ABS 债券 41.78 亿元和第一只 MBS 债券 29.27 亿元。

2007 年国务院批复扩大试点，但 2008 年美国次贷危机引发全球金融危机后，信贷资产证券化实际陷入停滞状态。

美国资产证券化带来的次贷危机恶果，也引发了专家和媒体对我国是否重启资产证券化的持久争论。2012 年 6 月，央行、银监会、财政部联合下发《关于进一步扩大信贷资产证券化试点有关事项的通知》，标志着停滞近 4 年之久的信贷资产证券化重新开闸。新一轮试点扩大了基础信贷资产的种类，国家重大基础设施项目贷款、涉农贷款、中小企业贷款、经清理合规的地方政府融资平台公司贷款等均在鼓励之列。根据国务院此前批复，额度共 500 亿元。

这又成为媒体新的报道热点和争议的焦点。如:

## 资产证券化重启　银行抢食 500 亿"蛋糕"

张朝晖　陈莹莹

停滞近四年之久的信贷资产证券化重新开闸,为银行业带来利好。它能够盘活银行体系资产,提高流动性,降低风险资产规模,提高银行资本充足率,释放银行的信贷空间,为银行业务提供了新的盈利增长点。

据中国证券报记者了解,目前各家银行都在积极准备,兴趣颇高。每家银行预估的额度都不会太少,一般大银行在 200 亿元上下,中小银行在 80 亿~100 亿元之间。接近监管层的人士表示,虽然各家银行还未提交正式申请,但估计会远超 500 亿元额度。不过这次入围金融机构的家数可能比上一轮有所增加,国有大银行、股份制银行、城商行及外资银行都会纳入。

据透露,现在倾向于在额度分配上对大中小银行区别对待。"大行之间切分蛋糕,中小银行内部进行分配。"在基础资产的装入方面,大银行侧重基建、平台贷款、按揭贷款,中小银行则主要是中小企业信贷资产。"监管机构希望各家银行放入优质、有自身特色的资产形成资产池,这样获批的可能性更大一些。"

分析人士认为,当前额度仅获批 500 亿元,对整个信贷增长及经济的撬动作用有限。但随着信贷资产证券化步伐的加大,肯定会对商业银行带来实质利好。

(《中国证券报》,2012 年 6 月 19 日)

## 风险仍在银行体系内?

胡蓉萍

就在资产证券化产品"呼之欲出"之时,市场上涌现出一种"谁来买信贷资产支持证券"的担忧。

在投资者方面,《通知》鼓励保险公司、证券投资基金、企业年金、全国社保基金等经批准合规的非银行机构投资者投资资产支持证券。单个银行业金融机构购买持有单只资产支持证券的比例,原则上不得超过该单资产支持证券发行规模的 40%。

和在中国金融资产中占有九成左右的银行业相比，上述这些投资机构的资金量可以说是"杯水车薪"。

截至 2011 年底，银行业资产总额达 113 万亿元。而截至 2011 年底，《通知》所鼓励的这些机构的资金规模如果从托管量来计算的话，分别为保险资金 2.65 万亿元、证券投资基金 2.13 万亿元、企业年金 3687 亿元、社保基金 8687 亿元。但银行仅理财就有 3.87 万亿元的规模，更难比肩整个银行业资产。

南方基金固定收益部人士对本报表示，该公司曾经在 2005 年购买过国开行和建行的资产证券化产品，"收益肯定要高于短融低于信贷，但流动性很差"。

正因为其流动性差，因此相同评级下的资产证券化产品和债券相比，其收益率往往应该高一些才对投资者有吸引力。

和南方基金一样，大多数公募基金并没有将资产证券化产品特别对待。他们表示，是否购买还是要看具体产品的条款，某一项资产证券化产品的利率、期限、偿债机制和质押机制等条款来做判断。

而资产证券化的次级部分，除了银行自己会根据《通知》要求强制风险自留之外，一般机构不会购买，因为其风险过高，需要像私募基金、专户、私人银行客户等有风险承受能力的投资者来购买。"中国银行间市场中的投资者风险偏好趋同，投资决策同质化严重，缺少有相对高风险偏好的投资机构，"拥有农行金融市场部债券投资负责人和安信证券总裁助理工作经历的乐瑞投资创始人唐毅亭说，"这个市场中缺乏提供风险资本、提供流动性，为整个社会、整个金融体系的稳定运行提供更多建设性的机构。这些机构募集资金的对象是具有更多风险承受能力的富人，市场在高风险高收益的领域的投资需求今后越来越大。但现在的问题是这样的机构在中国非常匮乏。"

（《寻找 500 亿资产买家》（节选），《经济观察报》，2012 年 7 月 10 日）

这两则新闻报道从相反的角度对资产证券化重启进行了报道。《资产证券化重启 银行抢食 500 亿"蛋糕"》一文认为，资产证券化"能够盘活银行体系资产，提高流动性，降低风险资产规模，提高银行资本充足率，释放银行的信贷空间，为银行业务提供了新的盈利增长点"；而《风险仍在银行体系内?》一文则认为，这类资产虽然收益较高，但流动性差、风险大，除了银行自己会根据要求强制风险自留之外，一般机构不会购买，而像私募基金、专户、私人银行客户等有风险承受能力的投资者在中国非常匮乏，甚至出现了各银行之间相互购买。这种争论性的报道需要记者掌握更多的财经知识，做到有理有据，避免造成误导，进而促进金融市场健康发展。

我国资产证券化行业经历了试点、停滞、复苏和常态化发展阶段，现已逐渐步入"规范发展期"。目前，我国的资产证券化主要有三种类型，即信贷 ABS(Asset Backed Securitization，资产证券化)、企业 ABS 以及 ABN。2016—2019 年，我国资产证券化发展迅猛，截至 2019 年 12 月 31 日，我国全年共发行资产证券化产品 23439.41 亿元，年末市场存量为 41961.19 亿元，同比分别增长了 17%和 36%。其中，信贷 ABS 发行 9634.59 亿元、企业 ABS 发行 10917.46 亿元、ABN 发行 2887.36 亿元，同比分别增长 3%、15%和 129%，分别占发行总量的 41%、47%和 12%，占市场总量的 48%、42%和 10%。①

## 第四节　金融衍生品市场与财经新闻报道

金融衍生产品是指以货币、债券、股票等传统金融产品为基础，以杠杆性的信用交易为特征的金融产品。一般表现为两个主体之间的一个协议，其价格由其他基础产品的价格决定，并且有相应的现货资产作为标的物，成交时不需立即交割，可在未来时点交割。所以，金融衍生品是一种金融合约，其价值取决于基础资产。基础资产一般为股票、利率、汇率和商品。

### 一、远期、期货、期权和互换

最常见的金融衍生品有远期、期货、期权和互换。

远期合约的交易双方约定在未来某一时间以约定的价格买卖一定数量的某种商品。以约定的价格交易，避免价格波动的风险，是远期合约产生的原动力。例如，一个农民年初种了 100 亩水稻，现在粮食价格是一斤米 10 块钱，但他担心秋收时价格会跌到一斤 5 块钱，那他这一年的辛苦得不偿失。

---

① 李波：《2019 年资产证券化发展报告》，《债券》2020 年第 1 期。

这时他可以和收购粮食的人约定，不论秋天粮食价格如何，他们都按一斤米8块钱交易。如果秋收时价格涨到12块，那么收购人获得价额上涨的好处；相反地，若价格跌到5块，收购人承担价格下跌的损失。这样，农民就把未来粮食交易的价格锁定了，不用担心未来市场价格的变化会给自己带来损失。

期货合约与远期合约在原理上一致，但在交易所进行交易，合约也更加标准化，比如，规定双方交割的大米等级等信息。在远期和期货合约中，购买的一方和卖出的一方都有按合约规定履行义务的责任。

在期权合约中，购买期权的一方拥有特定的权利，只需支付一定数额的期权购买费用就可以获得合约规定的权利。期权合约赋予合约购买者在约定的时间或者时间段内，以约定的价格购买或者卖出一定数量商品的权利。还是以上文中提到的种水稻的农民为例，为了避免未来大米价格的下跌，除了和收购人约定无论市场价格多少，都按8元一斤交易之外，这个农民还有什么办法呢？他可以和收购人签订这样一份合约，合约规定如果到秋收时大米市场价格低于8元一斤，他能以8元的价格把大米卖给收购人；如果到秋收时大米价格高于8元一斤，农民没有义务还按8元的价格把大米卖给收购人，而是可以按更高市场价格出售。这样一来农民不但避免了价格下跌带来的损失，还可以获得价格上涨带来的收益。天下没有免费的午餐，农民必须向收购人支付一定的费用来购买这一权利，这时农民就要衡量购买费用和价格下跌带来损失的可能性、损失会有多大，从而决定是否购买。

互换是这样一种合约安排：合约双方约定在未来某一时间交换现金流。假设日本的丰田汽车在银行借了一笔日元贷款投资在美国的工厂，生产汽车在美国销售，收到的销售收入是美元；美国的通用汽车在银行借了一笔美元贷款投资在日本的工厂，生产汽车在日本销售，收到的销售收入是日元。丰田贷款到期时，需要归还日元，万一美元大幅度贬值，丰田在美国的销售收入兑换成日元就要大打折扣；而通用贷款到期时，需要归还美元，万一日元大幅度贬值，通用在日本的销售收入兑换成美元也要大打折扣。丰田和通用可以进行这样的合约安排，丰田在日本的贷款和通用在美国的贷款互换，随后丰田在美国的销售收入用于偿还通用的美元贷款，而通用在日本的销售收入用于偿还丰田的日元贷款，这样双方都不必为偿还贷款而兑换货币，从而规避了汇率风险。

从远期、期货、期权和互换这四类最简单的衍生品，到目前市场上出现的债务担保凭证、信用违约互换等复杂的衍生品，衍生品的构造、特征越来越令人迷惑。人们最初使用金融衍生工具是为了规避风险，但现在的问题是要对如此复杂的衍生品进行定价，人们计算衍生产品价值的能力远远落后于创造衍生产品的能力，导致本该起到风险规避作用的衍生产品交易反而给整个市场带来了更大的风险。

## 二、衍生品交易的风险

衍生品就像一个超级魔方，有其自身的运行规律，但又变化无穷。在衍生品魔方里，远期、期货、期权、掉期四种基本交易形式与各种不同的标的物组合叠加，形成了数不胜数的场内场外金融性衍生交易工具。金融衍生产品交易不当将导致巨大的风险，有的甚至是灾难性的。典型的例子，国外的有巴林银行事件、宝洁事件、LTCM 事件、信孚银行；国内的有国储铜事件、中储棉事件、中航油事件、中盛粮油事件、株冶事件等。

### 国储期铜案真相

李箐　宋燕华

时隔已近两年。2006 年 6 月 21 日，云南省昆明市书林街富邦花园的一套住房内，公安机关拘捕了昔日的"明星交易员"刘其兵。

当年 38 岁的刘其兵，是国家发改委下属国家物资储备调节中心(下称国储调节中心)进出口处处长，中国铜期货界风云一时的人物，也曾是伦敦金属交易所(London Metal Exchange)的熟客。

此前，他已经失踪了近十个月。

刘其兵在失踪之前曾留有遗书。他于 2003 年 10 月间，以国储调节中心名义，在期货市场建立大量空头头寸，后遭遇铜价暴涨，致使 2.317 万吨保税铜货款亏损；截至 2005 年下半年，他以结构性期权方式持有的空头头寸又出现巨额亏损；2005 年 10 月，刘其兵销声匿迹，随即在国内国际期货市场上引发震动——这就是 2005 年底震惊世人的国储期铜巨亏事件。

2008 年 3 月 20 日，北京第一中级人民法院对刘其兵的判决书出炉。刘其兵一审被判处七年有期徒刑。《财经》同时获知，原国储调节中心副主任、法定代表人吕嘉范一审也被判刑六年。

一审判决认定，刘其兵于 1999 年 12 月至 2005 年 10 月，在担任国家物资储备调节中心进出口处副处长、处长及国家发改委物资储备调节中心处长期间，违反国家对国有单位进行期货交易的相关规定，将该中心资金用于境外非套期保值的期货交易，致使发改委物资储备调节中心损失折合人民币 9.2 亿元。

外界或曾猜想，刘其兵一如当年霸菱银行的里斯案，系"流氓交易员"（Rogue Trader）的个人行为。然而，原国储调节中心副主任、法定代表人吕嘉范同案被判刑，则意味着此案绝非孤身作案那么简单。事实上，如果不是事后调用储备铜实物交割，仅计刘其兵交易账户损失，其损失远高于 9.2 亿元，达到 6.06 亿美元！

在这场判决结束之时，国际铜市再创新高。4 月 17 日，伦敦金属交易所三月期铜的买入价盘中达到每吨 8880 美元的惊人价格，这是自 2006 年 5 月 LME 三月期铜价 8790 美元以后的新纪录。回首 2005 年 9 月，致使刘其兵爆仓的 3700 美元/吨的价格、2004 年 2 月第一次巨亏时的 2000 美元/吨的价格，已是高谷为陵。"定价权之争"云云，更成无人再提的笑柄。

## 核心交易员

国储调节中心向法院提供的《关于国储物资调节中心职能的情况说明》显示，1997 年 7 月，国储局同意国储调节中心在期货市场进行套期保值业务，刘其兵被授权为国储调节中心在伦敦金属交易所开立交易账户的交易下达人。

根据国储调节中心进出口处副处长白靖向法院提供的证词，自 1998 年始，国储调节中心通过伦敦金属交易所进行自营期货业务，并在英国标准银行、AMT、晟恒（Sempra）等期货经纪公司开设了多个期货交易账户，具体工作由刘其兵负责实施。正是自此时，刘其兵成为国储调节中心进行自营期货业务的"核心交易员"。

……

## 一朝爆仓

在并不算漫长的期货交易生涯里，刘其兵不幸遇上了国际铜市史上绝无仅有的暴涨行情，国际铜价一次次刷新历史新高。

1999 年 5 月，伦敦金属交易所 3 月期铜价最低仅 1360 美元/吨；2004 年 3 月，达到 3057 美元/吨；2006 年 5 月，达到 8790 美元/吨；2007 年中稍做调整，最低触到 5245 美元/吨后反弹，到 2008 年 4 月 17 日上摸 8880 美元的历史高位。

刘其兵原本看多铜价，从铜价 1000 多美元到 3000 美元做得顺风顺水。在铜价创出 3000 美元新高后，他转而认定铜市见顶，于是反手做空。但铜市继续暴涨，令其亏损严重。刘其兵第一次离家出走，即发生在铜价越过 3000 美元大关不久。

......

### 6.06 亿美元与 9.2 亿元人民币

在刘其兵 2005 年 10 月失踪之后，国储调节中心成立了应对小组。

当年 11 月间，震惊之余，国储局先是对外否认刘其兵为国储局正式员工，又称其投资为个人行为，还宣称国储局掌握的储备铜高达 130 万吨，应付交割绰绰有余——正常情况下，这一数字不会被公布。

到 12 月，应对小组先后采用实物交割、平仓、展期多种方式止损。12 月 6 日，公安机关以涉嫌国有企业、事业单位人员滥用职权罪，对刘其兵立案侦查。

......

（本文为节选，《财经》，2008 年 5 月 4 日）

## 第五节　资本市场报道的写作原则与方法

资本市场是目前投资者最多的市场之一，也是财经新闻报道最抢眼的报道领域。虽然股市、债券、基金、资产证券化和衍生品市场等都具有其侧重的报道内容和特殊的报道方法，但是，同为资本市场新闻报道，自然也有一些共同的写作原则和写作方法。

### 一、坚持理性报道，重在风险提醒

从 2006 年下半年开始，沪深股市强劲上涨，百年不遇的大牛市和基金的赚钱效应激发了城乡居民空前的投资热情，新闻媒体纷纷加大证券报道力度。伴随着股指高歌猛进，一些媒体鼓噪"只要人民币升值的趋势不改，股市就不会掉头向下"，高呼"上证指数 8000 点指日可待"，使投资者陷于"死了也不卖"的狂热中。但自 2007 年 10 月股市出现拐点时，媒体仍然呈现出不理性的声音。当上证指数在 5000 多点徘徊时，一些媒体预测不会跌破 4500 点，预期年收益率 30%左右；当上证指数跌破 4500 点时，又预言 4000 点是市场阶段底部，投资价值逐步显现；当跌破 4000 点后，又妄言做空的动能比较有限，3000~3500 点是战略性底部区域。然而，上证指数从 6124

点回落，直至跌破 1900 点，证券报道才开始趋于理性。

另外，有些媒体为了追求轰动效应，抢发所谓的"内幕消息"，编辑记者不加核实，就使之见诸报端，直接导致了市场的混乱。股市上还一度出现了"炒传闻"的怪现象，媒体也发布一些上市公司还不确定的股权转让、内部关联交易等子虚乌有的报道，进而加剧了市场的混乱状态。

提高投资者的风险意识，应是财经新闻报道的重要任务，媒体应时刻把风险教育放在相当重要的位置。目前，几乎所有的证券类栏目、版面，都不约而同地打上"股市有风险、入市须谨慎"或"建议仅供参考，据此入市风险自担"的字样。作为一个负责任的媒体和新闻工作者，在进行新闻报道时应该对资本市场的状况进行分析，揭示其在当前和今后一段时间可能存在的风险，做好风险分析，避免不负责任的夸张宣传。

### 二、避免纯粹技术分析，确立以基本分析为主的报道思路

目前，许多资本市场新闻报道在操作思路上有一个很明显的特点，就是主要以分析技术走势为主。比如，股市、基金报道狠抓大盘及其个股的 K 线图走势、波浪理论、技术图形以及成交量等技术指标的变化，以预测大盘和个股的后期走势，而介绍当前宏观经济状况和上市公司基本经营情况的内容很少。这主要是因为技术分析的方式对于资金量小的散户来说，更为简单有效，更符合大多数中小投资者股票、基金操作的实际情况，媒体也免去了分析宏观经济形势、对上市公司进行追查等一系列复杂的采访和资料收集工作，操作更方便，如此一来，皆大欢喜，何乐而不为呢？但事实上，投资者仅仅依靠良好的技术图形就作出投资判断几乎是不可能的事。①

资本市场报道应该尽量避免单纯的技术分析，着重对宏观经济、宏观政策、国际形势、行业状况、公司情况等各个方面进行突破，形成一些长期跟踪的扎实的新闻报道。在报道中，尽量做到不说过头话，注意从完善信息披露制度等基础方面，确立以基本分析为主的证券报道思路。因此，证券新闻从业人员的视野不能单单局限于证券领域，而应从经济发展的全局来审视，加强对上市公司经营状况等背景材料的有效报道和深度剖析，在进行上市公司的报道时更多地运用自己的职业理性，对问题做深入的调查研究，而不能只听上市公司的一面之词，更不能受经济利益的驱使而偏离了正确引导的

---

① 赛莉、李立：《都市报证券报道的误区》，《新闻界》2005 年第 4 期。

轨道。①

### 三、时刻跟踪股市动态，深挖股市变动的原因

股票价格无疑是股市报道的核心内容。尽管关于股票价格上涨或下跌的预测也许并不准确，但是新闻工作者还是应该告诉读者哪些因素将会影响到股市价格。因此在报道股市价格时，大致了解一下当天或前一天的国内、国际新闻，因为很有可能某一新闻事件(甚至只是谣言)都会对上市公司或投资者产生影响，进而影响到股票指数的走向。同时，要不断寻找可能会对股市产生影响的潜在因素，如战争、利息的调整、罢工、企业季度财务数据等。如果你能够将市场与类似的事件联系起来，读者就会认为市场的波动与他们更有关系，这样大家就会认为你是一个明智的记者。

最有吸引力的新闻常常与个股有关，个股的走势往往能预示一个企业即将发生的重大事件，比如一个收购意向。因此，作为新闻记者，需要多关注一些成交非常活跃的个股、涨幅和跌幅最大的股票、成交量突然增大的股票。这些对读者来说是很重要的信息。同时，新闻工作者也应该密切关注一些企业(尤其是知名企业)的经营方针、产品销售、高管动向等问题，关注一个企业的合并、裁员、高管更替、送配、企业利润、意外损失、法律纠纷等。一则关于某个企业或行业的传闻对市场的影响可能与企业切切实实的收益报告带来的影响等量齐观，即便这种影响是暂时的。因为企业的哪怕一个微小的动作，也可能会影响到该企业的股票价值波动。② 因此新闻媒体可以多关注明星基金、基金重仓股等，对这些证券市场进行持续跟踪报道和分析，很可能会发现别人无法发现的新闻。

### 四、坚持独立性和客观性，切忌勾结和操纵市场

在美国华尔街早期的证券市场，一度黑庄横行、假消息满天飞。有家媒体记录下了一个被称为"房间里的精明人"的真实故事：当时为了操纵一只股票，几个股市大鳄聚集在一起，包下一个宾馆客房，他们足不出户，互相监督，不和外界联系，约定共同拉升股价。但当股票的价格飞涨之时，其中一位炒手起身，悄悄拉开了窗帘。这个似乎不经意的动作，其实正是他向潜

---

① 陈力峰、郑先正：《证券报道不能误导投资者》，《青年记者》2007 年 7 月下。
② 该部分内容参考借鉴宋祖华主译：《商业新闻报道写作》，中国时代经济出版社2010 年版，第 117~118 页。

伏在对街宾馆里的同伙发出的卖出信号。

资本市场作为当今世界最大的"名利场",很多时候成为这些"房间里的精明人"进行利益输送的工具。市场操纵的黑幕几乎年年不绝于耳,散布重组、业绩假消息更是成为庄家大鳄们鱼肉散户的主要手法。一方面,一些媒体记者与上市公司、券商、基金公司和媒体分析师相互勾结,合谋;另一方面,一些利益主体也试图通过媒体进行市场操纵,不断释放各种言论,甚至误导投资者。

2010年8月18日早上8时左右,一网名为"剪刀"的网友就在某财经吧发出名为《我是这样理解佛山照明停牌审议公告内容》的帖子,透露"佛山照明与台湾一家公司合作共同投资建立新的锂动力电池生产企业"。果然,两天后,也就是8月20日,佛山照明抛出"重磅炸弹":与该公司签订合作意向书。这使市场对锂电池概念股的炒作再次到了登峰造极的地步,而一些提前"潜伏"的资金和机构则趁机套现落袋为安。针对概念股离奇暴涨这一现象,《钱江晚报》的《钱经》周刊特别推出了《离奇"泄密门"散户最受伤》的报道,根据董秘陈兵在回应媒体采访时所说,"4月20日只是受让技术,锂电项目一直没开工"。该报道指出佛山照明等众多公司陷入"泄密门"对中小投资者的伤害,并提出监管层要加大信息的监管力度。

因此,财经新闻报道应该坚持独立性,切实为投资者立言。在资本市场中,投资者,尤其是散户投资者在市场中处于绝对弱势地位。作为财经新闻记者,应该始终牢记为弱者立言。如《黑帮操纵证券黑市,兰州数万"股民"被洗劫一空》(《中国经济时报》,2001年2月5日)和《幸福实业乱账难收,质问猴王十大疑点》(《中国经营报》,2001年2月7日),以及《震惊全国"康赛股票大案"黑幕透视》(大洋网,2001年3月24日)等影响深远的报道都因为坚持独立立场,为投资者服务,从而赢得了广大读者的信赖。

# 第八章
# 金融市场与财经新闻报道

我国的金融报道是伴随改革开放特别是金融改革的逐步深入而发展起来的。虽然邓小平同志早在 1978 年就提出金融改革问题，要求把银行办成真正的银行，1979 年以后中国建设银行、中国银行、中国农业银行、保险公司陆续恢复运营，但当时的金融改革仅仅是修复创伤，金融报道也只能一事一报，显得支离破碎。1984 年，中国工商银行成立、中国人民银行行使央行职能、人民币汇率调整，《人民日报》均各发了一条简讯，未能引起读者注意。20 世纪 90 年代，各大主流报纸纷纷加强对金融财经新闻的报道，并开辟金融财经专版，以吸引读者眼球。新兴专业财经报纸的发展势头更加强劲，金融市场报道蓬勃发展。进入 21 世纪，我国金融业迅速发展，金融体系逐步完善，目前已形成了以中国人民银行为中央银行、各监管当局分工协作的金融调控监管体系；以国有金融机构为主体，包括股份制金融机构、外资金融机构、各种非银行机构等功能互补的金融服务体系；以市场为基础的门类齐全的金融市场体系；以全社会为服务对象的支付清算体系。① 金融市场的变化，使得金融逐渐成为社会各界关注的核心问题，人们对金融信息的需求不断增长。各媒体为了争取更多的市场和读者，纷纷加大了金融报道的版面和分量。同时，各金融管理当局和有关金融机构为适应经济发展需要，不断加强治理结构改革，强化信息披露制度和透明度制度，为金融报道的强化创造了条件。

## 第一节　金融市场新闻报道的主要内容

其实，证券市场是金融市场的一个下位概念，证券、银行、保险、信托是金融产业的四大支柱。然而，由于证券市场规模庞大，许多论著将证券作为一个单独的分类，而将银行等作为金融市场，这就好比狭义和广义的金融

---

① 徐诺金：《中国金融走向》，中国金融出版社 1999 年版，第 167 页。

概念。银行是一个国家经济的核心，是金融市场最重要的组成部分。本书为了行文的方便和结构的平衡，特将金融类市场单独论述。

### 一、华尔街和美联储

提到金融市场，很多人第一个想到的就是美国的华尔街。这条位于纽约市曼哈顿区、从百老汇路延伸到东河的街道，全长只有1/3英里、宽仅11米，然而它却牵动着全世界的经济脉搏。美国摩根财阀、洛克菲勒石油大王和杜邦财团等开设的银行、保险、航运、铁路等公司的经理处都集中于此，著名的纽约证券交易所也在这里。华尔街至今仍是几个主要交易所的总部，如纳斯达克、美国证券交易所、纽约期货交易所等。"华尔街"一词现已超越这条街道本身，成为附近区域的代称，指包括整个美国经济具有影响力的金融市场和金融机构。华尔街甚至成为全球金融业的代名词，它的一举一动都影响到全球经济的发展。2008年华尔街金融风暴波及全球，纽约股市三大股指巨幅下挫，创下"9·11"事件以来的最大单日跌幅。有人说这是"百年一遇的大地震"，也有人用"金融风暴""金融海啸"比喻这场危机。因此，作为一名财经新闻记者，应该密切关注华尔街的金融动态。

同样对世界经济有着重要影响的是美联储。美国联邦储备系统（Federal Reserve System，简称Fed）负责履行美国的中央银行的职责，为美国最高货币政策主管机关，负责保管商业银行准备金、对商业银行贷款及发行联邦储备券。这个系统是根据《联邦储备法》（Federal Reserve Act）于1913年成立的，主要由联邦储备委员会、联邦储备银行及联邦公开市场委员会等组成。但是究竟谁拥有美联储，一直是一个神秘的话题，尤斯塔斯甚至还为此进行了长达半个世纪的研究，最终写成了《美联储的秘密》一书予以披露。不过，美联储与美国银行机构的关系确实不同寻常。由于美国政府没有发币权，而只有发债权，然后用国债到私有的中央银行美联储那里做抵押，才能通过美联储及商业银行系统发行货币，所以美联储的地位非常重要。下面的一篇报道有助于我们对美联储有一个更为深刻的理解：

### 美联储——世界上最大的对冲基金

中国经济网哥本哈根1月28日讯(记者关晋勇) 有这么一家对冲基金，它的杠杆比高达55比1，这意味着它拥有1块钱资产就敢借入55块去投资。它的投资风格很激进，借入隔夜资金投入长期政府债券，大量持有麻烦缠身的资产抵押债券(MBS)头寸，还勇于向其他金融机构提供资金，最近，它甚至看好那些向欧洲金融机构贷款的银行，并敢于从事美元和欧元的货币互换交易。

这家对冲基金在 2011 年回报给了投资人——美国财政部——793亿美元。这家对冲基金的名字叫美联储。

芝加哥大学布斯商学院教授约翰·寇驰润认为，从货币主义观点看，美联储实行对冲基金式的操作无可非议。货币主义的代表人物弗里德曼就认为，中央银行干预货币市场时类似对冲基金的交易员，当它通过交易盈利时，可以保持资产的稳定。如果这家央行可以低买高卖，就可以熨平波动、维持价格，以此来保卫货币。

弗里德曼的观点有先决条件：临时短期可行，却非长久之计。

寇驰润说，任何一个交易员都知道，没有风险就没有回报，美联储的操作同样面临风险。当长期利率上升时，美联储这么操作就会在长期债券上赔钱；当经济下行时，承担信用风险的美联储就会出现损失。但是，在美国现行制度下，借钱的利率美联储说了算，没人规定它的购买上限，几乎没有机构去监管它。美联储的资产负债表已经从 2008 年底的 1 万亿美元快速上涨到了如今的 3 万亿美元。

时代变了。过去，美国财政部负责印钞，美联储负责发钞，美联储持有短期政府债务或者高等级的私人债务，把获得的利润交给美国财政部，那时，美联储不承担信用风险，不会为财政部带来损失。

寇驰润说，当美联储把自己当做一家对冲基金来运营时，风险快速增加，而这个风险要由全美国人民来承担。现在，美联储的资产负债表规模是 3 万亿美元，如果它损失一半资产，也就是 1.5 万亿美元(在当前的市场环境下，任何一家对冲基金胆敢照抄美联储的投资风格，损失一半资产不是什么天方夜谭)，这个数字相当于一年的美国联邦赤字额，相当于美国 GDP 的 10%，也相当于美国总债务的 10%。

寇驰润说，如果这么大的损失真的发生了，美联储不会破产，美国也不会因此出现超级通货膨胀，只需要美国财政部发国债、给美联储重新注入资本金就可以了。当然，美国政府要向老百姓加税来还债。

弗里德曼曾经说过，"货币太重要了，不能完全交给中央银行来管!"如果伯南克是个负责任的中央银行家，是不是该给美联储来个压力测试?

(中国经济网，2012 年 1 月 28 日)

　　这则新闻报道用一个形象的类比对美联储的职能、风险等进行报道，全文语气活泼，没有板着脸孔说话。更重要的是，它通过这种报道方式让一个严肃的机构变得通俗易懂，能够让我们更好地理解美联储究竟是怎样运作的，从而很好地揭示了美联储的运作手段、与政府的关系、存在的风险以及风险责任由谁承担等问题。

### 二、银行体系

　　1979 年 10 月，按照邓小平提出"要把银行办成真正的银行"的要求，我国银行业迈入改革开放的轨道。党的十一届三中全会至 1984 年，我国对"大一统"银行体制进行改革，于 1979 年恢复成立了中国农业银行，1984 年成立了中国工商银行，中国银行和中国建设银行也先后恢复成立，专业化银行体系初步确立。

　　1993 年 12 月，国务院《关于金融体制改革的决定》提出了将政策性金融与商业性金融分离，要把国家专业银行办成真正的商业银行。从此，国有专业银行开始步入转变为国有独资商业银行的历程。1997 年亚洲金融危机的爆发引发对金融风险的高度认识，在此背景下，1997 年 11 月，党中央和国务院在北京召开了第一次全国金融工作会议，决定从 1997 年至 2002 年重点防范和化解金融风险。为化解金融风险，经国家批准，1998 年由财政部发行 2700 亿元特别国债，所筹资金用以补充四家国有银行的资本金。至 2001 年，四家国有银行的不良贷款余额和占比首次实现"双降"，国有独资商业银行的金融风险得到有效化解。

　　2002 年以后，国有独资商业银行走上国有商业银行股份制改革之路。中国银行、中国建设银行、中国工商银行和交通银行股改工作逐步展开，并先后完成在境内外资本市场发行上市的过程。其中，交通银行、中国建设银行于 2005 年率先在香港上市。2006 年，中国银行、中国工商银行又分别在香港、上海两地成功上市，开创了我国银行业"A 股+H 股"上市模式之先河，2007 年，中国建设银行和交通银行先后顺利回归 A 股市场，为"公开发行上市"这一股份制改革的重要环节画上了圆满句号。[1]

　　随着银行业的不断发展，银行业机构提供的金融服务也不断发展，从简单的存、贷、汇业务，到现在多样化、个性化的金融服务，传统银行业务模

---

　　[1]　刘诗平、白洁纯：《工商银行客户存款余额超 8.9 万亿元 跃居全球第一》，新华社，2009 年 4 月 13 日。

式发生重大转变，金融超市功能开始逐步显现。家门口的银行已经成为千家万户的"贴身管家"，加上网络银行、手机银行服务的飞速发展，人们足不出户就可以享受到现代银行的便捷服务。

目前，我国形成了由中央银行、监管机构、自律组织和银行业金融机构组成的相对完善的银行体系。中国人民银行是中央银行，在国务院的领导下负责制定和执行货币政策，防范和化解金融风险，维护金融稳定。中国银行保险业监督管理委员会(简称银监会)，负责对全国银行业金融机构及其业务活动实施监管。中国银行业协会是在民政部登记注册的全国性非营利社会团体，是中国银行业的自律组织。中国的银行业金融机构包括政策性银行(如国家开发银行、中国进出口银行、中国农业发展银行)、大型商业银行(如中国工商银行、中国银行、中国农业银行、中国建设银行、交通银行等)、中小商业银行(如中信银行、招商银行、深圳发展银行、广东发展银行、兴业银行、华夏银行等)、农村金融机构(农村信用社、农村商业银行、农村合作银行)，以及中国邮政储蓄银行和外资银行等。

银行体系的改革、银行存贷款政策、银行与金融创新，无疑都是当前财经新闻报道关注的焦点。尤其在当下金融体制改革逐步深化的过程中，银行不仅应该成为财经新闻报道的重要内容，也成为我国经济发展的风向标。财经新闻报道应将二者紧密结合，以宏观视野关注金融市场，以金融市场的变化分析宏观经济走向。

### 三、利率

利率政策是我国货币政策的重要组成部分，也是货币政策实施的主要手段之一。利率的调整是央行最为直接的调控手段，对于调控经济有至关重要的作用。近年来，中国人民银行加强了对利率工具的运用。如 2011 年 2 月、4 月、7 月在一年内连续三次上调金融机构人民币存贷款基准利率。利率调整逐年频繁，利率调控方式更为灵活，调控机制日趋完善。随着利率市场化改革的逐步推进，作为货币政策主要手段之一的利率政策将逐步从对利率的直接调控向间接调控转化。利率作为重要的经济杠杆，在国家宏观调控体系中发挥着十分重要的作用。

与此同时，利率市场化改革也在稳步推进。1996 年 6 月 1 日中国人民银行放开了银行间同业拆借利率，1997 年 6 月放开银行间债券回购利率。1998 年 8 月，国家开发银行在银行间债券市场首次进行了市场化发债。1999 年 10 月，国债发行也开始采用市场招标形式，从而实现了银行间市场利率、国债和政策性金融债发行利率的市场化。1998 年、1999 年，中国人民银行连续三次扩大金融机构贷款利率浮动幅度。2003 年，党的十六大报告明确提出要稳步推进利率市场化改革，优化金融资源配置。同年，党的第十六届三中全会《中共中央关于完善社会主义市场经济体制若干问题的决定》进一步明确"稳步推进利率市场化，建立健全由市场供求决定的利率形成机制，中央银行通过运用货币政策工具引导市场利率"。2012 年 6 月 8 日，央行下调金融机构人民币存贷款基准利率，这是三年半来首次降息。央行宣布将金融机构存款利率浮动区间的上限调整为基准利率的 1.1 倍，将贷款利率浮动区间的下限调整为基准利率的 0.8 倍。而此前，所有银行的存款利率都是央行规定的统一水平。有分析认为，这实质上是以渐进的方式在推进利率市场化改革，从某种意义上说，这项举措比降息更为重要，影响更为深远。这次宣布扩大存款利率上限和贷款利率下限，虽然没有完全放开上下限管制，但朝着利率市场化的方向又迈出了坚实的一步，也有利于银行、企业、市场逐步适应利率市场化。① 2019 年 8 月 17 日，中国人民银行发布改革完善贷款市场报价利率（LPR）形成机制公告。为进一步深化 LPR 改革，2019 年 12 月 28 日，人民银行发布了〔2019〕第 30 号公告，推进存量浮动利率贷款定价基准平稳转换。LPR 是按公开市场操作利率（主要指 MLF）加点方式报价得出的，MLF 利率反映银行平均边际资金成本，加点主要取决于各行资金成本、市场供求、风险溢价等，全国银行间同业拆借中心根据 18 家报价行的报价，去掉最高和最低报价后取算术平均值计算得出。

### 四、存款准备金率

存款准备金，也称为法定存款准备金或存储准备金（Deposit reserve），是指金融机构为保证客户提取存款和资金清算需要而准备在中央银行的存款。中央银行要求的存款准备金占其存款总额的比例就是存款准备金率。央行通过调整存款准备金率，来影响金融机构的信贷扩张能力，从而间接调控货币供应量。存款准备金率比例越高，银行执行的紧缩政策力度越大。例如，20% 的存款准备金率意味着，银行在吸收 100 元存款之后，要上交 20 元给央行，剩下的 80 元可用于放贷。

上调或下调存款准备金率，都面临着各方的论说，也可以从各个角度进行分析。调控存款准备金率的目的、原因、意义和影响等都是媒体和专家所

———————————

① 马翠莲：《降息一小步利率市场化一大步》，《上海金融报》2012 年 6 月 12 日。

关注的焦点。如自 2012 年 5 月 18 日起，央行下调存款准备金率 0.5 个百分点。这是央行 2012 年以来第二次下调存款准备金率，上次下调准备金率是在 2 月 24 日。同时，这也是自 2011 年 11 月 30 日中国央行宣布近三年来首次"降准"之后，中国央行连续第三次下调存款准备金率。对于这一轮的调整，有人认为，对股市是利好，但抑制通胀存隐忧；有人认为，楼市很可能在本次流动性释放后，成交量再次缓慢增加，但是因为投资依然被遏制，所以价格将依然平稳，楼市大跌的可能性已经很小；也有人认为，央行的这个决策有问题，央行决定下调存款准备金率本意是支持实体经济发展，但可能导致大量资金流向股市、楼市和投机炒作领域。正是金融政策对市场影响的复杂性，使得财经新闻工作者更应该强化自身素质，进行深入扎实的调查，做出客观公正的分析。

### 五、汇率

"二战"末期，美英两国为了避免重蹈 20 世纪二三十年代国际货币体系中各自为政的覆辙而设计了一套制度，即布雷顿森林体系。其内容可以归结为如下两点：其一，主要货币(包括英镑、日元、德国马克、法国法郎和瑞士法郎等)均与美元保持固定汇率；其二，美元与黄金以 35 美元/盎司的价格自由兑换。鉴于美国的强大经济地位和美元与黄金之间自由兑换的承诺，各国均愿意接受黄金和美元作为外汇储备。然而，20 世纪 70 年代，美国财政赤字巨大，国际收入情况恶化，美元持续贬值，欧洲各国相继发生了抛售美元、抢购黄金的浪潮。1971 年 8 月 15 日，美国总统尼克松宣布终止黄金与美元挂钩，布雷顿森林体系瓦解，从此浮动汇率制度成为国际间货币兑换的机制。

汇率的高低会影响到经济发展的各个方面。如汇率对进出口的影响，汇率下降，能起到促进出口、抑制进口的作用；汇率对物价的影响，汇率下降会引起国内价格总水平的提高，汇率提高能起到抑制通货膨胀的作用；汇率对资本流动的影响，汇率对长期资本流动影响较小，从短期来看，汇率贬值，资本流出，汇率升值，有利于资本流入。一国货币汇率下跌，外币购买力提高。因此，对于汇率的报道，也关涉国民经济的方方面面。由于汇率涉及国内和国外两个市场，因此在进行新闻报道时应该注意到国内外的不同情况，切忌一刀切。如下面有关"人民币升值"的财经新闻报道，无论是报道角度、写作方式，还是语言表达等，都值得我们学习。

# 人民币的潘多拉魔盒?

陈旭敏

这绝不是虚惊一场。

1∶7.9982元，中国官方周一公布的美元兑人民币中间价，一举将市场1∶8的心理防线击破，虽然周二该汇率在中国外汇交易中心的即时交易中，最后仍收于8.0030元。

众所周知，1∶8，美元兑人民币的这个汇率水平，一直被市场视为短期心理防线，这个"马其诺防线"一旦击破，哪怕是蜻蜓点水，美元兑人民币的向上空间，也会激发市场得陇望蜀的遐想。

当然，几乎地球人都知道，人民币将继续升值，这并没有什么悬念。但是"潘多拉魔盒"启开后，里面装着什么? 通货紧缩、经济萧条，还是资产价格先扬后抑? 日本"失去的十年"已证明，以上兼而有之。

对于中国来说，人民币破八之后，将升往何处，这或许也已不重要。重要的是，"潘多拉魔盒"打开后的政经后果?

国际保护主义日益抬头、全球央行升息箭在弦上、人民币升值兵临城下，逐渐恶化的国际贸易环境，使中国政府对外经济政策可选择的工具已不多。如果中国想改变这种授人以柄、严重外部依赖的经济格局，如果中国想继续保持经济高速增长，当前的经济政策重心就必须转向国内。否则人民币升值带来的经济后果将远高于国内经济政策改革的成本。

经常项目、资本和金融项目"双顺差"，这是所有发展中国家工业化初级阶段的特征，中国也不例外，也正是这种"双顺差"，成为中国人民币升值的源动力，目前人民币升值压力高于以往，就是这种"双顺差"近年来高歌猛进的结果。

从国民经济账户来看，这种"双顺差"归根结底是国内需求不足，而中国想彻底改变人民币升值的压力，也要从根本上改变这种"双顺差"格局，而不是一味堵住热钱，减少出口。

很显然，在目前经济已经偏热的情况下，中国启动国内需求，加大投资的空间已捉襟见肘，唯一可以拉动内需的引擎就是消费，且是民间消费。但是遗憾的是，无论中国政府三令五申，还是动真格，民间消费仍是不愠不火，我行我素，中国屡创新高的居民储蓄就是明证。

节俭从来就是中国人的美德，但有钱不花，也不全是这种美德所赐，天价药费、子女教育、养老保险，这些未来的隐忧一直困扰着中国人的消费，尤其是目前开花的房价，正在透支中国年轻一代的未来消费。这些问题如果不解决，中国经济想要继续高速、健康、稳定地发展，就要在国际贸易保护主义和国内居民之间作出选择。

国内储蓄过剩、外资长驱直入，这也是造成人民币升值、国内消费不足的一个重要原因，中国必须改变这种局面。一方面，中国要加快投融资体制改革、积极引导民间资金进入各个行业；另一方面，取消外资的超国民待遇，尤其是一些对外资开放而对内资禁足的行业，以及一些优惠税制，从而使外资挤出内资的现象彻底得到改变。

目前美元贬值正在路上、中国顺差还在持续，人民币继续升值也势在必行。但是，对于经济政策而言，"攘外还是先安内"？中国必须尽快作出抉择，否则等着人民币的，绝不仅是简单的破"8"，而是"潘多拉"魔盒内的"魔鬼"。

(《金融时报》，2006 年 5 月 17 日)

在世界经济复苏脆弱之时，美元持续贬值导致国际汇率市场波动，引发全球关注，而人民币的升值更成为全球关注的焦点。无疑，人民币过快升值会对我国出口企业造成很大压力，进而影响国内就业和稳定。《人民币的潘多拉魔盒?》对人民币升值的原因进行了详细的分析，但其重点指向国内，即人民币升值会产生哪些问题，国家如何应对人民币升值。这则新闻言论没有大谈人民币升值对我国出口和外来投资的影响，而是立足国际国内的现实情况，针对国际贸易环境恶化、国内投资空间不大、国内需求不足、国民储蓄过剩等情况，分析中国经济发展所面临的严峻问题和应该采取的措施，提出了加快投融资体制改革和取消外资的超国民待遇等措施，显示出较强的针对性。

## 第二节　金融新闻报道的写作原则与方法

我国的金融市场新闻报道取得了长足的发展，但与西方发达国家的金融市场报道相比还存在很大差距。金融报道面对的金融政策和金融市场是一个变动不居的不确定性对象，同时金融市场也是一个牵一发而动全身的领域，因此，在财经新闻报道领域，金融新闻报道是难度最大的。

### 一、敏锐判断事件分量，适时把握报道时机

金融市场随时都有可能发生新闻。新闻工作者应该保持 24 小时的警惕和敏感，时刻关注金融市场，及时判断金融市场变动，准确把握报道时机。

金融市场报道主要包括三种类型：一是市场概况和动态报道。如"央行两年来首次上调再贷款利率""央行加息 0.25 个百分点""雷曼兄弟：预计 1~2 周内加息"等。二是对市场变动的追踪和分析。如 2010 年 5 月和 2011 年 2 月，货币市场资金价格暴涨，市场认为流动性被迅速收紧和央行在加快回笼流动性；2010 年 5 月的资金价格暴涨，有媒体在进行该报道时，在常规的影响资金价格的因素中未找到任何线索，最后分析认为是热钱撤离中国。在人们的印象中，热钱是持续流入中国的，这一结论显得有些违背常理，但后来央行公布的外汇占款数据证实了这个推测。2011 年 2 月 24 日的资金价格暴涨，有媒体调查后发现是个别国有商业银行故意为之的操纵行为，并非流动性大幅收紧。三是对市场制度和市场建设的关注。如 2010 年 8 月 31 日晚 21 时 15 分，上海黄金交易所夜市，黄金 Au(T+D) 以 271.90 元开盘不久后，价格出现异常成交——持续 40 秒时间的"乌龙"涨停。媒体在对上海黄金交易所、有关交易机构、交易员调查后得出结论，由于民生银行交易机制存在问题，触发强行平仓，并进一步引发金价涨停。受此影响，空头客户损失惨重。与之相关的《黄金夜盘"乌龙"涨停秒杀众空头》《拷问银行黄金业务风控制度》等报道，引发了金融市场广泛关注，起到了推动市场制度建设的作用。[1]

### 二、准确解读政策变化，密切跟踪市场动向

政策变动是造成金融市场变动的重要原因，金融新闻报道首先应该关注的是政策新闻，及时解读政策的变化。不过，对政策的解读不能出现失误，误导投资者，同时，也不能简单地将政策与市场反应画上等号。财经媒体在进行政策性报道时，有两种偏向需要谨防：一是在新政策出台时，忽略政策各个环节之间的主次、逻辑以及相互之间的协同关系，顾此失彼。央行房贷加息，新闻报道既要注意到宏观调控打压房价的政策意图，也要注意到央行和商业银行本身规避房贷风险的意图。此外，同期出现的土地紧缩政策、物业税收政策的调整也将一起形成协同效应，偏废则会出现偏颇。不管情况如

---

[1]　顾惠忠：《金融市场报道的三个层次》，《中国记者》2012 年第 7 期。

何纷繁复杂，好的金融分析总是简洁明快，一针见血。二是对货币部门重要人士的话语解读失误，草木皆兵。密切跟踪央行以及银监会、证监会、保监会等监管部门以及市场关键人士的言与行，是金融新闻报道的一项基本策略。但跟踪财经言行不等于要当财经狗仔队，不能见风就是雨。有关人士可能有意选择场合就市场关心的热点问题表态，但不是任何时候都如此。当他企图守口如瓶时，若想拿到干货，必须经过扎实准备，明白现有政策前因后果、利弊优劣，并对未来走向有所估量。①

### 三、以金融市场透视宏观经济，以宏观视野报道金融市场

金融报道纵然离不开银行、证券、保险、基金、期货、利率、汇率等金融门类和产品，同样也离不开会计、贸易、商品、就业、能源、资源、环保、社保、扶贫等行业、产业和社会事业。现代金融报道不仅是金融行业报道，也是透视经济社会运作的一种新闻观察角度和新闻思维方式。一切有金融因子跳动的地方都能诞生金融新闻。金融是社会财富的一道底色，社会金融化程度越高，这道底色越耀眼。② 因此，金融新闻报道应该树立宏观视野，寻找各类事件之间的联系。

作为国家经济宏观调控基本工具，货币、金融、财政等相互间高度相关。敏感的记者要能读懂物价指数、投资率、利率、汇率等数据之间的微妙关联，从而感悟最新金融动向，领先一步发现新闻。实证研究表明，期货市场提前三个月、股票市场提前六个月反映实体经济变化。因此，财经新闻工作者应该透过金融市场的变化来观察宏观经济的变化，如通过全球资金流动状况，判断全球整体的经济状况；通过某些商品或某类商品价格的变化，观察微观经济体的经营状况；通过利率的变动观察热钱流动状况等。③ 2010年11月，美国实施第二轮量化宽松政策导致商品期货暴涨，一篇名为《国际货币泛滥　我国抗通胀须打组合拳》的报道随即指出，因货币政策的局限性，国家将重用行政手段调控物价。报道刊登一周后，针对物价的国 16 条行政调控措施即出台。

---

① 邓的荣：《在不确定中追寻确定性表达——谈金融报道观念与组织机制调整》，《中国记者》2007 年第 3 期。

② 邓的荣：《在不确定中追寻确定性表达——谈金融报道观念与组织机制调整》，《中国记者》2007 年第 3 期。

③ 顾惠忠：《金融市场报道的三个层次》，《中国记者》2012 年第 7 期。

当然，我们也可以反其道而行之，即通过宏观和微观的观察报道市场变动。金融市场是经济活动的重要场所，把影响金融市场价格和成交量变动的重要因素及时报道出来，也是金融市场报道的重要任务之一。同时，金融市场上常会出现一些假象或虚假信号，这也需要及时辨识。透过金融市场变化看宏观，着眼点是观察市场的价格变动，是围绕市场本身展开的报道活动，而通过调研把握影响市场变动的因素，是跳出市场看市场，需要走到实体经济中间去观察影响市场变化的因素。①

### 四、牢固树立国际视野

树立金融报道的国际视野，在当今经济全球化时代尤为必要。《第一财经日报》的编委、财经部主任岳富涛曾说："全球视野，已经不是看一条国际新闻对中国会有什么影响，或者一条中国新闻对其他国家的影响，而是把国际国内发生的新闻、国际国内的机构放在一个标准上来考虑。"②这一理念在《第一财经日报》中得到了具体体现。从版面分布来看，《第一财经日报》基本不分国内新闻、国际新闻，而是按照行业领域，把同一行业中发生的新闻都放在同一版面上。如惠普与联想的竞争，他们的每一个动作都是全球化的，与他们相关的新闻也只会放在一起。同样在条线分布上，每一个条线都是既包含该行业的全球500强，又包含该行业国内主要上市公司。对目标读者和报道对象来说，他们的上下游生意伙伴可能是遍布全球的，融资渠道可能在世界上任何一个市场，员工和老板可能来自不同国家。要面对这样的读者和报道对象，对记者来说，除了英语要流利，日常要浏览全球相关媒体和专业网站，了解各行业全球竞争格局，还要把全球新闻发生地作为自己的直接战场，更要将本媒体的报道与全球的主要财经媒体对标。因此，做好金融市场报道，要有全球视野，要关注全球各主要金融市场的变动，从一个市场的变动看相关市场的变动，并从各个市场变动的差异中观察全球经济变化。

① 顾惠忠：《金融市场报道的三个层次》，《中国记者》2012年第7期。
② 岳富涛：《怎样成为合格的金融记者》，《中国记者》2008年第12期。

# 第九章

# 财务报表解读与财经新闻报道

财务报表是开启财经新闻报道的一把钥匙，也是财经新闻报道的基石。如果一个记者连财务报表都看不懂，或者不能很好地对财务报表进行分析和解读，很难想象他如何从事财经新闻报道。当前有些财经记者的财务报表知识和解读能力相对较为欠缺，他们的报道常常出现这样那样的问题，如财经新闻社会化、财经新闻敏感缺失、过分依靠专家意见、缺乏独立分析等。因此，解读财务报表是财经新闻记者走向成功的重要阶梯，是完善当前财经新闻报道的前提。

## 第一节　财经记者需要掌握的主要财务指标

财务报表包括三张表：资产负债表、利润表和现金流量表。这三张表涉及的子项目非常多，如何解读这些子项目，以及这些项目对公司意味着什么，从哪些角度去解读那一个个的数字，着实需要下大功夫才能做到。财经新闻工作者必须非常详细、专业地掌握这门技术，因为它是报道财经新闻的必备条件，否则你永远都是门外汉，无法写出原创性、专业性的财经新闻。

### 一、短期偿债能力指标

流动比率和速动比率反映了企业的偿还短期债务能力。即企业用其流动资产偿付流动负债的能力，反映了企业偿付即将到期债务的实力。企业能否及时偿付到期的流动负债，是反映企业财务健康状况的重要标志。

流动比率是流动资产与流动负债的比率。流动资产越多，短期债务越少，则流动比率越大，企业的短期偿债能力越强。一般来说，由于变现能力较差的存货在流动资产中约占一半，一般认为流动比率维持在 2∶1 左右较为合适。低于正常值，企业的短期偿债风险较大。一般情况下，营业周期、流动资产中的应收账款数额和存货的周转速度是影响流动比率的主要因素。

速动比率的计算公式是：

$$速动比率 = (流动资产 - 存货)/流动负债$$

由于种种原因，存货的变现能力较差，因此，把存货从流动资产中减去后得到的速动比率反映短期偿债能力更令人信服。一般认为企业合理的最低速动比率是1。但是，行业对速动比率的影响较大。比如，商店几乎没有应收账款，比率会大大低于1。影响速动比率的可信度的重要因素是应收账款的变现能力。

当然，反映企业短期偿债能力的指标不仅仅是流动比率和速动比率，此外还有现金比率、现金流动负债比、现金负债总额比等。但是，流动比率和速动比率是使用最普遍的考察指标。

### 二、长期偿债能力指标

(一)资产负债率

资产负债率是全部负债总额除以全部资产总额的百分比，也就是负债总额与资产总额的比例关系，也称为债务比率。资产负债率的计算公式如下：

$$资产负债率 = (负债总额 \div 资产总额) \times 100\%$$

公式中的负债总额指企业的全部负债，不仅包括长期负债，而且包括流动负债。公式中的资产总额指企业的全部资产总额，包括流动资产、固定资产、长期投资、无形资产和递延资产等。

资产负债率是衡量企业负债水平及风险程度的重要标志。一般认为，资产负债率的适宜水平是40%~60%。对于经营风险比较高的企业，为减少财务风险应选择比较低的资产负债率；对于经营风险低的企业，为增加股东收益应选择比较高的资产负债率。

在分析资产负债率时，可以从以下几个方面进行：

(1)从债权人的角度看，资产负债率越低越好。资产负债率低，债权人提供的资金与企业资本总额相比，所占比例低，企业不能偿还的可能性小，企业的风险主要由股东承担，这对债权人来讲，是十分有利的。

(2)从股东的角度看，他们希望保持较高的资产负债率水平。站在股东的立场上，可以得出结论：在全部资本利润率高于借款利息率时，负债比例越高越好。

(3)从经营者的角度看,他们最关心的是在充分利用借入资本给企业带来好处的同时,尽可能降低财务风险。

(二)产权比率

产权比率是负债总额与股东权益总额之间的比率,也称为债务股权比率。它也是衡量企业长期偿债能力的指标之一。其计算公式如下:

$$产权比率 = (负债总额 \div 所有者权益总额) \times 100\%$$

对于股份有限公司来说,公式中的"所有者权益"就是"股东权益"。

产权比率与资产负债率都是用于衡量长期偿债能力的指标,具有相同的经济意义。资产负债率和产权比率可以互相换算。

产权比率只是资产负债率的另一种表示方法,产权比率的分析方法与资产负债率分析类似。资产负债率分析中应注意的问题在产权比率分析中也应引起注意。比如,将本企业产权比率与其他企业对比时,应注意计算口径是否一致等。

(三)有形净值债务率

有形净值债务率是企业负债总额与有形净值的百分比。有形净值是所有者权益减去无形资产净值后的净值,即所有者具有所有权的有形资产净值。有形净值债务率用于揭示企业的长期偿债能力,表明债权人在企业破产时的被保护程度。其计算公式如下:

$$有形净值债务率 = [负债总额 \div (股东权益 - 无形资产净值)] \times 100\%$$

有形净值债务率主要是用于衡量企业的风险程度和对债务的偿还能力。这个指标越大,表明风险越大;反之,则越小。同理,该指标越小,表明企业长期偿债能力越强;反之,则越弱。

对有形净值债务率的分析,可以从以下几个方面进行:

(1)有形净值债务率揭示了负债总额与有形资产净值之间的关系,能够计量债权人在企业处于破产清算时能获得多少有形财产保障。从长期偿债能力来讲,指标越低越好。

(2)有形净值债务率指标最大的特点是在可用于偿还债务的净资产中扣除了无形资产,这主要是由于无形资产的计量缺乏可靠的基础,不可能作为偿还债务的资源。

(3)有形净值债务率指标的分析与产权比率分析相同,负债总额与有形资产净值应维持 1:1 的比例。

(4)在使用产权比率时,必须结合有形净值债务率指标,做进一步分析。

(四)利息偿付倍数

利息偿付倍数是指企业经营业务收益与利息费用的比率,也称为已获利息倍数或利息偿付倍数。它表示企业经营业务收益相当于利息费用的多少倍,其数额越大企业的偿债能力越强。其计算公式如下:

$$利息偿付倍数 = 息税前利润 \div 利息费用$$
$$或 = (税前利润 + 利息费用) \div 利息费用$$
$$或 = (税后利润 + 所得税 + 利息费用) \div 利息费用$$

公式中的分子"息税前利润"是指利润表中未扣除利息费用和所得税之前的利润。它可以用"利润总额加利息费用"来测算,也可以用"净利润加所得税、利息费用"来测算。

对于利息偿付倍数的分析,应从以下几个方面进行:

(1)利息偿付倍数指标越高,表示企业的债务偿还越有保障;相反,则表示企业没有足够资金来源偿还债务利息,企业偿债能力低下。

(2)因企业所处的行业不同,利息偿付倍数有不同的标准界限。一般公认的利息偿付倍数为3。

(3)从稳健的角度出发,应选择几年中最低的利息偿付倍数指标,作为最基本的标准。

(4)在利用利息偿付倍数指标分析企业的偿债能力时,还要注意一些非付现费用问题。

(五)固定支出偿付倍数

固定支出偿付倍数是利息偿付倍数的扩展形式,是从利润表方面评价企业长期偿债能力的又一指标。固定支出偿付倍数是指企业经营业务收益与固定支出的比率。其计算公式如下:

$$固定支出偿付倍数 = (税前利润 + 固定支出) \div 固定支出$$

这里的固定支出是指利息费用加上企业发生的、类似于利息费用的固定性费用。该指标数额越大，偿债能力越强。该指标用于考察与负债有关的固定支出和经营业务收益的关系，用于衡量企业用经营业务收益偿付固定支出的能力。

### 三、企业运营能力指标

(一)存货周转率

存货周转率是衡量存货周转速度的主要指标。提高存货周转率，缩短营业周期，可以提高企业的变现能力。其计算公式为：

$$存货周转率＝产品销售成本／[(期初存货+期末存货)/2]$$

存货周转速度反映存货管理水平，存货周转率越高，存货的占用水平越低，流动性越强，存货转换为现金或应收账款的速度越快。它是整个企业管理的重要内容，影响着企业的短期偿债能力。

(二)存货周转天数

存货周转天数指企业购入存货、投入生产到销售除去所需要的天数。提高存货周转率，缩短营业周期，可以提高企业的变现能力。其计算公式为：

$$存货周转天数＝360/存货周转率$$
$$＝[360×(期初存货+期末存货)/2]／产品销售成本$$

存货周转速度反映存货管理水平，存货周转速度越快，存货的占用水平越低，流动性越强，存货转换为现金或应收账款的速度越快。它不仅影响企业的短期偿债能力，也是整个企业管理的重要内容。

(三)应收账款周转率

应收账款周转率指分析期间内应收账款转为现金的平均次数。应收账款周转率越高，说明其收回越快。反之，说明营运资金过多呆滞在应收账款上，影响正常资金周转及偿债能力。其计算公式为：

$$应收账款周转率＝销售收入/[(期初应收账款+期末应收账款)/2]$$

应收账款周转率要与企业的经营方式结合考虑。以下几种情况使用该指标不能反映实际情况：季节性经营的企业；大量使用分期收款结算方式；大量使用现金结算的销售；年末大量销售或年末销售大幅度下降。

（四）营业周期

营业周期是从取得存货开始到销售存货并收回现金为止的时间。一般情况下，营业周期短，说明资金周转速度快；营业周期长，说明资金周转速度慢。其计算公式为：

营业周期＝存货周转天数＋应收账款周转天数

＝｛［（期初存货＋期末存货）/2］×360｝/产品销售成本

＋｛［（期初应收账款＋期末应收账款）/2］×360｝/产品销售收入

营业周期分析一般应结合存货周转情况和应收账款周转情况一并分析。营业周期的长短，不仅可以体现企业的资产管理水平，还会影响企业的偿债能力和盈利能力。

（五）流动资产周转率

流动资产周转率反映流动资产的周转速度，周转速度越快，会相对节约流动资产，相当于扩大资产的投入，增强企业的盈利能力；周转速度减缓，意味着需补充流动资产参加周转，形成资产的浪费，降低企业的盈利能力。其计算公式为：

流动资产周转率＝销售收入/［（期初流动资产＋期末流动资产）/2］

流动资产周转率要结合存货、应收账款一并进行分析，和反映盈利能力的指标结合在一起使用，可全面评价企业的盈利能力。

（六）总资产周转率

该项指标反映总资产的周转速度，周转越快，说明销售能力越强。企业可以采用薄利多销的方法，加速资产周转，以带来利润绝对额的增加。总资产周转指标用于衡量企业运用资产赚取利润的能力。该指标经常和反映盈利能力的指标一起使用，全面评价企业的盈利能力。其计算公式为：

总资产周转率＝销售收入/［（期初资产总额＋期末资产总额）/2］

### 四、盈利能力比率

盈利能力就是企业赚取利润的能力。不论是投资人还是债务人,都非常关心这一点。在分析盈利能力时,应当排除证券买卖等非正常项目、已经或将要停止的营业项目、重大事故或法律更改等特别项目、会计政策和财务制度变更带来的累积影响数等因素。

#### (一)销售净利率

企业在增加销售收入的同时,必须要相应获取更多的净利润才能使销售净利率保持不变或有所提高。销售净利率可以分解成为销售毛利率、销售税金率、销售成本率、销售期间费用率等指标进行分析。该指标反映每一元销售收入带来的净利润是多少,表示销售收入的收益水平。其计算公式为:

$$销售净利率 = 净利润 / 销售收入 \times 100\%$$

#### (二)销售毛利率

销售毛利率表示每一元销售收入扣除销售成本后,有多少钱可以用于各项期间费用和形成盈利。销售毛利率是企业销售净利率的最初基础,没有足够大的销售毛利率便不能形成盈利。企业可以按期分析销售毛利率,据以对企业销售收入、销售成本的发生及配比情况作出判断。其计算公式为:

$$销售毛利率 = [(销售收入-销售成本) / 销售收入] \times 100\%$$

#### (三)资产净利率(总资产报酬率)

资产净利率是一个综合指标。净利的多少与企业资产的多少、资产结构、经营管理水平等有着密切的关系。影响资产净利率高低的原因有:产品的价格、单位产品成本的高低、产品的产量和销售的数量、资金占用量的大小。可以结合杜邦财务分析体系来分析经营中存在的问题,把企业一定期间的净利润与企业的资产相比较,分析企业资产的综合利用效果。指标越高,表示资产的利用效率越高,说明企业在增加收入和节约资金等方面取得了良好的效果,否则相反。其计算公式为:

$$资产净利率 = 净利润 / [(期初资产总额+期末资产总额)/2] \times 100\%$$

（四）净资产收益率（权益报酬率）

净资产收益率是最重要的财务比率，反映公司所有者权益的投资报酬率，也叫净值报酬率或权益报酬率，具有很强的综合性。杜邦分析体系可以将这一指标分解成相联系的多种因素，进一步剖析影响所有者权益报酬的各个方面，如资产周转率、销售利润率、权益乘数等。另外，在使用该指标时，还应结合对"应收账款""其他应收款"" 待摊费用"进行分析。其计算公式为：

净资产收益率=净利润/［（期初所有者权益合计+期末所有者权益合计）/2］×100%

### 五、现金流量指标

现金流量指标就是将本期取得的收入和偿付的债务进行比较，用以表示企业的偿债能力的一系列指标，主要用于考察和评价公司的支付能力和偿还能力，主要指标有现金流动负债比率、现金到期债务比率、现金负债总额比率、现金流量现金股利比率等。

（一）现金流动负债比率

现金（包括现金等价物）是衡量公司资产流动性的基本标准。公司持有现金的重要目的之一是为了偿债和支付，现金流动负债比率是衡量上市公司偿还短期债务能力的一个重要指标。其公式如下：

现金流动负债比率=现金及现金等价物余额/流动负债期末合计

其中现金及现金等价物余额可以通过现金流量表中的"现金期末余额"和"现金等价物期末余额"加计求得，这两个项目在现金流量表的补充资料里查找。

（二）现金到期债务比率

这一比率反映公司偿还本期到期债务的能力，计算公式如下：

现金到期债务比率= 经营活动现金流量净额/到期债务额

它的基本原理是上市公司的债务很大程度上要由经营活动产生的现金净

流量进行偿还，借新债、还旧债既难于操作又有风险，而投资活动无法保证总是有现金的净流入，这一比率也突出了经营活动对于公司的重要性。

公式中使用"经营活动现金流量净额"可以排除其他资金来源(如借款)偿还债务的情况，而专门衡量通过经营创造资金独立偿还债务的能力，并能反映持续经营和再举债的能力。

公式中"到期债务额"通常是指那些即将到期而必须用现金偿还的债务，一般有应付票据、银行或其他金融机构短期借款、到期的应付债券和到期的长期借款等，它根据本期期末资产负债表上有关项目的期末数确定。

(三)现金负债总额比率

该比率主要用于衡量公司用经营活动产生的现金净额偿还全部债务的能力。其公式如下：

$$现金负债总额比率 = 经营活动产生的现金流量/净额全部债务$$

公式中的"全部负债"包括流动负债和长期负债。必须指出，公司可根据自身情况选择一些确实需要偿还的债务项目列入"全部负债"之内。这一比率越高，说明公司举借债务的能力越强。

无论是现金到期债务比率还是现金负债总额比率，都有一个前提条件，即经营活动产生的现金净流量需大于 0，如果小于等于 0，就谈不上用经营活动产生的现金净流量还债的问题，这两个比率自然也失去了意义。

## 第二节　利润操纵：财务报道的核心

会计报表是综合反映一定时期企业的财务状况、经营成果以及财务状况变动的书面文件，编制和提供会计报表的最终目的，是为了达到社会资源的合理配置。因此，现有和潜在投资者、债权人、政府及其机构都要求企业提供的会计报表能够真实、公允地反映其财务状况、经营成果和现金流量。但现实生活中，为了某种目的，企业人为调节财务数据的行为时常发生，手段也各种各样。企业的这类利润操纵行为，可以歪曲企业的盈利状况，隐藏企业在经营管理中的问题，影响正常的社会经济秩序，给授资者和国家造成严重的经济损失，更严重的是它会导致资本市场信任危机，严重影响资本市场的健康发展，危害性极大。因此，利润操纵成为当今财务报道的核心内容。

### 一、虚构收入

虚构收入是上市公司较为常见的利润操纵手段。虚构收入主要表现为虚增收入、虚构客户、虚构合同、虚构合同交易价格、提前确认收入、自我交易等。

银广夏虚构收入事件就是一种财务造假，该事件经由媒体报道，造成很大影响。银广夏的全称为广夏（银川）实业股份有限公司，根据其 1999 年年报，当年每股盈利达到前所未有的 0.51 元。其股价则"先知先觉"，从 1999 年 12 月 30 日的 13.97 元启动，一路狂升，至 2000 年 4 月 19 日涨至 35.83 元。次日，银广夏实施了优厚的分红方案 10 转赠 10 后，股价进入填权行情，于 2000 年 12 月 29 日完全填权并创下 37.99 元新高，折合为除权前的价格 75.98 元，较一年前启动时的价位上涨 440%，较之于 1999 年"5·19 行情"发动前，则上涨了 8 倍多，2000 年全年涨幅高居深沪两市第二。2000 年年报披露的业绩再创"奇迹"，在股本扩大一倍的基础上，每股收益攀升至 0.827 元。这些利润的主要收入来自银广夏在天津成立的控股子公司天津广夏（天津保洁制品有限公司）向德国出口的萃取产品，其中 1999 年出口总价达 5610 万马克（约 2.3 亿元），获利 7000 多万元，2000 年出口 1.8 亿马克（约合 7.2 亿元人民币）。2001 年 3 月 1 日，银广夏发布公告，称与德国诚信公司签订连续三年总金额为 60 亿元的萃取产品订货总协议。仅仅依此合同推算，2001 年银广夏每股收益就有 2~3 元！然而，《财经》杂志记者通过调查后发现，天津广夏 1999 年、2000 年获得"暴利"的萃取产品出口纯属子虚乌有。整个事情——从大宗萃取产品出口到银广夏利润猛增到股价离谱上涨——是一场彻头彻尾的骗局。[1]

"圣莱达财务造假案"也是一件虚构收入进行利润调节的重要案例。圣莱达 2014 年度经审计的净利润为负值，预计其 2015 年度净利润亦为负值。连续两年为负的话会被 ST，于是公司铤而走险，2015 年开始了令人眼花缭乱的财务造假之路。一是通过虚构影视版权转让业务虚增营业外收入 1000 万元，具体的方式是签订虚假销售协议，确认虚假营业外收入。2015 年 11 月 10 日，圣莱达与华视友邦签订影片版权转让协议书，约定华视友邦将某影片全部版权作价 3000 万元转让给圣莱达，华视友邦应于 2015 年 12 月 10 日前取得该影片的电影片公映许可证，否则须向圣莱达支付违约金 1000 万

---

① 凌华薇、王烁：《银广夏陷阱》，《财经》2001 年 8 月。

元。当月，圣莱达向华视友邦支付了转让费3000万元。2015年12月21日，圣莱达向北京市朝阳区人民法院提起民事诉讼，认为华视友邦未依约定取得电影公映许可证，请求法院判决华视友邦返还本金并支付违约金。2015年12月29日，圣莱达与华视友邦签订调解协议书，约定华视友邦于2016年2月29日前向圣莱达支付4000万元，其中包含1000万元违约金。次日，法院裁定该调解协议书合法有效。2016年1月29日至2月29日，圣莱达分三笔收到华视友邦转入的4000万元。圣莱达将华视友邦支付的1000万元违约金确认为2015年的营业外收入。二是跟政府签订协议虚构政府补助1000万元。2015年12月31日，圣莱达发布《关于收到政府补助的公告》，称收到宁波市江北区慈城镇经济发展局和宁波市江北区慈城镇财政局联合发文，公司获得极速咖啡机研发项目财政综合补助1000万元，确认为2015年度本期收入。事实上，这笔收入是由控股股东关联公司宁波金阳光先以税收保证金的名义向慈城镇政府转账1000万元，然后再由慈城镇政府以财政补助的名义将钱打给圣莱达。上述事项导致圣莱达2015年度年报虚增收入和利润2000万元，虚增净利润1500万元。虚增利润的行为导致圣莱达2015年度扭亏为盈。①

## 二、费用调节

(一)利用预收账款进行盈余管理：贵州茅台收紧预收账款

白酒、房地产、餐饮、钢铁等行业，由于自身营收确认等会计处理方式存在特殊性，上市公司能根据自身需要，利用会计手段调整业绩。

其中，最为知名的案例莫过于，在行业景气度较高的2010年，贵州茅台高管收紧预收账款，故意延迟业绩释放，从而进行利润调节。

2010年，贵州茅台三个季度的盈利增长均低于市场预期。其中，2010年一季报净利润同比增长仅为4%，半年报净利润则同比增长11.09%，到了三季报，公司净利润同比增长仅为10.22%。

但仔细查看公司报表，利用预收账款人为控制业绩释放的现象十分明显。以贵州茅台2010年三季度报表为例，截至9月末，公司的预收账款高达32.62亿元，同比增加20亿元，比2010年中期增加13亿元。而相对应的是，贵州茅台前三季度实现营业收入93.28亿元，同比增长19.47%，归

---

① 《2018年财务造假四大案例!》，https://www.163.com/dy/article/E5G6EGV805395TQ8.html。

属于母公司净利润 41.74 亿元，如果将该部分预收账款释放业绩，那么贵州茅台的真实业绩并不至于连续低于市场预期。

与上述案例相对的，则是三线白酒企业古井贡酒的业绩爆发。

古井贡酒可谓 2010 年以来白酒行业的一匹黑马。继 2010 年全年净利润增长 123.71% 之后，2011 年上半年公司更实现净利润约 2.68 亿元，同比增长约 150%。

在亮丽业绩报表背后，除产品结构调增和数次调价导致毛利率增高外，预收账款的充分释放也对其业绩增利作出了较大贡献。以古井贡酒 2010 年三季度报表为例，截至 9 月末，公司合并报表和母公司预收账款分别高达 3.55 亿元、5.34 亿元，而截至 12 月末，上述两项预收账款数额则大幅度减少至 9149.14 万元和 3 亿元，说明公司在四季度将预收账款充分确认进收入。

白酒企业的盈余管理或者调节利润有两方面的原因：一方面，由于会计收入确认与费用计提过程中含有诸多主观判断，其中存在一定的运作空间；另一方面，出于绩效考核等方面考虑，有时保持业绩的相对稳定也是经营的必要。①

(二)存货调节：百圆裤业神秘失踪的成品裤装

2011 年 9 月 16 日，山西百圆裤业连锁经营股份有限公司的招股说明书及首发申请通过了证监会发审委的审核。根据招股说明书采购情况部分的信息披露，2011 年上半年从前五位供应商处合计采购金额为 6264.25 万元，占全部采购总量的 56.74%，由此不难计算出全部采购金额为 11040.27 万元，而这一数据也恰与披露的成品裤装采购总额 11040.52 万元基本相当。这意味着在不考虑对外销售成本结算的影响下，库存商品应当增加 11040.52 万元。

同时，利润表显示，2011 年上半年营业成本为 13197.5 万元，这意味着对外销售过程中消耗了 13197.5 万元商品，则二者差额 2156.98 万元应当形成 2011 年上半年库存商品的净减少金额。但是，依照财务报表附注披露，库存商品 2011 年上半年末余额为 6070.89 万元，相比 2010 年末 7398.84 万元仅净减少了 1327.95 万元，与前文的推算金额之间相差了 829.03 万元的库存商品差异无法解释，而这一金额占该公司 2011 年上半年实现税前利润

---

① 徐亦姗：《业绩是可以调出来的：会计调节锦囊详解》，《21 世纪经济报道》2011 年 7 月 25 日。

总额 3464.92 万元的 23.93%，这意味着相当于半年度税前利润 1/4 的成品裤装流向不明。对此，《证券市场红周刊》分析认为，导致 829.03 万元库存商品差额产生的只可能有两个原因，一个就是少报了营业成本导致虚增利润 829.03 万元，另一个原因便是虚增了期末库存商品余额、虚增资产。①

(三)费用列为资本：世通公司的破产

国际上，对于资本支出项目和经营支出项目有着明确的界定，如果把经营性支出当成资本支出，就将被认定为造假账。美国世界通信公司就是因为将经营性支出列为资本支出，虚增利润，最终导致破产。

世界通信公司成立于 1983 年，在不到 20 年的时间内，成为美国的第二大长途电信营运商，仅次于 1877 年成立的美国电报电话公司(AT&T)。2001 年的四个季度和 2002 年第一季度，由苏利文、迈耶斯和耶特斯策划，由诺曼德和贝蒂具体实施造假：从 2001 年到 2002 年 1 季度，该公司一直将增加的线路成本(line cost)计入资本支出的账上——这样就能够按资本支出若干年摊销了，而此前公司则是把这笔支出算做经营性支出计入当期成本的。这对五个季度财务报表的影响是显而易见的：固定资产被虚增了 38.52 亿美元，线路成本被低估了 38.52 亿美元，税前利润也被相应虚增了 38.52 亿美元。通过将经营费用调整为资本支出，世通公司歪曲了其最大费用项目——线路成本占营业收入的比例，虚构了巨额的利润，严重误导了投资者对世通盈利能力的判断。② 最终，这也成为世界历史上的最大财务造假丑闻之一。

### 三、资产减值调节

根据《资产减值》准则的规定：企业应当定期或者至少于每年年终，对各项资产进行全面检查，并根据谨慎性原则的要求，合理地预计各项资产可能发生的损失，对可能发生的各项资产损失计提资产减值准备。可以计提减值的资产科目主要包括应收账款坏账准备、存货、固定资产、无形资产、长期股权投资以及商誉等。由于资产减值确定由企业自行确定，就为企业调节利润留下空间，要想使利润增加，就要估计较低的资产减值，要使利润减少，就要估计较高的资产减值。

---

① 《百圆裤业库存商品离奇消失 廉价高管背后怪象》，《证券市场红周刊》2011 年 9 月 26 日。

② 汪标：《美国病之四 虚构资本支出》，《理财周刊》2002 年 8 月 10 日。

陕西证监局在 2010 年年报现场检查中，发现 * ST 秦岭在固定资产管理和核算方面存在三个问题：

一是 * ST 秦岭 2009 年以前采用分类折旧法计提折旧，未能及时将已提足折旧的固定资产、毁损报废等不需计提折旧的固定资产剔除，未将已提减值准备金额剔除。

二是 * ST 秦岭部分固定资产未按照达到预定可使用状态时间作为入账时间。

三是对于购入的非全新固定资产，* ST 秦岭未考虑该资产已使用时间、成新率等情况重新估计预计使用年限，固定资产使用寿命的会计估计依据不足。

因此，上述问题导致公司计提的固定资产折旧错误。经初步测算，2010 年因少提折旧约 401 万元，多计当期利润约 401 万元。

由此，* ST 秦岭凭借对减少计提资产减值的手段，冲高了当期利润。而若将时间推至稍早前的 2010 年，就可完整窥得公司调节当期利润的用意。

2010 年下半年以来，冀东水泥开始对 * ST 秦岭进行重大资产重组，筹备将其在陕西省的水泥资产以定向增发的方式注入秦岭水泥，并承诺拟注入的资产在 2010 年的净利润不低于 2 亿元。但该方案其后却因条件不成熟而中止。①

由此，在重组未有实质性进展之时，保护珍贵的壳资源避免退市，成为 * ST 秦岭的首要任务。而上述会计调节手法可理解为公司为扭亏业绩，刻意减少对资产减值的计提，冲高业绩。

### 四、股权买卖："卖子求生"的中报预增王

2011 年 4 月 28 日，青海明胶在一季报中称半年报公司净利润将达到 3700 万元，较去年同期的 25.38 万元增长 145 倍，由此被冠上"预增王"名号。而公司股价也由 8.98 元一度拉升至 10.29 元，12 个交易日内涨幅达到 14.58%。

事实上，青海明胶一季度业绩惨淡，营业收入在 1.92 亿元之下，净利润亏损 638.80 万元。但业绩暴增背后，除上一年同期实现的净利润基数较小外，公司上半年 3700 万元增利并非来自主营产品贡献，而是通过变卖子

---

① 徐亦姗：《业绩是可以调出来的：会计调节锦囊详解》，《21 世纪经济报道》2011 年 7 月 25 日。

公司股权来实现的。

2011年2月11日,青海明胶公告称,拟以9000万元将子公司禾正制药的股权转让给重庆风投,而该笔股权转让产生的净利润为4700万—4900万元。正是该笔近5000万元的投资收益使公司力挽狂澜。但一个不容忽略的事实是,根据公司2010年年报中列举的9家子公司财务状况,在仅能实现盈利的3家中,四川禾正实现的营业利润最高,为660.97万元。

2011年5月31日,公司抛出4亿元定向增发方案,拟向不超过10名特定投资者发行6000万股,用于收购、增资宏升肠衣,并建设年产4亿米胶原蛋白肠衣生产线技改项目。收购报告显示,宏升肠衣成立于2006年9月,注册资本为5549万元,由天津水星创业投资有限责任公司(下称"水星创投")、广西海东科技创业投资有限公司(下称"海东科技")以及陈维义等43名自然人股东共同持股拥有。其中,海东科技是青海明胶持股比例70%的控股子公司,此外,青海明胶更有三位高级管理人员同时也担任宏升肠衣的高管,所以宏升肠衣和青海明胶构成关联关系。此外,公司并未披露43名自然人股东的详细情况。

根据预案,青海明胶将以18620万元的预估值收购宏升肠衣98%的股权,收购完成后还要以19000万元对宏升肠衣进行增资,建设年产4亿米胶原蛋白肠衣生产线技改项目。但斥资4亿元投资的宏升肠衣,却是一家资质较差的亏损企业,截至2010年年底,宏升肠衣的净资产只有4318万元,而在营业收入实现3078万元的情况下,净利润更亏损200万元。按照净资产来计算,宏升肠衣98%净资产的价格应该为4231万元,而青海明胶以18620万元交易,实际溢价约340%。[①]

对于如此高溢价,令人疑惑。公司卖子铺路再融资背后,或存在溢价收购、利益输送之嫌。

### 五、合并报表:安然破产的真相

安然公司是美国最大的天然气采购商及出售商,也是领先的能源批发商,更是利用因特网宽带进行能源交易的"领头羊"。2000年,该公司总收入超过1000亿美元,利润达10亿美元,公司股价最高达90美元,在2000年《财富》500强中排名第16位,连续四年获《财富》杂志"美国最具创新精

---

① 徐亦姗:《业绩是可以调出来的:会计调节锦囊详解》,《21世纪经济报道》2011年7月25日。

神的公司"称号。

2001 年 10 月，该公司被曝出财务丑闻，2002 年 1 月，公司彻底崩塌，宣布破产。是什么导致如此世界能源巨人在"春风得意马蹄疾"时戛然而止，轰然倒下？最直接、最致命的原因就是它自身财务管理的失控。[①]

安然财务造假的关键，是通过复杂的财务结构肆无忌惮地虚构巨额利润，隐匿债务。它利用层层控股的方式，发展了 3000 多个子公司和合伙公司，用最少的资金达到数量巨大的融资目的。该公司将许多与关联企业签署的合同设为秘密，把大量债务通过关联企业隐藏起来，运用关联交易大规模操纵收入和利润额，采用模糊会计手法申报财务报表，最终走上了积重难返的地步。

## 第三节　财务报道的写作原则与方法

与其他财经新闻报道相比，财务报道可以说是非常专业和复杂的一个领域，也是财经新闻报道的核心内容。它需要进行大量的数据考察，而且不能仅仅停留在数据分析层面，还要将数据转化为可读的新闻报道。因此，财务报道需要遵循一定的写作原则、方法和视角。

### 一、认真分析财务数据，敢于提出质疑

财务报道离不开对数据的分析，然而许多财经新闻工作者或对财务报表中的数据缺乏足够的关注和深入的分析，或对财务报道的数据过于信任，认为公开的数据不会存在问题，从而影响了财务报道的质量，甚至漏掉了一些重要的财经新闻报道。安然的财务造假和"蓝田神话"的破灭，其实都是对财务报表进行分析后所发现的重大新闻。只不过，安然的财务造假是一名美国记者对安然的财务提出质疑后采写的新闻，它为财经新闻报道提供了范例；而蓝田神话的破灭则是由一名专业学者通过常规财务指标进行分析后得出的一个显而易见的事情，它们为我国财经新闻工作者敲响了警钟。

蓝田股份于 1996 年 6 月 18 日在上海证券交易所上市，是农业部首家推荐上市的企业，以养殖、旅游和饮料为主。发行上市以后，蓝田股份在财务数字上一直保持着神奇的增长速度：总资产规模从上市前的 2.66 亿元发展到 2000 年末的 28.38 亿元，增长了 10 倍，历年年报的业绩都在每股 0.60

---

① 任元元：《安然财务做假致命》，《企业文明》2005 年第 12 期。

元以上，最高达到 1. 15 元，即使遭遇了 1998 年特大洪灾以后，每股收益也达到了不可思议的 0.81 元，创造了中国农业企业罕见的"蓝田神话"，被称作"中国农业第一股"。中央财经大学学者刘姝威无意中发现蓝田公司的财报中存在重大虚假信息。她立即写了一篇 600 字的短文《应立即停止对蓝田股份发放贷款》，刊登在只供中央金融工委、人民银行总行领导和有关司局级领导参阅的高度保密的《金融内参》上。此后不久，国家有关银行相继停止对蓝田股份发放新的贷款，而刘姝威的生活也随即被搅乱：诉讼、死亡威胁、向民警寻求安全保护……这就是轰动全国的"蓝田事件"。2002 年 1 月 23 日，蓝田股份全线跌停，以 5.89 元收盘。2004 年 11 月，中国蓝田总公司总裁瞿兆玉因提供虚假财务报告和提供虚假注册资本罪被判处有期徒刑 2 年。蓝田事件的发现其实就是学者刘姝威运用国际通用的分析方法，针对蓝田股份的招股说明书、2001 年中期报告的全部财务报告以及其他公开资料，从偿债能力、现金流量、资产结构、营业收入来源等方面进行分析，然后得出蓝田股份造假的判断。如果我们的新闻记者能够用类似的方式对这些公开数据进行分析，发现这么大的一个新闻，可以说就具备了财经新闻工作者的较高素质。

## 二、运用数据对比进行财务报道

如前所述，公司财务报表是静止的数据，反映的是某一个时点的公司财务状况。而公司的运营每天都在持续，并且是一个长期的发展过程。因此，财经新闻工作者要学会运用数据对比进行财务报道，如将同类产业(行业、产品、原料等)的数据进行对比、与往年的数据进行比较、与同行业数据进行比较、将政策调整前后的数据进行比较。下面以一则报道为例进行说明：

### 骆驼集团涉嫌财务造假 可能虚构 6 个亿以上收入

张景宇

4 月 13 日，骆驼集团股份有限公司(下称骆驼集团)IPO 获发审委审核通过。这家成立于 20 世纪 90 年代初的集体企业，在经历一连串眼花缭乱的股权变更后，终于变成刘国光实际控制的公司，并接近上市曙光。

骆驼集团主营蓄电池研究、开发、制造、销售和回收处理，主要产品应用于汽车启动、电动道路车辆牵引、电动助力车等领域的铅酸蓄电池。产品结构中，90%以上用于汽车启动的铅酸蓄电池。

2008 年至 2010 年的上市前三年，公司营业收入年复合增长率达 43.08%，净利润年复合增长率达 65.02%，扣除非常损益后的每股收益迅速增长，从 2008 年的每股 0.24 元猛增至 2010 年的 0.78 元。

业绩增速堪称"惊艳"，盈利能力同样不凡。2008 年度，公司蓄电池毛利率 15.55%，2009 年度达到 19.01%，2010 年度虽然有所下降，仍达到 18.79% 的较高水平。这一盈利水平也令汽车启动蓄电池龙头老大风帆股份相形见绌。同期，风帆股份的蓄电池毛利率分别仅有 8.93%、16.03% 和 15.41%。

实际上，骆驼集团的财务指标也已经引起了风帆股份的注意。"我们也在研究这件事，按理说我们的市场规模比他们大，售价比他们高，在原料铅上我们也因为有规模优势，采购价更低，结果反而是他们的毛利率更高。"《创业家》以投资者身份致电风帆股份，该公司证券部人士对骆驼集团的超高毛利率同样感到不解。

而这背后是，骆驼集团涉嫌财务造假，可能虚构了 6 个亿以上收入。

### 质疑一：成本凭什么这么低？

在骆驼集团的《招股说明书》中，对于自身产量的统计口径按"千伏安时"来计算，而风帆股份年报中的产量，则是以产品数量为统计口径，从而使得两者的数据很难直接比较。

幸运的是，骆驼集团《招股说明书》中的"行业内的主要企业及市场份额"分析，为我们提供了比较依据。数据显示：2009 年，风帆股份以 726.48 万 KVAH 的微弱优势维持了业内龙头老大的地位，排名第二的骆驼股份则以 720 万 KVAH 的产量屈居亚军。

同年，风帆股份蓄电池业务营业收入为 23.98 亿元，营业成本为 20.13 亿元。而骆驼集团同期营业总收入为 18.52 亿元，营业总成本为 16.58 亿元。这意味着，在两家公司产量基本相同的情况下，骆驼集团的营业收入比风帆股份的营业成本还要低 7%，而营业成本更要低 21.41%。

《招股说明书》中，骆驼集团称铅酸蓄电池的生产成本中有 70% 以上是铅及铅合金。事实上，就铅原料而言，风帆股份要比骆驼集团有优势得多。2007 年风帆股份斥资 6800 万元购买位于河北省涞源县、涞水县铅锌矿探矿权，2009 年该公司对外销售 2.13 亿元的铅合金，营业利润率 4.43%。

而与风帆股份自身拥有铅矿不同，骆驼集团的原料铅主要依靠外购，也就是说骆驼集团的原料成本应该比风帆高。但是根据上述财务数据，风帆的成本比骆驼的销售价格还要高。

"我们也在研究这件事，按理说我们的市场规模比他们大，售价比他们高，在原料铅上我们也因为有规模优势，采购价更低，结果反而是他们的毛利率更高。"风帆股份证券部人士表示。

### 质疑二：涉嫌虚增 6 个亿收入

《创业家》对骆驼集团的原材料铅做了更为深入的研究，发现其中明显涉嫌造假。

招股书披露，2010 年公司第一大供应商为豫光金铅，采购金额高达 7.88 亿元，占当期原材料采购金额的比例达 35.23%。

然而这一数字并未得到豫光金铅的认可。豫光金铅披露的 2010 年年报显示，该公司前五大客户中采购额最少的也达到 4.31 亿元，而骆驼集团高达 7.88 亿元的采购额，却并没有在这份名单上现身。反而是其竞争对手——风帆股份，凭借 5.54 亿元的采购额排在客户榜的第三名位置。

可以做出这样的判断，为了与披露的产量相对应，骆驼集团至少"虚构"了至少 3.5 亿元以上的金属铅采购。以金属铅在骆驼集团蓄电池成本中 70% 的占比和 19% 的毛利率来算，2010 年虚构的营业收入至少在 6 亿元以上。

要么豫光金铅和风帆股份同时造假，要么骆驼集团的业绩虚构。而作为 2002 年便已上市的豫光金铅和 2004 年上市的风帆股份而言，显然缺少业绩造假的动力。

那么，到底谁在说谎？行业数据提供方和突击入股机构关系机密？

面对涉嫌虚构 6 个亿收入的骆驼集团，《创业家》将研究重点转向了公司的产品和技术层面。

《创业家》同时注意到，在骆驼集团上市前夕突击入股的机构中，与其《招股说明书》中采集的行业信息间，存在千丝万缕的关系。

2010 年 4 月 1 日，刘国本与深圳市信诺泰创业投资企业(普通合伙)(以下简称"信诺泰")签订了《股份转让协议》，将其持有的 38 万股公司股份转让给信诺泰，转让价格为 12.48 元/股。

工商登记信息显示，信诺泰由 3 名自然人合伙人组成。其中杨念群出资 150 万元，占 50%，杨俊智、李广凡分别出资 90 万元和 60 万元，占股本比例的 30% 和 20%。其中的合伙人杨俊智引起了《创业家》的注意。同属电源行业的上市公司科泰电源(7.340，0.02，0.27%)，其独立董事也叫杨俊智，该人士兼任中国电器工业协会常务理事、中国电器工业协会内燃发电设备分会理事长。

在骆驼集团《招股说明书》中，有相当数量的行业数据便是来自中国电器工业协会。

骆驼集团的杨俊智和科泰电源的杨俊智是否为同一人？《创业家》致电骆驼电源希望予以核实，但公司证券部人士表示不知情。

如果为同一人的话，让人很难不对《招股说明书》中所出具数据独立性和真实性产生怀疑。

(《创业家》杂志，2011 年 04 月 14 日)

这是一篇质疑性的新闻报道，所运用的方法正是数据对比法。首先，该报道将骆驼集团的营业成本与处于蓄电池老大地位的风帆集团的营业成本进行比较，发现骆驼集团的营业成本比龙头老大风帆的成本还要低："风帆股份蓄电池业务营业收入为 23.98 亿元，营业成本为 20.13 亿元。而骆驼集团同期营业总收入为 18.52 亿元，营业总成本为 16.58 亿元。这意味着，在两家公司产量基本相同的情况下，骆驼集团的营业收入比风帆股份的营业成本还要低 7%，而营业成本更要低 21.41%。"当然，成本低并不意味着骆驼集团的数据就一定存在问题，因为造成这种现象的因素很多，其中最为重要的因素就是原材料价格。因此，该新闻报道对骆驼集团和风帆集团所使用的铅原料成本进行比较，发现原材料全靠外购的骆驼集团比自身拥有铅矿的风帆集团的铅原料成本还要低。那么，是否因为骆驼集团购买的原材确实比风帆要低呢？根据"招股书披露，2010 年骆驼集团的第一大供应商为豫光金铅，采购金额高达 7.88 亿元，占当期原材料采购金额的比例达 35.23%"。于是，记者将骆驼集团第一大供应商豫光金铅年报披露的数据与骆驼集团的年报进行对比，发现骆驼集团有高达 7.88 亿元的采购额，却并没有排在豫光金铅前五名的大客户名单上，反而是其竞争对手——风帆集团凭借 5.54 亿元的采购额排在客户榜的第三名位置。记者通过一步步的数据调查和数据对比，有理有据地对骆驼集团提出了"财务造假"的质疑。此处并非对记者的观点表示赞同或反对，只是对该新闻的报道方式进行分析。

### 三、突破财务分析，实现立体跨越

财务报道的核心是对财务报表进行数据分析，但是，一篇优秀的财务报道不能仅仅停留在财务数据分析上，而是要超越财务数据本身，挖掘出背后更有新闻价值的事实。贝瑟尼·麦克莱恩所采写的《安然为何破产?》就突破了对安然公司财务的一般分析，而是从企业文化、交易秘诀、利润来源等角度进行了深入的分析。毫无疑问，这篇报道不仅仅来源于作者对安然公司财务报表的解读，更多的篇幅关注了安然公司的管理制度、员工关系、企业文化等方面，从而实现了一般财务报道的超越。

## 安然为何破产?

#### 贝瑟尼·麦克莱恩

"我们的经营方法不是黑匣子，它模仿起来很简单。对此提出疑问的人根本没有把所有细节都搞清楚。我们的回答已经够明白了，可有人就是想跟我们过不去。"

这番话是安然公司(Enron)当时的首席执行官杰夫·斯基林(Jeff Skilling)在去年2月接受笔者采访时说的。让我们回忆一下，当时——即不到10个月之前——安然公司的股票市值为600亿美元左右，仅略低于其鼎盛时期，而且其在华尔街受宠的地位尚未开始动摇。当时我正在写一篇文章，准备在文章的最后就安然公司的估价问题提出几点疑问，于是便给该公司打电话，提了几个在我看来司空见惯的问题，想弄明白该公司几乎让人无法看懂的财务报表。安然公司的反应却怎么也算不上司空见惯。斯基林马上变得很不快，他指责这种提问方式"不道德"，之后便挂上了电话。不久，安然的发言人马克·帕尔默(Mark Palmer)打电话过来，主动提出要同当时担任首席财务官的安迪·法斯都(Andy Fastow)以及负责与投资人打交道的马克·凯尼格(Mark Koenig)一起来《财富》杂志设在纽约市的办事处，他说："我们想确保我们给你的答复完整、准确。"

如今，随着安然公司出人意外地轰然垮台，看来当时批评该公司的人对它的抨击还不够。正当大家都在嚷嚷着要得到"明确的答复"时，早已离开安然公司的斯基林在律师的建议下对新闻界避而不见，而且也无法作出这些答复了。至于"完整和准确"这两个字眼，许多人会认为，当年安然公司的经营者们根本就不懂得它们的含义。"把木头藏起来的一个办法是把它放到树林里去，"呼吁国会对安然进行调查的密歇根州民主党议员约翰·丁格尔(John Dingell)说，"摆在我们眼前的是一份极其复杂的财务报告。他们甚至用不着撒谎，只要把它搞成一团乱麻、使人如堕五里雾中就行了——尽管他们可能同时也撒了谎。"

直到最近，安然公司对其经营方式或者财务报表太复杂的说法仍大声喊冤，它用一种几乎不加掩饰的轻蔑口吻表达了自己的态度：凡是无法理解其经营方式的人都是"搞不懂它"。华尔街许多看好该公司的证券分析师乐得支持这一看法。当时做多的证券商们〔其中包括高盛公司(Goldman Sachs)的戴维·弗莱谢尔(David Fleischer)〕承认他们不得不把该公司提供的数字当真——要知道，这在当时不算个问题，因为安然提供的正是华尔街最关心的东西：稳步增长的收益。既然如今人们已清楚地知道当时公布的收益并不准确，新的口头禅便是：安然公司的经营方式复杂得令人难以置信——也许复杂得连公司创始人肯·莱(Ken Lay)都搞不明白(他在去年夏天重新担任首席执行官时曾暗示过这一点)。这不由得令人提出一个根本性的问题：为什么会有这么多人宁可相信那些实际上没几个人能明白的东西呢？

当然，自从安然公司垮台后，人们还提出了另外一些根本性的问题——对于这些问题至今还没有找到合适的答案。即使到了今天，在债主们为争夺安然公司所剩无几的资产吵闹不休，而该公司却在拼命找人出资维持其运作的交易之际，局外人仍然不明白是什么地方出了差错。安然公司的雇员们也不明白，许多人在公司破产时大惊失色。安然的最终崩溃难道是由信用危机造成的吗？而它仍然是一家实力雄厚的公司？抑或加快这场危机爆发的那些肮脏的金融交易——包括安然的高层经理们搞的账外秘密关联交易——正是该公司掩盖更深层的问题以期维持其股价不断上涨的手段？接下来的则是那个一直盘旋在实业界和安然公司在休斯敦的老家上空的问题：考虑到在财务上做手脚的严重后果，有人是不是得去坐牢？

## 傲慢的企业文化

你如果相信"神欲诛之，必先骄之"这句老话，也许对下面这个故事不会感到吃惊。人人都在用"傲慢"这个词来描述安然公司。挂在安然公司大厅里的横幅就是这种态度的概括：世界一流公司。安然有一种强烈的信念：早于它成立的、动作迟缓的竞争对手在新崛起的、身手矫健的安然战车面前毫无招架之力。"这些大公司会由于自身的庞大体重而颓然倒地，"斯基林在去年这样说过，他指的是埃克森—美孚公司(Exxon Mobil)之类的旧经济巨头。在几年前的一次公用事业公司经理会议上，"斯基林告诉所有的与会者，他打算抢走这些人的饭碗，"南方公司(Southern Co.)的经理德怀特·埃文斯(Dwight Evans)回忆说。(他又补充道："人们如今想起他的话觉得非常可笑。")那么，斯基林前年冬天认定安然的股票——当时每股大约是 80 美元——应该卖到 126 美元，人们对此又是怎么看的呢？1994 年从安然公司分离出来的安然全球电力与管道公司(Enron Global Power & Pipelines)前任首席财务官吉姆·亚历山大(Jim Alexander)曾经在 Drexel Burnham Lambert 公司干过，他看到了其间的类似之处："说来说去就是狂妄，是一种不可一世的自大，使得人们相信他们能处理越来越异乎寻常的风险，而不会面临任何危险。"

话说回来，在很长一段时间里，安然公司似乎有不少值得骄傲的地方。它是由肯·莱在 1985 年把两家天然气企业合并后协助创立的，在天然气和电力交易方面处于领先的地位。他也的确开辟了新的交易市场，如气象期货。它连续六年当选为《财富》杂志最受赞赏的公司中最富创新精神的企业。斯基林是在 1990 年从麦肯锡公司(McKinsey)跳槽到安然公司的(并且在 2001 年 2 月接替肯·莱担任了首席执行官)。在他的领导下，安然公司的经营理念是：它能把任何东西转化为商品和货币，无论是电子还是广告空间。在这十年结束的时候，过去依靠输气管道之类的硬资产赚钱的安然公司，其收益的 80% 以上居然来自不那么实在的业务，即所谓的"能源经营与服务批发"。从 1998 年到 2000 年，安然公司的营业收入从 310 亿美元猛增到 1000 亿美元以上，一跃登上《财富》500 强排行榜的第七位。2000 年年初，当宽带正在成为一个市场价值可达数十亿美元的时髦词汇时，安然公司宣布了涉足宽带交易的计划。

可是，这种企业文化除了与生俱来的傲慢之外，还有消极的一面。甚至在创业初期，其贪婪就显而易见。一位曾经在斯基林手下工作过的雇员说："他们随时随地都在谈论我们会赚多少钱。"薪酬计划通常看上去更利于让高级经理们致富，而不是为股东们带来利润。比如，在安然公司负责向礼来(Eli Lilly)这样的大公司提供能源的能源服务部里，经理们的薪酬是用一个市值计算公式计算出来的，其中的数据则靠内部估算。一位前任经理说，其结果是，大家实际上是迫于压力去高估合同的价值——尽管这样做与实际赚来的钱毫无关系。

安然公司认为自己正在领导一场革命，因此它鼓励大家藐视各种规则。人们纷纷私下议论说，这种打破常规的做法也被引进到了经理们的私生活中——有关经理们私生活的传闻路人皆知。安然公司还赢得了冷酷无情的名声，无论对外还是对内都是如此。人们通常认为斯基林创立了一套强行给雇员分级排队的做法，被列入最低 20% 一档的人就得离开公司。于是，雇员们不仅欺负外人，同时也相互倾轧。与安然竞争的一家能源公司的经理说："安然是靠尽可能扩大私利来获取最大价值的。"他还说，安然公司的交易员害怕上洗手间，因为坐在他身边的家伙可能会偷看他电脑屏幕上的信息来抢走他的生意。另外，由于坏消息有可能砸掉饭碗，所以所有问题都被掩盖起来，该公司的一位前雇员说，在交易部门尤其如此。"大家一直在维持着这样的神话，即谁也不会出错。这令我惊愕不已。"

### 交易秘诀

"我们不是一家交易公司，"法斯都在去年 2 月的那次来访时说。"我们不是靠投机来赚钱的。"他还指出，在过去的五年里，安然公司的收入连续 20 个季度增长。"世界上没有哪家交易公司能保持这样持续的增长，"他说。"这一点足以说明问题。"

实际上，在安然公司之外几乎难以找到与法斯都持相同观点的人。Principal Capital Income Investors 公司研究部主任奥斯丁·拉姆齐（Austin Ramzy）说："他们不是一家把交易作为其部分经营战略的能源公司，而是一家为交易而交易的公司。"一家对手公司则说："安然公司的主营业务就是纯交易。"的确，安然公司另一个名声是敢于比其他公司承受更多的风险，特别是在期限较长的合同方面，因为这样所需的流动资产要少得多。另一位交易员说："安然总在冒险出击。"众所周知，在非投资性银行当中，安然公司在玩弄像信贷衍生产品这类复杂的金融工具方面十分活跃，而且胃口极大。由于它没有居主导地位的投资银行那么强大的资产负债表，为了拿到业务，它只好提供更为优惠的价格。简直可以用"生猛"一词来描述它所进行的交易。

安然公司为何不想称自己为交易公司，这里有一个明显的理由。对于安然来说，这全是为了股票的价格，交易公司由于其自身的原因，收益状况时好时坏，因而其股票的估价不会很高。不妨看一下高盛公司，它是世界上效益最好的交易公司之一，但其市盈率很少超过 20 倍，相比之下，安然公司的市盈率最高可达 70 倍。你决不会听到高盛公司的管理层预测自己下一年收益的准确数字——而安然管理层的收益预测竟然能精确到几角几分。安然公司的经理们所说的话与其他人大相径庭，令人称奇，但这不仅仅是一场学术之争。问题直指的核心是安然公司的估价方法，因为它靠的是产生可预计收益的能力。

这种脱节现象在过去为什么显得不那么重要？因为投资人和安然管理层一样，只看重股票的价格。只要安然公司能发布它所允诺的收益（并且大谈特谈经营宽带之类的宏伟计划），人们便以为其股价会连连上升——的确，情况曾一度如此。于是，Janus、富达（Fidelity）和 Alliance Capital 等机构纷纷卷了进来。当然，收益增长并不能完全解释华尔街的态度。安然公司还带来了巨额的投资银行费用。要想提出问题也非易事。华尔街的金融家们很难承认自己对有些东西也弄不明白。况且，斯基林对那些没有马上对安然的观点表示赞同的人态度简慢无礼是出了名的。一位投资经理说："如果你没有像电灯那样一开就亮，斯基林就会把你扔到一边。""他们迫使华尔街俯首听命，"他补充道。

……

（本文为节选，王恩冕译，《财富》，2002 年 3 月 1 日）

贝瑟尼·麦克莱恩是最早对安然公司产生怀疑的人，早在 2001 年 3 月，他就在《财富》杂志上发表了《安然被高估了吗?》一文，对安然公司是否真的盈利提出质疑，首次提出了安然的财务有"黑箱"。《安然为何破产?》是一年后贝瑟尼·麦克莱恩对安然破产进行深度剖析的报道。该报道分为概述、傲慢的企业文化、交易秘诀、利润从何而来、斯基林发出一个信号、苟延残喘六个部分。记者凭借近一年时间里对安然公司的持续关注和搜集的大量资料，在这篇报道中对安然破产的原因进行了深入独到的分析，超越了简单的财务报道或公司破产报道，实现了财务、企业文化、公司制度和人性等方面的立体式跨越。

# 第十章

# 公司治理与财经新闻报道

公司是整个经济运行的主体，离开了公司，经济便无所依托。可以说，狭义的财经新闻报道其实都是有关公司的报道。在公司报道中，关于公司治理的报道占了很大比重，因为治理是现代公司的精髓。因此，关注公司报道，必须先关注公司治理问题。财经新闻工作者应当如何从公司治理的角度去进行财经新闻报道？怎样才能做到报道的专业、客观和可信？

## 第一节　公司治理概述

### 一、公司治理的概念：财经新闻报道的起点

在传统企业制度下，由于所有权和经营权统一，出资者就是所有者和经营者，因此，企业的经营、管理和决策都是由所有者进行直接的管理和支配；而在现代企业制度即公司制度下，由于所有权和经营权的分离，公司出资者不能直接支配公司，而要借助一定的公司权力机关对公司进行统治和支配，这便是公司治理。不过，目前我国对于公司治理的理解并不统一，具有代表性的定义是吴敬琏、林毅夫和张维迎的观点。

吴敬琏认为，公司治理结构是指由所有者、董事会和高级执行人员即高级经理人员三者组成的一种组织结构。要完善公司治理结构，就要明确划分股东、董事会、经理人员各自的权力、责任和利益，从而形成三者之间的关系。

林毅夫认为，所谓的公司治理结构，是指所有者对一个企业的经营管理和绩效进行监督和控制的一整套制度安排。他还指出，人们通常所关注或定义的公司治理结构，实际指的是公司的直接控制或内部治理结构。

张维迎认为，狭义的公司治理结构是指有关公司董事会的功能与结构、股东的权力等方面的制度安排；广义地讲，指有关公司控制权和剩余索取权分配的一整套法律、文化和制度性安排，这些安排决定公司的目标，谁在什

么状态下实施控制，如何控制风险和收益，如何在不同企业成员之间分配这些问题。他认为，广义的公司治理结构是指企业所有权安排的具体化。

公司治理理论的发展是随着西方国家企业的发展而发展的。19世纪70年代以前，西方企业的所有权与经营权是合一的，几乎不存在治理问题；19世纪70年代至20世纪20年代，由于企业规模的扩张，企业所有者逐渐将经营权移交给公司的职业经理人；20世纪30年代至70年代，科技革命推动现代公司发展的同时，促进了企业的所有权与经营权分离发展并达到了高潮，资本的价值形态同实物形态相分离，企业经营者的控制权不断扩大，公司治理问题引起人们的关注；20世纪80年代至今，经理人员权力过度扩张、膨胀，所有者与经营者之间的矛盾开始加剧，特别是以安然事件为代表的西方国家财务报告丑闻频频暴露，人们不得不反思，即便是在美国这样一个法律制度十分完善的国家，公司治理也需要进一步完善。

公司治理概念是公司财经新闻报道的逻辑起点。如果不能或无法理解公司治理的规律和特点，财经新闻工作者在进行公司报道时就会不得要领，更难以形成独特的、理性的声音，也就是说，无法胜任公司报道。

现代公司制度实行所有权和经营权的分离，在公司经营管理方面多是委托代理机制。这就使公司治理的内部架构囊括了股东大会、董事会和监事会三个组织框架。他们共同发挥作用，支持着公司的发展。

## 二、股东大会和股东

### (一)股东大会

股东大会是公司的最高权力机关，它由公司的全体股东组成，对公司重大事项进行决策，有权选任和解除董事，并对公司的经营管理有广泛的决定权。它是股东作为企业财产的所有者对企业行使财产管理权的组织，企业的一切重大人事任免和重大经营决策等事宜，一般都需要股东大会认可和批准后方才有效。具体来说，股东大会行使下列职权：

(1)决定公司的经营方针和投资计划；

(2)选举和更换董事，决定有关董事的报酬；

(3)选举和更换由股东代表出任的监事，决定有关监事的报酬事项，审议批准董事会的报告；

(4)审议批准监事会的报告，审议批准公司的年度财务预算方案、决算方案；

(5)审议批准公司的利润分配方案和弥补亏损方案；

(6)对公司增加或者减少注册资本做出决议;

(7)对公司发行债券做出决议;

(8)对股东向股东以外的人转让出资做出决议(本项为有限责任公司股东会议特有的职权);

(9)对公司合并、分立、解散和清算等事项做出决议;

(10)修改公司章程,以及公司章程规定需由股东大会决定的事项。

由此可见,股东大会的每一个举动都有可能影响到公司的发展,因此,股东大会也是财经新闻报道的重要对象和消息来源。

(二)控股股东和实际控制人

根据我国《公司法》第216条(二)的规定:控股股东,是指其出资额占有限责任公司资本总额百分之五十以上或者其持有的股份占股份有限公司股本总额百分之五十以上的股东;出资额或者持有股份的比例虽然不足百分之五十,但依其出资额或者持有的股份所享有的表决权已足以对股东会、股东大会的决议产生重大影响的股东。

在实践中,社会公众投资者往往很容易从上市公司的年报中获知某一上市公司的控股股东是谁。但是,上市公司的实际控制人在某些情况下则很难辨别。实际控制人是指虽不是公司的股东,但通过投资关系、协议或者其他安排,能够实际支配公司行为的人。简而言之,实际控制人就是实际控制上市公司的自然人、法人或其他组织。实际控制人可以是控股股东,也可以是控股股东的股东,甚至是除此之外的其他自然人、法人或其他组织。根据证券交易所的要求,在信息披露时,上市公司的实际控制人最终要追溯到自然人、国有资产管理部门或其他最终控制人。

只有弄清上市公司的实际控制人是谁,才能辨别由实际控制人操纵的关联交易,对其关联交易是否公允及是否会对公司和其他股东利益造成影响做出正确的判断,从而避免使投资人蒙受不必要的损失。

正因如此,实际控制人对上市公司的影响已引起监管部门的重视。2018年9月30日证监会发布的《上市公司治理准则》明确要求,上市公司在其控股股东或实际控制人发生变化时,必须披露控股股东或实际控制人的详细资料。证监会新修订的年报准则亦要求各上市公司严格披露其实际控制人,以便为社会公众提供更为充分的信息。

(三)大股东占资和关联担保

大股东占资和关联担保是中国上市公司治理中的顽疾。上市公司控股股东占用上市公司资金,一直是监管层近几年来整治上市公司的重点内容。这一行为不仅会损害上市公司自身利益，同时也会损害投资者利益，且屡屡发生，因此备受市场诟病。占资本身就是将上市公司当作提款机的行为。

作为上市公司的一种经营行为，担保是社会正常的经济现象。然而，在实践中，我国上市公司的担保行为往往发生在有关联的企业或有潜在关联的企业之间，从而引发公司股东占资、利润虚增等问题。关联担保是特指发生于有关联的或间接关联企业之间的担保。如何理解关联，通常意义上就是指控制与从属关系。依据我国财政部颁布的《企业会计准则——关联方关系及其交易的披露》，在企业财务和经营决策中，如果一方有能力直接控制或间接控制、共同控制另一方或对另一方施加重大影响，则视为关联方；如果两方或多方同受一方控制，也应视为关联方。关联担保不仅包括形式上符合上述关联方要求的关联企业之间的担保，还包括形式上可能并不完全符合关联方要求，但实质上还是属于关联方相互担保的情形，如潜在关联的上市公司互相担保、间接的连环担保等。

### 三、董事会和董事

董事会是由董事组成的、对内掌管公司事务、对外代表公司的经营决策机构。董事会是公司的最高决策机构，它行使着对公司法人财产的占有、使用、收益和处置权。董事会由全体董事组成。一般来说，董事都是自然人，但也有些以法人作为董事的情形，这就是由一家公司作为另一家公司的董事。但法人充当公司董事时，应指定一名有行为能力的自然人为代理人。股份有限公司的董事由股东大会选举产生，可以由股东或非股东担任。

(一)信息披露：洞察公司治理的窗口

上市公司信息披露制度是现代证券监管制度的核心内容与基石。信息披露义务人应当真实、准确、完整、及时地披露信息，不得有虚假记载、误导性陈述或者重大遗漏。但是，如今很多公司的信息披露并不规范，不按时披露、漏披、少披、不披成为公司信息披露的重要症状。如2011年5月27日，证监会有关部门负责人宣布，因存在重大遗漏、信息披露不及时、不完整等违法行为，五粮液集团被警告、责令改正，并处以60万元罚款的处罚，五粮液集团董事长唐桥等8名高管也受到不同程度处罚。据证监会的调查，五粮液集团在信息披露方面存在以下问题：

第一项：五粮液集团关于投资公司对智溢塑胶在亚洲证券的证券投资款。《澄清公告》存在重大遗漏，未披露投资公司对智溢塑胶在亚洲证券的5500万元证券投资款承担的负责收回责任。

第二项：五粮液集团在中科证券的证券投资信息披露不及时、不完整。2000 年 7 月 20 日，五粮液投资公司在中科证券宜宾营业部开立资金账户，由投资公司人员操作并纳入财务核算。11 月 30 日，中科证券破产案第一次债权人会议召开，投资公司委托律师参会，确认投资公司在中科证券的证券投资款已经被法院列为破产债权。但是，五粮液集团直至 2009 年 2 月 18 日公布 2008 年度报告才披露上述事实。

第三项：五粮液集团 2007 年年度报告存在录入差错未及时更正。2009 年 4 月 28 日，证监会对五粮液集团进行现场检查，发现并指出其 2007 年度报告第 20 页"关于供销公司主营业务数据"的录入出现笔误，建议公司尽快予以更正公告。4 月 30 日，五粮液集团在向证监会的书面说明中承认出现了笔误，将供销公司的主营业务收入 725066.15 万元误写为 825066.15 万元。但是五粮液集团一直到 2009 年 8 月 18 日才在 2009 年半年报中予以更正公告。

第四项：未及时披露董事被司法羁押事项。据证监会查实，从 2006 年 5 月 12 日起，王子安为五粮液集团董事。王子安 2007 年 8 月即被调查，时任董事长王国春等知情。但是五粮液集团未按照规定及时公告，直至 2008 年 2 月 28 日才在《2007 年年度报告》中披露。①

（二）关联交易：错综复杂的关联关系

董事会的一个重要职责就是信息披露。在董事会进行信息披露的过程中，关联交易是董事会信息披露时最犯难的事情。关联交易是指关联方之间发生转移资源或义务的事项，而不论是否收取价款。在资源转移的同时，风险和报酬已相应转移。在我国"关联交易准则"中，关联交易主要表现为 11 种类型：购买或销售商品、购买或销售除商品以外的其他资产、提供或接受劳务、代理、租赁、提供资金（包括以现金或实物形式的贷款或权益性资金）、担保和抵押、管理方面的合同、研究与开发项目的转移、许可协议、关键管理人员报酬等。

股份公司发生关联交易从理论上讲无可厚非，存在其"合法性"。因为关联方也是一般法人，应与其他法人一样享有同等交易的权利和义务。由于关联企业之间的特殊关系，一系列不规范的现象也日益表现出来，比如关联企业之间的利益不当转移，交易定价的随意性、互相拖欠资金等。所有这些

---

① 周芬棉：《证监会通报五粮液信息披露存重大遗漏》，《法制日报》2011 年 5 月 28 日。

行为的产生，都是出于利益机制的考虑，如掩饰亏损、逃避税收等。关联交易主要容易发生在上市公司与"集团公司"或"集团公司"的其他子公司之间，这是由于它们之间有着千丝万缕的联系。由于利益机制的驱动，关联企业之间的不当交易行为几乎难以避免。综观这几年我国上市公司年报，可以明显看出，不当关联交易的存在会损害某一方的合法权益。进而言之，不当关联交易将损害市场经济条件下的资源再配置功能。我们关注上市公司的关联交易，并不是反对关联交易，而是期待着管理层能采取措施，规范和引导关联交易，使其为正当的企业利益服务。一般说来，关联交易有利有弊，但我国股份公司的大量关联交易隐藏着诸多问题，它会对股份公司、投资者(特别是中小投资者)、股票市场产生很大危害，极易引起新股上市后业绩迅速"变脸"，应验股市的"一年盈、二年平、三年亏"的业绩变脸流言。

曾经的空调生产大户春兰集团在 20 世纪 90 年代风行一时。在 2001 年以前，销售净利率高于格力空调近 2 倍。然而，2005 年度出现了上市以来的首次亏损，随后春兰集团江河日下。《证券市场周刊》对此进行了深入采访后发现，2001 年以前春兰集团的利润增长大多来自关联交易。将春兰股份与同样处于空调行业但关联交易较少的"格力电器"进行对比，发现春兰股份极高的盈利能力源自营业费用率的人为操控，春兰股份通过关联方交易控制营业费用，进而虚增利润。自 2002 年起，春兰股份的销售净利率便一路下跌，直至 2005 年发生亏损。《证券市场周刊》还进一步分析了春兰集团关联交易的特点，透过春兰股份从采购、销售再到投资等的关联交易链，可以发现其背后是春兰集团精心构建的多元化产业布局。春兰集团通过掌握着商标权、科技创新核心、原材料与配件制造以及内外双向的营销渠道，进而将春兰股份牢牢掌控，将其置于多元化产业布局中的从属地位。① 财经新闻工作者需要特别关注关联交易，揭示关联交易的真相，寻找和确认关联人，善于分析、挖掘隐藏在公司交易背后各种错综复杂的关联关系。

(三)董秘：财经新闻工作者的重要信息来源

"董秘"的真正称呼是"董事会秘书"，在国外被称为"投资者关系总监"。因此，董秘不仅仅是秘书，其所服务的对象不仅仅是董事长，它属于公司的高管，而且地位还非同一般。一般来说，我国的上市公司有三个重要职位：董事长、财务总监和董秘。可见董秘地位的重要性。

---

① 王大力：《春兰股份：从被输送到被索取》，《证券市场周刊》2006 年 5 月 15 日。

我国公司法规定，上市公司董秘的职责是负责公司股东大会和董事会会议的筹备、文件保管及公司股东资料的管理、办理信息披露等事宜。但在实际中，对董秘的要求远不止这些，调查显示，目前上市公司董秘90%以上拥有经济师、会计师、工程师等各种职称头衔，这还不够，他们在资本圈里俨然一个"全能型选手"：他们是公司股东会、董事会、监事会和经理层之间的协调人，是公司进行资本运作时的参与者，因此，也就成了各方利益交汇的枢纽点，成为公司与政府主管部门的"指定联系人"，也是新闻媒体了解公司的"窗口"。因此，董秘可以说是财经新闻工作者重要的信息渠道。

（四）独董：让人"读不懂"

独立董事是指不在公司担任除董事外的其他职务，并与其所受聘的上市公司及其主要股东不存在可能妨碍其进行独立客观判断的关系的董事。

独立董事起源于美国。20世纪60年代末70年代初，独立董事制度应解决"内部人控制"问题的要求而在美国产生。企业在营运过程中经常会遇到"关联交易"和"内部人控制"的问题。在传统模式下，这一问题主要是由董事会来解决，即董事会通过选拔监督经理人员，把握公司的重大方针，从而实现股东利益的最大化。但是，在股权高度分散的情况下，股东根本无法对经理人员进行有效的监督和约束，企业内部出现了严重的"内部人控制"现象。像企业董事特别是董事长、总经理等内部人实际上操纵着公司的重大决策，时常进行关联交易并严重影响中小股东的利益。

独立董事制度设计的目的在于，防止由于控制股东及管理层的内部控制而损害公司整体利益。20世纪70年代"水门事件"以后，美国许多著名公司的董事卷入行贿丑闻，公众对公司管理层的不信任感加剧，纷纷要求改革公司治理结构。1976年，美国证监会批准了一条新的法例，要求国内每家上市公司在不迟于1978年6月30日以前设立并维持一个专门的由独立董事组成的审计委员会。由此独立董事制度逐步发展成为英美等国家公司治理结构的重要组成部分。

2001年8月16日，中国证监会发布了《关于在上市公司建立独立董事制度的指导意见》，标志着我国上市公司开始实行独立董事制度。该指导意见认为，上市公司独立董事是指，不在上市公司担任除董事外的其他职务，并与其所受聘的上市公司及其主要股东不存在可能妨碍其进行独立客观判断关系的董事。在政策的制定者看来，独立董事既不代表出资人，也不代表公司管理层，不拥有上市公司的股份，与公司没有关联的利害关系。因此，独立董事可以更加客观、独立地考虑公司的决策，从而保证决策的公正性和准确性，减少公司的重大决策失误。

独立董事最根本的特征是"独立性"和"专业性"。所谓独立性，是指独立董事必须在人格、经济利益、产生程序、行权等方面独立，不受股东和公司管理层的限制。所谓专业性，是指独立董事必须具备一定的专业素质和能力，能够凭借自己的专业知识和经验对公司的有关问题独立地做出判断和发表有价值的意见。然而，我国的独立董事其实并不独立，发挥的作用并不明显，因此实际地位也相对低下。中国上市公司的独立董事一般是社会名流，而且身兼数职，一年只有非常有限的时间花在上市公司上，他们对上市公司很难有全面的了解，更难提出有价值的意见和建议，指望其对公司的经营决策起到多大作用也并不现实。然而，由于其地位的特殊性，独立董事也成为媒体报道的焦点：明星独董、问题独董、最年轻的独董等纷纷成为媒体的关注点，并引发了公众的质疑。

我国独立董事制度的不完善使得各种对独立董事的戏称不断出现，如人情董事、花瓶董事、荣誉董事、糊涂董事、傀儡董事等。究其原因很简单，知名财经评论员叶檀认为，我国目前所实行的独董制度使这些独董们不得不成为"花瓶"，毕竟"拿人的手短，吃人的嘴短"，这些独董每年从上市公司拿到的津贴少则几万元，多则上百万。由于独董的推荐由大股东提名，独董的薪酬由公司发放，"屁股决定脑袋"，谁会与钱过不去呢？独董履职之时，往往会考虑到公司的意见，所以有时就无法做到对中小股东负责。①

### 四、高管

高管就是公司的高级管理人员，包括公司的董事、监事，以及经理层的主要成员，如总经理、副总经理、财务总监、营销总监等。作为企业界甚至整个社会精英的高管，他们掌握着公司发展的命脉，自然应当成为媒体获取信息的重要渠道。他们的巨额薪酬、社会活动、职务变动、人事任免、工作经历、学习经历等都是媒体报道的热点；与此同时，高管的理念、价值观和企业文化密切相关，高管形象也代表着公司形象。其实，"对财经媒体来说，做高管的文章就是做财经人物，做财经故事，当然，也可以采用新闻调查、财经观察等多种体裁。不管怎么说，有关高管的报道总是最吸引人的报

---

① 王玥、曹春萍：《独董 让人读不懂》，http://news.163.com/10/0423/02/64U1VK9300014AED.html

道"。① 有关公司的报道，从高管入手展开，也不失为最好的选择。

例如，在 2021 年，阿里巴巴旗下同城留守平台"淘鲜达"某高管涉嫌猥亵女员工事件成为媒体报道的焦点。公众既有对相关高层的"冷漠"和对事件处理"滞后"的谴责，还有对阿里巴巴治理结构和企业价值观的质疑。尽管阿里巴巴董事局主席兼 CEO 对此事表示"震惊""气愤"和"羞愧"，并向社会公众公布了处理结果，但这一事件却严重影响了阿里巴巴的公司形象，对于起步四年依然举步维艰的淘鲜达而言，更是雪上加霜。

又如，茅台集团原党委书记、董事长袁仁国一直是媒体关注的焦点。无论是他早期从酿酒工人到集团一把手的奋斗经历，还是他后期的违法违规行为，② 都与茅台集团的形象存在着难以割裂的关系。作为 A 股市场市值最高的上市公司，茅台集团的人事更迭成为媒体关注的焦点，自袁仁国被停职后，三年来茅台集团频繁换帅，从李保芳到高位东再到丁雄军，改革是大刀阔斧的，但至今仍无法彻底消除"袁仁国的阴影"。如今，茅台乱象依然是贵州省委省政府调整的重点。

## 第二节 公司治理报道的写作原则与方法

公司治理不仅是财经新闻报道的内容，也提供了相关报道的视角和方法。公司治理报道应该紧紧把握住公司治理的核心精神，客观、理性、独立地报道公司新闻，正确面对公司丑闻，深入进行公司调查。

### 一、理解现代企业制度，用公司治理的眼光报道新闻

理解公司治理是做好财经新闻报道的前提。在建立现代企业制度的召唤下，现代的企业非常注重公司治理。如果还停留在家族企业等的传统观念中，公司报道很容易出现立场偏差和报道不够中肯等问题。只有从公司治理的角度真正理解现代企业制度，并运用公司治理的眼光去观察、分析和报道公司新闻，才能够真正接近公司新闻的本质，才能发现新闻真相并报道对受众来说有价值的新闻。

———————————

① 贺宛男：《财经报道概论》，复旦大学出版社 2009 年版，第 132 页。

② 袁仁国，2000—2018 年曾任中国贵州茅台酒厂（集团）有限责任公司党委副书记、董事长。2018 年 5 月，袁仁国被停职；2021 年 9 月，贵州省贵阳市中级人民法院宣判，对袁仁国以受贿罪判处无期徒刑，剥夺政治权利终身，并处没个人全部财产。

2008 年汶川地震后，万科集团捐助了 200 万元人民币，不少网友认为捐款过少，引发了许多质疑和批评。后来王石在接受凤凰卫视《金石财经》主持人曾静漪采访时说，论坛上一个帖子说："（别人的都）是 2000 万元、3000 万元，说你们捐助得太少了"，"我说 200 万元是不少的，而且 200 万元是合适的。之所以这样说呢，实际上……当时情况是这样的，万科每年股东大会授权的做公益活动的费用是 1000 万元，我们做低收入住宅 2008 年度拨了 500 万元，冰雪赈灾是 100 万元，后来又拨了一次 200 万元，实际上只剩下授权的 200 万元，就是说实际上我们把这 200 万元捐出去了，这是当时的一个实际情况。"①王石提供的信息是说，万科捐 200 万元是遵循公司规范的结果。这则新闻如果从公司治理的角度进行分析，也许会是另一个报道点，因为它反映了这样一个现实：对于万科来说，最高的权力机关是股东大会，而不是王石本人。

有时候，表面上看起来跟公司没有什么关系的新闻，如果从公司治理角度进行思考，就可能发现另一片天地。例如，《财经》杂志对央视大火的报道就显得视角独特、意义深刻，超出了当时大多数关于央视大火的报道。这篇报道跳出了对央视大火发生原因、处理结果等的简单报道，而是从央视的选址、央视新址的建设、央视新址的管理出发，围绕央视新址工程建设始末，调查发现央视新址建设过程中前后有三个"国金"公司的影子，进而分析三个"国金"公司的股权变化，从而寻找到一条内部人利益关联通道，并指向同一个实际控制人。该报道进一步指出，民众关注的央视新址工程经济问题，或在央视大火案的刑事审判中暂被搁置，但围绕这条通道展开的利益纠缠不应被遗漏。②

**二、全面认识公司负面新闻，强化现实关怀**

目前，财经新闻报道花费了大量笔墨在公司的负面新闻上，诸如公司亏损、业绩造假、违规增持、机构逃亡、卖单积压、收购搁浅、公司性丑闻等。由于财经媒体更加青睐负面信息，负面新闻报道大有横扫注意力市场的气势。可以说，负面信息在公司新闻中已经完全压倒正面信息，这种压倒不仅仅表现在数量上，而且表现为一种占主导地位的报道方法，是一种倾向或

① 《王石接受凤凰卫视专访 就"万科捐款门"道歉》，《北京青年报》2008 年 5 月 22 日。

② 欧阳洪亮等：《再问央视大火》，《财经》2010 年第 5 期。

基调。这一现象有其必然性，因为媒体担负着检测环境的责任，将公司中存在的甚至被刻意掩盖的负面新闻报道出来，是其对受众、对社会负责的表现。有学者总结认为，"公司高管及相关人员犯罪判刑，是公司负面新闻的极端形态。对公司持续的、不断高涨的批评和揭露，主要包括三个方面：一是犯罪和涉嫌犯罪的丑闻激增；二是业绩衰退、股价跳水，股民损失惨重；三是高管薪酬骤升，且呈刚性增长"。①

但是，在具体的新闻产品制作过程中，财经媒体的编辑、记者也应该注意平衡负面报道和正面报道的数量，不宜过分渲染负面情绪，以避免由过多负面报道所营造的拟态环境偏离现实，对经济发展产生巨大的负面影响。更不能夸大负面信息，追求戏剧化的煽情效果。当然，笔者并非说财经新闻报道不能对公司负面新闻进行揭露，而是说这种揭露应该秉持一定的原则，不能为了揭露而揭露，要考虑公众利益，要有现实关怀，以理性和建设性作为衡量报道的尺度。

2020 年 6 月 29 日，瑞幸咖啡（NASDAQ：LK）正式在纳斯达克交易所停止交易，结束了 400 多天的上市之旅。最辉煌的时候，瑞幸咖啡曾被很多人认为是星巴克在中国市场上最为强大的竞争对手，特别是在 2020 年年初，瑞幸对外宣布门店数量超过星巴克成为中国第一之后，股价水涨船高，市值一度接近 130 亿美元，而退市之日，其市值仅为 3.49 亿美元。

对此，各类媒体一片唏嘘。在此背景之下，《21 世纪经济报道》发表了一篇较为客观的报道，② 体现出相当的现实关怀。报道围绕"在目前瑞幸退市已经确定的前提下，之前披露的造假事件将会有哪些进展？瑞幸咖啡4000 多家门店的运营又将如何持续"展开。在厘清事件成因及进展之后，文章对其商业模式进行了分析："在瑞幸咖啡扩张的探索过程中，也并非一无是处。在瑞幸的业务模式中，点单、外卖、优惠等全程数字化，通过掌握瑞幸咖啡 App 入口和数字化系统，在营销端口，消费者通过 App 来下单、点外卖或者抢优惠券；在后台，采集着过往流量和咖啡消费者的行为或消费大数据，同时进行部分的精准推荐。甚至，它在供应链管理上也能够实现全数字化，这样的零售企业在今年以前非常罕见，但在今年之后，特别是新冠肺炎疫情的影响下，越来越多的零售企业意识到了数据化的重要性，这种全渠

---

① 贺宛男：《财经报道概论》，复旦大学出版社 2009 年版，第 106 页。
② 綦宇：《瑞幸咖啡停牌退市：4000 家门店运营如何持续?》，《21 世纪经济报道》2020 年 6 月 30 日。

道的新零售模式,也势必成为未来的大势之一。"

在这篇报道中,我们看到的不是《21世纪经济报道》对瑞幸咖啡的简单揭露和批评,而是对其困境及商业模式价值的反思,体现出较强的现实关怀、理性和建设性。

### 三、做好深入调查,切忌主观臆断

调查和采访是确保新闻真实性的必要前提。公司新闻报道牵涉面极广,里面涉及的问题非常多,头绪繁杂,新闻工作者在采访和写作过程中切不可浅尝辄止,浮光掠影,甚至根据主观判断乱下结论,图解主观思想。

轰动一时的《第一财经日报》和富士康的新闻侵权官司就是新闻界应该汲取的负面教训。2006年,《第一财经日报》发表《富士康员工,机器罚你站12小时》一文曝光富士康对员工的残酷管理和高压工作环境后,被富士康告上法庭,并索赔3000万元,成为我国新闻侵权官司中索赔最高的诉讼,后经过调解,富士康与《第一财经日报》握手言和,并相互刊登了致歉声明。官司和解了,教训却值得反思。就《第一财经日报》的这则报道而言,它确实存在很多问题,其中最致命的就是记者未深入进行调查,仅仅通过QQ、打电话就完成了采访,并开始了写作,甚至在报道发表时,连被采访者的真实姓名和单位都未进一步核实。这样的报道被对方告上法庭,可谓咎由自取,不但没有澄清事件的真相,损害了被报道对象的利益和形象,也影响了财经新闻工作者和财经媒体的公信力。

至于将毫无根据的推测当作事实进行报道,甚至出于某种目的进行杜撰,更是应当通过法律等手段严加禁止。如广州《新快报》记者陈永洲"受人指示收人钱"对上市公司中联重科"发表大量失实报道"。2012年9月26日至2013年8月8日,陈永洲曾发表14篇有关中联重科"利润虚增""利益输送""畸形营销"以及涉嫌造假等一系列批评性报道,事后调查表明,这是一系列假新闻。这个假新闻事件导致中联重科股价大幅下跌,也引发了我国对新闻造假和有偿新闻的新一轮治理。所以,记者在进行公司报道时,一定要本着对人民、对社会、对报道对象负责的态度,仔细核查,做好报道。

### 四、妥善处理与公关公司的关系,坚持报道的独立性

目前,随着经济生态环境变化和经营意识深化,公司的运营日益复杂化,其发展不仅仅局限于公司团队自己运作,还包括公关公司承担的广告宣传、形象塑造等众多事务。因此,公司报道需要厘清所报道的公司与为其服

务的公关公司的关系，多方面收集材料、挖掘信息，尽可能真实全面地展现新闻事件。至少应该坚持以下两点：

一方面，处理好与商业运作的关系。要尽可能减少利益动机，特别是要谨慎对待公关公司信息，严格区分新闻报道与广告营销。淡化处理公司所筹划的各种商务性活动，过滤其中的炒作性信息。因为，很多商业化活动看似新闻事件，其实都是企业为了扩大自身的影响所进行的广告营销和宣传活动。

另一方面，处理好与公司公关部门的关系。如今大型公司都有自己的公关团队，这种公关团队既是主要新闻源，又是无时不在思考着如何利用媒体的"危险对手"。学会与公关团队保持适当的关系，是财经新闻工作者需要注意的问题。尤其是面对企业的危机公关时，记者更需要多一个心眼，切不可被公关公司拽着跑；否则，很容易失去报道的独立性，成为公关公司的传声筒。

# 第十一章
## 公司并购与财经新闻报道

诺贝尔经济学奖得主乔治·斯蒂格勒有过一个精辟的描述："一个企业通过兼并其竞争对手的途径成为巨额企业是现代经济史上的一个突出现象"，"没有一个美国大公司不是通过某种程度、某种方式的兼并而成长起来，几乎没有一家大公司主要是靠内部扩张成长起来"。① 20 世纪 90 年代以来，并购的风潮席卷全球，本土公司相互并购、外资进入中国并购中国公司、中国公司到海外并购海外公司等现象已经非常普遍。由此，并购成为财经新闻报道的常规性内容。

### 第一节　公司并购报道的主要领域

公司并购的内涵非常广泛，一般是指兼并（Merger）和收购（Acquisition）。

兼并又称吸收合并，指两家或者更多的独立企业、公司合并组成一家企业，通常由一家占优势的公司吸收一家或者多家公司。

收购指一家企业用现金或者有价证券购买另一家企业的股票或者资产，以获得对该企业的全部资产或者某项资产的所有权，或对该企业的控制权。

与并购意义相关的另一个概念是合并（Consolidation）。合并是指两个或两个以上的企业合并成为一个新的企业，合并完成后，多个法人变成一个法人。

并购的形式多种多样：（1）从行业角度可以分为：同行业或同产业的横向并购，生产过程或经营环节紧密相关的企业之间的纵向并购，生产和经营彼此没有关联的产品或服务的企业之间的混合并购；（2）按企业并购的付款方式可以划分为：用现金购买资产、用现金购买股票、以股票购买资产、用股票交换股票、债权转股权方式、间接控股、承债式并购、无偿划拨等；（3）从并购企业的行为来划分，可以分为善意并购和敌意并购。

---

① ［美］乔治·J. 施蒂格勒：《产业组织与政府管制》，潘振民译，上海三联书店1989 年版，第 3 页。

## 一、回购和私有化

回购是指上市公司利用现金等方式，从股票市场购回该公司发行在外的一定数额的股票的行为。公司在股票回购完成后可以将所回购的股票注销。但在绝大多数情况下，公司会将回购的股票作为库存股保留，仍属于发行在外的股票，但不参与每股收益的计算和分配。库存股日后可移作他用，如发行可转换债券、雇员福利计划等，或在需要资金时将其出售。在美国，公司可以保留库存股，以备将来发行股票使用。但在中国，公司回购股份后只能注销，注销库存股，同时冲减股本。回购的原因有很多，如股票价格被低估、公司管理层看到股票升值的潜力、管理现金流、股权重组等。

然而，当回购份额达到一定数量时公司就有可能失去上市的资格，从而退市，这就是私有化。私有化往往由上市公司唯一控股股东发起，以现金收购全部流通股，让上市公司变成非上市公司。提出私有化的企业通常有两个特征：现金充足和市值完全低估；集团旗下有多家上市资源，希望整合。

上市公司"私有化"是资本市场一类特殊的并购操作，与其他并购操作的最大区别就是它的目标是令被收购上市公司除牌，由公众公司变为私人公司。通俗来说，就是控股股东把小股东手里的股份全部买回来，扩大已有份额，最终使这家公司退市。

私有化退市的现象在美股、港股、新加坡股市并不少见。相对而言，A股市场因为是审批制，壳资源比较珍贵，所以私有化退市的现象相对较少。私有化的目的有时并非真的想退市，而可能是公司发展目标的某种战略性调整。

## 二、管理层收购

管理层收购（MBO，Management Buyout），是指公司管理层购买全部或者部分公司股权达到实质性控制公司的行为。狭义上的 MBO 是指管理层收购所在公司，广义上也包括管理层收购其他公司。2004 年，在轰动一时的"郎顾之争"①中，香港中文大学教授郎咸平指出，中国的职业经理人阶层

---

① 指郎咸平和顾雏军之争。郎咸平为香港中文大学教授，顾雏军为格林柯尔集团创办人。导致直接交锋的是郎咸平 2004 年 8 月 9 日在复旦大学的一次演讲。在炮轰海尔秘密 MBO 之后，郎咸平直接将矛头对准格林柯尔，揭露顾雏军在收购活动中卷走国家财富：顾雏军先后收购了科隆、美菱、亚星客车以及 ST 襄轴四家公司，号称投资 41 亿元，实际只投入了 3 亿多元。2014 年 8 月 17 日，顾雏军正式向香港高等法院递交诉状，以个人名义指控郎咸平对其构成"诽谤罪"。

尚未发展成熟，为数众多的国有企业高层管理人员缺乏信托责任意识，民营企业和国有企业的管理层可能利用有关法律制度的缺失，通过暗箱操作，自己制定价格，在国企改制中"合法"地侵吞国家财富。郎咸平用"保姆理论"解释这一现象：保姆把主人的家收拾干净本来是天经地义，但保姆在收拾干净之后却摇身一变成为了主人，而这种行为的根据就是，保姆在拥有这个家后会更加注重清洁。确保公正性的关键在于，在此过程中保姆是否付出了应当付出的代价，以及保姆在购买主人家产之前是否有在主人不知情的情况下对家产动了导致贬损的手脚？① 郎咸平的观点引起了从学者到民众的巨大反响，尽管褒贬不一。

### 三、海外并购

海外并购正在成为中国企业对外投资的重要方式，并且引起了国内外的广泛关注。自 2002 年至今，中国企业海外并购可谓高潮迭起，2009 年前两个月中国海外投资数额已跃居全球第二。2012 年刚开始，中国企业便表现出海外并购的极大热情。但是，由于中国企业对外投资起步较晚，还缺乏经验，因此中国企业"走出去"整体上还处于起步阶段。除了在技术、管理、资金等方面的差距外，不适应国际竞争环境、风险防范意识不强、不善于处理企业经济利益与社会效益的关系等，已经成为"走出去"的企业所面临的普遍问题。因此，中国企业的海外并购可以说是胜少败多。如 IBM 公司在向联想出售个人电脑业务时已将其当成鸡肋，联想以 6.5 亿美元现金、外加6 亿美元普通股的代价对其进行收购后，成为重大的包袱；四川腾中重工机械有限公司收购通用汽车旗下早已风光不再的悍马品牌，结果损失惨重；TCL 收购法国的汤姆逊，之后与阿尔卡特成立合资公司，结果前者持续亏损，后者在合资仅一年后就以失败告终……这些并购成功的企业不是"消化不良"就是买来"毒资产"，令收购者苦不堪言。

当然，也不乏成功的案例。2017 年 6 月，历时近 2 年、涉资 430 亿美元（折合人民币 2924 亿元）、号称中国历史上最大规模的并购案——中国化工收购瑞士先正达终于尘埃落定。在收购过程中，尽管中国化工所遭遇的反对与质疑声音从未停歇，但历经 9 个多月艰苦而漫长的谈判与交流后，双方还是为此次收购画上了一个圆满句号。作为本次收购的标的，先正达是一家具

---

① 李少卿：《[中国商业 60 年]关键词：中国式 MBO》，《21 世纪商业评论》2009年 10 月。

有 259 年历史的老牌企业，其总部位于瑞士巴塞尔，是全球第一大农药、第三大种子的高科技公司，在农化领域与德国的拜耳、巴斯夫，美国的陶氏、孟山都、杜邦并称为化工界六巨头。由于我国人口众多，且国内种子和农药企业规模小、实力弱、技术含量低，难以参与国际竞争，而先正达拥有先进的生物育种技术，在传统育种杂交水稻和杂交小麦等主要粮食作物上处于领先地位。因此，此次天价收购也被看作维护国家粮食安全的一部分。

中国企业应该走出去，但是如何走出去、靠什么走出去，这些问题引人思索，也应该引起财经新闻报道的重视，对此展开深入调查，进行专业的分析。

**四、外资并购**

随着全球经济一体化步伐的加快，国内的能源生产、机械制造、食品消费品生产、商业、金融服务业等诸多领域日益成为外资并购的目标。资料显示，我国的大部分行业和产业正遭受着通过并购进行的外资渗透，并呈几何级数蔓延。

外资进入民族企业基本上是从合资开始的，通过合资伙伴，了解国内行业形势、法律法规，降低进入国内市场的难度。伴随国内市场经济的确立、市场规则与国际不断接轨和法律法规体系的持续完善，外资利用产权市场、股票市场获取控股权等日益多样化的方式进入民族企业，进而取得经营管理权。

目前，外资并购已经渗透到了中国市场的各行各业，食品饮料和医药行业就是典型代表。食品饮料的所有子行业都有外资控股品牌的身影，如荷美尔、双汇（肉制品加工业）、金龙鱼、胡姬花、鲤鱼（小包装食用油）、达能、乐百氏（软饮料行业）、百威、喜力、三得利、朝日、雪津（啤酒业）、卡斯特（葡萄酒）等。在整个医药行业中，西药的外资控股品牌占绝大多数，如感冒药白加黑和泰诺、胃肠道用药胃必治等。此外，心血管用药、糖尿病用药等很多药物都是外资控股的品牌药。早在 2004 年，中国国内最大的抗生素生产基地华药集团就已经卖给了荷兰的 DSM（欧洲最大的原料药生产企业）。而西安杨森的名字里虽然有中国地名"西安"，但它其实早就已经 100% 属于比利时了。① 这些外资并购案例，引发了各方的争论，甚至有人以保护民族品牌为由全盘否定外资并购。

---

① 李颖：《外资并购：祸兮？福兮？》，《中国质量万里行》2009 年第 8 期。

## 第二节　反收购：并购报道的焦点

反收购主要是针对敌意并购行为所作出的防守行为。善意并购主要通过双方友好协商，互相配合，制定并购协议。敌意并购是指并购企业秘密收购目标企业股票等，最后使目标企业不得不接受出售条件，从而实现控制权的转移。但是，并非每个公司都乐意自己被别的公司所并购。因此，针对敌意并购，许多公司都会采取反并购措施。

反并购的核心在于防止公司控制权的转移，阻止恶意被动并购行为的发生和发展，保持企业的发展状态。反并购的动机主要有三个方面，不愿意丧失对公司的控制权；防止收购方实力不强、出价过低；防止收购方入主后对公司经营不利等。

反并购的方式更为丰富，这些方式充满着智慧的较量，充满着故事和矛盾，像一场电影大片，因而成为媒体关注的焦点。

### 一、毒丸

"毒丸"（Poison Pill）是指目标公司通过制订特定的股份计划，赋予不同的股东以特定的优先权利，一旦收购要约发出，该特定的优先权利的行使可以导致公司财务结构的弱化或收购方部分股份投票权的丧失。这样收购方即使在收购成功后，也可能像吞下毒丸一样遭受不利后果，从而放弃收购。其实，毒丸计划最大的作用并不是完全阻击并购，而是提高并购价格。

2001年，北大青鸟看上了搜狐。此时，搜狐每股价格长期在1美元以下，而公司手中的现金却相当于每股1.62美元——这是一个理想的收购目标。2001年4月23日，香港青鸟科技有限公司以每股1.18美元的价格斥资360万美元买下英特尔手中的307万股搜狐股票，获得8.6%的股权。到5月7日、8日，青鸟再度出手，以230万美元（每股1.73美元）的价格接手电讯盈科的互联网风险投资公司（Internet Creations）的134万余股，以386万美元的价格（每股1.68美元）买下高盛等五家机构所持的230万股搜狐股票。至此，青鸟共获672万余股，持股比例达到18.9%，一跃成为第三大股东，仅次于第一大股东、公司创始人张朝阳和第二大股东香港晨兴科技（张朝阳持有25%、晨兴占21%）。为此，7月19日，搜狐董事会宣布了"股东权益计划"。按照其向美国证监会的申报材料，在2001年7月23日工作日结束时登记在册的搜狐普通股股东均享有优先购买权，购买面额为0.001美元的占搜狐公司所发行的特种优先股千分之一的股票，执行价格为 100 美元。这一优先购买权在有人或机构收购搜狐股票达 20% 时启动，有效期为10 年。实际上，股东可以有两种选择：以 100 美元的价格，从公司赎回现金 200 美元，或者获得千分之一的优先股。不难推测，一旦"毒丸"启动，绝大多数股东将选择赎回现金 200 美元，从而立即赚取 100 美元，结果将使搜狐握有的巨额现金全数分配给除收购者之外的全部股东，收购搜狐的一大吸引力也将随之消失；即使股东现在不执行此项权利，在今后 10 年的执行期内也随时可以向公司要求兑现。即便股东选择买入千分之一的优先股，也将使任何敌意收购者的股权被稀释到微不足道的地步。①

### 二、金降落伞

"金降落伞"（Golden Parachute）是指目标公司通过与其高级管理人员签订合同条款，规定目标公司有义务给予高级管理人员优厚的报酬和额外的利益，若是公司的控制权发生突然变更，则给予高级管理人员全额的补偿金。目标公司希望以此方式增加收购的负担与成本，阻止外来收购。

与之相对应的还有一个"锡降落伞"，是在金降落伞以外再规定目标公司员工若在收购后第二年被解雇，可以要求一定数量的补偿性遣散费。通过上述方式在保障有关管理人员优厚待遇的同时，增加公司被收购的难度。

从制度溯源，目前 A 股对"黄金降落伞"还缺乏相应制度规范。《中华人民共和国公司法》第 37 条规定董事报酬由股东会决定，第 46 条规定经理报酬由董事会决定，但这些只是原则性规定，要判断 A 股上市公司高管"黄金降落伞"是否合法合理，一个主要遵循就是《中华人民共和国劳动合同法》，而由于有些董事、监事并不与上市公司签订劳动合同，这就更缺乏遵循了。

"黄金降落伞"其实是个舶来品，20 世纪 80 年代美国再次兴起并购浪潮，收购完成后，标的公司管理层往往会被解职，由此遭受收入以及名声方面的损失，为此有些公司与管理层签订契约，对管理层离职损失作出补偿约定，这种补偿通常比较优厚，"黄金降落伞"由此而来。"黄金降落伞"一般以控制权变更为触发条件，目前美国的金色降落伞一般以 12～30 个月薪水为理性标准，而且一般约定，管理层若有背信行为、犯罪行为或是未能履行其应履行的职责等，不能获得补偿。

---

① 王烁、官青：《搜狐与青鸟毒丸计划》，《财经》2001 年 11 月 26 日。

### 三、白衣骑士

"白衣骑士"(White Knight)是指在面临外界的敌意收购时,目标公司寻找一个友好的支持者,作为收购人与恶意收购者相竞争,以挫败收购行为。该友好的收购人即为白衣骑士,而敌意收购人则可以称为黑马骑士,以形容其秘密收购目标公司股票进行股份袭击的特征。通过白马骑士战略,目标公司不仅可以通过增加竞争者而使买方提高收购价,甚至可以通过"锁位选择权"给予白马骑士优惠的条件购买公司的资产、股票等。

2003 年,盛大上市前夕,段永基找到陈天桥,表示新浪有接收盛大的意愿。那时候,新浪是居高临下的。但到了 2004 年 10 月,时间刚刚过去一年,陈天桥对新浪的高管说,盛大希望通过协议收购新浪。新浪高管们并不愿接受这种尴尬的建议,但陈天桥已经做好了下一步准备。此前盛大已经在英属维京群岛注册了地平线传媒、地平线国际、盛大传媒、盛大股份四家公司。按照国内某位门户掌门人的分析,注册这些公司专为收购新浪而设。按照美国 1968 年制定的《威廉姆斯法》(专为规范上市公司收购而制定)中的规定:收购方在取得上市公司(目标公司)5% 或 5% 以上股权时应当履行披露义务。盛大以四个身份收购新浪是为了不突破 5% 的临界点,到接近 20% 的目标之后才突然宣布。而盛大收购新浪的目的是在纳斯达克合并两公司报表,以改变盛大业务模式过于单一的困局。10 月 23 日,雅虎向新浪提供了一份协议收购要约,在这份协议收购要约中,雅虎明确表示,雅虎入主新浪之后,不会在纳斯达克合并两公司会计报表,保证新浪今后独立运营,保证新浪品牌的独立性,不会插手新浪的管理。最终盛大不得不放弃并购新浪的计划。① 在这一过程中,雅虎便是扮演了"白衣骑士"的角色。

### 四、焦土策略

"焦土战略"则是类似一种"自虐"的同归于尽策略,通过剥离优质资产或大规模收购不相关劣质资产以提高负债,从而降低收购方的兴趣。焦土策略主要有两种:

一是售卖冠珠。在并购行当里,人们习惯性地把一个公司里富于吸引力和具有收购价值的部分,称为冠珠。它可能是某个子公司、分公司或某个部

---

① 侯继勇:《阴谋与爱情:当盛大"闪电"打在新浪脸上》,《21 世纪经济报道》2005 年 2 月 23 日。

门，可能是某项资产，可能是一种营业许可或业务，可能是一种技术秘密、专利权或关键人才，更可能是这些项目的组合。这往往是收购者收购该公司的真正用意所在。如果该公司将冠珠售卖或抵押出去，就可以消除收购的诱因，粉碎收购者的初衷。

二是虚胖战术。一个公司，如果财务状况好，资产质量高，业务结构又合理，那么就具有相当的吸引力，往往诱发收购行动。在这种情况下，一旦遭到收购袭击，它往往采用虚胖战术，作为反收购的策略。其做法有多种，或者是购置大量资产，该种资产多半与经营无关或盈利能力差，令公司包袱沉重，资产质量下降；或者是大量增加公司负债，恶化财务状况，加大经营风险；或者是故作一些长时间才能见效的投资，使公司在短时间内资产收益率大减。所有这些，都会使公司从精干变得臃肿，收购之后，买方将不堪其负累。这如同苗条迷人的姑娘，陡然虚胖起来，原有的魅力消失了，追求者只好望而却步。

## 第三节　如何报道公司并购？

随着中国企业海外并购活动的持续活跃，以及近年来"外资入境"的大幅增加，富有戏剧性的企业并购逐渐成为新闻媒体广泛关注的焦点领域。如果说证券新闻是财经新闻的皇冠，那么，并购新闻则是这颗皇冠上的明珠。在财经新闻报道中，并购报道往往是最具戏剧性、最变化多端的类型之一。因为这类报道不仅涉及两家公司，还可能触及反垄断的相关法规，此外还有可能出现第三方公司"横刀夺爱"的情况。

### 一、寻找核心信息源，了解并购真实意图

一般来说，并购过程是曲折复杂的，这些并购在最终尘埃落定之前，各方都有可能利用媒体造势，而对自己的真实意图讳莫如深。对于一宗动辄上亿美元的并购案，事实上真正的核心知情者非常少，相反，装作知情的人却到处都有。所以，跟踪并购新闻的记者得非常有耐力，一方面需要面对纷杂的公开信息做出清醒的判断；另一方面需要找到核心信息源。

在处理公开信息方面，无论是何种形式的大型并购，肯定会有新闻发布会。记者在新闻发布会现场应注意以下几点：第一，仔细观察：谁出席，谁讲话，谁不在场，谁在听众席里。第二，甄别和选择关键信息，对于新闻通稿要学会甄别哪些是有效信息，哪些是烟幕弹。第三，捕捉多方信息，如果

有提问环节，还要关注参加新闻发布会的其他记者提问的角度；发布会结束后要盯准并购中的核心人物，尽可能取得直接的联系方式。切忌在发布会现场和公关部门浪费时间，大公司往往除了自己庞大的公关队伍之外，还会找外面的公关公司助阵，这些人以后随时可以联系到。在并购报道中，没有什么比关键信息源更重要的了。内部消息、同行业的看法、投行的评估、专家的意见等，都是记者挖掘、整理和报道的重点。

例如，人们一度认为同类央企之间分合的关系属于"没事瞎折腾"，但其实以前的分与现在的合不可同日而语。2003 年国资委成立，国有企业改革进入了以股份制为主要形式的现代产权制度改革阶段，此后众多央企逐渐脱贫解困，其中有不少成为世界五百强企业。正是在这种背景下，为了实现强强联合、优化资源配置、淘汰落后产能、打造完整产业链、提高国际化竞争力，央企整合成为 21 世纪初规模空前的并购事件。而在十八届三中全会之后，国有投资公司改革试点应运而生，开始逐渐实现国企功能为导向的改革，国有企业整合力度越来越大、国企并购重组的进程加快。所以，要了解并购的真实意图，需要对产业发展状况、国家经济战略有全面的把握，这就需要记者在掌握宏观资料的基础上进行深入、专业的采访。

**二、全面报道，持续跟进**

总结起来，全面的并购系列报道采访应该包括以下要素：（1）并购涉及的企业(收购方及被收购方)；（2）并购策动方；（3）策动方是敌意或是善意；（4）收购总金额；（5）结算的条件(是股份还是现金)；（6）交易对股票价格的市场影响；（7）交易何时完成；（8）是否要求政府或者监管机构的批准；（9）新公司的市场份额；（10）并购后的母公司财务；（11）是否计划裁员，裁员人数及遣散费；（12）政治障碍、法律障碍；（13）并购的市场前景；（14）并购释放的行业信号；（15）是否刺激竞争对手做出反应等。

在企业报道中，并购是最戏剧化的。如果财经记者将并购单纯地从字面解读为"兼并"及"收购"两个简化的过程，必然写不出充实有力且引人入胜的报道。事实上，并购的过程极其复杂，或迂回曲折，或高潮迭起，其间涉及双方表达意愿、洽谈合作、信息披露、跨越政治障碍及法律障碍、签订合约、并购后期整合等一系列因素，过程繁多，背景复杂，且持续时间长。因此，对企业并购，可以视为"连续性事实"。作为连续性事实的报道对象——企业并购，需要记者的持续跟进式报道，对其过程中的重要事态，如萌芽、洽谈、僵局、签约、整合等，都不能错过，以抓住整个报道的脉络，作出全面客观的分析和预测。① 这种精神在西方媒体中表现得尤其突出。

例如，媒体对万达集团的一系列并购案的报道就值得深思。在 2014 年年底，万达以 3.15 亿美元价格收购金融机构快钱，并将快钱打造成一家互联网金融公司。这场并购不仅有利于万达搭建自己的支付系统，还为万达开展理财、企业融资、众筹等金融业务提供了支持。有媒体认为，通过此次并购，王健林不仅弥补了万达商业帝国当中金融这一块短板，还完成了万达从重型固定资产走向轻型虚拟资产的关键转型。2016 年 1 月，万达集团宣布以不超过 35 亿美元现金（折合人民币 230 亿元）与美国传奇影业公司合并，这是迄今中国企业在海外的最大一桩文化产业的并购，也被看作中国首富进军好莱坞的标志。

然而，此后风云突变，2017 年万达集团将 13 个文旅项目的 91% 股权和 77 家酒店打包出售给融创中国和富力地产，总金额 637.5 亿元；2019 年，又将万达百货下属 37 家门店出售给了苏宁易购。在这两年多的时间里，万达出售资产已超过千亿，包括酒店、文旅、海外地产、物管、百货以及多个海外项目。

在 2019 年年末，福布斯富豪榜的前十位已经看不到王健林的名字了。短短几年买方变成了卖方。这究竟是为什么？其发展现状何在、困境何在、运营战略调整方向何在？……

作为财经记者，就要对万达集团的发展战略、王健林的管理理念以及当下的商业生态进行全面了解和深入探究，而不是在扩张时摇旗呐喊，在出售时扼腕叹息。

### 三、学会深入分析，保持前瞻性

公司的并购永远没有表面看到的那么美好，哪怕是强强联合。作为财经新闻记者，需要对每一起并购给予充分关注，深入挖掘并购背后的各种因素。应主要考量这些问题：对并购是否过分乐观，实际成本是否低估；是否过分注重并购的财务效应，不注重业务整合；是否估计到对购并对象的企业文化冲突；购并者对被购并者的优越感是否造成后者的不合作心态；购并后的权力再分配问题；是否存在资源重复和浪费问题等。

面对每一次并购，财经新闻工作者都需要对并购双方的背景进行充分的

---

① 袁汝婷、袁梦晨：《关于企业并购的新闻报道问题》，《青年记者》2011 年 4 月下。

了解，在此基础上提出自己的疑问，拟定公众关心的问题，制订好采访计划和采访提纲，而不是简单地对面上的信息进行报道。

例如，媒体对美团并购的报道就缺乏深入的思考和前瞻性。在过去十年内，凭借着三次成功收购，才有了美团在O2O领域的翘楚地位。2015年10月，美团与最大竞争对手大众点评网完成合并，美团点评横空出世；2016年9月，美团网对外宣布已完成了对第三方支付公司钱袋宝的全资收购，拿下了这一张重要的第三方支付船票；2018年4月，在共享经济遭遇寒冬之际，美团以27亿美元的实际作价(12亿美元现金及15亿美元股权)收购了摩拜单车，从而在出行领域抢下市场份额。

对于美团的这三大战役，不少媒体在赞叹王兴独到的战略眼光和并购能力，以及美团的巨大潜力。然而，在美团因垄断市场被罚34.42亿元的今天，[①] 我们不得不对之前的报道进行反思。如果在美团高歌猛进的时刻，部分媒体能从市场竞争规律、政府规制以及相关法规的角度进行反思性报道与警示，也许美团的发展历程会得以改写。

### 四、并购报道要客观，切忌感情用事

并购报道一定要客观、中立。在进行新闻报道时，切忌感情用事，尤其是在外资并购涉及民族品牌时，我们需要多冷静一下。需记住，我们的报道是对事——并购本身，这是情感、民族、家国等因素的事实依据和报道根基。

对法国达能"强行"并购娃哈哈一事的相关报道，不同媒体就体现出了明显的差异，只有尊重商业规律的报道，才具有时代意义。

1996年，娃哈哈与法国达能公司、香港百富勤公司共同出资建立了五家公司，共同生产以"娃哈哈"为商标的包括纯净水、八宝粥等在内的产品。当时，娃哈哈占到了49%的股份，达能与百富勤加起来占51%。亚洲金融风暴之后，香港百富勤在境外将股权卖给了达能，使达能跃升到了51%的绝对控股地位。当时，达能立刻提出，将"娃哈哈"商标权转让给与其合资的公司，但遭到了国家商标局的拒绝，因此后来双方改签了一份商标使用合同。1999年，宗庆后建立了一批与达能没有合资关系的公司。到2006年，这些公司的总资产已达56亿元，当年利润达10.4亿元。2006年，达能以

---

① 根据《中华人民共和国反垄断法》第47、49条规定，2021年10月8日，市场监管总局作出行政处罚决定，责令美团停止违法行为，并处以34.42亿元罚款。

商标使用合同中娃哈哈集团"不应许可除娃哈哈达能合资公司外的任何其他方使用商标"为由，要求强行收购这几家由娃哈哈职工集资持股公司建立的、与达能没有合资关系的公司。

这一事件曾引起了媒体的广泛关注，媒体报道的角度也各不相同。但许多媒体指向了"民族产业"和"民族品牌"之争的角度。然而，这些报道都没有真正深入法国达能和娃哈哈之争背后的深层次问题。2007 年 4 月，法国达能与娃哈哈集团关于合资公司的股权争夺公开之后，《中国经营报》率先进行深入调查，发表了《娃哈哈与达能纠纷真相》，揭示出"品牌之争"背后，作为娃哈哈创始人的宗庆后与外资控股方达能集团在合资协议和体外公司中的一系列矛盾与冲突，这为事件的深入探讨提供了坚实的事实基础。在随后的报道中，《中国经营报》不断突破表象，并逐渐接近事件的核心，其三个月后发表的《娃哈哈与达能纠纷真相》一文，对事件进行了至今为止最为全面的调查，通过对深层事实的发掘，展示出"达娃之争"背后复杂的时代背景与多元的价值内涵。

正是由于有以《中国经营报》为代表的媒体的深入报道与讨论，才使"达娃之争"超越了简单的商业范畴，成为中国转型过程中一个值得反思的案例。该报道也获得了《南方周末》的"年度传媒致敬之财经报道"荣誉。

# 第十二章
# 人力资本市场与财经新闻报道

"人力资本"（Human Capital）是西方经济学里的概念，与"物质资本"相对，亦称"非物质资本"，是体现在劳动者身上的资本。国际经济合作与发展组织（OECD）对人力资本的最新定义为"人力资本是个人拥有的能够创造个人、社会和经济福祉的知识、技能、能力和素质"。伴随人类社会迈入后工业时代，众多经济增长理论都指出，人力资本是经济社会发展的内在动力，其对经济增长与社会发展的贡献，远比物质资本和劳动力数量增加重要。改革开放40余年来，我国一度享受着人口红利给经济增长带来的贡献，但是随着劳动年龄人口增速放缓、人口老龄化程度日益提高，我国人口红利正在逐渐消失。1985—2018年，中国劳动力人口（包括学生）的平均年龄已经从32.2岁上升到了38.4岁。[①] 在此背景下，如何发展和优化中国的人力资本市场，推动人力资本积累成为新的经济增长源泉，是一个必须解决的关乎国民经济命脉的长期重要问题。而这一迫切需求，也为时下以及未来的财经新闻报道提供了丰富的议题。

## 第一节　人力资本市场与新闻报道

最早的人力资本思想可以追溯至古希腊时期。柏拉图在其著作《理想国》里，就论述了教育和训练的经济价值。经济学鼻祖亚当·斯密也明确提出，劳动技巧的熟练程度和判断能力的强弱将制约人的劳动能力与水平，而劳动技巧的熟练水平要经过教育培训才能提高，教育培训则是需要花费时间和付出学费的。这被认为是人力资本投资的萌芽思想。此后，李嘉图、穆勒、马歇尔等经济学家均从不同角度继承或发展了人力资本思想。1960年12月28日，西奥多·舒尔茨在美国经济学会的演讲中首次系统阐释了人力

---

① 《研究报告：中国劳动力人口平均年龄达到38.4岁》，中新网，2020年12月8日，http://www.chinanews.com/gn/2020/12-08/9357057.shtml。

资本思想，他不仅通过这一举轰动经济学界，也由此被公认为是人力资本理论的提出者。舒尔茨着重探讨了人力资本对经济增长的贡献、人力资本投资的范围与内容以及人力资本理论的政策意义，在他看来，经济学家在此前忽视人力资本投资的一个原因，是把劳动力仅仅看作一些天赋能力的同质体，与资本没有任何关系，在劳动力的边际生产力分析中极为方便。①

经济学家对人力资本的重视，即意味着对个体劳动力差异的强调。所谓劳动力，指人的劳动能力，是蕴藏在人体中的脑力和体力的总和。在早期的概念使用中，劳动力仍然多指从事体力劳动为主的"劳工"。到了知识经济时代，人们在劳动能力上的差距进一步拉开，知识劳动的价值在不断凸显。比如，一名高级技术工程师和一个从未上过学的文盲，都可以计为一个具有劳动力的劳动者，但是二者的劳动能力却相距甚远。人力资源是另一个与人力资本密切相关的常见概念。人力资源是社会资源的一种，主要指具备劳动价值、能促进经济发展以及社会发展的一种资源。人力资源与人力资本均指人所具有的价值创造的能力，只是前者为集合、总体的概念，后者可指个体的特异禀赋。同时，人力资本又体现为对人力资源的开发与应用。

我国历来有尊重人才的传统，党和政府更是长期高度重视人才和人才工作。近年来，习近平总书记在多次重要讲话中反复强调"人才是第一资源"。如今，全国上下已形成人才是兴国振邦的不竭动力的共识。人才的孕育表现为人力资本在个体身上的积累过程，推动这种积累离不开一个健康、高效的人力资本市场。对于新闻报道者，关注我国的人力资本现象与问题，往往须着眼整个人力资本市场。改革开放以来，我国人力资本市场的建设和发展既取得了长足进步，也存在一些普遍性的短板。比如，忽视人力资本投资，人才培训工作滞后；人才激励制度落后，人力资本的潜力无法得到发掘。在此背景下，我国的人力资本市场报道也相应形成了一些典型的报道领域。

## 一、劳动力市场与用工荒报道

作为全球农业人口大国，广大进城务工人员群体一直是我国经济新闻报道里的常客。近几十年来，受我国户籍制度变化和政府对相关人员政策变化的影响，以《人民日报》为代表的主流媒体在进城务工人员报道的态度和主

---

① 杜育红：《人力资本理论：演变过程与未来发展》，《北京大学教育评论》2020年第1期。

题上经历了从肯定到否定到包容再到肯定的变化过程。① 改革开放以来，进城务工人员始终是我国劳动力市场的重要组成部分，该群体由此成为理解我国经济发展变迁的一个重要缩影。伴随我国现代化建设的推进，农业输出人口为经济增长默默贡献着关键力量，同时，进城务工人员的城市融入困难、身份与就业歧视、欠薪现象等问题也通过媒体报道得以呈现，受到关注。

总体来看，聚焦上述议题的新闻，大多紧扣具体事件进行写作，体现出一定的人文关怀，并且通常可归入社会新闻或民生新闻的范畴。相比之下，主要从人力资本视角展开的报道并不多，然而，这恰恰是透过个案更深入地理解进城务工人员生活与就业困境的一条独特线索。比如，《人民日报》的《"4050"农民工现状：不怕吃苦 越来越难找到工作》，《南方人物周刊》的《经济危机下农民工生存考察：为何路越走越窄》，《北京青年报》的《在"世界工厂"打工的第 24 年》等，均是聚焦平凡的打工个体，采用深度报道或人物特写等方式，以鲜活的笔调揭示人力资本的匮乏，以及进城务工人员在城市融入中遇到的种种新挑战。

2010 年前后，随着进城务工人员的代际更迭，"民工荒"现象急剧凸显，日渐受到了媒体的关注。《南方都市报》的《求职农民工新生代已占八成》，《广州日报》的《第二代外来工价值观调查：渴望融入城市》等报道，深入新生代农民工的日常生活，生动描绘出他们与老一辈们在择业和生活观念方面的差异。《南方周末》的《打工县的"民工荒"——当世界最大鞋企进驻国家级贫困县》更是在起笔之处，即以直观的数字对比来呈现反差：

> 5 万人的招工规模，10 亿的年产值，当这个馅饼落到湖北黄石市阳新县头上的时候，县政府忍痛答应了台湾宝成集团的苛刻要求：10 年不上税，土地价格贱价出售。
>
> 不仅如此，县政府还主动包揽了帮其招工的重任。
>
> 然而，1000 元左右的月薪，仍然留不住那些想看外面世界的年轻人。第一期 1 万余人的招工任务，迄今只完成了 2500 人。

对"用工荒"的深入报道，通常都会涉及对该现象成因和对策的探寻，农民工的人力资本往往是绕不开的分析要素。基本的共识是当下新生代农民

---

① 李道荣、刘亚、徐剑飞：《我国农民工报道的发展历程研究——以〈人民日报〉为例》，《当代传播》2016 年第 1 期。

工受教育程度低，受教育机会缺失，人力资本存量不足，需要加大对其人力资本投资，提升其综合技能，扭转他们技能缺失的状况，这也是促进农民工在城市发展和实现实质性城市融入的重要举措。①

## 二、人力资本市场模式与新闻报道

工资通常是人们最看重的劳动回报，工资的高低同样是人力资本差距最直观的体现。近年来，我国居民收入普遍增长，但工资水平呈现不断拉大之势，低工资现象进一步被凸显。工资水平、福利待遇和用工环境等问题之间的复杂关系受到媒体关注，尤其是那些重复度高、需大量投入劳动力的劳动密集型行业。富士康就是一个典型，新华网的《富士康员工：节假日加班是人人争抢的"香饽饽"》曾揭示过一个矛盾现象：一方面，富士康的长时加班模式长期受到舆论诟病；另一方面，其一线员工又纷纷主动争抢加班，加班的背后，是年轻员工的财务焦虑、生活无奈或者美好梦想。富士康虽一度凭借其在同行业内的相对高工资而拥有招工优势，但有信息显示，2020 年，富士康开出 30 元/小时的薪资，仍然无法招揽到足够的年轻求职者。实际上，这种招工难反映出的正是富士康模式面临的困境：虽可吸纳大量就业人口，却无法大幅提高员工的收入和福利。《每日经济新闻》的评论《富士康们加薪 廉价劳动力时代结束》一针见血地指出：中国不可能永远处于"世界工厂"的产业链低端。国家在全球化时代的经济竞争中要获取竞争优势，大致有两种办法：一种是加大经济活动中的科技、教育投入，在增加本国人民福利的情况下，提高经济活动的生产率。另一种则是以剥夺本国劳动阶层的各种劳动保障、人为压低工资，来赢得竞争中的价格优势。后一种办法并非可持续，因为它从根本上违背了经济发展的规律。

产业结构转型和升级带动人力资本市场模式发生变化，这是我国经济发展的大势所趋。产业升级能够创造更多高质量的就业岗位，也需要劳动者素质同步跟进，从而就更加凸显出人力资本投资的必要性。② 在《产业越升级，农民参与度越低？乡村产业发展"两难"困境观察》一文里，《半月谈》杂志的记者深入东北、中部、西南等地乡村调研，发现规模化、机械化生产正让农

---

① 银平均：《新生代农民工：人力资本投资的重要群体之一》，《社会科学报》2019 年 8 月 1 日。

② 张勇、赵明霏：《产业升级与劳动者素质的匹配逻辑与协同路径》，《理论月刊》2021 年第 4 期。

民边缘化。比如，西南地区一个水果种植基地，以往采摘期需要聘用近百人进行水果分选，而自引进选果设备后，不到 10 个人就能完成选果工作。可以说，现实很残酷，农民若跟不上升级步伐，就会被产业淘汰。然而，乡村地区留守劳动力大多年龄偏大、文化素质偏低、缺乏资金，加之产业升级后参与门槛提高，这些都是他们融入乡村产业升级所要面临的难题。从新闻写作的角度来看，该报道聚焦现代经济产业结构中的边缘人群，关注产业升级带来的农村劳动力边缘化问题，分析原因，进而介绍来自乡村一线的应对经验。全文逻辑严密，贯穿着鲜活的一手观察和访谈材料，充分显示出在产业升级过程中，媒体所能发挥的观察、警示和经验传递的功能。

### 三、大学生就业市场

大学生就业市场是我国人力资本市场报道的又一个重要主题。高等教育能够增进人力资本积累，促进经济结构优化，经济结构的优化又会推动人力资本积累，进而对高等教育发展提出新的需求。[①] 我国高等教育在何种程度上满足社会和经济发展的需要，大学生的就业情况就是一项直接检验。2006年，中国青年报社会调查中心与腾讯网新闻中心联合开展的一项调查显示，34.7%的受访者在谈到自己的大学生活时，都觉得"后悔"。其理由主要归结为两个方面：一方面是"投入大、回报低"；另一方面是"大学没学到什么东西，就业难，收入状况进一步恶化"。如今，虽然完全以毕业后的收入来衡量接受高等教育意义的观念已过时，但是大学生就业状况作为一个重要的社会问题，相关话题仍在不断更新。2019 年，华为公司为招募顶尖人才，开始推出面向全世界的"天才少年"计划，首批 9 名入选者均为毕业于国内高校的博士，其可能获得的最高档年薪达到 201 万元，一时间引发社会热议。然而，这毕竟是我国高等教育质量提升的"高光个案"，在其背后，近年来大学生的总体就业形势一直较为严峻，几乎每一年都频繁成为媒体笔下的"史上最难就业季"。

总体看来，当前我国的大学生就业报道呈现出以下特点：其一，在报道模式上，通过研判教育管理部门或第三方机构发布的各类就业报告，提炼分析大学生就业的新趋势和新热点。比如，《21 世纪经济报道》在大学生就业报道方面就常年佳作不断，该报 2020 年的《大学生就业：到大企业做"螺丝

---

① 李良华、杨姗姗、李雪：《人力资本积累、经济结构转型与高等教育发展》，《财经科学》2020 年第 11 期。

钉"还是去小企业当"多面手"?》一文，直接以当代大学生就业时经常面临的两难抉择为标题，综合比对多项统计数据，不仅分析了当下两类就业选择的比例，还进一步比较了两类就业的各自"幸福"与"烦恼"，探讨了两类选择的未来发展模式，得出了"多面手"的创业比例明显高于"螺丝钉"这一结论。其二，在报道方法上，数据新闻的运用日趋广泛。关于大学生就业，统计数据往往是最重要的报道素材。近年来，众多报道都利用对统计数据的可视化处理手段，在院校或专业等更多维度下进行对比，更清晰地呈现大学生的薪资和去向。其三，在报道思路上，对就业情况进行深层次的原因分析，指引读者正确阅读相关就业报告。比如，《21世纪经济报道》的《大学生就业启示录：入学时的"黄金专业"四年后未必是"金饭碗"》一文，结合访谈材料和统计数据，较为细致地剖析了当下专业与就业的弱匹配关系、高工资专业风口短暂、基础学科人才被高价争抢等现象，读来令人眼前一亮。

### 四、人力资本市场与年龄结构

除了农民工、大学生等特定群体，劳动力市场上的一切人群都属于人力资本报道的对象。随着社会老龄化趋势的凸显，年龄结构问题自然成为相关报道的一个关注点。《解放日报》曾刊登过一篇题为《沪上职场突现"35岁现象" 2.5个人抢一个岗位》的报道，从标题里即可看出不同年龄阶段就业压力的差异。现在，就业竞争更加激烈，"35岁现象"呈现出向众多行业蔓延的态势，特别是那些知识技术含量不高、年轻容易成为优势的行业和就业岗位，表现尤为突出。招聘方通常占据着明显的主动权，可以对求职者提出苛刻的年龄要求。当前诸多企事业单位将进人的门槛限定在35岁，35岁俨然成为职场上的一条"生死线"。在"35岁现象"面前，每一位"高龄"劳动者都可能有着属于自己的故事。一批聚焦35岁以上普通职场人的报道细腻呈现了他们的压力和困境，尤其令人触动。比如，《新周刊》的《没想到有一天，连买房资格也卡在了35岁》、界面新闻的《互联网不需要中年人，35岁离开BAT的人去哪儿了?》等。

根据我国人力资本市场的状况，我国媒体在报道方面具有以下几个基本职能。其一，纠错和监督，发挥媒体的预警和监督功能，及时报道我国人力资本方面存在的问题。如《21世纪经济报道》的《克服"35岁现象"，积极适应经济调整和社会转型》提出："用人单位应该及早改变在招工中设置'35岁门槛'的做法，着眼于提升员工能力。一些单位可能认为签订无固定期限合同会导致员工混日子，因而会主动裁掉一些能力低年龄大的员工。这样的做法也需要改变。"其二，积极提供对策。在我国人口老龄化加剧这一背景下，针对脑力劳动者提前丧失作用和体力劳动者不愿延退等问题，第一财经网的《延迟退休将至，就业市场"35 岁歧视"这几道坎怎么跨》一文，采访多位行业专家，对比来自其他国家的经验，提出政府未来在制定延迟退休政策时能有更大的弹性。比如，可实行领取养老金"早减晚增"计划，越延迟退休，获取的养老金越多，从而给老年人更多可供选择的机会，让有就业意愿和就业能力的老年人实现其继续劳动的愿望，让不愿继续工作的老年人享受更多闲暇时光。其三，注重正面引导。《江西日报》的《从容面对"35 岁现象"》建议：一是在 35 岁到来之前，要早做准备，对自己进行定位；二是为未来的升职、转型、创业或其他打算提前铺路；三是要以学习为根本动力，不断丰富知识体系、优化自身的能力结构、提升自身的竞争优势，综合以上三个方面，将职场可能遇到的危机转变为人生的机遇。《第一财经》杂志的《他们曾在 35 岁陷入职场中年危机，现在却找回了高光时刻》一文，更是通过深入报道多位转型成功的大龄职场人，为读者提供了直接的经验参考。

## 第二节　人力资本市场报道的写作原则与方法

我国 40 多年改革开放的瞩目成就与劳动力优势密切相关，而据第七次全国人口普查结果显示，2020 年 15～59 岁人口为 8.94 亿人，占 63.35%，与 2010 年第六次普查相比下降 6.79%。中国适龄劳动力人口数量和占比都有明显减少，这意味着以往依靠"人海战术"的人口红利可能难以为继。如何加大人力资本投资，提高人口素质，进而推动经济增长和社会发展，成为需要破解的重要课题。① 因此，充分发挥媒体职能，为人力资本市场规范和高效的运作提供舆论监督，增进我国人力资本投资的公平与效益，是人力资本相关报道应遵循的总体性原则。

### 一、高度关注人力资本发展的新趋势和新问题

人力资本市场的发展目的是通过对劳动力资源的全方位开发和投资，促成或提升其劳动能力，增进经济效益和社会效益。一般来说，人力资本市场可分为教育、职业培训、健康保健、人力流动等模块，这些方面的发展趋势和问题，都需要重点关注。

---

① 马亮：《以人力资本投资提升人口素质》，《社会科学报》2021 年 6 月 1 日。

(一)教育人力资本分布的失衡问题值得关注

教育作为重要的人力资本投资，对国家经济发展和个体收入增长有着直接促进作用。并且，教育的人力资本效益不止体现在经济层面，也会提升整个社会的人口素质和文明程度。学历教育是目前最普遍的教育形式，依据劳动者受学历教育的年限和学历构成，能够清楚地判断和比较一个国家或地区在某一特定时期的人力资本存量。自 2012 年以来，我国财政性教育经费占GDP 比例一直超过 4%。从普及九年义务教育、不断提升中小学教育质量，到大力发展高等教育、全力培养高端人才，无不反映出我国对教育人力资本投入的高度重视。近年来，我国在平均受教育年限和高等教育人口比例等关键指标上取得了显著进步，当然，跟西方发达国家仍存在较大差距，不同产业、地域在人力资本分布上仍存在较明显的结构性失衡，这是目前和未来一段时间内需要解决的一个主要问题。① 2019 年 10 月 22 日，《每日经济新闻》的一篇报道《3.5 万毕业生抢 400 个岗位！深圳招中小学教师名单公布：清北 76 人、23 位博士、近 9 成研究生》提到：

> 深圳市龙华区教育系统 2019 年秋季校园招聘收官。昨天(10 月 21日)龙华教育公布了这次招聘的结果。此次招聘吸引海内外超 3.5 万名应届毕业生报考，经过层层选拔，最终来自全球 62 所院校的 491 名青年才俊脱颖而出入围体检，成为准龙华教育人……
>
> 录取难度如此之大，能够入围体检的 491 人自然不平凡。在入围体检的 491 名毕业生中，A 类双一流院校 314 人、部属师范 62 人、世界排名前 100 高校 61 人，占比 89%，另有中央美术学院等专业院校 26人。其中：博士 23 人，来自北京大学 6 人、清华大学 5 人；研究生及以上学历 423 人，占比 86.2%。值得一提的是，本硕均就读于 A 类双一流院校的毕业生多达 219 人，占比近 45%。

人才向经济发达地区蜂拥，是受到市场这只"无形的手"驱动的结果，并不适宜采取简单、粗暴的外力干预。但是，新闻报道需要更多地关注如何推动中西部欠发达地区的人力资本发展，发掘其中那些不易引起重视的成功案例和不断变化的具体环境，为避免我国人力资本分布的区域性失衡贡献

---

① 谢倩芸、蔡翼飞：《"十四五"时期我国教育人力资本供需形势分析》，《中国人力资源开发》2020 年第 12 期。

力量。

教育人力资本的主体差异和区域差异问题需要关注。除了政府和相关社会团体，家庭是微观层面最主要的投资者。家庭对孩子的培养投资是最典型的人力资本投资方式，主要表现为家长对子女进行学习、训练以及其他能力培养方面的支出，以及在培养和陪伴中的时间投入。"再苦不能苦孩子，再穷不能穷教育"，这是我国重视子女教育的悠久传统的生动表达。值得注意的是，不同家庭在子女教育上的投资能力存在很大差别。比如，在家长的陪伴时间上，乡村留守儿童跟一般城市儿童就很难相提并论。有统计显示，当前全国农村留守儿童数量已有 6100 多万。媒体应当充分关注这一数量庞大却很容易被遗忘的群体，诸多案例证明，这方面大有可为。

2015 年年末，人民网推出了关注"留守儿童"系列报道。岁末年关，留守在农村老家的孩子们已开始倒数与父母团聚的日子。这些孩子在成长过程中有怎样的悲喜？留守儿童问题该如何破解？带着这些疑问，人民网记者赴河南、安徽、贵州、四川、云南等劳动力输出大省以及广东、北京等劳动力输入地采访，推出"十问留守儿童"系列报道。报道引发各界对留守儿童问题的深切关注，相关稿件被《央视新闻周刊》《中国青年报》等媒体转载并进行跟踪报道。报道推出后一个月，李克强在国务院常务会议上专门部署了留守儿童关爱保护措施，其中多条举措与人民网"留守儿童"系列报道相呼应。[1]

(二)作为连接学历教育与劳动力市场的桥梁，职业培训作用日渐突出

作为正规学校教育的延续，职业培训是人们提升人力资本的重要途径。自 20 世纪 60 年代人力资本理论提出以来，职业培训一直是个体和企业人力资本投资的一种重要方式，大量研究表明，它不仅有利于提升员工的技能，还能够提高员工的生产率、工资水平，提高员工对企业的认同。如今，职业培训越来越发挥着学历教育和职业之间的"桥梁"功用。[2]

从现实来看，随着新技术、新产业、新商业模式的不断产生和发展，新职业在我国不断涌现。2019 年 4 月至今，人力和社会资源保障部联合国家市场监管总局、国家统计局向社会公布了 56 个新职业，其中数字化管理师、

---

① 陆周莉、赵岍：《人民网"留守儿童"系列报道引发各界关注》，人民网，2016年 4 月 14 日，http://www.people.com.cn/n1/2016/0414/c401488-28276574.html。

② 周东洋、吴愈晓：《职业培训与中国城市居民的人力资本和收入差距》，《江苏社会科学》2019 年第 5 期。

人工智能训练师、电子竞技运营师等数字化职业成为劳动者就业的新选择。新经济对数字化人才提出了更高的要求，相应供给却严重不足。同时，随着我国制造业向先进制造业、智能制造业的转型升级，新职业的技术含量正越来越高。① 虽然我国高等教育的入学人数在不断增长，但是其人才培养与市场需求之间还存在明显脱节。

有调查显示，已有相当比例的国内企业将加强职业技能培训视为应对未来人力资源挑战的重要举措。② 同时，针对新经济带来的数字化人才缺口，政府部门也在职业培训方面不断加大投入力度。比如，2020 年年初以来，中国就业培训技术指导中心推出了新职业在线学习平台，目前已完成首批数字化管理师、人工智能工程技术人员、物联网工程技术人员、大数据工程技术人员等 13 个新职业在线培训资源上线的工作，可以基本满足学习需求。这些新变化，以及我国职业技能培训在现实当中的成功经验、创新和困难，都是媒体需要关注的重点。

(三)健康人力资本市场的制度化改革"在路上"

在人力资本的框架下，健康和教育如同一对孪生概念，时常被一并提及。健康能够换来更高的健康水平、更长的预期寿命，它也是人力资本存在和效能发挥的前提。有学者分析经合组织国家的经济增长数据，发现各国健康支出 GDP 占比和政府公共卫生支出健康总支出占比都在不断增加。③ 中华人民共和国成立以来，我国卫生健康事业同样获得了长足发展，居民主要健康指标总体优于中高收入国家平均水平。党的十九大更是明确部署了"健康中国"的发展战略，十九届五中全会再次强调"健全多层次社会保障体系，全面推进健康中国建设"。随着"健康中国"升级为国家战略，未来我国必然会进一步加大在公共卫生和医疗事业领域的投入。

一方面，医疗保障制度的改革受到人民群众特别关注，也是新闻报道的热点。比如，针对居民看病花费高这一顽疾，《第一财经》的社论《全面挤掉药价"水分" 减轻居民负担》直指当前高药价背后的问题，是营销、中间成

---

① 郭晋晖：《人社部升级新职业培训计划，填补企业数字化转型的人才鸿沟》，第一财经，2021 年 7 月 15 日，https://www.yicai.com/news/101111503.html。

② 汪涛：《劳动力市场复苏是否加速？》，第一财经，2021 年 8 月 3 日，https://www.yicai.com/news/101129200.html。

③ 王弟海、李夏伟、黄亮：《健康投资如何影响经济增长：来自跨国面板数据的研究》，《经济科学》2019 年第 1 期。

本等"水分"过大，文中摆出一组数字对比，将其中的"水分"展现得一目了然：

> 国家集采目的是挤掉药价中的"水分"，毫无疑问，药价中占比最高的是营销成本。集采之前，营销成本药价占比整体达到了60%以上，数据显示，2016年至2018年，A股284家上市药企的销售费用分别约为1380.93亿元、1819.2亿元、2433.44亿元，其中2018年销售费用超过60亿元的公司就有五家。相比之下，这284家药企2018年的研发费用仅为332.66亿元，平均每家约1.17亿元。

另一方面，随着我国医保制度的不断完善，改革进展和成功经验也有重要的报道价值。《光明日报》就曾深入基层，分别采访了"三明医改"的"操盘手"——福建省三明市人大常委会党组书记詹积富、普通医务工作者、就诊患者、学者、卫健委官员。其新闻报道《这样的医改，卸下了我和家人身上的担子》多视角还原"三明医改"的由来与成效，读来不仅让人如临其境，对于相关部门更是具有直接的借鉴意义。

### (四)劳动力的流动方向呈现多元化趋势

个人或家庭因工作机会迁移产生的劳动力流动费用，本身并不能直接形成或增加人力资本存量，但是劳动力的合理流动却可以促进人力资本的优化配置。我国人口迁移一贯表现出向大城市流动的特征，因为大城市不仅意味着更多的就业机会和更高的收入水平，而且还拥有更全面的社会保障服务。[1] 2010年以来，我国人口迁移中心逐渐形成以长三角、珠三角、京津冀三大都市圈为主、中西部地区少数省会城市为辅的格局。[2]

人口流动与迁入迁出地的经济发展密切相关，国际经验表明，尽管失衡的人口流动可能会带来诸多负面效应，但是仅靠政府"一厢情愿"式地设置门槛，未必能阻拦劳动力流出流入。在这方面，媒体报道可以发挥积极的功能：一方面，应当推动相关政策的出台和完善，帮助流动人口更好地实现社会融入；另一方面，应积极传播理性化的就业观念，推进人口流动的合理

---

① 刘涛、韦长传、仝德：《人力资本、社会支持与流动人口社会融入——以北京市为例》，《人口与发展》2020年第2期。

② 王胜今、秦芳菊、陈世坤：《中国人口迁移流动的人力资本替代效应及影响分析》，《人口学刊》2020年第3期。

化，实现人口在全国的优化布局，增进人民福祉，促进各地协调发展。

比如，近年来一线城市就业压力高涨、生活成本日增，"逃离北上广"的呼声在都市年轻白领群体中日渐扩大，引发了社会广泛议论。对此，《财经》杂志并未停留在对两种选择的简单评价上，其新闻报道《小镇青年逃离北上广：理性选择还是"混不下去"？》深入身处两难抉择中的个体生活，用鲜活的个人故事演绎情景变化，比较两种选择在真实生活中带来的不同机会和困境，可谓引人深思。同时，高素质人口的回流却是其他城市应充分把握的发展机会。2020 年，太原市委组织部、太原市人力资源和社会保障局发出《致 2020 年高校毕业生的一封信》，拟向全国引进约 2000 名博士、硕士研究生，人民日报微博转发该消息后，迅速收到近 2 万条评论，但其中几乎是一边倒的质疑声。许多当地网友提出，除了公务员、事业编制和少数大国企，太原缺乏真正有实力的企业，哪里有那么多高层次岗位能提供给人才？面对喧哗舆论，《每日财经新闻》的《招才被"骂"上热搜，恐怕只有太原了》一文，既直面山西人才工作中存在的问题，又具体厘清其中原委，还原当地人才工作开展不为人知的难处，肯定其工作努力，发挥了媒体积极导向和向公众释疑的作用。

**二、推动人力资本投资理性观念的培育和良性制度的形成**

人力资本市场需要大量投资来支持，作为一种投资形式，人力资本投资相对其他投资形式来说具有更大的风险。所谓人力资本投资风险，通常指在一定时期内，投资主体对人力资本投入结果的不确定性。具体而言，这种不确定性可能表现为实际收益低于预期，甚至低于投资成本。人力资本投资收益的滞后性，加剧了投资的风险，这对于个体和企业的影响较为直接。这些方面，都应该进入媒体和记者的视野，并通过新闻报道加以引导，培育理性的投资观念，巩固相关良性制度，助力我国人力资本的发展。

比如，家庭在教育人力资本投资上的收益，往往需要较长时间才能获得，尤其在高考志愿填报这样的关键时刻，更能反映出个体在教育人力资本投资风险方面的感知。近几年，随着教师在人们眼中社会地位的提升，长期遇冷的师范类院校和专业一跃成为"香饽饽"，而一度被视为将引领 21 世纪的"生化环材"，却成为如今很多人口中的"天坑"。家长和考生对专业选择的偏好及其变化，主要是依据各种外界信息而形成的，一些未必理性的观念，常常是由于片面或错误的信息所致。与开展证券类新闻报道一样，新闻媒体应该关注这些异常现象，努力消除人力资本投资中的信息不对称带来的不良影响。针对"天坑专业"话题，光明网的《"天坑专业"并不存在，选专业要看长远学业规划》一文，就体现出主流媒体传递理性声音的价值导向。该报道并未直接评价"天坑专业"观念认知的对错，而是坦承过去有的高校为追求办学规模，专业开设没有结合自身办学定位、办学条件严密论证，导致有的专业不能为学生提供高质量的教育。文章指出，家长在选择专业时要认真分析学校尤其是所选专业的师资、课程、培养模式，避免扎堆所谓的热点专业。同时，文章也指出，专业有热点，但这种热点也会变化：相比于专业选择，正确的学习态度和方法更为重要，不管被哪个专业录取，关键是要刻苦学习、努力上进，提高自己的能力和素养，做到了这一点，任何专业的学生都可能实现"热就业"。

从企业层面看，我国人力资本投资制度尚需进一步完善。投资风险是当前抑制我国企业在人力资本方面投资的主要因素。一方面，投资失败的影响因素较多，投资对象选择不当、员工和岗位不匹配、员工流动或不愿发挥其应有效用等，都可能造成投资失败；另一方面，随着我国职场流动频率加快，企业在进行人力资本投资决策时，越来越注重比较投资的成本与收益，以及从外部获取的成本与自身培养的成本。① 近年来，虽然我国在明晰人力资本产权、签订具有限定条件的培训协议、加强员工激励机制、提升员工归属感等方面完善了相应制度，但企业与员工之间的人资纠纷仍旧频频发生，尤其是一些知名企业的高管跳槽纠纷，引发了广泛的社会议论。2020 年，科大讯飞新课堂业务前副总经理陆昀跳槽到腾讯后，收到原东家高达 2640 万元的竞业限制违约索赔，同年转投小米集团的原联想集团副总裁常程也收到联想 525 万违约索赔。有研究者评估了北京市 96 家科技型中小企业的人力资本投资风险，发现他们的风险状况总体处于"一般"或"偏差"的评价水平，约有 15% 的企业处于"危险"与"极危险"区域。企业在应对技术贬值、制定培训管理制度、控制人才流失方面的问题较为突出。②

从新闻报道角度看，诸如企业高管跳槽纠纷这类事件话题性极强，值得关注并重点报道，以帮助广大企业和员工认识人力资本投资风险，推动企业人力资本投资风险防范体系的健全发展。比如，《劳动报》旗下 App"劳动观察"的《高管跳槽被东家索取 1200 万分手费！竞业限制的这点事你知道吗》

---

① 孔令锋：《论人力资本投资的风险》，《当代经济科学》2002 年第 2 期。

② 汪昕宇、陈雄鹰：《科技型中小企业人力资本投资风险评价及差异性研究——基于北京地区的调查》，《北京联合大学学报(人文社会科学版)》2016 年第 1 期。

一文，从联想向常程索赔这一热点事件出发，详细剖析了"竞业协议"的几个常见认知误区(竞业协议只有高管会遭限制？除了限制还有"福利"？新东家支付"分手费"？能"随心所欲"跳槽?)，从而生动又清晰地向读者普及了职业流动时人力资本纠纷的关注要点。

### 三、深刻把握我国人力资本市场的总体特征

我国人力资本市场报道的一个总体目标，是推动我国人力资本市场的资源配置优化和制度完善。想要达成这个目标，新闻记者需要深刻把握我国人力资本市场的典型特征，洞察规模庞大又时刻变化着的人力资本市场，寻找到更具新闻价值的报道线索和报道思路。

其一，总体教育程度不足与局部教育过度。有统计数据显示，2020 年我国新增劳动力的人均受教育年限为 13.8 年，其水平已进入高等教育阶段，[①] 但由于存量劳动力的受教育年限较低，劳动力的人均受教育年限还只有 10.8 年。同时，与此形成鲜明对比的是，局部性的教育人力资本投资过度问题日渐凸显。所谓教育人力资本投资过度，是指一个社会(或个人)拥有的教育人力资本超过了社会需要，或社会职业与教育之间的失调。在当今一些经济发达地区，高校毕业生求职困难、薪酬标准下滑、"大材小用"等，都是这种问题的突出表现。[②] 面对这些情形，劳动者往往会尝试进一步加大对自身的人力资本投资，以提升就业竞争力，但盲目的投资很可能造成更多的资源浪费，其中流行的人云亦云式非理性观念，尤其应受到媒体关注。例如，针对近年来大学生群体里掀起的"考证热"，《工人日报》发表评论《一些年轻人热衷考证，真能获得职场安全感吗?》指出，盲目考证并不能给人带来未来的安全感，往往是"后路"越铺越多，对"前路"却越来越迷茫。职场生涯中，最重要的是作出理性务实的职业规划和人生选择，有针对性地提升实际工作能力。

其二，教育质量尤其是高等教育质量需要重点关注。据教育部的统计数据，2019 年我国各类高等教育在学人数 4002 万，高等教育毛入学率达到 51.6%，我国首次跨过教育大众化与普及化的 50% 分界线，这标志着我国高

---

① 《教育部：我国新增劳动力平均受教育年限达 13.8 年》，光明网，2021 年 3 月 31 日，https://m.gmw.cn/baijia/2021-03/31/1302201100.html。

② 杨晓天：《教育人力资本投资过度的形成机理分析》，《武汉大学学报(哲学社会科学版)》2008 年第 1 期。

等教育迈入了普及化的新阶段。① 但与此同时，关于我国教育特别是高等教育质量下降的声音，一直未曾消止。一种流行的社会说法是，如今博士研究生的学术水平整体上不如 20 世纪 90 年代的硕士研究生，硕士生则达不到当年本科生的水平。另外，从就业状况来看，大学生不再是曾经的天之骄子，因无法达到社会就业要求而导致"毕业即失业"的现象已是屡见不鲜。当然，造成这种现象的原因比较复杂，将其简单判断为教育质量下降亦有武断之嫌。不过它也说明，我国教育事业是个相当复杂的系统工程，其改革与发展依旧任重道远，其间产生的诸多新现象和新问题，都有待媒体去进行梳理。

其三，职业培训力度不足。在我国人口红利逐渐消失的今天，来自社会、组织和个人的人力资源升级需求与有限教育培训资源之间的矛盾，正变得愈加突出。要缓解这一矛盾，就必须加快建立多元化的人力资源开发体系。与正规的学校教育体系相比，我国的职业培训体系尚处于弱势甚至是边缘地位，结构也比较松散，职业培训在人力资源开发体系中的重要作用还未充分发挥。② 并且，近年来市场环境急剧变化，加剧了人力资本投资的风险，企业在职业培训方面的投入意愿也有所抑制。尽管如此，我国经济产业转型和升级是大势所趋，这必然会进一步推动企业和个体不断加大职业培训的投入力度。还要看到，各种新职业的涌现给职业培训带来了发展潜力，加之我国正在大力发展职业教育，其发展速度将会不断加快。当然，在这个发展过程中也会产生新的现象和问题，值得媒体工作者密切关注。

其四，职业流动性加大。相较十年前或更早，当前我国劳动者的职业流动频率正显著加快，这在年轻一代身上表现得特别明显。2018 年的一项调查显示，职场人第一份工作的平均在职时间呈现出随代际显著递减的趋势："70 后"的第一份工作平均超过 4 年才换，"80 后"则是 3 年半，"90 后"骤减到 19 个月，"95 后"只有 7 个月。当代年轻人更换工作的主要原因，不仅在于他们更加追求独立自主，一旦发现工作与期待不符便会更快做出取舍，而且也因为如今获取职业信息和机会的渠道越来越便利。③ 另有研究显示，"80 后""90 后"年轻人获得了更快的职场晋升通道。以从基层到总监级别的

① 胡建华：《高等教育普及化的中国特点》，《高等教育研究》2021 年第 5 期。

② 李湘萍、郝克明：《企业在职培训对员工收入增长、职业发展的影响》，《北京大学教育评论》2007 年第 1 期。

③ 吴蕴聪：《95 后平均 7 个月就离职，网友评论居然……》，中青在线，2018 年 8 月 9 日，http://news.cyol.com/content/2018-08/09/content_17464102.htm。

升职过程为例，"60 后""70 后"平均需要 10 年之久，"80 后"需要 6 年，"90 后"则只需要 4 年。① 不过，从另一个方面来看，职业流动的频繁常常意味着企业在员工身上进行投资的风险增大，最终也可能不利于员工自身的人力资本积累。总之，职业流动性的升高，既与劳动者职业观念的变化有关，也与我国经济和市场环境变化有关，除了对此加以报道和评论外，新闻报道不妨将职业流动中产生的种种新气象，视为理解我国人力资本市场变迁的一个重要窗口。

---

① 《80 后 90 后跳槽频率更高 但晋升比老一辈快》，金羊网，2018 年 2 月 9 日，http://money.ycwb.com/2018-02/09/content_25987165.htm。

# 第十三章
# 理财类财经新闻报道

"吃不穷，穿不穷，算计不到才受穷。"这是一句传统的老话。"你不理财，财不理你。"这是一句时髦的流行语。其实说的都是一种理财观念。近年来，理财迅速成为一种潮流。个人理财、理财规划师、理财金卡、理财账户、理财产品等各种名词层出不穷，由此，我们进入了一个全民理财的时代，社会对理财报道的需求空前膨胀，理财报道因此成为各类财经报道的热门话题。它大大地丰富了我们的生活，丰富了财经新闻报道，也促进了财经媒体和财经新闻的多元化发展。

## 第一节　理财报道的社会背景

### 一、理财与投资的异同

理财即对于财产（包含有形财产和无形财产）的经营，多指个人对其财产或家庭财产的经营。同时，它也指个人或机构根据当前的实际经济状况，设定想要达成的经济目标，在限定的时限内采用一类或多类金融投资工具，通过一种或多种途径达成其经济目标的计划或规划。

一般人谈到理财，想到的不是投资，就是赚钱。实际上，投资和理财是两个不同的概念。投资是投资者（包括个人或企业团体）投入一定数额的资金而期望在未来获得回报收益，是把货币转化为资本的过程。投资是风险和收益并存的；理财是打理好自己的个人收支分配安排，是对个人现金的流量管理与风险管理。也就是说，理财实际上是一种财务理念和自我的财务纪律。理财更注重现金流量管理，即每日每月或每年甚至更长时间的现金管理，因为我们每一个人一出生就需要用钱（现金流出），也需要赚钱来产生现金流入，每一个人都需要理财。

理财更注重风险管理。未来的更多现金流量具有诸多不确定性，包括人身风险、财产风险与市场风险，都会影响到我们个人现金流入（收入中断风险)或现金流出(费用递增风险)。但是直到现在,很多市民一提到投资理财,还是经常过于片面地理解为赚钱,甚至抱着赌一把的心态,很容易被一些打着高额回报旗号的广告诱惑,踏入陷阱,最后不仅钱没赚到,还亏损不少,一些人甚至弄得生活都没有着落。有研究显示,国内机构投资者与个人投资者普遍存在严重的非理性行为,而相比机构投资者,个人投资者非理性程度又更严重。①

**二、理财报道发展的社会背景**

"理财"一词,最早出现于 20 世纪 90 年代初期的报端。随着我国股票债券市场的扩容,商业银行、零售业务的日趋丰富和市民总体收入的逐年上升,"理财"概念逐渐走俏。理财报道的出现,则主要是基于以下几个因素的推动。

(一)居民经济水平不断提高

理财概念的流行和理财报道的兴起,无疑最先源于人们财富的迅速积累。说白了,就是腰包鼓起来了,手里有闲钱了。2021 年 2 月,胡润研究院发布的《2020 胡润财富报告》显示,主要由企业主(60%)、金领(20%)、炒房者(10%)、职业股民(10%)构成的中国千万资产"高净值家庭"比上年增加 2%,达到 202 万户。中国 600 万元资产"富裕家庭"也首次突破 500 万户,比 2020 年增加 1.4%。"富裕家庭"总财富达 146 万亿元,其中拥有 600 万元可投资资产的"富裕家庭"数量达 180 万户。在胡润百富董事长胡润看来:"总财富代表这些人的信心,而可投资资产则是金融机构最感兴趣的。"②随着富裕人数的增长,财富管理市场的竞争日趋激烈。央行发布的 2021 年一季度金融统计数据报告显示:与 2020 年年底相比,2021 年一季度人民币存款总额增加 8.35 万亿元,我国居民存款总额已突破 100 万亿元大关。③ 虽然居民储蓄总额近年来仍呈递增之势,但储蓄率却出现下降。随着居民的投资理财意识不断增强,买理财、投保险、选基金、囤黄金,不同形

① 兰俊美、郝旭光、卢苏:《机构投资者与个人投资者非理性行为差异研究》,《经济与管理研究》2019 年第 6 期。

② 参见:《2020 方太·胡润财富报告》,胡润百富,https://www.hurun.net/zh-CN/Info/Detail? num=FEY5J1G3EQ7P。

③ 转引自马常艳:《央行:一季度人民币存款增加 8.35 万亿元》,中国经济网,http://www.ce.cn/xwzx/gnsz/gdxw/202104/12/t20210412_36464423.shtml。

式的理财选择造成了储蓄的分流。① 值得注意的是，我国经济发展和群众生活水平的提高推动了"高净值人群"这一新兴阶层的产生。高净值人群一般指资产净值在 600 万元人民币(100 万美元)以上的个人，他们也是金融资产和投资性房产等可投资资产较高的社会群体。当前，约六成高净值家庭的可投资资产位于 600 万~1000 万元这一门槛区间。未来，高净值人群的基数不仅会进一步增长，同时，该人群对于财富管理的要求也将更为多元。除了家族财富保障和传承、家族资产的长期增值等传统诉求，他们还需要更多与财富相关的服务，包括子女教育、高品质生活、家族税务规划和咨询、家族企业的投融资服务、境外资产的配置等。② 这些方面的强烈需求和理财市场的广阔前景，都为理财报道的兴盛提供了动力。

(二)市场的刺激使投资理财成为趋势

股票、基金一度是人们投资的主力品种，证券公司、基金公司自然也成为投资者眼中的"明星"。时下理财媒体的大量出现，与近些年基金、股票等过热有直接关系。这种投资热的出现以及中国个人理财市场的迅速崛起，让投资者迫切需要得到"高人"指点。由于需求量大、产品提供者少、供求关系的比重不对等，加之先期的理财媒体获得了空前成功，更多的媒体有了加入理财媒体行列的欲望。

此后，由于证券市场的不景气，各理财单位又不断推出新的理财产品。以黄金来说，就有实物黄金、黄金 T+D、纸黄金、现货黄金、国际现货黄金(俗称"伦敦金")、期货黄金 6 种形式。此外，艺术品基金、期酒投资等也吸引了投资者的关注。如今，券商、基金公司、保险公司、信托公司，几乎各类机构都在热推理财产品。在房市和股市疲软的背景下，手中攥着闲钱的投资者更迫切地寻找其他投资理财方式，炒金、炒玉、炒钻、艺术品投资等新型理财形式开始呈现百花争艳的态势。

(三)财经媒体的细分化结果

专业财经媒体的崛起是 20 世纪 90 年代新闻业发展的重要现象。一批新型财经媒体迅速进入市场，引领了社会发展，填补了当时新闻业的空白。经过十余年的发展，财经媒体逐渐形成了固定的格局，拥有了固定的市场受

---

① 高改芳:《理财资金部分替代储蓄 居民理财选择渐趋差异化》,《中国证券报》2020 年 1 月 9 日。

② 转引自《财富管理》杂志:《2019—2020 中国高净值人群财富报告》,搜狐网,https://www.sohu.com/a/380769184_470097。

众、发行渠道和熟练的采编操作经验。市场上的后来者无疑会面临激烈的竞争，因此，走差异化路线、瞄准尚未开发的受众市场是新创办的财经媒体的出路之一。

理财类媒体的出现，正好满足了受众细分化的要求，同时也是在强劲的财经媒体竞争中找到了新的突破口。21世纪第一个十年，从杂志《钱经》到《理财周报》再到改版后的《华夏时报》，这些报刊都以理财为口号，并已经成为继传统证券类媒体以及经济类媒体之后的又一股财经报道力量。随着股民、基民以及险民等的大量出现，越来越多人把目光从关注他人财富转到了关注自身财富上。《理财周报》杂志的创刊，不仅重新定义了财经类媒体的划分——理财类媒体，而且也给财经类媒体带来了新的机遇。另外，2006年改版后的《钱经》，在2009年月均销量也超过32万份，市场的反应是最为直接的。这样的市场反应，彰显了理财类媒体蕴含的巨大市场潜力。

## 第二节　专业理财类媒体的发展现状

随着我国传媒产业的快速发展和规模扩大，传媒业市场的分众化趋势日趋显著。2000年以后，我国财经媒体市场出现了更为细分的理财类财经媒体，其中影响比较大的主要有《理财周刊》《私人理财》《钱经》《科学投资》《投资与理财》等。与此同时，不断进步的网络传播技术，也推动着理财类媒体的数字化转型。近年来，一方面，东方财富网、和讯网、界面新闻等经济类或综合类网络媒体均在加强理财新闻报道，甚至开设了专门的"理财"新闻栏目；另一方面，众多专注于理财新闻报道的新型移动媒体和自媒体也在纷纷涌现。2012年上线的雪球App就以"连接人与资产，让财富的雪球越滚越大"为愿景，试图在专业理财类媒体领域"分一杯羹"。国内理财类财经媒体经过20余年的发展，已逐渐形成相对稳定的内容风格、编辑理念和品牌策略，为读者不断提供更为深层和多样的专业信息服务。

### 一、内容定位："软财经"风格

如今，理财类财经媒体的受众覆盖面越来越广，已经从早期的精英人群向中产阶级和普通家庭等群体扩散，这些群体消费的一个共同特征就是时尚、休闲。因此，理财类财经媒体不能脱离大众传媒固有的消遣功能，既需要向受众普及专业理财知识，也要提供相关理财的其他信息服务，不能变成呆板的专业教科书。就目前来说，我国理财类媒体基本上既注重理财知识，又注重时尚生活话题，形成了一种软财经的风格，这类风格主要有两种表现形式：

一种是财经故事化风格。在现今充满功利化的商业主义气息之中，故事化成了财经新闻报道丰富情感内容、增加趣味性和可接受度的重要手段，新闻报道也因此进入了一个"讲述"故事的时代。在这种新的话语环境下，如何把专业化的财经知识用群众喜闻乐见的通俗化形式表现出来，是理财类媒体追求和探索的一个现实命题。《财富生活》是天津人民出版社有限公司主办的一本刊物，从内容来看，属于休闲类财经期刊，体现出普及理财知识和理财技巧、启迪和提升大众财商的特色，并以接地气的文风讲述那些积极改善财务状况、不断增加个人财富的故事。如"人物"聚焦社会热点、焦点的财富风云人物，"释惑"解密日常生活中容易被忽略的财富问题等。在理财类网络媒体当中，东方财富网开设有专门的理财栏目，并且在其中进一步具体设置了理财规划、理财达人秀、收藏资讯等子版块。其理财栏目内容总体上展现出实用易读的风格，注重案例分析，注重用故事说话，追求指导性、服务性与可读性的统一，具有信息量大、故事性强、以丰富而微观的个案吸引读者的特点。东方财富网理财达人秀版块的报道对象，就既有长期位列财富榜前列的知名人物，也有刚刚走出校园的职场新人。当然，当前的理财类财经媒体的故事化内容仍然属于比较传统的讲故事类型，只不过实现了财富元素与故事元素的拼凑契合。

另一种是财经时尚化风格。当代传媒的一个显著变化是其内容的日常生活化、时尚化。理财类财经期刊也将报道视线深入各种前卫、另类、流行、反传统、挑战世俗的生活内容中，从不同方面展现新时代的时尚化生活，为受众提供了无尽的想象和阅读快感。《钱经》杂志一度是这种财经时尚化风格的突出代表，该刊明确将"时尚感"作为不同于其他财经媒体的一个突出特点，追求"专业内容、时尚表达"，一改财经类话题枯燥、专业的印象，以吸引年轻人和女性读者。这种风格主要表现在三个方面：一是专注明星理财的"钱星"栏目，该栏目每期都要刊登一位明星与财富的故事，如《谢霆锋：影帝的投资家事》《张卫健：家庭摆在第一位》《高圆圆：安全比未知重要》《王珞丹：身价从三千到百万》《蔡康永：不记账也可以很懂钱》等。二是专题策划凸显的时尚化话题，如《别让钱赚了你》《婚姻这东西》《四十岁会有一场雪》《中产伤不起》《香港没问题》等，从另一个角度报道理财。三是娱乐性的理财文章，如《2011年十二星座意外消费指数》《2011年星座钱运大揭秘》《12星座娱乐理财之三国杀个人实战篇》等，这些报道以娱乐游戏的方式报道理财观念，让读者耳目一新。

如今，绝大多数理财类财经媒体虽然没有将时尚作为主打方向，但是在内容方面表现出时尚化的倾向。比如《理财周刊》的"聪明消费"栏目，每期都会报道全球中产阶层一些新的消费热点。网络媒体当中，界面新闻在其"财富"栏目下设置了"第一风尚"子板块，专门报道各界名流的财富故事，如《Beautyberry 品牌创始人王钰涛：所有的冲突感在他身上和解》《周润发捐光 56 亿元财产真相：65 岁的他凭什么这么富有?》等，文章写得颇具时尚化特征，既展现出一种感性的语言风格，又透露着一种艺术气质。通过这些时尚化的内容，人们关注的不再是某一个具体的理财层面，而是那些琳琅满目的时尚符号意象。

## 二、编辑理念：实用性与互动性

理财类财经媒体担负着推广理财知识、普及理财技能的使命。为了受众掌握理财的知识、技能和方法，实用性几乎一直是每一个理财类媒体的共同编辑理念。《理财》定位为"秉承实用性、可读性第一的办刊理念，以崭新的视角、充实的内容为读者提供最新的理财理念和理财方法"。该刊透过新鲜生动的文字、深入浅出的介绍、图表化的视觉呈现，让理财信息不再晦涩难懂。其为读者普及理财知识的栏目"规划"，刊登《养老资产配置与储备规划》《双职工家庭综合理财规划报告》《退休家庭的财富规划》等类型的文章，具有很强的实用性。办刊已有 20 多年的《投资与理财》杂志设置了"财学院""财规划""财生活"，这些都是教读者如何理财的栏目，其《三十而立，该如何规划财务》《聊聊新手理财入门的 3 件事》《你买基金的钱去哪了》等文章，都具有很强的针对性。

结合受众特点，在与时俱进中达成实用目的，是理财类财经媒体的时代特征。与受众的理财素养成长同步，理财类财经媒体对"理财"这个概念的理解不断充实。最初，"理财"被视为用钱生钱，让财富保值增值，到如今，理财与生活的关系日益紧密，除了围绕"钱"来说事，还关注人的生活方式。在投资话题上，则更侧重于剖析投资标的的商业模式，发掘成长价值，并注意结合社会生活中发生的重大事件及时策划推出相关的理财分析。例如，针对国家启动三孩生育政策，《理财》近期就刊发了专题报道《三孩生育政策点燃母婴行业》《三孩生育政策对 A 股的影响》《三孩生育政策能否让楼市再迎机遇》等文章，这些文章分别从周边产业、证券市场、房地产市场来全面剖析三孩生育政策的影响。这些与身边发生的事件紧密联系的策划，进一步增强了理财类媒体的实用性。

现在,随着社会专业化的发展,社会分层、分类更加多样,每个人的理财愿望和方法各不相同。因此,理财类财经媒体就特别需要注意与受众互动。他们常常通过采取多种方式增强互动性,既有理财师写的文章,也有读者发表的观点;既有关于某一话题的正反方观点交锋,也有轻松的对话。其目的,就是为了让受众产生如同亲身体验的感受,在互动中拉近与受众的距离。比如,《理财周刊》的"度身定做"栏目从创刊至今一直保持"强互动性"特征,该栏目每期都根据读者要求,请来银行和保险公司的理财专家为他们的理财现状出谋划策,如《"小白"上理财网课有用吗》《"躺平"青年如何理财》《不赚钱的基金要赎回吗》等,都是针对性很强的文章。该刊还举办各种公益性的理财讲座,成立读者俱乐部、创富沙龙,举办"市民理财日"等,普及科学理财知识,提升老百姓的理财水平。

随着全媒体时代的到来,各种新兴互联网传播技术和平台极大地丰富了理财媒体跟读者之间的交互。时下各类理财类网站、移动 App、自媒体都具有极为便捷的交互功能和渠道,传统理财类媒体也在开拓多种互动的可能性空间,如通过杂志网站、微信公众号、微博等社交媒体展示读者的意见,解答读者的疑惑,等等。

### 三、品牌策略:活动营销与多元运作

为了快速赢得市场的认同,理财类财经媒体纷纷将活动营销作为其重要的品牌发展策略,以《理财周报》《新理财》《理财周刊》为代表的理财报刊在这方面均有不俗表现。比如:《理财周报》的大型活动策划层出不穷,成功策划和组织了中国酒店金枕头奖、中国最佳品牌建设案例评选、博鳌21世纪房地产论坛、中国最佳企业公民评选、红粉笔乡村教育计划等,极大提升了刊物的影响力。《新理财》杂志在创刊初期开创性地组织了"中国 CFO 年度人物评选"活动,产生了一定的持续性社会反响;自2013年起,与中国人民大学商学院共同主办了多届"中国财务管理全球论坛";2017年,它首次发布《中国上市公司财务安全研究报告》。《理财周刊》的活动也很丰富,如举办沪台金融论坛、油画拍卖会及商业性演出,尤其是评选年度中国十大理财新闻及十佳理财之星评选等活动,产生了较大影响。通过这些活动营销,老牌理财类媒体进一步加强了与受众的互动,品牌形象得到了提升。

顺应媒体数字化和融合化的潮流,理财类财经媒体纷纷依托自身品牌开拓市场,通过跨媒体、跨地区、跨行业经营方式快速成长。如《理财周刊》

不仅形成了自身的数字出版矩阵，在网易等门户网站的财经频道建立专栏，形成跨媒体运作，还衍生出网络服务、专业培训、会展业务、图书出版四大板块，形成了个人理财服务领域的一条产业链，为理财类期刊的发展探索出了多种可能。①

## 第三节　理财报道的写作原则与方法

作为财经新闻报道的新类型，理财报道近年来不断发展壮大，深受读者的喜爱。理财类媒体队伍也不断壮大，常有新面孔加入竞争行列。但是，与通常意义上的一般财经新闻报道相比，理财报道有其鲜明的独特性，其主要目的是帮助读者理财，不像一般的泛财经报道更注重把握资本市场变动、宏观经济发展、产业结构调整等问题。因此，理财报道具有自身的一些写作特点和要求。

### 一、理财报道存在的问题

当前的理财报道良莠不齐，虽然不乏一些精品力作，但由于我国的理财报道发展历程相对较短等原因，整体上依然存在不少问题。尤其是近年来大量涌现的各种理财类自媒体鱼龙混杂，时常为吸引眼球或是受利益驱使，制造出大量不切实际的理财报道，甚至有些报道就是变相的广告。

（一）理财报道沦为理财广告，误导受众

有些媒体看中了理财报道的广大读者群，被利益驱动，常常鱼目混珠，以新闻的名义做直接或变相的理财广告。比如，一家媒体的理财周刊刊登了一篇名为《投资藏品 稳健升值》的报道，文中列出了奥组委特许经营的热门收藏品一览，声称能够保值升值，结果吸引了不少收藏者。后经调查发现，这些所谓的奥运收藏品并非奥组委特许发行的商品。类似报道常常改头换面出现。如某媒体刊登的《首套金银奥运卡大全套诞生》的文章说，奥运收藏投资专家分析，目前市场上的奥运贵金属藏品升值都在 20% 以上，而带面值的标志性藏品，蕴藏着更大的收藏价值和升值潜力。2005 年福娃问世，发行了第一套福娃邮票，几天时间就涨了四五倍，2006 年发行的第一套奥运金银纪念币，面值为 340 元，原始发行价 8300 元/套，短短四个月就涨到

---

① 蔡凛立：《〈理财周刊〉：你不理财，财不理你——〈理财周刊〉总编周虎访谈录》，龙源期刊网主编访谈，参见 http://www.qikan.com.cn/Editors/lczk。

15000 多元。再比如,一篇名为《首套毛主席金银币大全套破格问世》的文章这样说:"法定货币是保值升值的基本前提!重大主题是纪念币升值的核心规律!面值和金银的含量,不是纪念币保值的决定因素。中国人民银行发行的毛主席诞辰 100 周年金银币原始发行才 2 万多元,现已涨至近 40 万元,10 年飙升近 20 倍。国际首套毛主席金银币大全套,全球首创国家元首金银币大全套,这是史无前例的至高主题,就算是用普通的钢铁铸币,也价值连城!比单枚国家元首纪念币肯定要升得更多、升得更快!"类似这样的"理财报道"极易混淆视听,给投资者造成巨大经济损失,大大弱化了媒体的公信力。

(二)财经素养不足,造成专业性欠缺

在理财类媒体井喷式发展的背景下,具备专业素养的记者并没有跟上,致使一些理财报道出现常识性、专业性等问题。

这是 2006 年年初刊登在北京某报上的一则理财报道:

> 一对恋人预计两年后办婚事,两人月收入共计 4300 元,有理财师为其支招谋划,两年后居然可以攒够 7 万元的婚礼费。其理财方案是这样的:两人将工资结余控制在 2500 元左右,到银行办理活期自动转存定期的业务,享受定期存款利率,这样一年后两人将有存款余额 3 万元左右。然后将这 3 万元存款购买货币基金和国债。该理财师说:"国债投资风险较低、收益也较为稳定,并且要高于银行同期存款利率,该产品的平均年收益率应在 4%左右。或者购买银行的货币增值基金,该基金的平均收益率 3.3%左右。"这样,两年后将有 6 万元存款,加上投资收益,合计应在 7 万元左右。

这份看似贴心的、为年轻投资者"量身定制"的理财方案,与当时的财经环境所提供的可能性却相去甚远。2006 年是股市奔腾的利好时期,对货币基金却是盛极而衰的一年。货币基金的收益率最高也不过 2.5%,不知年收益在 3.3%的货币基金何处可购?当时一年期国债收益率大多徘徊在 2.0%~3.0%,到哪里能买一年期年收益率在 4%的国债?稍稍了解财经常识和行情的人就能看出这篇报道的破绽,遗憾的是,这个缺乏可行性的理财报道却上了报纸的理财版面。①

---

① 张立勤:《当前理财报道存在的问题及对策》,《青年记者》2007 年第 23 期。

如今，这种带有"硬伤"的理财报道仍旧频频出现，既误导了投资者，又降低了媒体可信度和公信力。所以，面对瞬间万变的财经世界，财经媒体和财经记者必须不断提高敬业精神和专业素养，时刻关注财经信息变化，厘清市场环境各要素对理财方式和理财产品的影响，以免做出贻笑大方甚至害人害己的理财报道。

（三）重收益报道轻风险提示，误导投资者

传播学者拉斯韦尔认为，监视是大众传媒的第一个功能，这种功能通常表现为向人们发出危险警报。单纯侧重收益报道而忽视风险提示，往往容易误导投资者，造成理财新闻报道的偏向。越是在经济发展的敏感时期，媒体越应保持冷静的心态。因为金融风险具有很强的传染性，衍生产品和对冲基金等进一步扩大了金融风险的叠加放大效应，一家金融机构甚至一个理财产品的风险就可能演化成整个行业的系统性危机。而且，我国金融市场正处于转型期，证券、外汇、期货以及金融衍生品等市场的发育与监管尚不完善，具有较多的不确定性。这些因素理财报道都要充分考虑，通过真实、全面的报道引导舆论，帮助投资者树立正确的理财观念。只有投资者日趋成熟，才谈得上金融市场的成熟，这也是媒体与金融机构、监管当局共同的责任。①

2020年，原油宝穿仓事件给国内投资者造成重大经济损失，这是投资者的一堂深刻的投资风险教育课，媒体方面也需要深刻反思。原油宝是中国银行旗下大宗商品理财标的物中的一个理财产品，美国时间2020年4月20日，WTI原油5月期货合约CME官方结算价-37.63美元/桶为有效价格，这意味着不仅投资原油宝的本金全无，甚至要倒赔银行约三倍资金。而在此之前，媒体的报道中极少有相应的风险提示。比如，某报曾对原油宝的介绍是："具有交易门槛低、交易方式多样、不带杠杆、风险低等优势，交易渠道也十分便捷。"人民网曾对此事件发表评论："原油宝投资出现巨幅亏损，导致不少投资人'一夜暴负'。原油宝产品暴露出的风险隐患，以及投资者保护意识的缺位，值得整个行业警醒。"②其实，需要反思的何止是金融行业，国内众多的财经媒体也应该吸取教训。

---

① 陈翎：《资本市场下的媒体热点——关于理财报道的几点思考》，《新闻与写作》2008年第8期。

② 《原油宝暴露的风险隐患值得行业警醒》，人民网，http://ah.people.com.cn/n2/2020/0426/c358317-33975923.html。

## 二、理财报道的写作原则

### (一)通俗化:"让没有财经知识的人都能看懂"

财经新闻报道最可怕的事情就是充满"面目可憎"的枯燥数字和术语,使一般人"望而生畏"。换句话说,财经新闻报道最难的事就是做好"翻译"工作,将难懂的专业内容化为清晰、易懂的文字。《华尔街日报》的编辑常说的一句话是——"你写的一定要让你妈妈都读得懂",也就是说,财经新闻报道要深入浅出,争取能够让没有任何财经知识的人也能看懂。一种形象的说法是,二流的财经记者能把经济事件给专家说清楚,一流的记者则能向一个小学生讲明白。在当下这个全民理财的时代,许多理财媒体的受众并非专业的投资者,他们可能连基本的金融、证券等概念都不清楚,因此,理财报道更应该将通俗化视为首要问题,力争将新闻写得通俗易懂。

### (二)理性分析,客观报道

目前,理财产品种类越来越多,其背后的理财逻辑越来越复杂,理财产品的管理者、经营者和普通理财者的"信息沟"越来越大,普通理财者还常常要面对理财产品推销人员天花乱坠般的广告语和推销词。正基于此,理财新闻报道肩负着巨大的社会责任,它是普通理财者获取客观、公正、全面的理财信息的重要渠道。这就要求从事理财报道的记者站在投资者的角度,在理性分析的基础上客观报道,分析不同理财产品的可能收益与风险,给投资者当好参谋。

例如,近年来,国内高端白酒售价随着白酒板块的火热,一路飙升,名酒收藏和相关理财成为热点。某知名酒业曾推出一款超高端单品,规格为500ml,建议零售价3199元。其客服表示,这一版本每年产量极少,限量出售,因此更适合收藏。[1] 针对这种现象,财经媒体应该何去何从?是像某些媒体那样加入炒作的行列,还是持守客观报道,通过细致的专业分析给受众一个更理性的认知?显然,后者才是一个负责任媒体的选择,尽管这样做可能意味着更多的付出。《经济日报》就曾经刊文揭示高端白酒价格上涨背后的一些人为操作因素,如不少酒企曾在涨价之前公开发布停收订单、停止发货以及全面停开发票等消息,生产端与批发端试图通过控制货源来制造稀缺性,进而推动产品价格上涨;还有些经销商与生产商"合谋",或故意囤积

---

[1] 何昱璞:《比茅台还贵3199元超高端白酒来了!白酒成了硬通货?客服称具有收藏价值》,《中国证券报》2021年7月14日。

酒品、人为制造短缺，或发布虚假消息诱导需求，等等。报道指出，相关有违商业伦理的行为即便达到了推升价格的目的，其可持续性也值得怀疑。①

（三）善于计算，帮读者算细账

帮助读者算账应该是理财报道的重要操作思路。理财类报道的主要读者群是个人投资者，是有些闲钱的小康阶层，而非大富大贵者。理财类报道的宗旨，就是为这样一个群体做好财务规划，当好投资顾问。出色的理财报道都非常注重为读者算好细账，算明白账，在报道中做好"加减乘除"，提升报道的实用性和可操作性，使受众实实在在地受益。如果离开了数据，理财类报道就没有说服力和可信性。例如，《理财周刊》曾以"怎样年入20万元"为专题，用四篇封面文章分别从区域、行业、创业、理财四个层面展开分析，通过计算和对比，为工薪阶层提供有可操作性的增收思路。②

（四）注重实用，提高服务意识

理财类报道提高信息的实用性，就是要针对受众需要，根据所报道理财内容的特点，提出与具体社会环境条件相适应的理财方案和对策。针对频发的夏季汛情，2020年7月29日，新华网数据新闻部推出了题为《汛情严重，保险如何"买单"？》的报道，文章聚焦"七下八上"这一防汛关键时期，以大量、直观的可视化数据向读者给出"机动车保险：不是买了就能赔""农业保险：保额普遍偏低"的提醒。并且，它还用生动的图表形式展示了台风洪水巨灾保险的具体保障对象和保障金额等。③ 这样的处理，不仅显得新闻具有较强的时效性，而且还有较强的实用性和针对性。

---

① 张锐：《白酒涨价的市场成色有待检验》，《经济日报》2019年6月11日。

② 陈锐：《怎样年入20万元》，《理财周刊》2021年第2期。

③ 《汛情严重，保险如何"买单"？》，新华网新媒体，http://www.xinhuanet.com/video/sjxw/2020-07/29/c_1210726005.htm。

# 第十四章
# 财经人物报道的写作

财经人物报道是财经新闻报道中的重要板块，一直以来备受财经读者的关注。财经人物报道具有独特性，读者与被访人物之间可以产生直接情感共鸣，其关系不像人与货币、股票、期货、产品、房地产等经济物质一样依靠程式化的报道方式。在财经人物报道中，需要重点把握财经人物的显著性、特殊性、接近性，拉近人物与受众的距离，增强财经人物的可读性。

## 第一节 财经人物报道的发展历程

从 1949 年至今，财经人物报道的发展历程大致可以分为五个阶段：初始期(1949—1977 年)、探索期(1978—1991 年)、发展期(1992—2000 年)、稳定期(2001—2008 年)和繁荣期(2009—至今)。

第一阶段是初始期，时间范围是从 1949 年到 1978 年。这一阶段，中华人民共和国刚刚成立，百业待兴，全国上下以极大的热情投入国家建设，经济人物报道带有较为明显的政治色彩，人物选取注重思想性、典型性、代表性，挖掘人物投身生产、现身革命的动人事迹，以达到宣传效果，如《执行毛主席革命路线的带头人》①《中国工人阶级的先锋战士——铁人王进喜》②《东北创造生产新纪录的模范赵国友》等。《东北创造生产新纪录的模范赵国友》写道："赵国友同志……是一位非常富有钻研创造精神的青年技术工人。……这样每切削一个塔轮所花费的时间就减少到两点二十分，突破了伪满的最高纪录。……新纪录运动是科学和技术相结合的一个好的典型，也是工人主人翁思想的具体体现。"③这篇报道结合当时的政治语境，表扬模范、

---

① 《执行毛主席革命路线的带头人》，《人民日报》1970 年 12 月 10 日。
② 大庆革委会报道组，新华社记者：《中国工人阶级的先锋战士——铁人王进喜》，《人民日报》1972 年 1 月 27 日。
③ 《东北创造生产新纪录的模范赵国友》，《人民日报》1949 年 12 月 10 日。

宣传典型，凸显工作效率，读来让人热血沸腾。这个阶段的财经人物报道，读者都会经历一次崇高的精神洗礼，学习报道中人物的优秀品质，并成为民众公认的价值追求。

第二阶段是探索期，时间范围是从党的十一届三中全会到党的十四大（1978—1992 年）。随着十一届三中全会的召开，党和国家把工作重点转移到社会主义现代化建设上来，在思想上完成拨乱反正的任务，恢复党内民主集中制，在国家的发展战略上，做出了实施改革开放的重大决策。① 这一阶段的财经人物报道的特点发生了明显变化，通过人物报道来传递国家政策与意志的方式逐渐淡化，人物的多样性开始显现，也更加贴近现实和实际，以反映改革开放过程中不同人物的创新探索和思想情感变化。如 1986 年《经济日报》刊载的长篇通讯《关广梅现象》，描述了辽宁本溪的蔬菜公司女员工关广梅在 1984 年承包副食品商店，当年就获得利润 18 万元，随后两年她又承包了另外三家副食店，租赁 8 家商店，共为国家创利 100 多万元的故事。作品没有回避矛盾和问题，直面针对关广梅的批评，对"资产阶级自由化""剥削""垄断"等观点进行了充分的讨论。

第三阶段是发展期，时间范围是从十四大至中国加入世界贸易组织（1992—2001 年）。1992 年邓小平发表"南方谈话"之后，市场经济深入发展并成为中国经济发展的主旋律，中国人从理念上开始转变，市场经济的触角深入日常生活的每一个角落。媒体报道的重点开始转向明星企业家，重点关注其企业发展理念、模式等方面，探讨他们在改革开放过程中的经验和教训。胡志标、史玉柱、柳传志等乘着市场经济东风崭露头角的企业家被媒体多方位报道，一时间成为改革开放的英雄楷模。从报道风格上看，这一阶段的财经人物报道进一步向全方位、多视角、立体化转变，尽管人物的英雄主义色彩依旧存在，但与第一二阶段相比，人物的平民化迹象已经较为显著，报道内容进一步丰富，包括了人物出生、生活环境、发家经历、企业概况、管理方式、经营理念、转型经过、政策解读、外部关系等方方面面。

第四阶段是稳定期，时间范围是从中国加入世界贸易组织至 2009 年前后（2001—2009 年）。随着中国加入世界贸易组织，中国经济面临前所未有的机遇，经济快速增长，在全球的经济地位显著提升。这一阶段的财经人物报道不再局限于国内企业家，经济学家、国外的知名企业家等都进入了报道

---

① 赵智敏：《财经新闻报道实务教程（第 2 版）》，中国传媒大学出版社 2018 年版，第 163 页。

视野。林毅夫在担任世界银行高级副行长之后成为国内财经媒体报道的焦点，集中涌现了《盘点 2008 财经人物 中国经济实力代言人：林毅夫》《回台祭祖林毅夫洒泪》《人物：林毅夫 中国经济的"客观派"》等相关报道。在"全民炒股"的背景下，美国"股神"巴菲特受到格外关注。2001 年股市大跌，很多股民开始崇尚股神信仰，媒体抓住时机报道巴菲特等人，出现了《中国股市 10 万个为什么 巴菲特来中国干什么?》①《资本教皇巴菲特是否"为富不仁"》②《投资而非投机：巴菲特的赚钱哲学》③等报道。

第五阶段是繁荣期，时间范围是从 2009 年至今。2009 年 4 月，人民日报创办了 30 年的《市场报》纸质版停刊，同年 6 月，《市场报》网络版开通。同年下半年，新浪网、搜狐网、网易网、人民网等门户网站纷纷开设或测试微博功能，自媒体发展步入一个新的阶段。受互联网技术的深刻影响，财经人物资讯随之增多，财经人物报道呈现多元化和碎片化趋势。一方面，各大传统财经类媒体纷纷开始重视两微一端的建设，人物报道风格逐渐趋向"短平快"，人物特点更为鲜明，可读性也更强。另一方面，财经自媒体发展如日中天，一定程度上抢占了原有传统财经媒体的用户群。数据显示，2020年胡润中国最具影响力财经自媒体排行榜公布，财经要参、财经早餐、饭统戴老板、功夫财经、九边、牛弹琴、售楼处、吴晓波频道、叶檀财经、智谷趋势等自媒体进入榜单前十。这些自媒体抓住了当代网民的口味，输出了众多财经人物报道，广受大众喜爱。比如《财经要参》报道的《太突然！刘强东再爆大料！谁也没想到又是他》《今晚，马云哭了》《骗了国家 28 亿！中国最神秘首富，终于凉了!》等，都达到了 10 万+的阅读量。

## 第二节　财经人物报道的分类

按照报道特征，财经人物报道可以分为以下四种形式，即事件性财经人物报道、专题性财经人物报道、周期性财经人物报道和话题性财经人物

---

① 水皮杂谈：《中国股市 10 万个为什么 巴菲特来中国干什么?》，《中华工商时报》，2004 年 11 月 10 日。

② 钱琪：《资本教皇巴菲特是否"为富不仁"》，《21 世纪经济报道》2003 年 5 月 21日。

③ 侯利红：《投资而非投机：巴菲特的赚钱哲学》，《第一财经日报》2005 年 5 月27 日。

报道。

### 一、事件性财经人物报道

事件性财经人物报道是主要通过财经新闻事件来反映财经人物的报道。这类报道实效性、新闻性都比较强，便于通过事件发展过程展现人物特点，通过事件矛盾表现人物的思想性格，是一种较为常用的报道类型。2021 年 7 月，郑州发生特大洪涝灾害，鸿星尔克在年亏损 2.2 亿元的情况下，董事长吴荣照向郑州市红十字会捐款 5000 万元，引发全网强烈舆论，众多财经媒体对吴荣照进行了专题报道。新浪财经紧扣该事件，回溯了吴荣照的创业经历和心路历程，进而揭示了他为灾民"撑一把伞"的心意。

## 鸿星尔克"鞋二代"吴荣照历险记：几经沉浮，卷土重来

陈晓

"我是一个鞋匠，鞋匠做什么鞋都要对得起良心。"吴荣照在微博上回复网友时说。

1977 年出生于"鞋匠世家"的吴荣照出生，家境已经比较殷实。其父亲从 80 年代就开始在泉州跟着别人做鞋厂，后来单独出来成立自己的公司，接外贸制鞋的单子。直到 90 年代，吴荣照的父亲成立了鸿星鞋业，便是鸿星尔克最早的雏形。

当时，鸿星尔克与安踏、李宁、匹克等本土运动品牌几处同一起跑线，都是以小作坊起步，逐渐发展成为接外贸单的代加工厂。

得益于国际几个知名品牌的代加工订单，鸿星鞋业公司在泉州日益发展壮大。1999 年吴荣照准备出国深造，学设计出身的哥哥吴荣光在家庭会议上提出，应该打造自有品牌的想法。吴荣照在家庭会议上给哥哥投了赞同票，他觉得与其给国际大牌做代工，不如认认真真做自己的品牌，鸿星尔克品牌于是正式"出道"。

但现实比想象的残酷，由于创立品牌需要大量的资金，原有的公司股东纷纷撤资，鸿星尔克变成了一个"空架子"。后来在接受媒体采访时，吴荣照曾表示那时候鸿星尔克刚成立，只有 300 多万元的应收账款，几十万的现金和一库房的积存外贸鞋产品。

吴荣照建议哥哥引进外来战略投资，为了提升客户黏性和认同感，吴荣照兄弟还史无前例地建立了独家代理模式。在这样几番史无前例地

操作下，鸿星尔克转危为安。2003 年，吴荣照拿着海归硕士的证书回国，还没在公司大展拳脚，就遇到了一辈子都难以忘记的事情——在 2021 年 7 月 22 日晚上，他回答网友此次捐款 5000 万元的原因。

"雨下得很大，风也很大，整场雨下过之后，我们一库房即将要向客户交付的运动鞋全部泡水，无法按期交付"，现在回忆起几乎要了鸿星尔克命的那场台风雨，吴荣照依然情绪非常激动。

因此，在这样的经历和情绪下，他反复强调自己知道"淋雨的滋味"，于是就想在别人遭遇水灾的时候给他们"撑上一把伞"。

（《新浪财经》，2021 年 7 月 28 日）

在 2021 年 7 月，正值东京奥运会举办，体育品牌的常规关注点主要集中在 Nike、Adidas、Puma 等知名体育品牌的新型高科技体育装备，以及中国体育代表团所穿的民族品牌安踏、李宁等方面。但是突发性事件提供突发性新闻，郑州暴雨具有不可预测性，鸿星尔克捐款也未必有精心设计与打算，特定的环境、鲜活的事件和人物共同造就了这篇人物报道，从而使得其实效性与新闻性兼备。

**二、专题性财经人物报道**

专题性财经人物报道是聚焦某一具体专题，将报道对象的相关经历、观点，甚至衣食住行等方面的材料整合加工而成的报道。此类报道往往选取知名财经人物，注重其生活工作细节的挖掘和呈现，引起读者的兴趣。一般而言，专题性财经人物报道偏爱报道大公司总裁、高管以及知名企业的公众人物，展示他们的工作、娱乐、公共关怀和日常状态的独特之处。比如美国《财富》杂志报道王健林唱卡拉 OK、《初入职场的我们》报道董明珠参与担任面试官、新华网等媒体报道刘强东化身快递小哥配送快递等。通常情况下，专题性财经人物报道对时效性要求不强，但可读性往往很高，其重点往往不在于挖掘报道对象的企业经营理念，而是充分描绘他们的个人魅力与核心特质。近年来，较为成功的专题性财经人物栏目是中央电视台经济频道的"财经人物周刊""走进大咖"。"走进大咖"栏目自 2015 年以来共播出过五季（截至 2021 年），采访的财经人物涵盖了各领域的知名企业家，如联想集团的柳传志、万达集团的王健林、华谊兄弟的王中军、SOHO 中国的潘石屹、百度的李彦宏、格力电器的董明珠、小米科技的雷军等。这些专题性财经人物报道不仅引起了许多财经爱好者的关注，也受到不少非财经受众的喜爱。

从 2019 年 8 月开始，搜狐财经、搜狐智库联合《经济》杂志主办了名为《致知 100 人》的财经人物专访栏目。截至 2021 年 9 月，《致知 100 人》已经制作第 136 期，从 2019 年 8 月第 1 期的 IMF 前副总裁朱民到 2021 年 9 月第 136 期的泰康董事长陈东升，《致知 100 人》栏目对财经人物的访谈基本上涵盖了中国经济的各个领域。这个财经人物访谈从信息覆盖面和传播速率上都充分利用好了网络平台的优势，使观众在浸入式感知人物的过程中了解了相关领域的前沿资讯和未来走向。

### 三、周期性财经人物报道

周期性财经人物报道是按照周期性事件的特点而有计划地制作报道的一种类型，它往往围绕重大节日或某一周期性经济事件，选取符合现实需要的财经人物进行报道。一般情况下，周期性财经人物报道需要事先的策划组织，比如每年"3·15"期间关于问题企业负责人的调查性报道，每年"618"和"双 11"期间对刘强东、马云等人的专访，每年 6 月的食品安全宣传周对龙头食品企业的企业家的专题报道等，相关媒体人都要结合相关报道要素进行预判，提前准备、制订预案，并在报道过程中不断优化调整。

自 2015 年起，新浪财经、人民日报客户端、吴晓波频道每年联合举办经济年度人物评选活动，从"创新性、颠覆性、前瞻性、成长性、持续性"5 个维度出发，评选出 10 位年度经济人物。这类媒体活动常常会成为财经人物报道的"富矿"，相关媒体会推出多种类型的报道，包括综合报道和专门的个人访谈等。在疫情背景下，2020 年的第六届评选活动格外具有意义，相关报道也更加主题明确，内容丰富。

#### 2020 十大经济年度人物揭晓：曹德旺、王传福、钟睒睒上榜（节选）

##### 第一财经编辑部

2 月 8 日，由第一财经、新浪财经、吴晓波频道联合出品的"2020 十大经济年度人物评选"，揭晓最终获奖企业家名单。

福耀玻璃工业集团股份有限公司董事长、创始人曹德旺，浙江中控科技集团创始人褚健，迈瑞医疗董事长李西廷，青岛啤酒集团（公司）党委书记、董事长黄克兴，通威集团董事局主席刘汉元，比亚迪董事长兼总裁王传福，国药集团中国生物技术股份有限公司董事长杨晓明，宁德时代董事长曾毓群，高瓴创始人兼首席执行官张磊以及农夫山泉创始人、董事长、总经理钟睒睒当选"2020 中国经济年度人物"。

此外,小鹏汽车董事长兼 CEO 何小鹏,元气森林创始人唐彬森,泡泡玛特创始人、CEO 王宁等获得"2020 中国经济年度人物新锐奖"。

"2020 十大经济年度人物"评选是十大经济年度人物评选的第六年,主题延续往年"致敬时代驱动力",以"创新性、颠覆性、前瞻性、成长性、新锐性"五大维度,寻找在这个转型时代下引领商业之美,产业创变,时代之潮的领导型企业家。评选于 2020 年 9 月正式启动,经过机构(评委)推荐、大众投票、评委复评会等环节,历时五个月评选出最终"2020 十大经济年度人物"及"2020 经济年度人物新锐奖"得主。

2020 年,新冠肺炎疫情来势汹汹,复杂多变的外部环境给企业发展提出了严峻挑战,也考验着企业家们的担当与坚守。虽然百业艰难,但危中有机,创新者胜。在此背景下,寻找中国经济榜样力量,致敬时代最强驱动力尤为重要,"2020 十大经济年度人物"的揭晓更加意义非凡。

联合主办方、第一财经总编辑杨宇东认为,近年来全球主要经济体之间的关系告别了稳定期,正在发生深刻的变化,所以在这次评选中,我们也更关注候选人物所带领的企业在技术上的核心竞争力,产业链上的优势,以及自主创新的能力。另外,随着改革的深化和市场的成熟,无论在产业界还是投资界,长期主义正越来越成为共识和主流,"这批当选的年度人物都是愿意走最远的路,做最好的产品的长期主义者,我认为这不是巧合,既令人欣喜,也代表着各方对中国企业和企业家更坚定、更长远的信心。"

新浪高级副总裁邓庆旭表示,2020 年是企业领袖们的大考之年,时间给了年轻人逆袭的机会,也给了老兵们重生的机会,经受过考验的企业家,才能成为优秀企业家。而企业领袖的影响力,不仅仅意味着财富的增长,更意味着创新、远见,以及责任与担当,"通过我们的观察和笔触,遴选在 2020 年具有榜样力量的中国经济领袖人物,以严谨和特别诚惶诚恐的心态投下了我们(评委)每个人的一票"。

"在巨大的挑战面前,中国企业家朋友们并没有浪费这场危机,而是大家纷纷地走出了舒适区,去拥抱变化,去成为那个挑战危机的勇敢者。"评委会主席、著名财经作家吴晓波表示,过去五年内中国经济经历了非常大的产业周期变化,新冠肺炎疫情等给 2020 年的中国产业经济造成了很多出人意料的偶然性事件,以及发展过程中的种种突然变化。在这样的过程中，中国的经济体系经受了巨大的内部和外部压力的考验，2020 年在全球的前二十大经济体中，中国大概率是唯一一个保持正增长的国家。

"十大经济年度人物"被誉为中国经济界的"奥斯卡"。过去五年荣获"十大经济年度人物"的有董明珠、宗庆后、雷军、周鸿祎、梁建章、郁亮、李宁、程维、陈东升、张文中、刘庆峰、刘永好等知名企业家。这些获奖企业家无一不是各行各业的商业领袖，他们有来自实业的老将，也有叱咤风云的科技大佬，还有来自新兴行业的年轻企业家。

（《第一财经》，2020 年 2 月 8 日）

### 四、话题性财经人物报道

话题性财经人物报道是就某一热点财经话题而采访制作的新闻报道，它常常依托正在发生或即将发生的新闻事件，经由记者和被采访对象的充分沟通而形成。这类报道往往由企业发起，吸引媒体对其 CEO 等高层次人士进行采访报道，短时间内形成网络热门话题，从而提升品牌影响力。所以，话题性财经人物报道一般正面宣传较多，企业宣传团队干预也较多。比如每年小米新品发布会，都会有网络媒体报道小米总裁雷军。

### 雷军 100 亿元注册小米汽车公司 亲任法人代表带队造车（节选）

#### 向炎涛

2021 年 9 月 1 日上午，小米集团通过官方微博账号"小米公司发言人"宣布，小米汽车有限公司完成了工商注册，注册资本为 100 亿元，公司法定代表人为雷军。这意味着备受关注的小米汽车迎来了关键性的里程碑。

2021 年 3 月底，小米集团创始人雷军在宣布造车的演讲中表示，未来十年小米将投入 100 亿美元造车，首期投资为 100 亿元人民币，而自己将亲自带队，押上人生全部的声誉，为小米汽车而战。如今雷军以行践言，出任小米汽车有限公司法人代表，亲自带队造车。

（《证券时报》，2021 年 9 月 1 日）

## 第三节　财经人物报道的写作原则与方法

　　财经人物报道是财经报道中阅读门槛相对较低的类型，一般都是围绕某一个或某一群体的特定人物进行报道，达到传递财经资讯、市场行情、企业发展信息，进而传播企业文化、解析经济现象等目的，受众范围非常广泛。与股市、基金、债券、资产证券化、衍生品市场等报道不同，由于报道对象由"物"或"事"转向"人"，此类报道更注重人物的多方面展示，包括性格、情感、经营理念甚至兴趣爱好等，基于此，其写作原则和方法也具有一定的特殊性要求。

### 一、探寻人物特征，剖析人物性格

　　人物特征包括外貌特征、性格特征、品质特征等，在财经人物报道的过程中，从外貌到性格再到品质，写作的深度是由浅入深、由表及里。一篇财经人物报道能够将财经人物的三方面特征全部涵盖进来，就可以称为一篇优秀的财经人物报道。

　　《马云雷军等人把柳传志当"偶像"，却很少接触任正非，这是为何?》[①]是一篇深度挖掘人物特征、剖析人物性格的文章。关于柳传志，文中提道："说起柳传志，可能大多数人对他并没有多少印象。"从这句话可以看出，柳传志的外貌不像马云、马化腾一样在人们心目中有极高的识别度。从"并没有多少印象"这句话可以非常明显地感受到他不仅仅是相貌上普通，其穿衣、行为等外在的显露都让人觉得低调。这种简单的侧面反映，实际上也反映出柳传志的性格特点，那就是低调。文章进一步分析柳传志性格的个性特征，提道："柳传志在参加联想的活动时都是亲力亲为，但任正非却非常低调，很少和国内企业家坐下来讨论问题，甚至连互联网大会都缺席。由此可见其对参加企业家聚会并不热衷，再加上其业务与雷军、马云都有竞争，这些企业家既得不到他的教诲，又与其业务竞争，自然在亲近度方面不如柳传志。"显然，柳传志的低调与特别"低调"的任正非有一定的差别，作者通过对比方式进一步刻画了柳传志认真负责、亲力亲为的性格特征。关于人物品质，文中提道："包括因挪用公款13万元入狱的孙宏斌，在出狱后主动向

---

　　① 白鹿:《马云雷军等人把柳传志当"偶像"，却很少接触任正非，这是为何?》，网易手机网，2021年9月2日。

柳传志承认错误，并希望自己在重新创业时能得到他的帮助。柳传志借了500 万元支持他创业并送了他 50 万元，此后的孙宏斌不仅还了柳传志的 500 万元欠款，还收购了联想的地产项目，两人一直保持着联系。"通过对其外貌、性格、品质三方面的介绍，柳传志的大度、慷慨、包容而又乐于助人的企业家形象呼之欲出，极大拉近了"财经大咖"与普通百姓的距离，柳传志不再像人们所认知的那样遥不可及、过度神话。

### 二、采用恰当视角，保持一定距离

　　财经人物报道必须要对报道对象充分了解，又要保持合适的距离，使用恰当的视角，以客观真实地展现人物的所作所为、性格特点和思想品格等内容。在《走进大咖》等电视栏目中，很多报道者都会深入财经人物所在的企业，通过参与式观察和深度访谈的方法来获取财经人物的信息。这样近距离观察深入采访便于充分了解财经人物，但是在表达上，又需要与报道对象保持一定的距离。这里我们所讲的距离是新闻报道写作上需要营造距离感，如果与人物距离过近，报道就可能给受众留下一种人物宣传及推广的印象，从而使受众产生隔离感，影响新闻报道的真实性和可接受度。另外一种距离是客观条件限制的结果。有些情况下，受采访经费、报道周期等限制，作者没有办法通过参与式观察和访谈等方式进行人物报道，往往会通过相关人物在其他媒体平台的报道、社交平台动态、企业网站宣传稿等渠道获取二手资讯，搜集整理并分析，形成对财经人物的报道，这种方式相较于第一种来说，与财经人物有一定的距离。

　　因此，在一定程度上，作者与采访对象保持距离，有助于增强新闻报道的客观真实性，也有助于提升受众的兴趣程度。选择好视角、保持好距离，是写好财经人物报道的必备条件。例如：

### 罗永浩去哪了？

#### 谭宵寒

　　锤子科技创始人罗永浩最近在忙什么？

　　在微博上，曾经发言活跃的罗永浩现在像个没有感情的转发机器人。

　　2 月一整月，罗永浩共发出 41 条微博，全部都是转发，甚至不带转发语，这其中绝大多数和他 2019 年新推出的社交产品聊天宝相关，还有几条或许是和其他公司的合作营销。

当下的锤子科技正面临重重尴尬，其中之一便是手机的大面积缺货。

2月初，锤子科技天猫旗舰店商品已全线下架。目前，锤子官网上，从手机坚果R1到净化器、数码配件，几乎都处于售罄或缺货状态，2018年重磅推出的PC个人电脑TNT也已下架。唯一还有库存的是锤子科技京东旗舰店，但手机也仅有坚果R1炭黑色，型号为6G+128G和8G+128G的手机有货，另外在售卖的还有部分型号的行李箱、数据线和耳机。

还有更糟糕的消息。

3月1日中午，《电脑报》旗下账号"机智猫"在微博上称，有消息人士透露，锤子科技新手机2018年已立项，预计2019年下半年推出，届时可能还会推出一些数码周边，手机近期将批量补货，新机搭配全键盘等配件的可能性很大。

紧随其后，界面新闻发出报道称，界面新闻记者从接近锤子科技内部人士处得知，锤子科技基本停止新手机的研发，目前团队主要工作停留在维持系统和产品基本运维上。

截至《中国企业家》本文发稿，关于上述两条消息是否属实，尤其手机新品研发是否已被叫停，锤子科技官方未给出回应。

不过，10天前，锤子科技产品经理朱海舟曾在微博上提到过这个问题。

2月21日，朱海舟在微博上说，"TNT系统作为核心业务一直在高速推进。我们不仅不会放弃，还要保持领先"。一位用户在此微博下留言说，"能有下一步sos手机再说吧"。朱海舟的回答是，"谁说一定是手机呢，当然手机不会少"。

负面消息一个接一个，主角罗永浩却似乎消失了。

### 难忘高光时刻

2017年对于罗永浩和他的团队来说，是值得眷恋的一年。

这年5月，锤子科技推出了它的第5款新机坚果pro，该产品大大改善了公司营收状况。坚果pro发布后3个月，已满腹信心的罗永浩已为2018年的锤子科技规划好了成为"正规厂商"的目标，并准备在未来的每一年，围绕高中低三个档位，推出5~6款产品。

更为关键的是，这年 8 月，锤子科技拿到了新一轮共计 10 亿元的融资，其中成都市政府方面领投 6 亿元。

当时以为已经度过"最凶险的 2016 年"的罗永浩，一度不吝讲起过往那些艰难时刻。"我们差一点要倒闭了，经历了两次发不出工资，第一次是三天，跟他们说银行系统出了问题，所以有一笔到款晚了，只能下周发。"

颇有些忆苦思甜的意味。

但危机很快在 2018 年卷土重来，成都公司解散、高管离职、资金链断裂种种传闻接踵而至；同年 5 月发布的新品，也就是那款售价高达 9999 元的坚果 TNT 工作站，备受质疑，甚至成为笑柄。

一些人把锤子科技当下的尴尬局面归咎于彼时去做 TNT。"手机业务刚刚有起色，就不好好做手机了，去做什么 TNT。"在锤子科技贴吧，一位网友如是评论说。

经历了 TNT 风波，2018 年 8 月，罗永浩再度发布一款与手机业务无关的产品，社交 App 子弹短信。子弹短信隶属于快如科技，它的天使轮数千万元由锤子科技投资，快如科技创始人和联合创始人都来自锤子科技，在工商信息系统里，担任锤子科技 CEO 的罗永浩是快如科技间接控制人。

子弹短信很快爆发，迅速攀升至 App Store 免费榜和社交榜首位。至少在那几天，微信朋友圈里贴满了"欢迎加子弹短信"的二维码。8 月 28 日，罗永浩在微博宣布，子弹短信上线 7 天，快如科技已完成第一轮 1.5 亿元融资。这或许是 2018 年外界对锤子科技又燃起希望的时刻。

只是，这款罗永浩全力推广了半年的社交产品，很快成为过去式。经历了爆红之后，迎接子弹短信的是数据跌落。2019 年 1 月，罗永浩带着改版和更名后的聊天宝归来，但该动作对锤子科技整个大盘的影响已十分有限。

最新消息是，罗永浩已成为快如科技的历史股东。

据天眼查，罗永浩已于 2019 年 2 月 5 日、28 日分别退出了快如科技的两个间接控股公司天津云上漫步科技合伙企业(有限合伙)、天津云上畅游科技合伙企业(有限合伙)的股东行列。

从手机到净化器、行李箱、TNT 工作站、社交软件，罗永浩这几年从未停止为锤子科技寻找方向的步伐，但结果似乎并不令人满意。

### 新去向成谜

在社交平台不再活跃的罗永浩，这几天在人们的镜头里还是出现过的。

2月28日下午，罗永浩现身首届社交电商峰会温州站。这是一个电商平台的招商活动，全程他只上台说了一句话，"祝×××招商大会圆满成功，也能在今年形成各方多赢的局面"。这次短暂的站台行为，在网络上被传为"5万元出场费为微商站台"。主办方后辟谣，称罗永浩是因为好朋友的关系才过来参加活动的。

罗永浩还去了趟深圳。

2月21日，有网友称，罗永浩正在深圳寻找代工厂，并附上了罗永浩的照片。随后，一张罗永浩与波顿集团旗下吉瑞科技董事长刘秋明在波顿集团办公室的合影曝光，而该公司主营业务为电子烟研发、生产和销售。据腾讯《一线》报道，有接近罗永浩的人士证实，罗永浩将进入电子烟领域进行二次创业。

这或许是罗永浩的新选择。

从2016年年中开始，锤子科技就频频陷入卖身传闻，在2019年年初，交易终于迈出实质性一步。1月22日，字节跳动证实，已收购锤子科技部分专利使用权，用于探索教育领域相关硬件，随后部分锤子科技的员工合同转入字节跳动。

一位锤子科技员工曾告诉《中国企业家》，与字节跳动签合同的主要包括手机、配件、净化器等硬件业务和一部分软件业务的员工，而锤子科技的部分员工早已分流到快如科技去了。

员工们有了去处，高管们也早已有了新动向。

锤子科技001号员工、原用户体验中心副总裁朱萧木已离职创办电子烟品牌，罗永浩在推出聊天宝发布会上，宣布了这一消息；另外，锤子科技002号员工、原设计总监肖鹏加盟了OPPO，任旗下品牌realme的设计总监。

关于锤子的后续发展，罗永浩只字未提。

也是在聊天宝的发布会上，罗永浩表示，"外面有很多传说，我们保持沉默并不是说有什么要隐瞒的，而是情况瞬息万变，我们要等一些东西确认了，或者过了保密期，才会与大家公布"。

太久没有锤子的消息，网络上已是热议纷纷。

"锤子会倒闭吗?"有人在贴吧问。

"不会宣布的。就像牛博网、老罗英语一样,只会最后悄无声息地消失。"另一位用户答。

（《中国企业家》,2019 年 3 月 3 日）

此文是一篇典型的通过二手资料进行整理形成的财经人物报道。首先,该新闻报道将视角集中于"罗永浩怎么消失了?"从该视角出发引出锤子科技目前经营状况的问题,并以此为切入口,分析罗永浩在网上不再高调出现的原因。其次,借助罗永浩本人的微博、朱海舟的微博、天眼查、锤子科技天猫旗舰店、腾讯《一线》等渠道,汇总与罗永浩本人相关的近期信息,以第三人的视角客观分析与判断罗永浩"消失"的缘由,即或与因锤子科技经营艰难但未找到新的企业发展点密切相关。再有,通过罗永浩的行为透视其投资逻辑,通过此方面反映罗永浩的性格特点。报道中讲到做手机到 TNT 再到社交 App 子弹微信,隐约可见报道所持有的观点态度,就是认为罗永浩未能在科技领域的某一方面进行深耕,每一个领域都蜻蜓点水,可能成为他失败的原因。最后,报道中提到公司经营困难、转战全新领域、高管离去、找代工厂、站台电商等,反映出罗永浩不服输、不断探索新商机而又颇有无奈的境遇,文终而意无穷,给读者留下了想象的空间。

### 三、围绕主题写作,凸显问题意识

不论是专题性财经人物报道,还是事件性、周期性、话题性财经人物报道,所有的财经人物报道都需要围绕一个主题进行写作,一篇没有主题的报道,显然是没有"灵魂"的。对一位财经人物进行报道,无需了解其生活的一切,更无需把报道当作人物"传记式"地刻意塑造与情感描绘上。同时,作者需要在确定相关主题的基础上,通过报道来带领受众发现问题、分析问题和解决问题,即作者必须具备较强的问题意识。

寻找主题与探索问题对于一名新闻工作者来说并非易事,对于财经人物的报道更是如此,这就需要"事实刺激条件""刺激"形成报道主题,以确定报道的问题方向。一般而言,选择一位财经人物进行报道,需要具备以下三个条件之一:第一,相关行业领域发生重要新闻,且该人物又是该行业领域的代表人物;第二,知名企业发生重要事件,该人物为该企业主要负责人;第三,中央地方发布相关政策、指导意见,会影响某一经济领域或产业领域,该人物又是该领域的知名人物。

## 「人物」格力"造梦者"董明珠(节选)

林腾　宋佳楠

一场拖了7个月之久的换届选举,从最初的扑朔迷离,到最后竟变成了毫无悬念。

1月16日,随着格力电器股东大会的高票通过,董明珠终于顺利连任格力电器董事长一职。

关于董明珠能够顺利连任的理由,目前依旧没有一个明确的说法。有人说是董明珠治理下的格力电器业绩完美,也有人说格力电器离不开董明珠,除了她,没有人能够胜任这个职位。

董明珠自2012年正式出任格力电器董事长。在上任的6年时间里,她确实将销售空调的能力发挥到了极致,实现营收增长1倍,利润增长2倍。2018年9月,董明珠称用9个月完成了去年一整年的目标,将成功兑现2000亿元收入的诺言。

但同样是这6年,董明珠执掌的格力电器似乎成为异类,走出了一条与许多传统家电公司截然不同的路。

老对手美的的方洪波,斥巨资"吃"下了库卡,从此多了一项新兴业务——机器人。TCL的李东生则在内部孵化出了面板公司华星光电,并将传统家电业务彻底剥离。而创维的黄宏生,则另起炉灶做了南京金龙,所生产的新能源客车销量节节攀升。

唯有董明珠,当竞争对手们忙于转移产业重心之时,依然倚赖于老领导朱江洪一手打造的核心业务,尚未标记出属于自己时代的符号。而这恰恰关乎着格力的未来,毕竟现在的空调业务离产业天花板可能只有几步之遥。

据招商证券研报,中国空调内销的终极平衡点在约9000万至1亿台之间,而2018年国内空调销量将突破9000万台,平衡点即将到来。

格力电器2018年半年度报告显示,除空调外,生活电器和智能装备占格力总营收均不超过5%,其中董明珠卖力宣传的智能装备营收同比下降63.02%。换句话说,格力的优质业绩基本全靠空调一个品类撑着。

董明珠真的能许给格力一个新未来吗？

（《界面新闻》，2019 年 1 月 17 日）

　　这篇文章符合财经新闻报道的第二个条件："知名企业发生重要事件，该人物为该企业主要负责人。"首先，格力是中国空调的龙头企业，符合知名企业的标准；其次，董明珠也是格力的董事长，属于企业的重要负责人；最后，格力选举产生 CEO 这一事件，一定程度上会影响格力未来的战略布局，以至于可能影响中国空调行业未来的市场分配与发展走向，因此该事件可以算作财经领域的重要事件。在此三重背景下，《界面新闻》对董明珠进行人物报道显然是符合财经人物报道的基本条件的。

　　尽管《界面新闻》中报道的背景是董明珠"高票连任"，但是其主题是围绕格力集团的"业务深耕"问题进行讨论。在文章的开头就讲到格力董事长的选举从最初的"扑朔迷离"到最后"毫无悬念"，这是一件让民众很感兴趣的问题：董明珠是如何做到"连任"，并以高票的方式实现连任的？文中从侧面解答了民众的疑惑，文章提到格力与竞争对手美的、TCL 不同，格力并没有转移产业重心，尽管空调业务是前格力老总朱江洪打拼下来的核心业务，但是在董明珠手里格力实现了营收增长 1 倍，利润增长 2 倍，并且兑现2000 亿元收入的诺言。从中可以看到，尽管在业务结构上遭受质疑，但是在业务营收上展现了董明珠能够胜任格力董事长的实力。显然，这篇报道的主题是非常清晰的，即"董明珠带领格力成为空调行业的领头羊，也同样有资格继续在空调行业持续'深耕'，使格力发展更上一个台阶"。

### 四、揭示经济规律，探寻企业文化变迁

　　与其他财经新闻报道有所不同，财经人物报道都是以人物为切入点，基于人物的描写，揭示经济规律，并担负探寻企业文化的任务。严格意义上说，财经人物报道属于财经新闻的一个子类，它既要写实写活人物，使其特点鲜明，性格清晰，又要能通过对人物的描写展示经济规律、特点以及人物背后的思想和文化追求。如果一篇报道仅仅就为了塑造一个财经人物，显然是不够的，它只能说是一篇合格的人物报道。只有通过报道对象，挖掘其背后的经济、企业等财经元素，这篇报道才算得上是一篇合格的财经人物报道。

　　要通过财经人物揭示其背后的经济规律及企业文化，需要对相关人物、企业、行业有充分的了解。为了做好对董明珠的报道，《走进大咖》以董明

珠为切入口，栏目组驻点珠海，深入格力电器企业内部，充分了解格力集团，对董明珠管理企业的日常全部记录下来。再比如，中央电视台《面对面》栏目在对曹德旺进行专访，特意强调了曹德旺的办企业宗旨，凸显他的企业文化特征："曹德旺说，他去美国开工厂，不是为了赚钱，而是为了让美国人改变对中国以及中国人的看法。"同样，在2019年《中国企业家》曾经对雷军也做过一次专题性报道，报道重点主要集中在小米公司的企业发展历史与战略布局上。

## 雷军走过小米粥时代：没有一步不难

### 梁睿瑶

这一年雷军很忙，年初提出了小米双轮驱动战略"手机+AIoT"，年中重新挂帅小米中国区。

"中国市场是我们最重要的市场。"雷军告诉《中国企业家》，他不止在一个场合表达过这样的观点，亲自挂帅的首要目的就是表明态度，即小米对于中国区业务的重视。

在新开拓的欧洲市场，小米在今年第三季度获得了10.5%的市场份额，排名第四，出货量同比增长73%。然而，在处于5G更新换代节点的中国市场，小米过得并不轻松。

手机厂商的5G春天尚未到来。市场调研机构Canalys数据显示，2019年第三季度，中国智能手机市场整体同比下滑3%，国内手机厂商除了华为出货量大增66%，其余知名品牌均有两成以上的下滑，竞争进一步加剧。

这是小米最难的一年？作为小米集团董事长兼CEO，雷军回顾9年创业历程，得出一个结论：没有一步是不难的。

"9年中多少次有人说，小米是不是不行了？但我们每一次，都用无可辩驳的事实回应了一切怀疑。"雷军直言。

小米2010年成立，一开始切入的手机市场就是红海，那时候不仅有诺基亚、苹果和三星的竞争，也有中华酷联(中兴、华为、酷派、联想)，以及各种山寨机的冲击；布局AIoT，尤其是电视等产品时，小米也面临着数个传统家电品牌的竞争。

2010年4月6日，北京中关村银谷大厦，雷军和初创团队一起，每人喝了一碗小米粥，小米就此成立。如今，9岁的小米早已从"喝了小米粥干革命"的阶段，进入全面国际化和多元化的时刻，雷军将如何掌舵小米这艘巨轮？

### 打造朋友圈

5G 带来的"快速"影响并不止于消费者领域，工信部部长苗圩在今年 9 月定下论调，5G 的应用场景 80% 应该是用在工业互联网领域。

"今年两会我提出的建议之一，就是关于布局 5G 应用，推动物联网创新发展的建议。"雷军表示。小米在 2015 年就参与了 5G 标准的制定，在工业互联网方面也进行了一些尝试，迈出的第一步，便是在北京亦庄投建小米 5G 未来智能工厂，今年 12 月底，这座未来工厂将建成投产。

未来工厂是研发和生产小米旗舰手机的实验工厂，第一期设计产能是 100 万台智能手机，工厂将大规模使用自动化产线、5G 网络机器人、大数据、云服务等技术，预计每分钟能自动生产 60 台智能手机，效率比传统工厂提升 60% 以上。

相比其他手机厂商，小米在 AIoT 的布局最早，迄今已经投资了上百家智能硬件生态链企业。

在 11 月的小米开发者大会上，拥有 To C 基因的小米首次提到了企业级服务，业内认为那是基于小米早已领先业内数年的 AIoT 布局的一环。

在业内人眼里，雷军喜欢多交朋友，这一特点也体现在小米在物联网领域的跨行业合作上。2018 年，小米与宜家、爱空间、车和家等达成了合作；2019 年 11 月，小米与华住酒店集团继续深度合作，同时在酒店、地产、企业套件方面推出了产业互联解决方案；11 月 23 日，雷军的身影又出现在了知名酒企贵州茅台的厂区。小米的朋友圈在 9 年内不断扩大。

万物互联时代，独木不成林。

"2014 年，我们就提出把 IoT 智能模组提供给合作伙伴，当时一个 WiFi 模组需要 60 多元人民币，现在我们最低做到了 6 元，大大降低了设备智能化的门槛。"雷军认为，小米"与人为友"最重要的就是合作的诚意。

### 最年轻 500 强企业的掌门人

2019 年 7 月，小米首次登上 2019 年《财富》世界 500 强榜单，成为继阿里、腾讯和京东之后第 4 家登榜的中国互联网企业。在榜单中，小米被定义为"互联网服务和零售行业"企业。

从上市到成为世界 500 强中最年轻公司，雷军眼里的小米，早已不是当初"七八个人、喝了小米粥干革命"的阶段。如今的小米已经拥有 2 万员工，组织管理、战略规划成为当务之急，上市前后，小米进行了 5 次组织架构调整，从成立组织部、参谋部，到设立集团质量办公室，调整范围更加精细。这个过程在小米内部形容为"从游击队向正规军转型的过程"。

在 2018 年 9 月的大调整中，小米改组了电视部、生态链部、MIUI 部和互娱部等业务部，重组成 10 个新的业务部，一大批"80 后"高管走上前台，不少业务部门也出现了"90 后"总经理。

对于这批年轻人，雷军的评价是，这一年里他们都成长得不错，工作业绩表明了他们是合格的。

提拔年轻人，是为小米集团业务发展提供新鲜的思路，让新鲜血液发挥其富有创造力和拼搏力的主观能动性；另外，这也是为了满足员工的出众意识和成就刺激，通过企业外驱力的驱动，促使更有内驱力的员工成长，从而实现企业发展的持久性的驱动力。

事实上，小米创业初期，刻意混淆了层级，小米集团副总裁以上的管理者不超过 15 人，在相对平等的氛围里，每一个业务单元都具备非常强的主动性。扁平化管理，满足小米一开始就追求的极致效率。然而，如今的小米已经拥有 2 万名员工，投资了 270 多家公司，小米 AIoT 接入了 1.96 亿台设备，形成了一个完备的智能生态链。

"最初我们提倡'没有管理的管理'是最有效的，也是适合当时的发展时期的。"雷军直言，任何企业发展到一定阶段，都要经历相应的组织结构调整，这是一个动态的管理事项。

经历上市、业务和市场的挑战之后，雷军开始重新思考一个更加前瞻性的问题：如何使公司更加平稳、可控，却又保持初心，在 5G 时代继续创新和增长？

流量红利逐渐减退，手机厂商的打法要"沉淀"，尤其在近身肉搏的中国市场。

年初，小米启动了"手机+AIoT"双引擎战略，在研发、设计、生产、供应链、渠道等多方面加码中国市场，应对 4G 切换 5G 的市场机遇。

"从 2017 年开始，整个中国手机市场总量开始萎缩，去年和今年更是巨量的下滑，用户群都在期待，新的 5G 将能够给应用体验带来巨大变化。"雷军告诉《中国企业家》，今年年初，小米的经营策略趋于稳健，用更审慎高效的库存管理机制，保证现金流的健康和盈利能力的稳步提升。

"5G+AI+IoT 就是下一代超级互联网。"雷军认为 5G 不仅将给智能终端带来巨大的机遇，更为重要的是将赋能 AIoT，成就下一代超级互联网。所以除了立下 2020 年至少发布 10 款 5G 手机的宏愿，雷军所布局的 AIoT 在 5G 时代或许还有更大收获。

（《中国企业家》，2019 年 11 月 27 日）

在这篇报道中，作者以人物雷军为主线，阐述其创办小米以来一直贯彻落实的几大方针：打造智能硬件生态链、物联网跨行业合作、扁平化管理等。报道重点主要集中在小米公司的企业发展历史与战略布局上，旨在突出一家企业领导者的个人影响是如何决定一家企业的发展走向的。作者利用雷军是 IT 界"网红"的优势作为前提，通过雷军个人影响力吸引受众关注此报道，再通过文章介绍小米的发展历史和战略布局，从而达到了展示小米企业文化的目的。文中可以很明显地看到"没有雷军就没有小米"，从小米粥时代到现在 AIoT 时代，看似在讲述雷军一路的奋斗历程，实际上也真实反映了小米这家互联网公司的发展历程。

# 第十五章
# 房地产市场报道

从 20 世纪 90 年代至今，房地产市场是中国人在财经领域关注最多、谈论最多、争论最激烈的话题，也是一个令人头疼、尴尬、难以捉摸的话题。它直接关系到千家万户的切身利益，也关系到社会稳定、产业发展和国民经济的增长。因此，房地产市场报道不仅仅是财经新闻报道的重要类型之一，而且超越了新闻本身，具有了某种政治属性。

## 第一节　房地产市场报道的主要内容

房地产市场报道为受众普遍关注，那么它主要关注哪些话题呢？房产质量、房产投资、家装环保等，许多话题都可能在一个时期内成为关注焦点。然而，从历史发展和宏观视角来看，房地产市场关涉国计民生，它是促进经济发展、增进人民福祉的重要维度，受到国家的密切关注和宏观调控管理。

### 一、房地产市场的宏观调控

宏观调控几乎伴随房地产市场发展的全过程。到目前为止，房地产市场共经历了六个阶段的调控，每一阶段的调控重点都有所不同，有时候是为了促进房地产市场增长，鼓励居民的住房消费，有时候则抑制住房消费过热，防止房价过快上涨，使其回归合理空间。

第一阶段：1998 年至 2002 年，主要目标是启动居民住房消费需求，培育房地产市场。1998 年 7 月 3 日，国务院下发了《关于进一步深化城镇住房制度改革加快住房建设的通知》，提出住房货币化，全国商品房市场供给制度开始建立，福利分房时代宣告结束，我国的房地产市场化改革正式拉开帷幕。此外，国家还实施了积极的税收政策和住房金融政策，鼓励居民住房消费，房地产市场逐渐形成。

第二阶段：2003 年至 2008 年第 3 季度。这一阶段商品住宅市场交易活跃，房价不断攀升，房地产开发投资增速较快。此时的宏观调控主要着眼于防止房地产投资过快上涨，抑制过热的住宅消费需求。2003 年 8 月，国务院发出《国务院关于促进房地产市场持续健康发展的通知》，指出房地产业已经成为国民经济的支柱产业，强调要完善供应政策，调整供应结构；发展住房信贷，强化管理服务；加强市场监管，整顿市场秩序。2004 年 4 月，国务院发出《国务院关于调整部分行业固定资产投资项目资本金比例的通知》和《关于深入开展土地市场治理整顿严格土地管理的紧急通知》，房地产行业被列为"投资过热"行业之一，房地产开发项目资本金比例由 20% 及以上提高到 35% 及以上，规范了建设用地审批管理，收紧了土地"闸门"，目的就是要遏制投资过快增长和房价过快上涨的势头。2005 年 3 月，中国人民银行发布《关于调整商业银行住房信贷政策和超额准备金存款利率的通知》，将贷款利率的上限打开，并再次重申下限利率为基准利率的 0.9 倍，同时提出，在房价上涨过快的城市或地区，个人住房贷款最低首付款比例可由 2 成提高到 3 成。当年 5 月，国务院办公厅转发住建部等部门《关于做好稳定住房价格工作的意见》的通知（"国八条"），加大对投机性和投资性购房等房地产交易行为的调控力度。2006 年 5 月，国务院办公厅转发住建部等部门《关于调整住房供应结构稳定住房价格的意见》的通知（"国六条"），提出 90/70 比例；调整住房转让环节营业税，进一步抑制投机和投资性购房需求，以有区别地适度调整住房消费信贷政策。这一年 8 月，国务院出台《关于加强土地调控有关问题的通知》，强化严把土地"闸门"，国家税务总局发布《关于个人住房转让所得征收个人所得税有关问题的通知》，明确对住房转让所得征收个人所得税时，以实际成交价格为转让收入。2007 年 9 月，中国人民银行发出《中国银行业监督管理委员会关于加强商业性房地产信贷管理的通知》（"二套房贷"政策），为了抑制住房需求增长，提高了购买非首套住房的首付款比例和贷款利率。

第三阶段：2008 年 4 季度至 2009 年 4 季度。2008 年，全球金融危机全面爆发，对我国经济产生严重冲击。在这次金融危机的影响下，2008 年 4 季度我国商品住宅交易量继续萎缩，2009 年 1 季度房价同比出现下降。为应对危机的冲击，我国的宏观经济政策从"两防"转向保增长。在房地产方面，2008 年 12 月，国务院办公厅发布了《关于促进房地产市场健康发展的若干意见》，提出鼓励普通商品住房消费，支持房地产开发企业积极应对市场变化。2009 年 1 季度至 4 季度，我国商品住宅交易量同比增速大幅回升，2 季度房价就重拾涨势。2010 年第 2 季度，房价同比涨幅达到 14%，达到了 1998 年以来的最高点。

第四阶段：2010 年 1 季度至 2013 年。为抑制房价过快上涨势头，我国连续出台了一系列调控措施，对购房需求特别是投资投机性需求实行严控。2010 年 1 月，国务院办公厅发出《国务院办公厅关于促进房地产市场平稳健康发展的通知》（"家庭二套房贷"政策），强调合理引导住房消费，抑制投资投机性购房需求，提出"家庭二套房贷"首付款比例不低于 40%，相比 2007 年 9 月的"二套房贷"政策明显趋紧，当年 4 月，国务院又发出了《国务院关于坚决遏制部分城市房价过快上涨的通知》，进一步提高"家庭二套房贷"首付款比例至 50%，并对外埠居民购房进行限制，9 月，暂停了第三套及以上购房贷款，并严格施行问责制。2011 年 1 月，国务院召开会议，确定了八项政策措施（"新国八条"政策），再次提高"家庭二套房贷"首付款比例至 60%，并从严制定和执行住房限购措施。2011 年 7 月，国务院常务会议要求坚持调控方向不动摇、调控力度不放松，促进房价合理回归。经过本轮调控，房地产市场热度逐渐降低，房价涨势受到一定程度的抑制，短短三年内商品房销售面积增速由 10.6% 下降至-7.3%。

第五阶段：2014 年至 2016 年上半年。在前期紧缩政策效果显现的背景下，2014 年 5 月，全国 70 个大中城市新建商品住宅价格首次出现环比下跌。为了缓解房地产库存压力，我国从 2014 年 11 月至 2015 年年底相继 6 次下调存贷款基准利率，中长期贷款利率下降至 4.9%。利率调整后的房地产市场迅速回温，商品房销售面积同比增速从 2014 年的 6.5% 迅速攀升至 2016 年的 22.5%，70 个大中城市新建住宅价格指数也同比从 0.2% 上升至 10.5%。总体而言，这一阶段的调控以去库存和分类管理为目标，政策趋向宽松，房地产发展呈现出"总量放缓，区域分化"的特点。

第六阶段：2016 年下半年至今。房地产政策呈现收紧特征，通过短期调控和长效机制双重手段调控房价。2016 年的《政府工作报告》提出，完善支持居民住房合理消费的税收、信贷政策，满足居民的住房刚性需求和改善性需求，因城施策化解房地产库存。"一城一策"和"因城施策"政策开始成为房地产主要调控政策。2017 年 2 月，在中央财经领导小组第十五次会议上，习近平指出要"深入研究房地产短期和长期结合的长效机制和基础性制度安排"，这意味着构建房地产长效机制与住房制度转变初露端倪。2019 年 5 月 17 日，银保监会发布《关于开展巩固治乱象成果、促进合规建设工作的通知》（银保监发〔2019〕23 号），加强了对房地产融资端的监管力度。2019 年 7 月，中共中央政治局会议强调，"坚持房子是用来住的，不是用来炒的，落实房地产长效管理机制。不将房地产作为短期刺激经济的手段"。随后，苏州、西安等城市升级限购限售，合肥、东莞等地陆续收紧土拍政策，南京、宁波、南宁等地再次上调房贷利率，部分银行在 4.9% 基础利率的基础上上调 30%，我国房地产市场进入一个平稳向上的发展通道。

### 二、政策性报道是焦点

在各轮楼市调控政策下，中央和地方都会出台各种房产法规政策或指导性意见，鉴于这些政策或意见常常对房地产市场产生重大的影响，它们经常成为房地产市场报道的重要内容。以近十年为例，各种调控政策都成为媒体关注的焦点。

（一）限购令

2011 年 2 月 16 日，北京市正式公布了关于贯彻"国八条"的通知，该通知对居民最为关心的限购政策作出要求，自通知发布之日起，对已经拥有一套住房的户籍居民家庭，对持有有效暂住证，在本市没有住房的购房人、且连续五年缴纳社会保险和个人所得税的非本市户籍家庭，限购一套住房。随后，全国各地相继出台了基本遵照"北京模式"的限购令，截至 2021 年 5 月，限购令已经在北京、上海、天津、南京、杭州、苏州、太原、大连、昆明等全国 43 个城市展开。根据具体情况，各城市针对不同人群设定了不同的限购标准。以 2021 年南京城区限购政策为例：南京户籍单身非离异的限购 1 套；南京户籍已婚名下最多买 2 套；离异超两年的情况下，不带小孩名下最多 1 套，带小孩名下最多 2 套；离异两年内的情况下，若离异前名下无房双方任意可购 1 套，若离异前名下有 1 套无房方可购 1 套，若离异前名下 2 套以上不可购房；非南京户籍限购 1 套。

限购令的出台引发了许多争议。有媒体报道限购令存在四个漏洞：只能查询新购家庭房产情况，为异地购房者规避政策创造了可能；只限制家庭成套存量房，未限制共同产权及商业产权；一些不能提供税单和社保证明的客户，给一些公司几千块费用，就可以开具收入证明，补缴社保；为了降低二套房高于基准利率的高昂利率成本，贷款申请者甚至想出借道固定利率、个人消费贷款或住房抵押贷款的方法。还有媒体报道限购令存在对外地人的户籍歧视，对曾经买过房贷过款但现在没有房子的群体不公平等。限购令同样引起了专家学者的争议，中国社科院金融研究所金融发展室原主任易宪容认为，"信贷和税收政策才是关键，现在的信贷政策 80% 还没有落实好"，如果把现有的信贷政策落实好，已经足够，无需再出更多政策。财经评论员叶檀在媒体上撰文认为，各城市出台的限购令没有区分已经持有的物业套数。

不管是尚未购房的居民,还是拥有七八套住房的居民,一律可以再购一套新商品房,与其说这是对房地产投资的抑制,不如说是对投资者的鼓励。

此外,媒体密切关注限购令的取消和放松。2011 年 10 月 11 日,佛山市住房和城乡建设管理局在其官方网站上公布《关于进一步加强我市房地产市场调控有关问题的通知》,对外地人才引进,产权超过五年房屋,本地居民,以及农村住房进行变相限购放松。其中尤为注意的是第四条,本市居民可以增购一套住房。由此,佛山成为首个放松限购城市,但后来被紧急叫停。此外,有新闻报道,成都、大连、海口、海宁、青岛也存在不同程度的放松情况。比如在 2019 年 3 月 25 日至 4 月 24 日期间,海宁借"云上房博会"机会,加大吸引非海宁籍购房者,暂不执行"非海宁户籍人口在海宁限购一套房"的政策。第一财经、《南方周末》《21 世纪经济报道》《都市快报》《海宁日报》等媒体相继对其进行报道。此外,2020 年 4 月 10 日,青岛网上房地产发布"2020 青岛百日万店消费季网络房展"的活动规则,对房地产板块消费季活动规则进行了细化,其中第 4 条因继承、拆迁特殊原因占有部分房产份额的特殊群体,如果名下没有其他房产,可以被认定无房客户;6、7条中符合人才购房条件几乎无任何门槛,包括对在校大学生限购门槛的降低。诸多城市放松限购令,说明房地产的博弈进入深水区。无论是放松还是取消,实际上都表明房地产调控政策的潜在变动。

(二) 贷款政策

在新一轮的楼市调控政策中,除了限购令外,还有一个重要的变化就是严格贷款政策,提高贷款门槛。2010 年 5 月 26 日,住建部等三部门出台《关于规范商业性个人住房贷款中第二套住房认定标准的通知》,明确二套房认定以家庭为单位,并执行"认房又认贷"的原则。有下列情形之一的,贷款人应对借款人执行第二套(及以上)差别化住房信贷政策:

(1)借款人首次申请利用贷款购买住房,如在拟购房所在地房屋登记信息系统(含预售合同登记备案系统)中其家庭已登记有一套(及以上)成套住房的;

(2)借款人已利用贷款购买过一套(及以上)住房,又申请贷款购买住房的;

(3)贷款人通过查询征信记录、面测、面谈等形式的尽责调查,确信借款人家庭已有一套(及以上)住房的。

"认房又认贷"的原则提高了贷款门槛,降低了房贷可能存在的风险。它的实际执行情况及存在的问题受到媒体的较多关注。一方面,该政策在执行过程中遇到的一些复杂问题需要进一步细化区别对待,如有媒体认为,因为全国房产没有联网，购房人在其他地方的购房情况难以查实，而对那些小房子卖了换大房的"改善性刚需"居民，执行该政策是否公平也值得讨论。另一方面，银行对"认房又认贷"政策的执行情况需要进一步加强规范和监督。有媒体报道称："有银行人士坦言，银行是看人下单的。还有银行人士说，越是有第二套住房的人，放贷的资金风险越小。如此，银行能否严格遵守三部委新规很可疑。而且，还有银行与中小企业主合谋，打着申请经营性物业贷款的幌子，实际上却将贷款用于投资住房。"①

2019 年 8 月 17 日，中国人民银行发布改革完善贷款市场报价利率形成机制公告，在报价原则、形成方式、期限品种、报价行、报价频率和运用要求六个方面对 LPR 进行改革，同时把贷款基础利率中文名更改为贷款市场报价利率，英文名 LPR 保持不变。② 一时间，浮动利率和固定利率选择哪个更划算成为新闻报道热点。有报道称："银行业内表示，简单来说，固定利率和 LPR 两种转换方式各有优势，具体如何选择主要取决于客户自己对未来市场利率走势的判断。如果认为未来 LPR 会下降，那么转换为参考 LPR 定价会更好；如果认为未来 LPR 可能上升，那么转换为固定利率就会有优势。对于 LPR 未来的走势，一位银行业内人士预测，LPR 已经连续 7 个月原地踏步。当前我国经济稳中向好，货币政策以稳为主，短期内政策利率下调的必要性较小，预计 LPR 报价近期将会继续保持稳定。"③

此外，银行房贷额度紧张问题成为周期性话题，每到季末年末都会有报道关注。2021 年 9 月的一则报道称："从商业银行、购房人、房产中介处了解到，一线城市当前的房贷额度较为紧张，放款周期普遍拉长，当前报批的贷款申请，甚至要等到 2022 年一季度才能批下来。同时，广州、上海两地相继上调了房贷利率，广州二套房贷款利率甚至超过 6%。"④

(三)房产税

面对居高不下的房价，购房者纷纷寄希望于房产税的出台。就在 2021 年 10 月 23 日，全国人大常委会(第十三届全国人民代表大会常务委员会第

---

① 冯海宁：《认房又认贷关键在执行公平》，《西安晚报》2010 年 6 月 6 日。

② 中国人民银行：《中国人民银行公告〔2019〕第 15 号》，2019 年 8 月 17 日。

③ 于灏源：《LPR 转换"再选择"开启倒计时 你会选固定利率还是浮动?》，《潇湘晨报》2020 年 12 月 19 日。

④ 《房贷额度全面告急! 一线城市房贷收紧　个别银行暂停二手房贷　有城市二套房贷款利率超 6%》，东方财富网，https://baijiahao.baidu.com/s? id = 170968683336073 8320&wfr = spider&for = pc。

三十一次会议通过)就发布了《关于授权国务院在部分地区开展房地产税改革试点工作的决定》，房产税时代正式到来。其实早在 10 年前的 2011 年 1 月 28 日，上海、重庆就已开始试点房产税，上海征收对象为本市居民新购房且属于第二套及以上住房和非本市居民新购房，税率暂定 0.6%；重庆征收对象是独栋别墅高档公寓、个人新购的高档住房，以及无工作户口无投资人员所购二套房，税率为 0.5%～1.2%。2011 年中央经济工作会议明确提出，要推进营业税改征增值税和房产税改革试点。自此以来，房产税何时全面征收、如何征收问题一直是一个公众讨论的话题，但基于所关涉问题较为复杂，一直未落实。2021 年 5 月 11 日，财政部、全国人大常委会预算工委、住房城乡建设部、税务总局负责同志在北京召开房地产税收改革试点座谈会。诸多媒体报道："这次的座谈会对于房地产税来说是一个非常重要的工作节点，传递出房地产税加速推进的信号。对个人住房征收房产税试点除上海、重庆外，可能会扩大。"①不出所料，《关于授权国务院在部分地区开展房地产税改革试点工作的决定》在 5 个月后随即发布。

对于房产税的试点和推行，许多人将其与房价联系起来。房产税是否会成为抑制房价的"一剂良药"，成为专家学者和媒体的争论焦点。开征房产税主要目的有三个：一是大幅增加地方政府财政收入；二是引导房地产需求合理化；三是推动缩小贫富差距。房产税试点执行已有 10 年，但前期的效果并不明显。从增加地方政府收入的角度讲，相较于整个财政收入和土地出让收益来说，房产税实现的税收"微乎其微"，地方政府的动力并不足。②这也是在 2011 年试点上海和重庆之后，房产税迟迟没有在全国范围内推广的主要原因。随着房价调控政策不断收紧，最近几年房产税在全国推广重新被提及，2021 年后房产税会有什么政策上的创新，还需要长时间观察。

### 三、房地产投资：从国内到国外

由于存款利息低，物价上涨快，钱越来越不值钱，股票市场长期徘徊，房地产价格近年来不断攀升，房地产作为一个保值增值、低风险高回报的投资行业，自然是诸多投资者的重要选项。房地产投资是当前投资的重要领

---

① 《房产税马上要来了》，腾讯新闻，https://new.qq.com/omn/20210530/20210530A023CH00.html。

② 李雨谦：《房产税试点一年 成效尚未显露》，财新网，http://finance.qq.com/a/20120202/003426.htm。

域，也是财经新闻报道的重要组成部分。

关于房地产投资，最引人关注的还是"炒房"。说到炒房，离不开炒房团。从 2000 年开始，温州人炒透本地楼市后，开始在上海、杭州、苏州、厦门、北京、宁波、金华等地置业，大规模向外扩张，这就有了"温州炒房团"。相比温州炒房团的"轰轰烈烈"，山西炒房团则低调很多。山西炒房团在房产面前，给人留下了诸多奇怪的印象：买房不住空着不租、麻袋装满百元大钞、其貌不扬一掷千金、看完样板间拍板买下若干套等。炒房团的气力到底有多大？他们怎样介入房地产市场的利益分配？他们的组织形式、贸易运作究竟怎样？有媒体曾专门对此进行了报道，从炒房团的资金来源、炒房团如何顺利退出、炒房团如何与开发商合伙避税抬高房价、民间印子钱的介入、炒房团的组织运作形式以及炒房团的资金对市场的影响等方面进行了全面深入的报道。①

另一个广为关注的现象就是"海外购房"。2008 年，由于金融危机引发了全球经济的不景气，一些房产投资者向海外寻找新的投资机会，然而，这一时期的海外投资客几乎都铩羽而归，海外炒房陷入低谷。2010 年，随着国内楼市调控的加强，特别是限购令在全国大范围的铺开，海外买房热又再次兴起，人民币在汇率市场上的优势也推动了中国大陆投资者的海外置业。尤其是近几年，不少国家推行宽松货币政策以刺激经济发展，房地产成为保值增值的重要工具，欧美主要发达国家的房产价格出现了快速上涨的势头。这也刺激了我国投资者海外购房的积极性。但是，由于各国法律政策和财务规范的差异，海外房地产投资是一种更为复杂的行为，这就需要我国媒体在进行相关报道时要以更专业、更有广度和深度的解读。《理财周刊》曾经做过一个专题，叫"海外购房，你准备好了吗？"该专题不仅具体报道了海外购房的背景，还采访了一些案例，对当事人选择房产的标准进行了解释，甚至连水电费、聘请律师的费用等都不错过，是一篇很全面细致的报道。

### 四、房地产是否泡沫：一组房地产市场指标的考察

近十年来，房地产市场取得了长足的发展，房价更是一涨再涨，房价上涨成为人们谈论最多的话题。房价的攀升拉动了经济的发展，满足了投资者的赚钱梦想，也使不少普通消费者"望房生畏"。在不少地方，居高不下的房价已经远远超出一般消费者的承受能力。房价是否合理？是否虚高？它是

---

① 《揭秘炒房内幕三大利益链条》，《第一财经日报》2010 年 3 月 18 日。

否反映了社会的真实需求？是否存在泡沫？这些一直都是媒体争论不休的话题。作为财经新闻记者，理应掌握国际上判断房价泡沫的一些标准，以便进行新闻报道时能更有专业性。

(一)房价收入比

所谓房价收入比，是指一个地方或城市每户居民的家庭购房总价与家庭年收入的比值，该指标用于描述一个地区居民购房的支付能力。在西方，房价收入比所选取的房价是中位数价格，家庭收入是中位数收入，国内一般都采用平均数。目前比较通行的说法认为，房价收入比在 3~6 倍为合理区间，如果考虑住房贷款因素，住房消费占居民收入的比重应低于 30%。按照这一标准，我国多数城市的房价都属于过高范畴，一线城市房价收入比更是远高于这一水平。以北京为例，目前以郊区为主的普通商品房成交均价为 4.5 万元/平方米，平均单套成交面积在 100 平方米，总价约 450 万元。北京统计局数据显示：2020 年全年城镇居民人均可支配收入达到 69434 元，以一家三口家庭计算，年收入在 26 万元左右。按照 450 万元计算，房价收入比在 17 以上。如果算上贷款利率，以购买 450 万元房产，首付 135 万元贷款 315 万元计算，30 年，利息成本高达 130.86 万元，也就是购买一套 450 万元的房产，实际真实支出为 580.86 万元，房价收入比就达到了 22~23，远高于上述标准。

目前我国的房价收入比究竟是多少，各种统计数据参考的口径不一，得出的数据虽略有出入，但结论一致指向过高。根据江苏省统计局在其官网上发布的《全省房地产市场变化及趋势分析》中的计算方法，房价收入比的计算公式为：

房价收入比=当年全省商品住房的平均价格(省辖市区)×城镇居民家庭人均建筑面积/城镇居民家庭人均可支配收入。[①]

上海易居房地产研究院于 2019 年发布全国 50 个城市房价收入比数据，2018 年全国平均房价收入比为 13.9，地区差异较大，房价收入比较高的城市为深圳(34.2)、三亚(29.8)、上海(26.1)、北京(25.4)、厦门(22.5)，相比较低的城市为长沙(6.8)、乌鲁木齐(7.4)等。[②] 与五年前相比，有些

① 马祚波：《2011 年江苏省房价收入比 9.5 全国前五的城市均超 10》，《扬子晚报》2012 年 3 月 29 日。

② 凯风：《全国房价收入比排行：这些城市透支最严重》，《中国经营报》2019 年 3 月 27 日。

城市的房价收入比大幅提升，特别是石家庄和上海，比 5 年前翻了一番还多，福州、南京、西安、合肥的增幅均超过 70%。

房价收入比是判断房价是否存在泡沫的一个重要参考数据。泡沫论者认为，我国的房价收入比远远超出了国际警戒线，显然有泡沫；无泡沫论者认为，纳入中国家庭收入统计的收入只是全部家庭收入中的一部分，况且居民的收入在不断增长。无论是否存在泡沫，我国的房价收入比是偏高的，居民收入的上涨速度应该与房价的上涨速度保持同步，甚至超过房价的上涨速度，以使房价收入比进一步缩小。

(二) 房屋租售比

房屋"租售比"是指每平方米使用面积的月租金与每平方米建筑面积房价之间的比值。国际上用来衡量一个区域房产运行状况良好的租售比一般界定为 1∶300 ~ 1∶200，也就是回本时间为 16.7 ~ 25 年。如果租售比低于 1∶300，意味着房产投资价值相对变小，房产泡沫已经显现；如果高于 1∶200，表明这一区域房产投资潜力相对较大。也即是说，租售比无论是高于 1∶200 还是低于 1∶300，均意味着房产价格偏离了理性真实的房产价值。全国房价行情网最新数据显示，2021 年国内 300 多个城市中，租售比前十的分别是厦门 (1∶959.3)、深圳 (1∶885.3)、三亚 (1∶832.7)、东莞 (1∶793.4)、衢州 (1∶793.3)、南通 (1∶759.8)、临沂 (1∶748.3)、德州 (1∶741.8)、宁波 (1∶741.8)、廊坊 (1∶737.9)，而其他三座一线城市上海 (1∶724.8)、广州 (1∶696)、北京 (1∶597.3) 分别排在全国第 13、16、43 位。① 由此可见，我国房屋租售比远远低于 1∶300，房产存在泡沫迹象。

对此，泡沫论的争论双方也有不同看法。泡沫论者认为，房价租售比远远超出合理区间，房价和房租的背离正是楼市泡沫的重要表现；无泡沫论者则认为，投资房产的收益并非仅仅靠房租获得，还包括房屋本身的价值增值即房价上涨带动的房屋价值的提升，与租金相比，这部分的价值增值才是最重要的。

(三) 房屋空置率

所谓住房空置，就是住房处于没有进入交易或使用环节的一种状态。中国究竟有多少空置房，没有官方的权威统计。2010—2020 年，网络上一直流传一则谣言：国家电网公司的一项对全国 660 个城市的调查发现，有高达

① 《看完这个数据，你觉得房价还会涨吗?》，腾讯网，https://new.qq.com/omn/20210903/20210903A03I4500.html。

6540 万套住宅电表连续 6 个月读数为零，这些空置房足以供 2 亿人居住。①各大媒体在 10 年间不断辟谣，表示国家电网公司从未进行过相关的数据统计和调查。据另一则报道，国家统计局发布的数据显示，到 2021 年 6 月末，全国房地产开发企业商品房待售 51079 万平方米，② 于是这一信息也被解读为全国有 5.1 亿平方米空置房面积，对此国家统计局的解释是商品房待售面积不等于住房空置面积。总之，无论这些数据是否真实，或者是否代表了住房空置率，从"6540 万套住宅空置说"，到"全国 5.1 亿平方米商品房待售"数据，都使空置率成为热点话题。

国际上通行的空置率，是指某一时刻空置房屋面积占房屋总面积的比率。尽管不同国家对分子、分母的界定存在差异，这一指标仍是判断市场冷热、泡沫程度以及财富分配的公平程度的重要参考。通常而言，空置率超过 10%~15%，即属危险区间。在中国，由于定义和计算方法莫衷一是，空置率指标一直流于空白。多年来，国家统计局仅公布空置房面积，近些年更是用待售房面积取代了空置房面积。因此，住房空置率目前还真是一笔糊涂账，需要政府、媒体、专家和民间机构的通力合作，媒体在其中应该发挥重要的作用。

### 五、保障性住房

保障性住房是与商品性住房相对应的一个概念，它是政府为中低收入住房困难家庭所提供的限定标准、限定价格或租金的住房，一般由廉租住房、经济适用住房和政策性租赁住房构成。加大保障性住房建设力度，进一步改善人民群众的居住条件，促进房地产市场健康发展，是我国党和政府进一步加强民生建设的重要举措。2008 年年底，国务院下发了《国务院办公厅关于促进房地产市场健康发展的若干意见》，第一部分就是要加大保障性住房建设力度，提出争取用 3 年时间基本解决城市低收入住房困难家庭住房及棚户区改造问题，多渠道筹集建设资金，开展住房公积金用于住房建设的试点，等等。2021 年 6 月，国务院下发了《国务院办公厅关于加快发展保障性租赁住房的意见》，指出"新市民、青年人等群体住房困难问题仍然比较突出，

---

① 《全国有 6540 万套空置房？不，中国房屋空置率是个谜》，《华夏时报》2020 年 10 月 15 日。

② 《6 月末全国商品房待售面积 51079 万平方米》，荆楚网，http://news.cnhubei.com/content/2021-07/15/content_13934524.html。

需加快完善以公租房、保障性租赁住房和共有产权住房为主体的住房保障体系"。① 结合 2020 年 4 月发布的《中共中央国务院关于构建更加完善的要素市场化配置体制机制的意见》和《2020 年新型城镇化建设和城乡融合发展重点任务》2 份重要文件，保障性住房成为政府大力推进的重要民生工程。

然而，从总体上看，我国住房保障工作还处于探索阶段，存在不少矛盾和问题，既有住房保障制度不够健全、政策不够完善的问题，也有管理不到位和实施过程中操作不规范的问题，需要及时总结经验，完善制度，加强管理。其中，保障性住房建设资金的缺口问题、保障性住房的开工率不足、保障性住房数量注水问题都引起了媒体的关注。至于一些怪现象，如一些地方的保障性住房出现了豪车扎堆、出租成风、公务员集聚的"盛况"，某地将公务员小区列入保障性住房等，这些都需要媒体积极发挥舆论监督职能。

## 六、土地财政

土地财政是当下人们对房价高涨提出诟病的重要原因。不少人认为，房价居高不下的重要原因在于地方为获取高额的土地出让金采取种种措施推高地价、推升房价。更有舆论称，"土地财政"是高房价的罪魁祸首。近年来，各地土地出让金收入迅速增长，在地方财政收入中比重不断提升。资料显示，过去 10 年，房地产土地出让收入相对于地方政府本级财政收入里的比重在 55% 左右。2020 年国有土地出让金 8.4 万亿元，根据贝壳研究院测算，其中居住用地成交金额达到 6.1 万亿元，该年土地出让金相对地方政府本级财政收入的比重达到 84%，在疫情冲击之下，为地方政府实施经济复苏和社会救援等提供了巨大的支持。②

"土地财政"是个俗称，一般是指一些地方政府依靠出让土地使用权的收入来维持地方财政支出。实际上，土地出让后，地方政府还能获取包括以建筑业、房地产业等营业税为主的财政预算收入，这些收入全部归地方支配。在一些地方，"土地财政"成了名副其实的"第二财政"，有的甚至成了财政收入的主要来源。附着在土地上的收入，还有不少其他费用，从土地征用、出让到规划建设等环节，土地管理、房产、财政、水利、交通、人防等

---

① 国务院办公厅：《国务院办公厅关于加快发展保障性租赁住房的意见》，国办发〔2021〕22 号，2021 年 6 月 24 日。

② 《中国住房新十年报告：2020 年国有土地出让金 8.4 万亿》，腾讯网，https://new.qq.com/rain/a/20210508a02ehk00。

部门都会收取不菲的费用。

客观地说，十几年来，"土地财政"在缓解地方财力不足、解决公共品供给融资困难、创造就业机会以及提升城市化水平等方面都有很大促进作用，功不可没。"土地财政"为人诟病，不在于地方政府获取土地出让带来的各种收入，而在于其过程不尽合理、公平，以及可能带来的一系列弊端。"存在多年的'土地财政'，事实上造就了'征地—卖地—收税收费—抵押—再征地'的滚动模式，在这一过程中，地方政府、开发商、银行成为最大的受益者。"①

## 第二节　房地产市场报道的写作原则与方法

房子已经成为当代中国人的一个心结，房地产报道自然也成为百姓最为关注的新闻。然而，越是读者关心的、看似容易的新闻，在报道时往往越难。因为读者越关心，越需要这些新闻经得起不同读者的考验。所以，做好房地产市场报道，做出经受得住受众考验的真正有新意的新闻，需要财经新闻工作者不断提高报道水平。

### 一、突出平民视角，彰显百姓话语权

有研究者选取《中国房地产报》《经济观察报》《京华时报》房产版及《搜房网》四家媒体，对房地产市场新闻报道的消息来源进行分析后发现，在样本中共有 562 个人物来源和 169 个匿名消息来源，其中中央政府和地方政府官员占 288 个消息来源（39.39%）、房地产开发商以及高层管理人员占 189 个（25.84%）、专家学者占 128 个（17.51%），普通民众只有 53 个，仅占 7.25%。可见，我国的传统房地产新闻报道的消息来源集中在政府官员、企业人员和专家学者三个方面，普通民众的发言权很小。②这种状况必须改变。住房问题与普通老百姓关系极为密切，房地产报道也应该多从普通百姓视角看问题，多站在普通百姓立场来思考，多采用普通百姓能理解的语言文字来表达，真正做到想民之所想，急民之所急，维护人民的利益和话语权。

---

① 于猛、朱慧卿：《地方政府"以地生财"全年卖地收入将破 2 万亿》，《人民日报》2010 年 12 月 27 日。

② 牛耀红：《当前我国房地产新闻消息来源偏向研究》，兰州大学 2010 年硕士论文。

利益表达是利益保护的前提，没有利益的表达，便谈不上利益的保护。在当下的房地产新闻报道中，中低收入阶层尤其是弱势群体的利益没有得到相应的表达，他们的住房需求也没有得到充分的满足。在这种情况下，一旦发生争议问题并引发公共舆情，他们就可能做出过激的行为，这些事件已经屡见不鲜。近几年，住房问题已经成为全民关注的焦点，中低收入人群的住房问题更是需要重点解决的对象。所以，我国的房地产新闻报道应该更多地关注占人口总数绝大多数的中低收入人群的住房问题，改变当前报道所构造的"意义空间"同现实空间的差异，自觉关注周围基层老百姓的生活状况，不断地和他们交流，多替老百姓说话、思考、办事。

### 二、警惕媒体炒作，坚守媒体的社会责任

近年来房地产市场的繁荣、房价的高涨，除了宏观政策、炒作投资、供求关系等原因以外，媒体对房地产市场的鼓与吹也助长了这一趋势。

首先，媒体炒作很大程度上误导了消费者和投资者的行为取向。媒体不断地报道房价上涨使市场预期看多，在"买涨不买跌"的心理驱动下，可能会有更多的人买进，使房价更大范围、更快速度地上涨，之后媒体又继续反映价格上涨，几乎形成"恶性循环"。同时，媒体对政府政策的偏向解读或者解读不到位也容易误导消费者。比如，南京的板桥、麒麟等区域楼市一直受宁芜铁路搬迁"消息"影响。自 20 世纪 90 年代开始，围绕宁芜铁路外绕工程，十几年来想象式的"利好消息"市场出现，鼓吹楼市上扬。仅在 2021 年，借助 2 月 2 日南京地铁官方网站发布《宁芜铁路廊道（南京地铁 8 号线）周边土地梳理及城市设计招标公告》、8 月 30 日江苏政府采购网发布的《宁芜铁路搬迁后沿线路网规划建设及公共空间品质提升方案项目竞争性磋商公告》等信息，各大媒体纷纷鼓吹板桥、麒麟等地的房产，各大门户网站也纷纷发布《宁芜铁路搬！地铁 8 号线要来？麒麟首个"日光盘"3 月欲加推 4 栋楼》《地铁 8 号线终于要来了！地铁口 45㎡真公寓强势来袭》等房产资讯。事实上，8 号线开建一事并没有官方的确认，《宁芜铁路廊道（南京地铁 8 号线）周边土地梳理及城市设计招标公告》只是周边土地的梳理与设计的招标，并不是实际建设 8 号线的招标公告，距离 8 号线建设还有很长的时间需要等待。但是媒体用"刚刚，宁芜要搬迁、8 号线快动了的消息再次刷屏！苦等多年的重磅线路终于要来了！""地铁 8 号线真的来了！麒麟、板桥人民笑了"等煽情式话语发布消息，很可能影响购房者的判断。

其次，媒体炒作助长了房地产行业的炒作行为。由于对经济利益的追

求，部分地方媒体和行业性媒体记者不同程度地扮演房地产开发商"吹鼓手"的角色，媒体的立场被开发商的立场所取代。有些媒体充斥着"知名楼盘""明星楼盘""连夜排长队""销售火爆""价格优惠""特价房"等溢美之词。比如，2021 年 8 月 17 日，佛山某报发表了一篇《轨道交通加持 楼盘推特价房》的新闻稿，在这篇报道中，由"南海有轨电车 1 号线"引出"广佛一体化"，由"广佛一体化"引出"佛山特价楼盘"，在阐述了一系列似乎颇有新闻价值的交通规划后，主角出现了："在此番交通利好带动下，南海有轨电车 1 号线沿线的三山新城、映月新城部分楼盘乘机推出特价单位吸引客流。比如，位于桂城映月新城的绿城桂语映月推出 2.6 万元/平方米~2.7 万元/平方米的优惠单位，大大低于此前 3 万元/平方米的销售价格。张槎花曼丽舍特价房 16800 元/平方米，比年初优惠 1000~2000 元/平方米；佛山地铁 2 号线沿线的龙光玖龙台、中建誉湖一品目前销售均价 1.9 万元/平方米，比年初优惠 1000~2000 元/平方米。"同样的手法在另一份报纸的一篇稿子中也表现得淋漓尽致，这篇名为《碧水云天精品再现 颐园二期呼之欲出》文章提出"珍稀地段""卓越品质""诚信品牌"等概念，又提出"其精工品质、大美园林、完善配套展现出无限魅力，为广大业主提供了宜居乐居家园"之后，"碧水云天·颐园二期"楼盘"盛装出场"。这样的文章与其说是新闻报道，不如说是为房地产开发商摇旗呐喊的广告，或者是开发商自吹自擂的"楼书"。

再次，一些媒体甚至直接介入了房地产市场的运作。"温州炒房团"曾经席卷国内房地产市场，大有令人谈虎色变之势，而"温州炒房团"的始作俑者就是当地某晚报。当地一家都市报还开办了"温州房产投资俱乐部"，据报道会员 6000 多人，掌握的投资金总额超过 1400 亿元。温州媒体参与房地产运作获得高利润回报后，各地媒体纷纷效仿。比如上海某报组织了"千万助购系列活动"，活动规定，参加者在该报指定的 100 家楼盘售楼部看房刷卡一次可获得 50 分，购房的参与者可积分 5000 分，根据积分多少，参与不同档次的抽奖活动。在这样的商业活动中，媒体成为开发商或者购房者的利益共同体，其报道、言论还有什么公信力可言？

因此，在房地产市场报道中，重建媒体的社会责任十分迫切。这就需要新闻记者树立高度的社会责任心，培养良好的专业素养，寻找房地产新闻的真实性、报道时机与尺度之间的契合点，建立自己的新闻品格。大众传媒是一把双刃剑，媒体扮演着"社会公器"的角色，"它应该代表全社会最大多数人的共同利益，以维护整个社会的有序运行为己任，这与我们坚持的社会主义新闻事业的根本性质和任务是相一致的"。

### 三、坚持客观公正原则，切忌误导市场和受众

在目前的房地产报道中，有些媒体的报道具有太多的随意性，故意制造噱头，缺乏对房地产市场正确的分析和预测。主要存在着两种极端情况：一是个别媒体不顾实际情况，鼓吹房价要涨，对房价上涨起到了"火上浇油"的作用，吹大了房地产市场的泡沫；二是个别媒体"看空"房价，有不腰斩房价誓不罢休的气势，从而导致部分购房者改变购买预期，让许多消费者大呼错过了买房的最佳时期。作为新闻媒体工作者，在报道过程中必须遵循客观公正原则，据实客观报道，尽力避免上述两种情况。

2018 年 10 月，社科院住房大数据项目组发布《中国住房市场发展月度分析报告》，报告显示一线城市商品房销售价格环比下跌 0.47%；二线城市商品房销售价格环比下跌 0.56%；三四线城市商品房销售价格环比上涨 0.15%。某些资深房地产专家就此撰文《最新：社科院公布全国房价普遍下跌》。同一时段，社科院发布蓝皮书《房地产市场：计量模型预测与趋势报告》，报告认为未来 10 年我国的房价波动幅度在-28% 到 56% 之间。但是一些媒体断章取义，将标题设置为《社科院报告：10 年后房价下跌 28% 任志强：房价未来 20 年没问题》。受此报道影响，一些未购房者持币观望，苦等大跌购房时机。经过两年，现在国内各一线城市房价依旧上涨，观望者后悔、痛骂均于事无补。时至今日，仍有不少房地产报道为追求眼球效应将拐点、泡沫挂在嘴边。2021 年 9 月，多地发布限跌令，某报就在 9 月 10 日的国内新闻版发布了《多地出台房价"限跌令"楼市转折点出现?》的报道，吸引了大量购房者阅读。但是事实上，"限跌令"的发布与楼市能否出现转折点并无显著的直接关联，一些城市的"限跌令"只不过是"因城施策"的一部分，楼市是否出现转折点，还需要更长的时间来观察。

除了拐点之外，不少媒体特别是网络媒体，还将泡沫当作家常便饭来炒作。为了追求轰动效应，进行盲目炒作、放大报道，不惜制作危言耸听、捕风捉影的楼市新闻。甚至有时仅凭楼市一周的成交数据涨跌情况，就得出结论，对后市进行判断，标题追求越醒目越好，越新奇越好。实践证明，依靠夸大其词、移花接木、无中生有来吸引眼球，可能得逞于一时，但不会长久。

对房地产形势的判断、对房价的估计，是老百姓看房地产新闻的永恒主题。当下，拐点论争执再度成为热点，以王石为代表的拐点派和以潘石屹为

代表的无拐点派重开嘴仗。此时更应树立政治意识和大局意识,力求理性客观,在分析楼市时,尽量避免用孤立的眼光、片面的观点看待表象,避免一叶障目,只见树木不见森林,要站在全局的角度观察问题,引导房地产市场持续健康地发展,防止舆论绑架的风险。

### 四、树立宏观意识,拓展报道空间

目前很多的房地产报道还是局限在房价和楼市调整,没有把它作为整个市场经济的组成部分来看。其实,房地产市场不是一个孤立的市场,房地产行业牵涉上下游诸多行业,如建材、劳动力、装潢设计以及金融、保险等。因此,对房地产市场的报道需要有宏观意识,不断拓展报道空间。

首先,房地产的利益主体包括房地产商、地方政府、商业银行、房产中介、消费者、房地产投资者等,这些都应该是报道对象。如《房地产信托在加速房企死亡》《房地产行业资产负债已达临界》《房产网的另类生意》《房地产经纪行业生存调查》等报道,就是既立足于房地产市场,但是又与一般的房地产市场报道有所不同。

其次,应该注重房地产行业与其他行业的关联。房地产行业几乎成为当今经济运行的风向标,它的变动会影响到其他行业的发展。房地产行业独有的产业链整合能力,投资额大、牵涉面广、产业链影响力异常深远。有一组数据足以说明房地产举足轻重的地位。2020年,我国房地产行业销售收入突破17万亿元,从业人员293万人,全年商品房销售面积176086万平方米,以100平方米一套计算,共卖出了1760万套房子。根据知名学者、住建部政策研究中心副主任王珏林等人的测算,住宅的生产、流通和消费直接对几百大类、几万个品种的产品提出要求,与近百个部门的经济活动有密切关系。我国住房建设每投入100元的住房资金,可以创造相关产业170~220元的需求。我国房地产投资占GDP份额7.5%,[1] 而房地产所带动的GDP实则可以高达12.75%~16.5%,据统计,截至2020年,中国房地产对GDP的影响占比已经超过30%。[2]

再次,房地产报道需要关注房地产行业对整个社会的宏观影响。有人曾

---

[1] 《我国GDP中,房地产所占比重是多少呢? 与美国相比,如何呢?》,腾讯网,https://xw.qq.com/cmsid/20210818A0CXLD00? pgv_ref=baidutw。

[2] 《房地产产业链深度研究报告: 对GDP影响占比超30%》,搜狐网,https://www.sohu.com/a/406628983_99900352? qq-pf-to=pcqq.group。

说，房地产是我们这个时代的百科全书，从中能够看到经济与政治、现代与传统、利益与文化、冲突与化解、欺骗与声讨，房地产报道也应该从更为广阔的视野观照，反映其折射出的社会百态和文化变迁。比如需要更多地关注拆迁建设安置房背后的城市发展规划，高房价背后的学区设置合理性与调整空间的问题，小区停车位的收费标准与实际供需之间的平衡问题，高层住房消防隐患与防范问题，地面车位阻碍救援等问题。

# 第十六章
# 数据新闻与财经新闻报道

数据新闻，是近十年来新闻业务在大数据技术助推下的全新表达形式，以海量数据的可视化呈现见长。财经新闻，涉及经济发展走势与规律，涉及国计民生，也涉及与社会政治发展相关的一系列重要话题，其宏大性、复杂性与相对抽象性需要更有概括力和形象化的表达方式，而数据新闻恰好在很大程度上契合财经新闻的表达需要。合理运用数据新闻，能使财经新闻更理性、更专业、更易懂，更好地服务于公众。

因此，国内知名财经媒体一般都开设了数据新闻栏目，如财新网"数据说"、第一财经"DT财经"以及21世纪经济报道的数据新闻。财新网"数据说"的作品曾多次获得国际大奖，"DT财经"在业内外引起强烈反响。然而，经过近十年的发展，财经类数据新闻也遇到了相应的瓶颈。

本章主要对数据新闻的缘起与发展、优势与困境，以及财经类数据新闻的生产进行介绍。

## 第一节　数据新闻的源起与发展

### 一、对数据新闻的界定

数据新闻（data Journalism），又叫数据驱动新闻，是指基于数据的抓取、挖掘、统计、分析和可视化呈现的一种新型新闻报道方式。欧洲新闻学中心《数据新闻手册》给出了一个较为简洁的界定："用数据处理的新闻。"

数据新闻建构了一套完整的新闻生产流程，代表着一种新的新闻生产形态。它的出现改变了传统的以文字为中心的叙事方式，使得数据成为新闻的本体，是大数据时代新闻表达方式的又一次革命。

要准确理解数据新闻的定义，有必要对以下几组概念进行区分：

（1）数据新闻与精确新闻的区别：从数据量级上，数据新闻所搜集的数据量级远超精确新闻使用的具体调查、实验数据；在数据运用上，精确新闻将数据作为支撑观点和判断的论据，而数据新闻则改变了传统的以文字为中心的叙事方式，数据成为新闻的本体。

（2）数据新闻与计算机辅助新闻的区别：在产生背景方面，计算机辅助新闻产生于数据匮乏的时代，借助计算机搜集信息，发现新闻线索，而数据新闻可以看作其在大数据时代的进一步发展；在内涵外延上，计算机辅助新闻更偏向于一种辅助工具，强调方法的运用，而数据新闻则建构了一套完整的新闻生产流程，代表着一种新闻生产形态。

（3）数据新闻与数据可视化的区别：一方面，数据可视化含义更广泛，主要指借助图形化手段有效传达信息，不局限于新闻领域；另一方面，可视化技术将数据与新闻有效结合起来，丰富了数据新闻的表现形式，但数据新闻不等同于数据可视化，它的表现方式更加灵活多样。

自 2010 年以来，国内新闻界引进数据新闻实践之后，国内学界对之进行了足够的学术关注，其定义不尽相同，但主要聚焦为以下三个方面：

强调数据：认为数据新闻中的"数据"，是各类大数据经过搜集、统计、分析以及可视化处理之后的呈现。强调叙事：认为数据新闻必须具备叙事功能，准确的数据选择和严谨的逻辑叙事是数据新闻的关键。强调可视化：认为将数据展示为直观的图形，以帮助理解和记忆，是数据新闻的题中之义。这里的图形，包括静态图表、单向动态信息图和双向互动信息图。

我们可以根据可视化图形的差异，将数据新闻分为以下几种表现形式：

（1）平面静态信息图。所谓平面静态信息图，是指信息仅以可视化形式呈现，但不能互动。在信息接收的过程中，读者只能被动接收。平面静态长图主要有照片、图示（可以包括统计数据列表、图解图表、柱状图、饼状图、曲线图等）、色彩等视觉符号。围绕重大新闻或热点现象，数据新闻通常借助这些符号，进行简洁而又高度概括的表达，将新闻事件变化发展的来龙去脉和错综复杂的关系呈现得清楚、明晰。平面静态型数据新闻制作相对较为简单，是数据新闻最常用的表现形态。

（2）单向动态信息图。所谓单向动态信息图，是指呈动态特征的信息图，主要通过动图和全息图，构成具有纵横交错的视觉化叙事信息空间，意在揭示事物间的深层联系。在接收这类数据新闻时，用户可以对自己感兴趣的资源执行更为主动的操作与交互，例如，选择性阅读或收视某些信息，忽略某些信息，但无法影响新闻生产。

（3）双向互动信息图。所谓双向互动信息图，是指运用散点对话气泡云、音视频点击、二维码扫描和网站链接等超文本互动形式呈现可视化叙事内容。在这类数据新闻中，用户不仅能主动选择信息，而且可以自主上传自有信息，从而达到与新闻的互动。在这方面，财经媒体还有很大的拓展空间。

## 二、数据新闻的缘起与发展

数据新闻最早诞生在英国。在诸多较早投身数据新闻实践的媒体中，英国《卫报》别具一格。2009 年《卫报》开创"数据博客"，① 成为数据新闻发展的一个里程碑。该栏目从 2009 年 1 月 14 日上线至 2013 年 5 月，共制作各类数据新闻 2500 多则，涵盖政治、经济、体育、战争、灾难、环境等不同领域，采取的形式有图表、地图以及各种互动效果图，数据类型既有量化数据也有质性数据，还有两者兼顾的混合数据。②

让《卫报》数据新闻一鸣惊人的是 2010 年 10 月 23 日刊登的一则关于伊拉克战争的日志。《卫报》使用来自维基解密的数据，借用谷歌地图提供的免费软件 Google fushion 制作了一幅点图，将伊拉克战争中所有的人员伤亡情况均标注于地图之上(如图 1)。

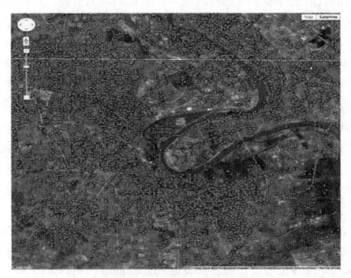

图 1 伊拉克战争伤亡情况

① 《卫报》数据博客网址：http://www.guardian.co.uk/news/datablog。
② http://www.199it.com/archives/130474.html。

地图可以缩放大小,在地图上一个红点便代表一次死伤事件,鼠标点击红点后弹出的窗口则有详细的说明:伤亡人数、时间,造成伤亡的具体原因。这里既没有用枯燥的数字进行描述和解释,也没有采取夸张的文字进行煽情式的叙述,但地图上密布的红点却显得格外触目惊心。新闻从业者的人文关怀与国际主义精神通过精准的数据被传达出来。该新闻刊登后在英国朝野引起极大震动,在一定程度上促使英国最终作出撤出驻伊拉克军队的决定。

现在,不少钟情于数据新闻的国际媒体均采用了类似的报道形式,如《华盛顿邮报》《洛杉矶时报》等。

中国在 2011 年左右开始了数据新闻的实践和研究。自 2011 年起,国内四大门户网站搜狐、网易、腾讯、新浪紧跟国外数据新闻实践步伐,相继推出数据新闻专栏:"数字之道""数读""新闻百科""图解天下",拉开数据新闻本土化实践序幕。

2013 年 10 月,财新传媒成立财新数据可视化实验室,推出数据新闻专栏"数字说",其发表的《青岛中石化管道爆炸事故》报道获得亚洲新闻奖。

此后,国内兴起了数据新闻热。根据相关统计,2015 年国内共有 15 家新闻媒体或数据公司建立了数据新闻栏目,是建立数据新闻栏目最多的一年。此后数据新闻新建栏目数量逐年降低,发展趋于平稳。截至 2019 年 5 月,我国至少创立了 47 家数据新闻栏目,其中已有 16 家栏目出现了停更或无法查询的情况。[①] 国内从事数据新闻的媒体数量呈现了明显的下滑与式微趋势,数据新闻的发展进入了瓶颈期。

## 第二节　数据新闻的优势与困境

### 一、数据新闻的价值与优势

（一）在新闻叙事方面:深化新闻叙事,突出新闻价值

"过去的记者能通过酒吧聊天获取新闻,这种方法今天有时还管用,但是未来记者需要钻研数据,能够运用工具分析数据,找到其中有趣的部分。"互联网之父蒂姆·伯纳斯·李在 2012 年时这样说。如今这已经成为现实。

今天,数据新闻与传统新闻报道的领域几乎没有差异,它可以涉及的领域

---

① 　郭嘉良:《数据新闻产业化发展的现实困境与未来危机——基于国内三家数据新闻媒体栏目的分析》,《现代传播》2020 年第 7 期。

几乎无所不包:政治、社会、财经、环境、运动、健康、战争、性别、能源、军事、动物、警察、航空航天、种族、教育、移民、虚假信息、隐私、宗教、法律、科技、难民、娱乐及事故等。

数据新闻与传统新闻的最大共同点在于,它们都是新闻,都要完成叙事,体现新闻价值;而两者的区别在于,传统新闻通过有声语言和文字来完成叙事体现价值,数据新闻则需要通过可视化的数据来完成叙事。

数据新闻的报道方式能够删繁就简,在宏观上对某个事件看得更加清楚与全面,能够透析事件复杂的演进过程以及该过程中的诸多要素,并能对之进行直观、清晰、有趣的描述。所以,数据新闻不仅能完成叙事,而且能深化叙事,它带给用户的感觉应该是更清晰、更深刻,更能凸显新闻价值。财新"数字说"的作品《百年诺奖》①《中东地区的敌友关系》②《周永康的人与财》③都体现了这些特点,用简洁的动图或单向静态图将错综复杂的关系、千丝万缕的联系表现得淋漓尽致,契合了用户第一时间获取最有价值的信息的需求。

也正因为数据新闻的高度概括力及其对事件本质的表达力和传播力,我们对数据新闻生产提出了更高的要求。

(二)在事实判断方面:发现数据间的关联,找到内在联系

数据新闻最大的特征之一就是海量的数据,因而从理论上讲,数据新闻可以更大程度地减少信息的不确定性,更容易找到事件之间的内在联系,甚至挖掘出某些内在规律。新闻工作者通过数据的挖掘和分析,寻找出有价值的相关性,继而对事件做出更为准确的判断,这种效果是单篇的传统新闻报道很难达到的,但数据新闻却因为其信息的集成性,可以实现该目标。

这里以英国《卫报》2011 年对伦敦骚乱的报道为例进行验证。2011 年 8 月,伦敦骚乱发生后一些媒体评论指出,这与贫富差距扩大有关。英国《卫报》记者利用谷歌融合图表,在伦敦地区地图上标记出骚乱分子的居住地信息(黄色点)、实际发生骚乱的地点(灰色点),以及贫困地区分布(越偏红色表示越贫穷),做出了一则数据新闻。根据这张伦敦市中心的图,网民可以将图扩展到整个大伦敦地区来看,也可以聚焦到具体的街区放大来看,观察每个被标记的骚乱点的人流从哪里来,到哪儿去,从而清楚地看到贫苦与骚乱之间存在的某种关联。这则报道凸显了一个集中的主题,骚乱与贫困有没有

---

① https://datanews.caixin.com/2013/nobel/.

② http://international.caixin.com/2013-09-06/100579154.html.

③ http://datanews.caixin.com/2014/zhoushicailu/.

关联。这种关系的表达，比起单纯的文字报道，表现更清晰，说服力更强。

（三）在预测动向方面：通过数据预测动态，满足公众期待

基于大数据分析技术，数据新闻能持续采集海量的数据，发现数据背后事实的变化规律，从而对未来的发展和结果进行前瞻性判断。数据新闻能充分发挥数据的价值，对新闻事件的走向进行预测分析，也能预测社会生活的方方面面，其主题包罗万象，可以预测特定时间地点的交通拥堵状况，可以预测未来一段时间的经济走势，可以预测领导人换届选举结果，也可以预测未来气候，或者预测某种危机。

相比于传统通过经验主观判断的预测性新闻，基于大数据技术的数据新闻的预测具有科学性、准确性和权威性，具有较高的新闻价值，也更能满足公众的新闻期待。例如，2021年7月，在台风"烟花"登陆之前，国内媒体根据气象局提供的数据，制成了《今年第6号台风"烟花"未来120小时路径预报图》。这种高准确度的预测性数据新闻能吸引大量受众，是未来数据新闻媒体努力的方向。

（四）在信息定制方面：强化新闻的个人关联，满足定制需求

个性化需求凸显是互联网时代的一大特征，而基于大数据技术的数据新闻恰好能满足公众的这一需求。互联网发展在带来更丰富的新闻资源的同时，也造成了新闻同质化的现象，而定制化的数据新闻内容正是摆脱内容同质化困境的重要手段之一。根据用户需求提供个性化的大数据服务，是未来的发展趋势。定制化数据新闻，能够更深层次地把握和洞察用户行为，理解用户心理，满足用户切身需求。

定制化的数据新闻可以是面向个人用户，也可以是面向企业用户。目前大部分的综合性媒体的用户以个人为主，专业性媒体如财经类媒体则会针对企业用户的需求提供专业的新闻信息服务。数据新闻具有可视化、客观性、预测性的特点，在一定程度上可以帮助企业进行决策判断。

大数据技术的发展为定制化的数据新闻内容生产提供了基础。一般来说，定制化的数据新闻对于受众的需求分析来自两个方面：一是用户提前提供的需求；二是基于人工智能技术、大数据技术的用户画像。随着技术的发展，媒体的用户分析将更精准，内容生产也会更加智能化、对象化。

## 二、数据新闻的瓶颈与困境

（一）数据性突出，新鲜感不足

从数据新闻的数据来源来看，目前所引用的数据主要有五种来源途径：

(1) 官方数据,以政府职能部门和事业单位等组织机构发布的官方信息为代表;(2) 商业数据,以上市企业、公司和其他商业平台发布的年度审计报告、财务报表为代表;(3) 科研数据,以高校学者和科研机构发布的论文报告和科研著作为代表;(4) 媒体数据,以传媒机构发布的新闻采访和专题报道为代表;(5) 第三部门数据,以非政府和非营利组织机构发布的相关统计数据为代表。

以上五种途径引用的数据在各自相关领域均具备较高的专业性和可信度,且官方属性明显,由于现阶段国内数据采集成本高昂、媒体自采数据能力普遍不足,引用他人数据已成为国内数据新闻媒体获取新闻数据的主要途径。由于上述数据的公共性和公开性,数据获取呈现出"引用为主自采为辅"的"拿来主义"特征,因此带来的结果是,新闻的数据性较强,但"新鲜感"稍显不足。

(二)表现手段单一,交互性不够

郭嘉良(2020)依托相关理论,结合国内数据新闻的交互特点,将国内的数据新闻作品按照其交互程度的高低划分为四个等级,即无交互、低级交互、中级交互和高级交互,而每一种交互等级都呈现了各自的叙事范式与交互特点。①

(1)在无交互或低交互的国内数据新闻作品中,新闻的叙事主体主要是新闻作者,其叙事范式主要针对新闻作品中的数据内容进行简单化的解释性描述,传者和受众的信息互动关系呈单线直连状态。因此,在封闭的交互环境下,受众也只能被动地接受新闻作者想要传达的数据信息。

(2)在中级交互的数据新闻作品中,虽然受众可以根据预设的交互路径选择数据信息的接受和呈现方式,但是在一个相对半封闭的互动环境中,数据新闻的叙事主体并没有发生根本性变化,数据新闻的叙述模式也从简单的单线性描述转变为有限制的双线互动,数据新闻的主要内容被分割为多个叙事单元,传者和受众的交互行为成为触发新闻背后各个叙事单元、推动叙事进程的必要条件。在此模式下,新闻中所包含的数据信息形成了一个互相关联、嵌套的叙事整体,数据新闻的叙事进程依赖于作者和受众的交互响应程度。

(3)在高级甚至深度交互的数据新闻作品中,在没有任何阅读限制的前提下,受众成了数据新闻的叙事主体,并可以通过多个交互入口对新闻背后

① 郭嘉良:《数据新闻产业化发展的现实困境与未来危机——基于国内三家数据新闻媒体栏目的分析》,《现代传播》2020 年第 7 期。

的数据信息进行浏览和选择，叙事手法呈现多线性和并行性的特征，受众在完全开放的交互环境下获得极大的阅读赋权。随着数据新闻作品后期数据信息的开放和更新，其呈现方式和阅读效果也具有多样化趋势，从而对受众产生更大的吸引力，提高了数据新闻的阅读黏性。

郭嘉良（2020）通过对网易"数独"、财新"数字说"、澎湃"美术课"三个栏目新闻样本的分析，发现高达95.84%的国内数据新闻作品处于无交互或低交互状态，仅有1.04%的作品处于高级交互状态。① 这一结果反映了国内绝大部分的数据新闻作品并没有和受众建立有效的产品互动联系。

（三）可视化特点突出，新闻价值大打折扣

近十年来，在大数据和视觉传播的浪潮下，数据新闻几乎成为每家新闻媒体的"必备款"，这在财经类媒体表现更为突出，如财新"数字说"、第一财经"DT财经"等。但当前数据新闻出现了两种倾向：一是为了可视化而可视化，有新闻价值的主要信息可能被淹没；二是追求大而全，做出一大堆数据分析，但价值十分有限。

数据新闻涉及大量数据，这些数据从公开的数据库或者政府部门、企业、机构中获取。如何从这些海量信息中判断和选择有表现力的数据？这就需要将与新闻报道无关的数据筛选、过滤，把有价值的数据凸显出来，进行合理的整合汇编，形成新的报道内容。

海量数据的收集与整合、分析与处理对于数据新闻来说是一大挑战，需要时间，更需要经验和智慧。然而，近年来，不少媒体的数据新闻都流于形式，常常摆出一大堆数据，让人眼花缭乱，但真正有价值的信息反而被淹没了。这也是近几年数据新闻在热潮过后开始遭到诟病并遭遇瓶颈的原因之一。

## 第三节　数据新闻的生产与财经新闻报道

数据新闻的生产涉及两个层面的问题：一是生产者，即数据新闻团队的建构；二是生产流程的把控。

### 一、数据新闻团队的构建

数据新闻的生产是一项较为复杂的系统工作，通过单打独干很难出作

---

① 郭嘉良：《数据新闻产业化发展的现实困境与未来危机——基于国内三家数据新闻媒体栏目的分析》，《现代传播》2020年第7期。

品，因而对新闻工作者的综合素养提出了更高的要求。一般来说，它需要多人配合完成，通常需要以下角色：

（1）记者编辑，负责内容的组织。选题、策划、对新闻事实的调查和采访永远是新闻报道的内核和基本功，数据新闻工作者也必须在新闻事实和客观数据的获取上下足功夫，这一点和采写传统新闻报道没有差别。

（2）数据分析师，负责数据分析。数据新闻与传统的文字图片报道不一样，新闻工作者必须通过数据发现问题、提出问题，也可以先有了问题之后，再去收集相关的数据。而拥有大量数据后，必须对其进行分析和处理，将不需要或不相关的数据过滤掉，对剩下的有价值的数据加以分析整合，供新闻编辑使用。因此，数据分析师必须具备较强的数据分析和处理能力，才能胜任此工作。

（3）美术设计师，负责将数据以可视化形式呈现出来。数据新闻的可视化图片将不同的时间和空间联系在一起，将繁杂的数据简单化，便于受众理解，更有利于受众参与其中，满足不同受众的各方面需求。数据新闻的可视化是其一大特点，因此对于新闻工作者来说，应熟练掌握可视化技术，学会识图制图以及各种表格的制作。

（4）程序员，负责把设计师设计好的图形用代码实现出来。当前常用的编程语言和数据分析技术有 CSV、Google Sheets、Microsoft Excel、D3.js 等；此外，Python，R，Adobe Creative Suite，AI/Machine learning 和 Node.js 也是常用的编程语言和数据分析工具。在数据新闻生产中，程序员的作用至关重要。

在实际操作中，往往一个人会身兼多个角色，所以一个项目有可能由三四个及以上的人完成，也可以由一两个人完成，只要参与者具备相应的能力。

## 二、数据新闻生产的流程

为避免流程介绍的空洞，本节以财新网的报道《周永康的人和财》为分析对象。①

**第一步——找选题。**

一个好的选题会决定这则数据新闻的价值和受欢迎程度。数据新闻不同

① 本节根据财新数据可视化实验室原负责人黄志敏（2015）在"京华论道——2015可视化与数据新闻分享会"（中国传媒大学国际传媒教育学院、财新数据可视化实验室、百度新闻实验室联合主办）上的演讲进行改写。在此，对黄志敏先生表示感谢。

于传统意义上的新闻报道，它将数据作为新闻主要内容进行呈现，其主要内容基于对数据的搜集与整理。

财新数据可视化实验室成立于 2013 年 10 月 8 日，成立两三个月之后碰到一个非常好的选题：周永康案。而且，针对这一选题，财新网的记者编辑已经组织了 6 万字的调查报道，掌握了丰富的素材。

第二步——找角度。

对搜集的数据进行处理与分析，其目的在于挖掘数据背后可供报道的有价值的新闻信息。原始的未经过处理的数据无法将事件背后隐藏的新闻价值呈现出来，通过对数据进行采集与应用，可以使媒体从数据中获取有价值的新闻信息，生成新的报道线索。

一个选题可以从不同的角度去表现，对于周永康案这样一个错综复杂的案件，如果做数据新闻，最应该呈现的是什么？在这个报道里头什么角度最引人关注，什么素材最适合做数据新闻？

仔细阅读调查报道后，财新报道组发现其中有两个内容特别有意思，而且也是公众关注的点：一是这起案件涉及几十个被调查的人，有周的亲属、亲家、下属，甚至下属的下属，调查了几十个人。报道组认为，如果能把这几十个人的关系讲清楚，本身就很有价值。二是关于公司，案件涉及一百多家公司，都是周氏家族直接或间接持有的公司，通过这些公司赚钱。这些公司有的并不直接在周氏家族成员名下，有些公司已经被转让了。能不能把这些公司讲清楚，也是很有意思的事情。于是报道组决定用这个角度，从人和公司的角度，来做这个数据新闻。

第三步——数据搜集整理和清洗。

完成前两个步骤后就需要启动第三步：数据搜集整理和清洗。前两步可以认为是策划阶段，以口头讨论为主，如果觉得不合适可以推倒重来，成本损失不大。从第三步进行实操环节，会有较大的工作量。把这些数据从报道里抽出来之后，按照设计的格式对其进行归纳整理。

为什么要整理成有规律的数据？这是为了后面写代码的时候便于数据提取。除了把数据按各个字段分开，还要将错误的数字剔除，再整理成统一的格式，这个过程称为数据清洗。

第四步——数据分析。

这一步先要分析这些数据的特征。周案的数据基本是定性分析，主要讲的是人跟人之间的关系，以及人跟公司、公司与公司之间的关系。分析这些数据之后，会发现核心有两个：一个是人，另一个是公司。关系有三种，一是人跟人之间的关系；二是人跟公司之间的关系；三是公司跟公司之间的关系。

首先，看人跟人之间的关系，可以归纳为三种关系：血缘关系、利益关系和工作关系。人跟公司之间或公司跟公司之间的关系，也可以归纳为三种：第一种是现股东，目前持有这家公司的股份；第二种是前股东，以前是公司的股东，现在把公司转让了；第三种叫获取收益，以前、现在都不是公司的股东，只是从这个公司赚钱。

然后，再把这些关系分别合并为几种类型。人跟人的关系合并为三种类型，第一种叫直系亲属，第二种叫上下级，第三种是老板和秘书。直系亲属关系没有方向性，关系是相互的。上下级和老板秘书这个关系，则有明显的方向性，得讲清楚谁是谁的下级，谁是谁的秘书。人与公司或公司与公司之间的关系，可以合并成两种：第一种是持股；第二种叫转让或者收益。这样数据就简单了，可以对这些关系做定性分析。

**第五步——要选择合适的图形。**

作为新闻生产流程中的关键一步，数据可视化为新闻内容提供了一种新型的展现方式。一方面，以直观的数据对信息进行呈现，使受众能够清楚地了解新闻的核心内容，在一定程度上保障新闻的客观性；另一方面，利用形象化的图表来报道新闻，可以将受众的注意力聚集至此，从而增强报道效果。

做数据新闻最有趣的环节就是选择图形。我们必须找出最合适的图形来表现选择的那一系列数据，没有标准答案，只有最佳答案，可以不断地改进，让图形更简洁、更优美、更准确。

我们先看一下图形的分类，数据新闻中常用的图形大致有两类。

(1)适用于定量分析的图表：如果对数据做定量分析，通常使用基于坐标绘制的图形，如我们熟悉的折线图和散点图，基于直线坐标画出；又如饼图，基于极坐标画出。

(2)适用于定性分析的图表：这类图不需要基于坐标，如流程图、树形图。这些跟坐标都没关系，主要是靠点、线和箭头来表现。可以根据需要对图形做扭曲和变形，只要元素相互关系不变，一般不会影响内容的表达。《周永康的人与财》就是典型的定性分析，所以基本上不需要基于坐标轴的图形。

确定好图形类型和框架之后，就要对线型、字体字号、颜色等进行调整，这样整个图形看起来会显得更美观、整齐、有规律。

**第六步——丰富图形的内涵。**

到第五步已经确定了基本的图形，第六步要丰富这个图形的内涵。《周永康的人与财》把人与人的关系总结为三种，将弧线用三种颜色来表现；人与公司的关系总结为两种，将弧线用另外两种颜色来表现。这样只要一看弧线的颜色，就能理解这些复杂人物和公司的关系。

一个作品真正要实现的时候，还有很多需要考虑和丰富的地方。例如，你怎么引导用户视线？怎么让用户不眼花缭乱？能不能让他知道应该先看什么后看什么？能不能把它不关注的内容隐藏掉？当他关注某项特定内容的时候，能不能给他展现更多的数据？

**第七步——通过代码呈现图形。**

图形设计好了，接下来就是用代码来呈现。不会编程怎么办？目前有两个办法：第一是自己学写代码，自力更生，丰衣足食；第二是找能写代码的人合作。《周永康的人与财》就是通过合作完成的。

最终，该作品在一个屏幕的空间呈现了3万字的信息，以有限的篇幅，呈现了海量的内容。① 具体如图2所示。

全文就是这一张只占一个网页界面的可视图，简洁而清晰，没有错综复杂的故事，只是把鼠标点到具体的人名或公司名上，会在可视图的右上方出现简略的介绍，但没有具体的故事。相关故事性报道可见另一则财新网的报道：《周永康的红与黑》。②

### 三、判断数据新闻优劣的标准

判断一则数据新闻是否达标，可以在完成后问自己几个问题：

其一，有没有传递新的新闻信息，有没有把故事讲好？数据新闻的本质依然是新闻，所以其第一要义依然在于传播有价值的信息；其次，数据新闻要具备足够的叙事功能，如果报道能独立形成叙事，或配合简单的文字把故事讲好，这则报道就基本合格了。

其二，有没有把想要表达的主题诠释好？和其他新闻报道一样，数据新闻也应当有要集中表达的内容，而不应当是海量数据、面面俱到。选择的数据是否精当，能否为主体提供有力的数据支撑？表达是否有严密的逻辑？这些都是考量的重要标准。

---

① 见财新网，"数字说"栏目：https://datanews.caixin.com/2014/zhoushicailu/。

② 见财新网，"数字说"栏目：https://datanews.caixin.com/2014/zhoushicailu/。

其三，是否具备足够表达力和表现力？数据新闻的另一大特点是符合读图时代人们的审美需求和信息接收习惯。如果能做到以上两点，一则数据新闻就已经具备了基本的表达力，但是否具备很强的表现力，是否有视觉冲击力，是否简洁，是否方便互动？这些都是数据新闻工作者需要考虑的。

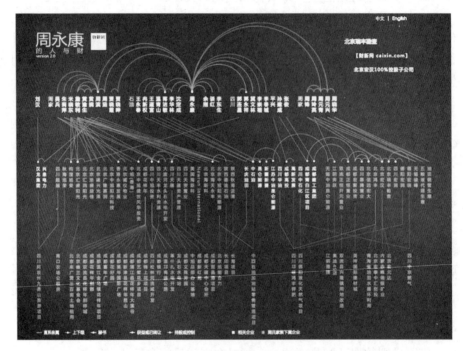

图 2 《周永康的人与财》

# 第十七章
# 财经新闻评论写作

## 第一节　财经新闻评论的特点与重要性

### 一、财经媒体为何要重视新闻评论

新闻评论是新闻文体中的重要一类，它表达人们对新闻事件的判断以及由新闻引发的各类社会问题的思考，因为人们不仅需要通过新闻媒体了解新闻事实本身，也需要通过新闻媒体了解新闻事实的意义、其产生的原因及发展方向。财经媒体应当为受众提供有价值的财经新闻信息，坚持用事实说话，但它同时也应当对新闻事实或有关社会现象做出评判和分析。随着社会环境和媒介环境的变化，新闻评论对财经媒体的重要性日益提升，这种重要性主要体现在四个维度：第一，财经新闻评论是财经媒体的"独家"报道；第二，财经新闻评论可以引发、生成"深度报道"；第三，当下复杂的新媒体环境凸显了财经新闻评论作为"专业解读"的重要性；第四，财经新闻评论是当前经济新常态时期的重要新闻形式。

首先，财经媒体可以通过财经新闻评论提供独家的、能够影响人们经济观念及决策的观点。这主要是由经济内容的实用性决定的。由于经济问题是读者日常生活的重要组成部分，读者日常有大量的经济事务需要处理，通过阅读财经新闻评论，他们可以参考"有用的"财经观点来帮助进行决策。这就使得财经观点成为人们日常经济生活中的必需品。而对于财经媒体来说，单靠财经信息并不能成为第一卖点，不能适应今天的阅读市场需求。尤其在互联网时代，读者可以轻松地通过搜索，在海量的财经信息网络中寻找到自己需要的信息。但思想是偷不走的，因此，财经新闻评论成为财经媒体的核心竞争力。甚至有人认为，判断一份财经媒体是否能成为主流，一个重要的标准就是看其是否在及时、准确、客观、公正地报道经济现象的基础上，运用自己独特的话语，传递一种全新的财经观点，从而成为读者稳定、依赖的思想来源。而正是由于推出了大量鲜明、理性、具有深度的财经新闻评论作品，一些诸如国外的《华尔街日报》《金融时报》、国内的《财经》《21世纪经济报道》等财经媒体，才能获得巨大的成功。

其次，财经新闻评论可以促进深度报道繁荣，带来新闻操作理念的更新。从过去重视"是什么"到今天更加聚焦"为什么"以及"怎么样"，这一变化是由受众的需要决定的。随着新媒体的发展，人们获取财经信息越来越便利，渠道越来越多样，如今"财经新闻"已经不再稀缺，稀缺的是深度信息以及对这些信息的分析评价。读者不仅渴求第一时间获取信息，更期盼媒体能够第一时间对信息进行分析、调整、整合，最终形成一种更易阅读、理解的实用资源。这就需要财经记者能够挖掘信息背后更深层的内涵，帮助读者准确把握财经事件、现象的脉络。比如2000年，《财经》杂志在12月号登载了汪丁丁的评论文章《舆论评价与金融监管》，文章指出，"当我们呼吁政府加强对金融机构的监管时，不要忘记为百姓享有知情的权利而呼吁"。这种来自经济学家的评论，很大程度上声援了财经有关证券市场、上市公司的深度调查报道，为《基金黑幕》一文做了背书，也使该家媒体通过证券市场批评者的角色迥异于其他媒体，填补了市场空白。①

再次，财经新闻评论可以通过对新闻现象的专业解读引导舆论。在移动互联网时代，人人都有麦克风，都能发表观点，主流财经媒体面临着来自大量自媒体等新兴生产主体的挑战。但是，这也提供了发展机遇，通过更为专业的表达和发声，主流财经媒体可以更好地发挥引导舆论的功能。因为，与一般受众相比，专业财经记者拥有更高的教育水平和成熟度，他们对评论对象有更深入的了解，可以梳理财经事件的前因后果、来龙去脉，分析经济的未来走向和趋势，这种专业解读对公众更为重要。《日本经济新闻》前社长杉田亮毅先生曾说过：培养一名普通记者需要两年，培养一名财经记者则需要八年。作为评论员的专业从业者，其存在的意义就是舆论监督和引领言论风潮，保障公众的知情权和媒体自身的批评权，内心时刻坚守推动中国经济改革的责任与使命感。尤其在当下转型的媒体环境下，对于专业媒体的从业者而言，应该要拥抱而不是排斥这个时代，通过努力坚守新闻的专业精神和财经的专业修养在这个时代找到自己的位置。

最后，财经新闻评论是经济新常态时期为受众释疑解惑的有效方式。经

---

① 刘颂杰：《新闻专业化的路径选择——以〈财经〉、财新传媒为例》，中山大学2014年博士学位论文。

过几十年的快速发展，中国经济进入了一个新常态发展阶段。"新常态"最初用来描述 2008 年金融危机爆发以后发达国家的经济与金融状况，后来也被用来描述中国经济的新形势。围绕当前中国经济发展之新常态，国外对中国经济未来的走向主要有两种看法。一种观点持积极乐观态度，认为中国经济会沿袭早期日、韩的东亚黄金增长路径，仍然保持较高的经济增长速度；另一种观点则为崩溃论，认为中国可能重蹈巴西、阿根廷等国家的"中等收入陷阱"。那么，中国经济究竟会如何走向？经济的结构性调整如何影响经济表现？随着"一带一路""人类命运共同体"倡议的践行和发展，中国将在未来扮演怎样的世界性角色？对这些复杂问题的理解和认识，普通大众都需要依赖财经新闻评论来判断并参与公共政策的讨论。

## 二、财经新闻评论的界定及基本特点

毋庸置疑，财经新闻评论是当前媒体评论的重要类型。以往人们根据评论对象对新闻评论进行分类，往往简单分为政治新闻评论、经济新闻评论、社会新闻评论、文化新闻评论等。从概念来看，经济新闻评论要比财经新闻评论范围要广。前者一般指的是针对经济领域发生的新闻事件或者社会现象等发表观点或看法，其评论对象涉及整个经济生活。比如闻学曾经在《经济新闻评论：理论与写作》一书中这样界定："所谓经济评论，是指传播媒体就现实经济世界发生的或正在发生的客观事实和在现实环境中产生各种想法的民众的主观世界发表的具有一定倾向性的意见或看法，是对于经济行为和经济活动的动态过程的评论。"[1]

我们从狭义财经新闻的视角看待财经评论，即：在媒体上公开发表的，对新近发生或发现的在金融市场、房地产市场、证券市场、消费等领域的经济新闻事件、问题、现象，直接表达作者意愿的有理性的、有思想、有知识的论说性文章。其基本功能主要表现在解读经济政策、传递经济信息、指导经济生活、舆论监督功能、决策参考功能以及深化报道主题等方面。[2]

关于财经新闻评论的特点，龚彦方从财经评论之于报道的意义认为，财经新闻评论主要有三个特点：一是提炼财经新闻事件的政治、制度或社会意义；二是对纷繁复杂的新闻事件进行抽丝剥茧的工作，简明扼要地指出隐藏在新闻事件和各种现象背后的规律、主要矛盾、主要原因或解决方法；三是

---

[1]　闻学：《经济新闻评论：理论与写作》，武汉大学出版社 2007 年版，第 4 页。

[2]　包国强等：《财经新闻评论》，清华大学出版社 2011 年版，第 29 页。

体现媒体机构的独到分析，带有鲜明的价值预设和写作风格。① 包国强等学者则通过财经评论与其他类型新闻评论的对比认为，财经新闻评论的基本特点是作者队伍学者化、论题更广泛以及信息更实用。结合上述学者观点以及新闻评论的一般特征，我们认为，财经新闻评论的特点主要体现在三个方面：

（一）选题具有显著的财经新闻性

不管是何种新闻评论，它们都具有一个共性特征，即体现某种新闻性。之所以说财经新闻评论体现了某种财经新闻性，是因为在大多数情况下它们的评论对象本身就是财经新闻，具有新闻所要求的真实性或评论本身所体现的现实针对性。财经新闻的评论对象必须是在财经领域真实的人，或是确实发生过的事，或是客观存在的财经现象，而不是虚拟与想象的人、事、现象。

（二）论述具有极强的专业性

一般来说，财经新闻评论的作者不只限于职业记者，即跑财经条线的记者，还有相当一部分是学院派的财经专家和学者。比如在财新传媒，就有一大部分财经评论出自高校、知识界的专家学者，比如吴敬琏、汪丁丁等，从而形成了该媒体独特的知识分子风格以及市场的高端、精英地位。

（三）对于受众具有明显的实用性

区别于有些评论以兴趣为旨趣的满足感，财经新闻评论明显不同，深刻、清晰的财经新闻评论会给读者的日常财经生活带来重大变化。比如股票市场评论，受众可以通过这些评论了解近期国家出台的宏观调控政策，判断所持股票的未来走向以及自己的操作思路，以保障自己的利益最大化。又比如房地产评论，读者可以据之了解房地产的新近政策变化，判断近期买房还是再观望一段时间，以减少房贷及月供的压力。

## 第二节　财经新闻评论的现状与发展趋势

### 一、财经新闻评论的现状

改革开放以来，中国经济经历了从计划经济到有计划的商品经济、建设社会主义市场经济三个阶段。而纵观历史，作为与经济转型同步的财经媒体也自然分享了这种话语权，财经媒体创办的几个高峰期，均与中国经济改革

---

① 龚彦方：《财经新闻知与性 理论与实践》，电子工业出版社 2021 年版，第 145页。

的重要事件紧密相连。比如，1978 年改革开放的启动、1992 年市场化改革方向的确立，以及 2000 年年底中国入世谈判成功等，都催生了一大批重要的财经媒体。① 而且，财经新闻评论之特点、职责以及角色在不同时期也有较大差异。

在计划经济时代，整个社会生活泛政治化，对于经济学研究和经济政策来说，强调高度集中统一。当时，经济宣传包括经济评论很受重视，但多停留在年年月月周而复始的所谓指导生产、催促完成计划产量和产值上面，无法吸引众多受众的兴趣。作为党的机关报之经济新闻评论，其主要角色为主流意识形态话语下的意见教导者，在当时以单向灌输为主，强调权威性，并代表编辑部和同级党组织发言的职责。②

自 1978 年改革开放启动，尤其 1994 年确立社会主义市场经济体制后，财经新闻评论发生了极大的变化。一方面，评论题材开始多样化。随着住房、教育、医疗以及分配体制的改革，人们更经常去关注财富以及与财富相关的种种问题。由于经济领域的这一发展，各类题材的评论开始出现，并日益受到重视。比如从 20 世纪 90 年代开始，中央级报纸如《人民日报》不断开设各种经济漫谈专栏"市场随笔""经济茶座""经济札记""每周经济评论""试点""农村杂谈"等。③ 另一方面，伴随经济体制改革，由于财经媒体之新闻专业主义的发展获得了长足进步，财经新闻评论，尤其是经济形势的预测分析等体现出了较强的专业性和科学性。

2001 年中国加入世界贸易组织之后，金融越来越成为国家宏观经济调控的有力杠杆和筹集资金的主要渠道，与普通民众的切身利益关联越来越密切，证券、金融、房地产等财经领域和相应社会热点逐渐成为财经新闻评论的主要对象，财经新闻评论的选题更加多元化。目前，一方面，财经新闻评论既有侧重金融和财经领域的财经评论，也有关于时事政治与经济发展规律的政经评论，亦有聚焦企业和行业发展的产经评论，还有对热点社会事件的理性分析。以《21 世纪经济报道》为例，从 2019 年 4 月 1 日至 29 日版面上发布的 58 篇评论文章来看，探讨的议题涉及多个不同层面和领域，包括高考改革、国内货币政策、科创板监管、"996"工作制、楼市"小阳春"、中等

①　Hu Shuli, The Rise of the Business Media in China, Changing Media, Changing China, Susun Shirk(ed.), Oxford, 2011.

②　包国强等：《财经新闻评论》，清华大学出版社 2011 年版，第 17 页。

③　胡文龙：《中国新闻评论发展研究》，中国人民大学出版社 2002 年版。

收入陷阱、奔驰车主维权、美联储货币政策、乌克兰改革等。① 另一方面，相比过去，互联网的海量存储和及时传输的特性，大大提高了财经新闻评论的时效性和针对性，媒介形态也更加丰富。由于新媒体时代的到来，传统以报纸、广播、电视等为传播媒介的财经评论，拥有了更多表达的媒介平台，包括网站评论、个人(专家)专栏评论、网络论坛评论、播客及微博客评论、网民跟帖等多种形式。同时，主流财经媒体也开始注重利用这类新媒体平台输出自己的声音，不仅在自己的网站上刊登其纸质媒体的社论、时评、专栏评论等评论文章，还邀请一些专家学者、记者、媒体人、专栏作家等作为特约评论员，以开设专栏等方式撰写评论员文章。

### 二、财经新闻评论发展的未来趋势

随着新媒体形式的不断涌现以及融媒体的不断推进，财经新闻评论面临着来自内外部诸多变化的影响。新闻业正在经历剧烈的变革，这种改变主要表现在四个方面：(1)广告向平台公司转移，传统新闻业收入模式遇到危机和转变的压力；(2)新闻业越来越重视用户数据，用以进行受众分析和经营推广等；(3)信息平台和信息分发方面，传统分发模式受到挑战，非新闻专业公司日益占据主导地位；(4)新闻业变得更容易被操纵、虚假信息蔓延，导致公众信任感缺失。② 其中，有两个因素对新闻评论直接构成影响。一个是受众在专业新闻业的生产过程中日显重要，影响报道及评论模式的转变；另一个则是媒体的政治经济环境所带来的复杂语境，使得有偿新闻、假新闻等方面的职业伦理问题相比传统媒体时代更加凸显。具体来看，首先，受众评论在今天愈来愈重要，它借助社交平台的"主题标签"形成病毒式传播，深刻影响到新闻的生产流程。比如在"东方之星"长江沉船事故的报道中，依托微信、微博平台的受众批评不仅影响到媒体编辑部的内容选择，也影响到日常的工作流程。最终，这种影响使得传统专业从业者主控的生产方式转变为了职业记者和公众共同参与的动态实践。③ 其次，在全球范围内，由于

① 李洁雪：《转型期主流财经媒体新闻评论的要素嬗变与发展策略——以〈21 世纪经济报道〉为例》，《东南传播》2019 年第 7 期。

② Steensen S, Westlund O. What is Digital Journalism Studies? *Taylor & Francis.* 2021，pp. 4-5.

③ 陆晔、周睿鸣.《"液态"的新闻业：新传播形态与新闻专业主义再思考——以澎湃新闻"东方之星"长江沉船事故报道为个案》，《新闻与传播研究》2016 年第 7 期。

社交平台、政治因素等交叉影响，我们正处于"后真相时代"，这就带来了一个尖锐的问题：当真相被操纵、利用，我们该如何看、如何听、如何思考？人们认知世界方式的变化势必也将影响财经新闻评论的发展。

从我国财经新闻评论的外部环境来看，中国经济正在发生显著的变化。自改革开放以来，我国经济经历了高速增长，具体来看，从 1979 年到 2012 年连续 33 年平均增长达到 9.8%，这样的高速发展态势在人类经济史上极为罕见，无疑是个奇迹。同时，随着我国主要矛盾以及国内外形势的变化，我国经济的增长动力和机制发生改变，经济结构需要优化调整，发展正在实现由高速度向中高速高质量转变。如何解决好结构失衡导致的需求不足，成为针对中国经济增速有可能不必面临大幅度下调的重要挑战，且这种结构性调整同时面临外部国际格局的重大变化。相比过去，中国已经成为世界经济"万吨巨轮"，与世界的互动已经成为一个双向反馈的过程，逐步从一个简单的国际规则的接受者转变为积极务实的行动者，会不断通过各种运作让国际社会接受自己的一些基本诉求。

针对这种情形，财经新闻评论不仅要处理好"数字新闻业"时代的调整，即解决好技术、公众、新闻业三者的关系，而且要深刻地反映当前中国经济发展新阶段的现象和决策，回应新常态发展所遇到的一系列问题，比如中国宏观经济的态势和经济结构的转型、中国资本外流的真相，以及中国经济与一带一路、美国制造业回归的关系等。在这种情况下，未来财经新闻评论势必会朝着移动社交化、数据化、国际化等方向发展。

（一）移动社交化

由于移动互联网带来的革命性变化，以财经报刊为主的传统财经新闻评论经历了三次来自互联网比较大的冲击：纸媒电子版、报网互动以及两微一端(微博、微信、新闻客户端)。近年来，随着 4G 普及和 5G 技术的发展，以手机为主的移动互联网阅读逐渐成为读者接受财经新闻评论的主要方式。这就使得财经新闻评论日渐表现出移动社交化的特征：一方面，它融合多种形态，比如文字、语音、短视频、移动直播等，以便于受众在移动生活情境下接收信息和阅读；另一方面，财经新闻评论更重视互动性，通过网民转发、回帖等多种方式，吸纳尽可能多的受众参与对财经事件的讨论。比如财新传媒，它的网络财经评论就融合了报纸、广播电视等媒体的传播技术，并拥有独特的互动性。在财新网，"观点"是它的评论频道，下设财新名家、财新评论(火线评论、意见领袖、社评、聚焦)、"视听"、"智库"、"思想精选"等不同栏目。评论的形态也较为丰富，有以文字为主的评论，也有以视频为主的评论。其中，财新非常重视互动性，编辑会将网民对评论发表的回帖进行整理，对一些回帖进行回复，除此之外，它还通过微信、微博、App 对财经评论进行转发。一些媒体还会推出个性化的创新，如为了增加互动性，FT 中文网在评论板块"观点"下设置了"读者有话说"栏目，以使普通读者也参与对财经事件、现象之公共讨论的生产，并且会通过筛选进行刊发。

（二）数据化

目前，由于媒介技术的影响，新闻业正在经历一种"量化"转型（Quantitative Turn），从早期的精确报道到计算机辅助报道，以及现在新出现的大数据报道。① 在财经报道领域，一种新的报道样式——"数据财经新闻"受到越来越多的重视，它注重将计算思维应用于信息收集、感知和信息的呈现实践中。同新闻报道的这种发展趋势一致，财经新闻评论也日渐受"数据化"以及"可视化"思维的影响。一方面，考虑到财经分析很大程度上是一种数据驱动的新闻实践，职业评论者在分析宏观经济、金融市场、上市公司等问题时，常常倚重数据，目的是消除信息的不对称，使得投资者、决策者和经营者面临一个更透明的世界，同时注重数据使用的可视化，便于受众接收和理解。另一方面，由于财经新闻评论大多是依托财经新闻报道所阐发的分析、解释，对数据的精确使用也可以在更大程度上减少"假新闻"可能带来的谬误，通过纵深的研究能力对新闻进一步验证，避免财经新闻评论对社会经济的运行产生极大的不良影响。比如 2021 年 8 月 6 日，FT 中文网刊发了评论文章《从跨周期角度理解当下政策语境》。此文通过呈现近 5 年一般财政支出进度、政府性基金支出进度等数据变化图表的详尽分析和解释，清晰地说明了"财政政策后置、留力明年"就是具体的跨周期调节，进而解释了"跨周期调节"的意涵以及对当下宏观经济的背景性意义。②

（三）国际化

党的十八大以来，尤其随着"一带一路"等发展倡议的提出与不断落实，中国经济的影响力日益突出。从 2013 年倡议提出到 2020 年，中国同"一带一路"沿线国家货物贸易总额约9.2 万亿美元，对"一带一路"沿线国家直接

---

① Coddington M. Clarifying Journalism's Quantitative Turn. *Digital Journalism*，2014，3(3)，pp. 331-348.

② 蔡浩、李海静：《从跨周期角度理解当下政策语境》，FT 中文网，2021 年 8 月 6 日，http://www.ftchinese.com/story/001093471? full＝y#ccode＝iosaction。

投资约 1360 亿美元，"六廊六路多国多港"的互联互通架构基本形成。① 在这种情况下，大幅度增加国际财经新闻评论、学会用全球眼光看待和分析经济现象就显得极为必要，要能够通过全球性财经事件阐释"中国立场"，从中国的经济发展发现世界性经验和价值。比如，财新网刊发的《人民币国际化如何更好承担国际责任》②一文，就是在国际性经济现象中凸显中国立场的尝试。而 21 世纪经济报道关于世界经济格局的评论《世界经济格局深刻变化，积极有效应对外部冲击》，③ 则将中国问题放在世界经济格局的大背景中来思考，提出了"宏观政策加强逆周期调节力度""全面推动新一轮改革开放""加快生产和贸易结构调整转型"等应对外部经济变化的措施。

## 第三节 财经新闻评论的选题与论证

### 一、财经新闻评论的选题

新闻评论的选题，即选择新闻评论所要评述的事物或论述的问题，它规定着新闻评论的对象和范围。④ 一则评论要想引发较多的讨论，其根本在于选题要选好。只要选题能够立住，评论就很大程度上容易写得好，正如人们常说"题好一半文"，说的就是这个道理。

通常来说，财经新闻评论选题的过程，就是财经媒体基于自身定位与受众需求寻找契合点的过程，也是作者的财经思想与经济事实之间的契合并最终确定价值判断的过程。面对每天芜杂的新闻，挑好一个选题并不容易。这涉及评论员对新闻规律的把握，也涉及自身的价值判断标准。比如对于一般的新闻评论选题来说，业界人士认为主要有三个考量：第一，事件是否关涉公共生活与公共利益，比如国家大政方针、政府职责履行、公众权利是否得

---

① 中共中央党史和文献研究院：《中国共产党一百年大事记（1921 年 7 月—2021 年 6 月）》，新华社，2021 年 6 月 27 日，http://www. xinhuanet. com/2021-06/28/c_1127603399.htm。

② 周诚君：《人民币国际化如何更好承担国际责任》，财新网，2021 年 5 月 19 日，https://opinion.caixin.com/2021-05-19/101715141.html。

③ 刘学智：《评论丨世界经济格局深刻变化，积极有效应对外部冲击》，21 世纪经济报道，2019 年 6 月 14 日，http://www. 21jingji.com/2019/6-14/1NMDE0OTBfMTQ5NTc1Ng.html。

④ 丁法章主编：《新闻评论学》，复旦大学出版社 1997 年版，第 79 页。

到保障、资源分配是否公平等。第二,相似的话题,是否已经充分讨论。如果各方对此类事件已做过多次点评,说无可说,论无可论,实在无法出新,大可放弃;但是,也有例外。这涉及第三个标准:事件影响力。如果一个新闻事件到了全网刷屏的程度,尽管类似事件早已不新鲜,但该评还是要评。重大热点事件不能缺席,哪怕无法出新,发声就有意义。① 再比如,对于《经济观察报》来说,该媒体评论选题的确定,主要是制度化地在当周数十个新闻事件中逐个进行价值判断,乃至打分的结果。②

而财经新闻评论和其他新闻评论相比,既有共性又有其特殊性。本部分将从选题来源与选择标准、选题的类型两部分来详细分析如何判断并确定一篇财经新闻评论的选题。

(一)财经新闻评论选题的来源与选择标准

一般来说,财经新闻评论的选题主要有几个来源:党和政府重点抓的经济问题;经济生产生活中迫切需要解决的问题;公众普遍关心的经济问题;经济活动中的典型人物和典型事件。而对选题的选择标准,有学者认为可以理解为四个层次:(1)面向全局,紧扣经济脉搏;(2)贴近受众,触及经济生活;(3)大中取小,小中见大;(4)适时适当,准而有力。③ 事实上,财经新闻评论的选题标准是一般标准在财经报道领域的具体应用。具体来看,首先要注重时效性。财经信息和财经观点不仅要求及时,甚至要有预判,为受众的财经决策提供前瞻性的指导。当然,在追求快、新的同时要保障足够的深度思考,避免单单追求"赶时效"的误区。其次,必须确保选题的准确性。财经新闻评论常常事关千家万户的"钱袋子",一篇失实的评论可能使受到误导的投资者血本无归。正如《中国青年报》主任编辑、知名评论人曹林所指出的:一事当前,先问真假,再判是非,再说利害。……判断真假,是评论者第一步要做的,在事实的基础上去判断是非和辨析利害才有价值。④ 再次,要尽可能保证所选之题是读者普遍关心的问题。

(二)财经新闻评论选题的类型

由于新闻一般分为事件性新闻与非事件性新闻,依据此,财经新闻评论

---

① 新京报首席评论员王言虎:众声喧哗下,新闻评论的变与不变,全媒派,2021年8月10日,https://mp.weixin.qq.com/s/qsTp8QPdDZr89B75b2Ph6A。

② 马少华:《新闻评论教程》,高等教育出版社2011年版,第115页。

③ 包国强等:《财经新闻评论》,清华大学出版社2011年版,第52~54页。

④ 曹林:《时评写作十讲》,复旦大学出版社2012年版,第176页。

的选题也可以分为事件性选题和非事件性选题。还有一类特殊选题关注常规性、周期性事件，一般称为"周期性选题"。

1. 事件性选题

对事件性新闻的评论，也有人称之为"事评"，就事论事或就事论理，这类选题一直都是财经新闻评论选题的重要组成部分。这类选题的关键是要在速度竞争以及真实、深度之间做好平衡。一般来说，确定事件性选题需要从三个方面对新闻事件进行判断：对新闻事件的真实性做出判断；对新闻事件的评论价值做出判断，即是否广大读者关心的具有现实迫切性的问题；对评论的可行性价值做出判断，即相关评论在当时是否可以评论以及从哪些方面进行评论。举例来说，新浪财经频道 2021 年 8 月 17 日刊发的李庚南撰写的评论性文章《华尔街英语爆雷直击预付式监管软肋》，[①] 就是一篇标准的以新闻事件为选题的财经新闻评论。8 月 12 日前后，华尔街英语破产的消息被媒体披露，大量新闻报道将其破产与近期出台的"双减"（减轻义务教育阶段学生作业负担和校外培训负担）政策结合在一起。有些新闻评论认为，尽管"双减"针对义务教育阶段学科类培训，不涉成人教育，但对于投资者而言，"非营利性"转制、限制培训时间等措施，已改变了教育培训服务的底层逻辑，教育领域各赛道都正在失去吸引力。面对这些报道和评论，该文并没有人云亦云，而是指出华尔街英语的结局并非"双减"导致，而是其经营管理的痼疾，尤其暴露了预付式消费的监管软肋。

2. 非事件性选题

非事件性选题的评论对象不是某一个具体的新闻事件，而是社会经济生活中的现象或趋势等。在写作过程中，非事件性选题可以由新闻事实做由头，但其评论的对象却不是新闻事件本身。虽然非事件性选题通常没有事件性选题那样强的时效性，但其重要性却丝毫不亚于事件性选题，因为这类选题所涉及的问题往往是深层次的或长远性的经济问题，是经过积累和思考，具有共同、普遍性的问题，能够很大程度上解决人们的思想困惑。

非事件性选题往往来源于两个线索：一个是从国家和政府部门的路线、方针、政策、文件以及相关负责人的讲话、指示中寻找。对于这类选题来说，一方面要立足宏观的政治经济背景，准确把握政策取向和实质；另一方面要克服选题的盲目性，要落到社会生活中去，因为任何经济现象，都是由

---

① 李庚南：《华尔街英语爆雷直击预付式监管软肋》，新浪网，2021 年 8 月 17 日，http://finance.sina.com.cn/zl/china/2021-08-17/zl-ikqciyzm1939292.shtml。

微观的具体运作构成的。另一个是聚焦社会经济生活，对其中的新现象或近来大家共同的困惑进行选题策划。比如，《经济观察报》刊登的《中国企业"走出去"如何防范金融风险？专家建议：设立"一带一路"结算银行》①一文正是非事件性选题。文章在"一带一路"的背景下，指出随着全球范围内投资环境的恶化、中国企业海外投资风险的上升，打造国内循环为主体、国内国际双循环相互促进的发展新格局，成为必然选择。该评论认为，要为走出去的企业和扩大的金融提供风险保障，建立专业化的清算体系，并加强监管力度。

3. 周期性选题

周期性选题一般是以固定的时间周期出现的特殊性选题，它们与一般事件性选题不同的是，不具有偶发性、突发性特征，而是具有非常强的"可预期性"。这类评论常以社论居多，往往被人们看作应景文章。由于它是周期性的重复，不同媒体对其均有关注，这就要求评论者努力发现新视角，寻找不同的立意角度，挖掘出新鲜的事实论据，提出新颖的、有价值的观点。要想找到独特且深刻的立意，作者必须掌握充分的背景材料，要在这些基础上反复提炼、凝聚出一个思想或观念。

## 中央经济工作会议：政策正常化，但不会急转弯

刚刚结束的中央经济工作会议(以下简称"会议")确定了2021年政府的主要发展目标和政策基调。和往年一样，本次会议未公布经济增长等具体的目标，这些目标应会在2021年3月的全国两会上正式公布。

### 经济工作强调推动高质量发展和扩大内需

在不确定性当中保持经济运行在"合理区间"。会议在肯定发展成绩的同时，也指出内外部仍存在诸多不确定性和潜在的风险。因此，会议要求努力保持经济运行在"合理区间"，强调要扎实做好"六稳"工作、全面落实"六保"任务(比如稳就业、保民生等)。2021年中国经济在低基数推动下有望迎来强劲的周期性反弹，我们认为政府对实现较快经济增长抱有信心，会更关注提高经济增长质量和防控风险。考虑到2020

---

① 李晓丹：《中国企业"走出去"如何防范金融风险？专家建议：设立"一带一路"结算银行》，经济观察报，2020年10月24日，http://www.eeo.com.cn/2020/1023/424867.shtml。

年低基数的显著扰动，而且疫情变化和外部环境存在较大的不确定性，我们认为2021年3月的全国两会上政府可能也会像2020年一样不设定具体的GDP增速目标。不过，政府可能会明确提出较高的新增城镇就业目标。

坚持扩大内需这一战略基点。如我们所期，会议强调要加快构建以国内大循环为主体、国内国际双循环相互促进的新发展格局，着力扩大内需、促进科技创新，同时继续推进改革开放。会议特别提出要在扭住供给侧结构性改革这条主线的同时，注重"需求侧"管理。会议指出扩大消费最根本的是促进就业，完善社保，优化收入分配结构，同时要有序取消一些行政性限制消费购买的规定(我们认为可能包括汽车限购等)，充分挖掘县乡消费潜力，以及"合理"增加公共消费，包括提高教育、医疗、养老、育幼等公共服务支出效率。针对投资，政府要求增强投资增长后劲，包括大力发展数字经济，加大新基建投资力度，扩大制造业设备更新技术改造投资，实施城市更新行动，推进城镇老旧小区改造，建设现代物流体系。

### 政策正常化，但不会急转弯

政策宽松退坡，但要保持"必要"的支持力度。会议指出要保持政策对经济恢复的"必要"支持力度，并没有提出宽松政策快速退出或去杠杆的显性要求。不过，会议仍明确传达出2021年政策正常化的信号，比如要求政策操作上"更加精准有效"和把握好政策时度效。会议特别提出政策操作"不急转弯"，表明政策的正常化将会是一个循序渐进的过程。

财政政策：会议要求2021年积极的财政政策要"提质增效、更可持续"，保持"适度"支出强度，而2020年两会的表述是财政政策要"更加积极有为"。这表明2021年财政政策支持力度可能会有所减弱，特别是考虑到2020年的大部分减税降费政策将在年底到期(瑞银证券估算规模为2.5万亿~3万亿)。朝前看，我们预计2021年官方预算赤字率会降到3%或以下(2020年为3.7%；权责发生制)，不会发行特别国债(2020年发行了1万亿)，同时地方政府专项债的新增额度可能下降到3万亿左右(2020年为3.75万亿)。不过，财政政策收紧对经济的影响应该有限，因为财政整顿主要体现在企业减税降费政策到期，而其乘数效应本身较为有限。

货币和信贷政策：会议将货币政策的表述从两会时稳健的货币政策

要"更加灵活适度"调整为"灵活精准、合理适度"。此外,政府还要求保持宏观杠杆率"基本稳定",处理好恢复经济和防范风险的关系。与之对应,会议指出保持货币供应量和社会融资规模增速同名义经济增速基本匹配,而两会时的表述为货币信贷增速"明显高于去年"。这些都明确指向货币信贷政策的正常化。我们预计2021年流动性环境会相对偏紧,2021年下半年央行可能小幅上调政策利率,信贷增速可能会放缓到10.8%(2020年11月为13.7%)。基于此,我们预计2021年中国整体非金融部门债务占GDP的比重可能会在2020年上升25个百分点后下降2个百分点。不过,虽然2021年杠杆率可能下降,但我们认为政策调整和去杠杆的力度相比2017—2018年会温和得多。

### 科技创新、碳中和、改革开放

首先是提高科技创新和产业自主可控能力。会议明确将强化国家战略科技力量和增强产业链供应链自主可控能力作为首要任务。重点包括抓紧制定实施基础研究十年行动方案,完善激励机制和科技评价机制,尽快解决一批"卡脖子"问题,打牢基础零部件、基础工艺、关键基础材料等基础。我们预计未来几年美国在科技和国家安全领域的对华态度可能依然偏强硬,拜登上任后可能会维持目前美国对中国在高科技和关键零部件获取上的限制。不过,我们相信中国会继续显著增加在科研创新方面的投资,进一步加强知识产权保护。

强调做好碳达峰和碳中和工作。为力争在2060年前实现碳中和,会议要求抓紧制定2030年前碳排放达峰行动方案。与之对应,我们预计未来几年政府可能在能源领域加速推进一些新的举措和结构性调整,比如继续显著提高非化石能源占一次能源消费比重(2019年为15.3%,2030年目标为25%),推动煤炭消费尽早达峰,大力发展新能源,加快建设全国用能权、碳排放权交易市场。

全面推进改革开放。过去两年,中国的对外开放步伐已明显提速,尤其是金融服务领域和资本市场。会议要求进一步放宽市场准入,促进公平竞争,加强国际宏观政策协调,并积极考虑加入全面与进步跨太平洋伙伴关系协定(CPTPP)。此外,我们预计政府可能进一步缩减外资准入负面清单,降低进口关税税率和非关税壁垒,同时鼓励外资进入更多行业和国内市场。2021年中国股票和债券进一步纳入全球基准指数,国债收益率依然可观,这都应有助于吸引更多境外证券投资流入,事实上近期相关流入规模已大幅增加。改革方面,会议重点强调要深入实施国企改革三年行动，加强知识产权保护，规范发展第三支柱养老保险等。

（来源：财新网 作者：汪涛 时间：2020 年 12 月 21 日，https://opinion.caixin.com/2020-12-21/101641388.html）

## 中央经济工作会议：为什么强调"效率"与"安全"

一年一度的中央经济工作会议落下帷幕。在一个关键的年份(中共建党 100 周年)以及经济大概率复苏的时刻，中央经济工作会议在很大程度上既展现了自信，也表明了在一个相对较长的历史维度中的战略转向。"内循环"仍然是核心的同时也保持了与国际社会的互动。

2020 年注定是一个关键的年份，无论是中美关系抑或新冠疫情，都给未来的世界局势带来了新的变量。而"十四五"和 2035 年中长期规划，又在很大程度上表明中国在新的世界变局中继续寻求具有自身特色的发展。这也意味着中美竞合的态势仍将在未来一段时间内主导世界格局。

中国自身的选择事实上从"双循环"开始就慢慢露出全貌。国内市场、科技进步以及减少内部摩擦，是整个战略选择的关键。前两者市场早有预期，但"反垄断"战略的提出并进一步被提上议事日程，却是整个"内循环"战略中让市场始料未及的部分。蚂蚁集团的 IPO 被叫停，在一定程度上反映出对"反垄断"的强调，但从一个更加广阔的含义上来看，强调进取却又重视市场秩序，强调创新却又强化市场监管，在很大程度上表明政策决策者对于市场规制的理解进入了一个新阶段。

这一新阶段的形成必然反映出某种趋势，其面临的争议也不可避免。但正如数年前"去杠杆"一词首次进入中央经济工作会议的正式文稿中一样，"反垄断"的提出不仅表明某种思路的变化，更意味着高层早就预备好了面临质疑和争议——公共政策的推出必然已经经历了多轮次的沙盘推演，"质疑"和"争议"，相信是每一项新政策都会必然面临的。

一般而言，"反垄断"的提出意味着对资本力量的限制，而这一限制出台的根本原因是资本力量已经开始影响全社会福祉——其推演过程会相对复杂，各种假设条件也非常关键。但结论的给出，事实上表明在一些相对明确的大前提下——比如说中美关系不会出现根本逆转，后疫情时代经济局势仍然复杂难测——对于资本力量的某种管理成为一种政策必然。

整体思路的另一个重要变化来自对于"需求侧"的强调。在多年的供给侧改革之后，需求侧改革开始逐步进入政策视野，既是一种必然，也反映了一种寻求变化的试探。

到目前为止，关于需求侧改革的阐述并不系统，但总的来说，我们大致可以描述出这样几个方向，第一，需求侧改革的核心是增加和改善收入状况，这是两个层面的问题，增加收入反映的是经济发展，而改善收入则反映出收入分配改革的重要性。第二，则是要明显降低对房地产行业的依赖性，与此同时突出科技产业的重要性。收入和产业结构的调整背后，事实上在强调另一个重要的变量——即宏观杠杆率。

限制房地产等急需长期杠杆的行业的发展，转向更加具有实际产出的制造业的进步，在很大程度上表明了中国对于宏观杠杆结构调整的思路。与此同时，杠杆的使用也会影响家庭收入分配，避免财富进一步向顶端人群集中，并培育中产阶级，是整个收入政策改革的关键。在这一点上，中国面临着与世界一样的问题。

如果将这一维度继续向外延展，我们会发现中国的整体政策也开始更加注重世界趋势，这与过往几年强调"以我为主"的政策导向存在着一定的差异。从货币政策与财政政策的配合而言，中国也与美欧等主要经济体一样，开始更加强调财政政策的重要性。通稿文稿中的一句"不急转弯"在很大程度上表明了这样的一种态度，这也为"稳定宏观杠杆率"的说法给出了新的含义。换句话说，"稳杠杆"的政策一方面会更加务实，另一方面也会强调结构性和定向化。

从欧美主要经济体来看，对于财政政策的强调已经成为政策的主基调，这也主导了美元的贬值预期。在这样的大趋势下，中国也明显开始为"政策正常化"调整参数，在一定程度上也表明不愿意被动承担其他经济体调整的代价。

这也暗合着"内循环"的总体思路，中国开始认真考虑经济增长带来的成本和外部性，以及可能带来的对于地缘政治的影响。由于中美关系在过去数年的重大变化，经济的安全性在很大程度上开始得到了更广泛和更深入的重视。国际政治经济局势的变化推动了各国包括中国的政策变化，而与此同时，大国的政策变化也会强调并强化这样的一种更加以我为主的世界格局的变化。

在大的潮流和趋势中，中国在试图给出符合自身利益最大化的答案。也因为世界局势的多变以及不确定，中国的政策调整也会更加频繁。对于中央经济工作会议的解读，市场虽然各有角度，但不可否认的是，短期政策会因为"复苏"而逐步选择"（刺激）退出"，但从一个相对较长的角度来看，强调更有效率和安全的增长，才是政策的根本落脚点。

（来源：FT 中文网 作者：周浩 时间：2020 年 12 月 23 日，https://www.ftchinese.com/story/001090710？adchannelID＝&full＝y&archive）

中央经济工作会议是我国最高级别的经济工作会议，由中共中央和国务院联合召开，自 1994 年以来每年召开一次，时间一般在 12 月，目标是为来年的中国经济发展作出部署。这一常规性会议一直是财经媒体的热门选题。上述选取的两篇评论均是对 2020 年的工作会议的关注，但分别采取了不同的视角。第一篇财新网的评论，从较为全面的角度对会议所传递出的 2021 年宏观政策之"细语"进行解读。比如对于财政政策，文章指出 2021 年会议提出"提质增效、更可持续"，保持适度支出强度，这明显区别于 2020 年的"更加积极有为"。第二篇是 FT 中文网的评论，它则从问题入手，即提出为什么下一步宏观调整要强调效率和安全。围绕该问题，文章通过内循环的需求侧改革、反垄断给内循环带来的压力使得外循环对中国内循环的拉动作用难以充分发挥两个层面来解读。这两篇评论的写作视角一方面有"全面-细节"与"聚焦-解读"的区别；另一方面也有中国视角与国际视角的差异，而这种立意上的不同在很大程度上是由媒体的价值取向和受众需求决定的。

## 二、财经新闻评论的评论要素

当选题确定之后，对于一篇完整的新闻评论来说，其构成要素包括新闻事实、观点和说理体系，而说理体系是重中之重，具体包括论点、论据和论证。接下来，我们将从这三方面对财经新闻评论做具体的分析。

### （一）论点

评论的最基本要素是论点与论据，其中论点就是文章所持的主要观点，其表达形式是判断，它是新闻评论中最重要的内容。在一篇评论中，一般有总论点和分论点，总论点是统领全文的，它是作者所要表达的中心思想。在内容层面上，新闻评论的论点可以理解为评论作者对于新闻事件的认识，或由新闻事件所触发的认识，并非人类已验证的认识。① 简单来说，在一篇评论中，那些被普遍接受的内容，可以看作事实，而那些自己提出的、没有被普遍接受的观点和判断，就是作者自己的论点，不管你把它放在评论的什么位置。

一般来看，新闻评论的论点会放在标题或是叙事之后的第一段，使读者能够便捷而清晰地捕捉和把握，它表现为明确的判断句。而且这种判断，可以分为事实判断以及价值判断。对事实的判断是记者和媒体由已经确认为真的事实出发，经过认识(包括逻辑推理)，推断出另一个事实存在的可能性。② 而价值的判断则是以一定的价值尺度判断事实的价值，或者针对事实提出一种价值。即判断事实与人的关系——事物对于我们的价值和意义。价值判断主要是以语境为基础的考量，所以价值判断往往具有一定的相对性和多元性质。总而言之，事实判断总是涉及事物已经发生了的"已然"和将要发生的"必然"；而价值判断则涉及的是"应然"，就是按照伦理、道德等价值标准，提出事物应当是什么样的。

具体到财经新闻评论，论点是评论者对某种经济现象或经济事件作出的判断。一般来说，财经新闻评论的论点要把握好三个层次：首先，要遵循经济学、金融学等基本原理和规律，客观分析经济活动；其次，论点要在敏锐的辨别力、科学的思维以及扎实的调研等基础上做出，以保证这种判断合乎逻辑，不能主观臆断；再次，评论的观点应该具有公共立场，作为独立的、对社会有责任感的评论员，要担负起为民代言、为民立言的责任感。

## 全球视野中的零工经济

数字经济正在以前所未有的方式改变我们的工作和生活。世界银行《2019 年世界发展报告：工作性质的变革》谈到本次技术进步有两个非常重要的特征，一是技术进步增强了企业边界的相互渗透性，加速了超级明星企业的崛起。这些企业——也就是通常所说的平台——往往通过将小企业与更大的市场联系起来的方式给小企业带来收益。二是技术正在改变人们的工作方式和工作条件。数字技术正在产生更多的短期性工作，而不是"标准化的"长期合同。此前由中国信通院和微信联合发布

---

① 马少华：《新闻评论教程》，高等教育出版社 2011 年版，第 18 页。
② 马少华：《新闻评论教程》，高等教育出版社 2011 年版，第 27 页。

的《数字化就业新职业新岗位研究报告——基于微信生态观察》显示，2020 年微信生态蕴含的就业机会达到 3684 万个，同比增长 24.4%。仅以微信小程序为例，小程序的开发、产品、运营等工作机会就超过 780 万个。

如何理解数字技术正在产生更多的"短期性工作"？"短期性工作"被媒体和很多学者称为零工经济，事实上，在数字技术出现之前，也存在着大量的"短期性工作"，学界通常用"非正规就业"或者"自雇职业"来指代短期性工作。对于那些找不到任何其他收入来源的人来说，自雇可能被视为一种生存策略，也被有些专家视为企业家精神和渴望成为自己老板的证据。

经典文献中的自雇往往和落后联系在一起，但是在数字经济模式下，自雇工作的形成机理发生了根本性变化。如何理解数字技术下的自雇工作，某种意义上成为理解数字经济的一把钥匙，并决定监管层该如何协调相关政策与这种工作相适应。本文认为，只有建立包容性的社会保障体制，才能化解数字技术下自雇工作的难题。

———

自工业革命以来，发达国家和发展中国家在就业方面最为显著的特点是，不仅仅是在总量上，同时还在结构上有差别。总量差别指的是发达国家的就业率高，发展中国家的就业率低；结构上是指发达国家的自雇率较低，而发展中国家的自雇率较高。牛津大学发展经济学教授 Douglas Collin 在《自雇率：更多可能不是更好》的论文中指出，最发达国的 20 个工业国家的自雇率为 14%，而最贫穷的 20 个国家的自雇率则是 43%。从统计数据看，一个国家贫困的减少是伴随生产率和工资的增长，以及自雇率的下降而实现的。

在发达国家内部，通常也存在这样的规律，即人均 GDP 越高的国家，自雇率越低。OECD 的数据显示，2020 年美国以 6.3% 的数字在OECD 国家中占据最低，而哥伦比亚则是以 51.3% 的比例位居榜首。

但是从纵向来看，不少工业化国家的自雇率在最近几年不断上升。英格兰银行的千禧宏观数据显示，2016 年英国的自雇率达到了近 150 年的高点，为 15%，近两年虽然有所下降，但是在 2018 年自雇率还是有 14.81%，超过 1861 年的 13.15%，是最低点 1945 年 6.98% 的 2 倍。

同时，这种现象不只是在英国一个国家出现，在经合组织国家几乎一半的国家中，自雇比例最近也一直在上升。

如何理解自雇率上升的现象？通常自雇率的上升是因为经济下行导致就业率下降。比如 Dieter B. Benhold 和 UdoStaber 于 1991 年在《工作、劳动和社会》一文中对 20 世纪 50 年代初至 1987 年八个主要经合组织国家的总体自雇率的时间序列回归分析表明，自雇率的上升可能是对劳动力市场不足的反应，而不是经济活力的迹象。但与以前不一样的是，这几年这几个国家的就业率并未显著下降，甚至上升。比如英国在 2018 年的就业率为 75.6%，是近 150 年来的最高点。

Giulia Giupponi 和 Xiaowei Xu 在他们的研究中发现，英国这几年来自雇率的变化已经超出了劳动力市场疲软(失业)的典型衡量标准。尽管自雇率的参与者的中位数收入还是低于员工收入，但是现在的自雇已经呈现出一些新的特点。他们在这篇题为《英国劳动力市场自雇率上升表明了什么》的研究中发现，与员工相比，个体经营者报告的幸福率和自我价值感更高，而报告的焦虑程度更低，这表明可能存在与个体经营相关的非金钱方面的补偿较低的收入。

二

为什么会有这种现象发生？一方面是公司一直在努力寻找新的商业模式以及更便宜的生产商品和提供服务的方法，由此会导致越来越多地使用非标准雇佣安排和外包，将成本、风险和责任从雇主转移到就业者那里。另一方面，因为技术进步，技术不仅促进了工作的外包，还促进了个人任务的外包，它大大降低了这样做所涉及的交易成本，甚至使中小企业也有可能进行外包。

2019 年 4 月 26 日至 5 月 1 日，英国赫特福德大学对 2235 名 16 至 75 岁的英国居民进行了在线调查，调查英国的平台经济就业状况。这个调查透露的很多数据表明，为什么在就业率上升的情况下，自雇率也在增加。调查数据显示，尽管平台工作只是人们越来越多地从在线活动中获得收入的一种方式，但是人数和金额在不断扩大。在 Airbnb 等平台上通过在线出租房间赚钱的人从 2016 年的 8.2% 增加到 2019 年的 18.7%。自制产品通过 Etsy 等平台的销售额从 2016 年的 10% 上升到 2019 年的 20.2%。

不仅如此，许多在线平台的做法正在整个劳动力市场蔓延。2016 年，只有 1/10 的受调查人士说使用应用程序或网站了解新任务，但到 2019 年，这一比例增加了 1 倍多，达到成年工作年龄人口的 21.0%。使用应用程序或网站记录已完成的工作同期从 14.2% 上升到 24.6%。

需要指出的是，大多数平台工作人员并不是全职工作，只是将其作为一种补充。对于超过 2/3 的平台工作者(71.5%)来说，这还不到他们收入的一半。但对于相当一部分人来说，它是唯一或主要的收入来源，9.4% 的平台工作人员表示这是他们唯一的收入来源(相当于英国工作年龄人口中的 565,800 人)，28.5% 的人表示它至少占一半的收入(相当于 1725100 人)。而这些数据较 2016 年调查都有所增加。

换句话说，是在线平台的兴起，使得更多的人能够通过传统上视为替代性质的自雇变成了永久的自雇。经合组织 2019 年的一篇名为《零工经济：好还是坏》的工作论文发现，零工经济平台的规模仍然不大(占总就业人数的 1%~3%)，迄今为止它们一直是传统自营职业而非依赖就业的替代品。但是大多数实证研究表明平台在将工人与客户匹配方面更有效，但减少工作障碍可以通过为低生产力工人创造就业机会来抵消这种提高生产力的影响。充分利用零工经济平台的潜在利益，同时保护工人和消费者，需要调整产品和劳动力市场的现有政策设置，并将其平等地应用于传统企业和平台。

三

对中国来说，数字经济带来的自雇有着格外重要的意义。一方面，作为发展中国家，中国的自雇率本来就比发展中国家要高，借助于数字在线平台，更多人可以通过此增加收入。最近的统计数据显示，中国有将近 2 亿的灵活就业人口，在这个灵活就业的人口中，很多是依托于数字平台。与发达国家相比，中国依托于数字平台就业的人口远高于发达国家，网约车司机、外卖骑手等成为中国就业的"蓄水池"。另一方面，很多创业者通过平台实现了创业，一个自雇者转而招募更多的劳动者，实现了跨越式增长。直播购物的兴起是一个典型的例子，很多人从一个默默无闻的直播播主变成了企业家，最为知名的就是薇娅和李佳琦，从一个主播工作室变成了年销售额过百亿的公司。

这些新就业也带来很多挑战，它们经常招致的疑问就是，用工者的权益如何保障？一篇《困在系统里的骑手》，让外卖行业备受抨击，而外卖恰恰是过去几年数字经济渗入服务业并带来效率提升的典型代表。当然，外卖行业也是属于数字经济用工的典型代表。一个可以想象的事实是，一刀切的要求所有的骑手都缴纳社保并不符合实际，同时也会损害骑手的利益。就像 Tito Boeri, Giulia Giupponi, Alan B. Krueger and Stephen Machin 在《单人自雇和替代性工作安排：工作构成变化的跨国视角》中研究发达国家不断增长的自雇率时发现的一个现象，引入社会保险计划，让个体经营者在自愿基础上带来逆向选择的问题。为了减少道德风险而强制且昂贵的缴费可能会导致一些个体经营者——在某些情况下还有他们的雇员——失业。

中国的情况也是如此，传统的社会保障是建立在劳动合同基础之上，有劳动关系才有强制的社会保障。但是现在依托于平台的很多用工并不是通过劳动合同的形式存在，因此也就带来了很多问题，比如说媒体上经常见到的劳动保护不力等情况。如何让灵活的数字就业和刚性的社会保障相匹配，这是现阶段所必须考虑的，尤其是在中国有2亿多灵活就业人口的前提下。

近年来，政府也注意到并着力解决这个问题。5月12日召开的国务院常务会议明确要求开展平台灵活就业人员职业伤害保障试点，合理界定平台企业责任，探索用工企业购买商业保险等机制。7月7日国务院常务会议强调，维护好新就业形态劳动者劳动保障权益，有利于促进灵活就业、增加就业岗位和群众收入。会议从劳动关系、劳动报酬、职业伤害、技能培训、养老医疗保障五个方面提出了一系列的保障措施。

7月26日，市场监管总局等七部门联合印发《关于落实网络餐饮平台责任切实维护外卖送餐员权益的指导意见》，指出要"督促平台及第三方合作单位为建立劳动关系的外卖送餐员参加社会保险，支持其他外卖送餐员参加社会保险，按照国家规定参加平台灵活就业人员职业伤害保障试点。鼓励探索提供多样化商业保险保障方案，提高多层次保障水平"。这意味着相关主管部门对目前零工经济的作用是认可的。

在此之前，不少地方和部门已经在努力探索数字经济与劳动保障制度匹配，并作了有益探索。2021年3月1日开始实行的《浙江省数字经济促进条例》第57条规定，"数字经济新业态从业人员通过互联网平台注册并接单，提供网约车、外卖或者快递等劳务的，平台经营者可以通过单险种参加工伤保险的形式为从业人员提供工伤保险待遇。平台经营者单险种参加工伤保险的，社会保险经办机构应当予以办理。法律、行政法规另有规定的，从其规定"。

而今年6月份公布的《人力资源和社会保障事业发展"十四五"规划》更是指出要健全多层次社会保障体系，"推动实现职工基本养老保险由制度全覆盖到法定人群全覆盖，放开灵活就业人员在就业地参加社会保险的户籍限制，积极促进有意愿、有缴费能力的灵活就业人员以及新就业形态从业人员等参加企业职工基本养老保险"。

简而言之，劳动合同本身并不能创造就业，让所有就业形势都套用劳动合同可能并不合适；相反，是有就业以后才能产生劳动合同，毫无疑问，一个更有包容性的社会保障体系将会为零工经济的从业者带来更好的保障。

（来源：FT 中文网 作者：傅蔚冈 时间：2021 年 8 月 18 日，https://www.ftchinese.com/story/001093598？topnav＝opinion&archive）

这篇评论的对象是"零工经济"现象，即日渐受到全社会关注的、由于数字技术催生的大量短期性工作（自雇职业）所造成的从业者保障问题。首先，这一评论虽然在开头没有以新闻事件为由头，但事实上它仍旧是基于早期一篇新闻报道《困在系统里的骑手》为基础而进行的评论。其次，文章开宗明义，在开头就指出总论点：只有建立包容性的社会保障体制，才能化解数字技术下自雇工作的难题。这是一个价值判断，而这一判断是基于一系列事实做出的。文章通过国内外的一系列研究数据，提出了第一个事实判断"是在线平台的兴起，使得更多的人能够通过传统上视为替代性质的自雇变成了永久的自雇"。然后，文章基于目前"劳动关系确保社会保障"之缺陷，以及当前政府的一系列举措，提出了第二个事实判断"劳动合同本身并不能创造就业，让所有就业形势都套用劳动合同可能并不合适"。文章的最后又总括了全文，画龙点睛地再次指出，"一个更有包容性的社会保障体系将会为零工经济的从业者带来更好的保障"。作者通过国内外对比，一环扣一环地提出疑问，进行解答，最终聚焦于零工经济的实质问题所在，并指出解决方案，观点深刻。

（二）论据

论据是论点赖以支撑的根据或证据。论据不准确，论点则如沙上建塔，很难正确；论据不充分，论点则会空洞、缺乏说服力，或者具有片面性。论据一般分为事实性论据与理论性论据。事实性论据就是以各种新闻事实和历史事实为依据，包括各种统计数字、历史资料、典型案例等，一般分为直接事实论据和间接事实论据，前者是评论者通过亲身调查，尽可能掌握的某些第一手事实证据。间接事实论据则主要是指已经得到广泛传播的、取得较广泛社会公认的事实。理论性论据一般指科学的理论、公理、定义或法则，比如政治理论、社会科学理论等。此外，一些权威性言论、法律法规、领导者谈话也可以作为理论性证据。对于财经新闻评论来说，统计数字和历史资料的运用最为普遍，随着数据驱动报道的普及，财经评论的说服力越来越依赖于精准的数据分析。在使用论据时，一方面要保证信息的准确；另一方面要时刻牢记论据是服务论证、支持论点的。

## GDP 增长目标不应取消

最近市场出现关于取消 GDP 增长目标的讨论。笔者认为问题的提出很重要，但观点是不应取消。

提出取消的关键理由是，所有发达国家和绝大部分中等收入国家都已放弃此目标，所以我们也应该放弃。笔者对此不敢苟同。我国有自己的特殊国情，现阶段设立 GDP 增长目标自有其道理、意义与必要性，不应仿照其他国家的做法将其取消。

关于宏观经济政策或管理的目标，主要有四个，即持续均衡的经济增长、充分就业、通胀稳定、与国家收支平衡。其中，国家收支目标的重要性较低，尤其是对我国这样一个国际收支长期顺差的国家来说。经济增长和就业目标则本质上是一致的，可以说后者是前者的结果，前者是后者的条件。但两者实际上的变化不一定时间上同步，也不一定程度上同等，统计上还是两个不同的经济指标。所以，宏观经济政策的两大关键目标是经济增长/就业和通胀，或三大关键目标是经济增长、通胀和就业。

可以说，对任何国家的宏观经济政策或管理都是如此，但轻重缓急有所不同。一方面，对发达国家而言，经济已经发达了，快速经济增长的必要性和可能性均已历史性地降至很低，因而政府以快速经济增长为愿景，进而为此愿景设立目标的动力欠缺，但控制通胀的压力却很大。发达国家经济以服务业为主，制造业比重较小，通胀水平在很大程度上由人工成本决定，生产成本的作用较小。而人工成本由于收入刚性和选举制度的民粹性特点具有不完全符合市场经济规律的潜在上升冲动，在缺乏生产成本的有力调节予以缓冲的情况下导致通胀率相对于经济增长率而言偏高，二者往往接近甚至前者高于后者。另一方面，在低经济增速下，通胀率又直接并显著地影响到人们的实际收入和消费水平，过高必然引起民怨，影响执政党的选情。所以以选举为政策导向的发达国家政府的宏观经济政策通常将通胀目标置于经济增长目标之上。同时，在经济增长与就业之间，虽然大家都知道前者是因，后者是果，即只有经济增长了失业率才会降低，但人们直接感受的是就业的变化，对经济增长这样一个相对抽象事态的感觉比较迟钝，这也给了发达国家政府重大压力，致使其将就业目标也置于经济增长目标之上。这就是发达国家多以通胀率和失业率作为宏观经济政策的两大关键目标的原因所在。

但我国的情况不一样。第一，我国仍是一个发展中国家，且是新兴的发展中国家。发展中，就是要发展；新兴，就是要崛起。我国尽管在过去 40 余年取得了巨大的成就，已成为世界第二大经济体，但目前人均 GDP 仅为发达经济体的 1/4 左右，所以经济上赶超发达国家仍是我国政府和民众的普遍愿景。这就意味着经济发展仍是重中之重，发展仍是"硬道理"。经济发展首先就是 GDP 增长。这就是说，现阶段我国的愿景与发达国家是不同的，仍要求尽可能快，这当然符合现阶段潜在经济增长率水平的 GDP 增长。关于现阶段我国的潜在经济增长率，笔者曾多次撰文论证应是中高速，即在 4%~6%。

第二，我国是有中国特色的社会主义市场经济，中国特色之一就是强势的宏观经济政策或管理，这也与发达国家有所不同。强势的意义就是有愿景就要努力将其实现。这就要求检验愿景的实现状况及程度，若未实现或实现不够就要更加努力或改进努力方式；为此，就需要对愿景设定定量目标。那么，既然符合潜在经济增长率的尽可能快的 GDP 增长是愿景所需，就应该设定 GDP 增长的定量目标，以检验并确保愿景的实现。

第三，就经济增长与通胀的关系而言，在我国现阶段经济增长更为重要。这不仅是由于上述的愿景所系，而且还因为现阶段通胀不是我国的一个重大威胁。这也是我国与发达国家的区别之一。我国是世界工厂，是最大的制造业大国，且制造业产能过剩。制造业产能过剩意味着商品的供应能力大于商品的市场需求。在此形势下，总体价格水平，即通胀率是很难快速上涨的。所以 21 世纪以来我国一直处于低通胀状态，有时甚至面临通缩的威胁。过去 20 年我国的消费物价指数年均上涨 2.5%，相对于 6.8% 的年均经济增长速度而言是偏低的，与发达国家两者基本接近的情况形成鲜明的对照。既然通胀不是一个重大的威胁，宏观经济政策在经济增长和通胀目标之间的选择就应将经济增长置于通胀之上。

第四，至于经济增长和就业，哪个更为重要呢？也因国家而异。前面已说就业对于发达国家的重要性。对我国而言呢？就业当然也非常重要，但如前所论就业是经济增长的结果，经济增长快了，就业情况就改善，而这一点在我国体现得尤其明显。除去年的疫情期间之外，我国的登记失业率多年来一直稳定在4%左右，调查失业率在5%左右，没有大的起伏，近几年新增就业人数均大大超过1000万的政府目标，在某些地区甚至出现了劳动力短缺的现象。从我国居民收入的增长速度及最低工资每年上调的幅度也能看出这一点。所以，当前失业也没有成为我国的一个重大威胁。如此，在经济增长与就业这两个政策目标的选择上也应该以前者为先。

还必须看到的是，前述我国追赶发达国家的愿景在当下正受到严峻挑战。世界正处于百年未有之大变局，在此大变局中我国面临着美国及其一些盟国铁了心地要遏制我国持续崛起的重大威胁。此时，若我们不更加努力地坚持我们的愿景，则愿景的实现就会成为疑问；具体来说，我国经济在高速增长了40余年后能否在5年之内跨过中等收入陷阱，从而在2035年步入发达经济体行列，进而在2050年建成为社会主义现代化强国，就会成为一个问号。坚持愿景，就必须实现愿景的定量目标，及今后二十年左右GDP4%~6%的中高速增长目标。这更说明，今后二十年，相对于抑制通胀和稳定就业，实现GDP4%~6%的增长更加重要，也更具挑战性，因而应该成为我国宏观经济政策的首要目标。既然如此，就没有理由在现阶段取消GDP增长目标。

（来源：新浪网 作者：廖群 时间：2021年2月4日，http://finance.sina.com.cn/zl/china/2021-02-04/zl-ikftssap3187632.shtml）

在上述评论文章《GDP增长目标不应取消》中，作者想要论证的核心论点是"不应取消GDP增长目标"。而为了论证这一总论点，作者引用了大量证据为这一论点服务，一类是事实性论据，比如运用中国产能过剩以及消费物价指数的数据这两方面的事实来佐证分论点，指出通胀对中国并非一个重大威胁，在经济增长与通胀目标之间，应该优先选择经济增长；另一类是理论性论据，比如通过引入就业是经济增长的结果论证经济增长与就业的正相关关系，进而佐证我国长期的稳定失业率正是经济增长维系的，要保证就业，就要坚守经济增长的目标这一分论点。依托这两个分论点，通过与发达国家对比中国现阶段之经济快速发展的愿景以及强势的宏观经济管理这两大优势条件，进而得出结论，中国仍然要坚守中高速的经济增长率，不能取消

GDP 的增长目标。

(三)论证

论证是运用和组织论据来证实论点的过程和方法。论证要求合乎逻辑、推理严密。从论证方式来说，一般分为**立论**和**驳论**两类，立论是直接从正面阐述，证明作者提出的看法、主张；驳论则是反驳某种观点，在反驳对方观点的过程中提出自己的观点。无论是立论还是驳论，都需要使用推理逻辑，对于新闻评论来说，常用的推理包括演绎推理、归纳推理、类比推理、因果推理等，当然还有更通常的做法，即直接推理，由一个直言判断前提推导出另一个直言判断言论的推理，又称"一步到位法"。这里主要介绍前四种。

**演绎推理**是根据一般原理或结论来论证个别事例的方法，即由普遍性的前提推出特殊性结论的推理。具体来说，它是从已经公认或已经证明的论断出发，经过一定的推理过程，证明和说明尚未形成共识的论点。财经新闻评论的演绎推理，就是要从经济的普遍经验推出个别的判断。比如，我们可以根据收益的计算公式：收益＝本金＋本金＊利率＊存款时间(公理)来计算不同情况下、所针对的具体收益情况。

**归纳推理**是从个别到一般的推理，前提是一些关于个别事物或现象的命题，结论则是关于该类事物或现象的普遍性命题。归纳论证的论点与论据之间的关系不一定是必然联系，因此，财经新闻评论在运用归纳推理论证时，所列举的事例必须具有代表性，并尽可能全面。比如，我们在考虑银行存款所获得的收益时，就必须尽可能收集到不同种类、不同期限类别存款的收益信息，使归纳推理建立在尽可能多的具有代表性的个案基础上。

**类比推理**一般是根据两个或两类对象在某些属性上相同，推断出它们在另外的属性上也相同的一种推理。基本的形式一般可以概括为 A 与 B 的关系就如同 C 与 D 的关系。

**因果推理**一般是通过论点和论据之间的因果关系来证明论点。因果论证可以用因证果，或以果证因，还可以因果互证。这种逻辑往往是依据客观事物之间存在着的因果联系。在财经新闻评论中，一般是从目前的结局追溯该结局的形成根源，或者从已知的原因出发，推导出它的结果。

## 货币政策的空间在利率

7 月经济数据公布后，市场再度确认中国经济的下行趋势，也因此引发了大量的货币政策宽松的呼吁。今年以来，货币政策和财政政策一直保持着相对隐忍的节奏，从某种程度上表明"周期性放缓"是控杠杆政策的必然结果。

对于政策的解读存在两个方向的拉扯，从宏观的角度而言，控制杠杆率的抬升是为了控制整体金融风险，但从微观角度来说，谁也不希望杠杆的下滑最终限制了自己的经济行为。到底遵从哪个方面的呼声，成为政策决策者的难题。

事实上，解决这些烦恼的关键，在于对于经济和信贷的解读。首先，经济的下行本身是必然的，在高基数和严格的防疫举措下，经济难以维系长期的良好表现。微观而言，真正受到巨大冲击的低收入群体，事实上却没有太多的政策发言权，对他们来说，货币政策事实上还很遥远。如何保证他们的收入在疫情期间少受影响，可能更需要财政的有力保障。与此同时，经济的表现事实上是存在分化的，比如说上游工业行业，在涨价潮的推动下，其业绩和利润表现在过去几个季度是超预期的，而下游行业和关系到更多就业的服务业，其受到的挤压和冲击则更大。从某种程度而言，总需求扩张相对慢一些，能够从根本上压低上游原料价格，事实上有利于经济的动态调整。而从相关产业链来看，新能源以及半导体等行业也表现得蒸蒸日上，而消费行业的表现则一言难尽。

从这个角度而言，经济的表现参差，同时受到更多不可预测的因素（比如说疫情）的影响，这并非货币政策可以解决的问题。而美国采取的大规模的财政扩张政策，虽然值得研究，但相信一旦中国财政出现巨大赤字，"中国崩溃论"也会甚嚣尘上。

其次，简单而言，信贷政策可以从很大程度上表明货币政策的取向，也就是说信贷增速能提高，代表着货币政策的实质性放松。但信贷增速存在着几个现实问题，一是商业银行偏爱以房地产作为抵押来发放贷款，其典型产物就是"经营贷"，同时房地产相关贷款一旦增加，可能会导致房价的反弹，这与目前的中长期基调存在差异。二是商业银行受制于资本充足率，事实上能提高表内资产的能力优先，而表外资产的风险较高，金融机构在眼下商票违约频频的信用环境下，很难有发展表外和非标的风险偏好。三是从一个完整周期的角度来看，明年中国经济的增长率会落在5%~6%，名义经济增速大约在8%，也就是说，如果社融增速继续维持在名义GDP附近，明年的信贷仍然会有进一步的紧缩，眼下固然可以放松，但明年的紧缩则会更痛苦。紧日子过在前面还是后面，这没有标准答案，取决于看问题的角度。

因此，货币政策其实并非所有问题的答案，但综合以上的这些因素，货币政策的空间在于利率政策，中国已经在一段时间内保持相对正常的利率，因此降息的空间和弹性是存在的。而如果第四季度和明年第一季度各降息一次，那么就会基本上度过经济最困难的底部区域。

（来源：财新网 作者：周浩 时间：2021 年 8 月 19 日，https://opinion.caixin.com/2021-08-19/101757135.html）

## 人口因素对中国经济增长潜力的影响顶多也就是 1 个百分点

我个人跟这些学者的看法不太一样，一个发展中国家的发展速度通常能够比发达国家快，因为一般发达国家的发展通常是人均 GDP 增长平均每年 2%，然后加上人口增长可以达到每年 3%~3.5% 的经济增速。如果人口增长 1%，其经济增长速度平均也就每年 3%；如果人口增长比 1% 多，其经济增长速度可能达到每年 3.5%。

那么，中国为什么在改革开放以后可以连续 42 年保持平均 9.2% 的经济增长？靠的是在追赶阶段的后来者优势。但是，看后来者优势，我认为不是看我们现在的绝对水平多高，比如说，中国人均 GDP14128 美元，而是要看我们和前面我们的追赶国家的差距，比如说美国。在 2019 年的时候我们的人均 GDP 按照购买力平价计算只有美国的 22.6%，1/5 多一点，不到 1/4。

我们可以看其他国家，比如说，德国，什么时候它的人均 GDP 是美国的 22.6% 左右？德国是在 1946 年，它从 1946—1962 年 16 年的时间平均每年的增长是 9.4%。日本是什么时候它的人均 GDP 是美国的 22.6% 左右呢？是在 1956 年。同样日本从 1956—1972 年维持了 16 年平均每年 9.6% 的增长。还有韩国也是发展比较好的国家，当它人均 GDP 是美国的 22.6% 的时候是 1985 年，到 2001 年它平均每年的经济增长达到 9%，这里还要附带提一下，韩国是在 1998 年的时候遭遇到东亚金融经济危机，经济出现负增长。即使在这种金融危机的冲击之下，它平均下来每年的经济增长还有 9.0%。

所以，我们要知道后来者优势不是看我们自己的绝对水平，是看我们跟发达国家比的相对水平。所以，从后来者优势这个前提来讲，我觉得我们应该还有 9% 这样一个发展的潜力存在。

另外，对中国来说，跟我前面讲的德国、日本、韩国还有点不同，就是新经济给我们的优势。因为新经济，像互联网、移动通信、新能源这些有特性，它们产品的研发周期特别短，而且以人力资本投资为主。发达国家从工业革命以后就开始发展经济，所以它资本积累了上百年。

新经济研发周期短，以人力资本投入为主，金融资本这些用的是不多的，这种产业其实我们和发达国家是站在同一条起跑线上，而且我们跟发达国家比，首先来讲人力资本上基本没有什么差距，而且可能还有优势。因为人力资本有两个，一个是先天的聪明才智，另一个是后天的教育学习。先天的聪明才智，它是按一个常态分配的，人口当中可能有1%是天才，这个比例任何国家都是一样的。

但是，我们是14亿人口的大国，所以我们天才多。在研发上面，只要有突破，那就是突破了。其次，后天的教育学习，从幼儿园，一直到大学，一直到研究所，其实我们和发达国家的差距非常小，尤其在这种新技术研发上，最主要是靠工科，我们工科的人数在全世界是最多的。所以，从人力资本来讲，我们跟发达国家比，可以讲没有任何劣势，可能还有优势。

同时，我们还有大的国内市场的优势，这种新的研发出来以后，马上可以进入到中国这样一个大的市场。我们有全世界最完整的产业配套。所以，这些讲起来，我们在新经济上面跟发达国家比至少可以并驾齐驱，实际上还有换道超车的优势，并且表现在独角兽上面。根据胡润独角兽榜，全世界那种创业不到十年，还没上市市场估值已经超过10亿美元的独角兽，在2019年的时候全世界有484家，中国206家，美国203家。那么，2020年同样是胡润独角兽榜，全世界586家，美国233家，中国227家，所以跟美国比也是不相上下。

所以，这样讲起来，从后来者优势到换道超车的优势，我们在未来应该还有相当大的快速发展的潜力。

人口老龄化到底会有多大的影响？从观察上来讲，确实到现在为止，发生人口老龄化的国家经济发展都很慢，像我们的隔壁日本，它现在经济增长大概只有每年1%~2%。但是，我们知道人口老龄化一般发生在发达国家，我前面提到发达国家在过去100多年平均每年的人均增长率是2%。如果人口有1%的增长，经济增长率就变成3%。如果人口增长率像美国高一点，有1.5%的增长，增长率可能就达到3.5%。如果出现人口老龄化，劳动力不增长，人口不增长了，当然它的经济增长就从平均3%、3.5%变成2%了，再加上如果当中还有一些社会经济问题，可能就更慢一点。

但是，中国现在还是一个中等收入国家，发达国家的技术进步必须全部靠自己发明，靠自己发明取得的成功当然回报很高，但绝大多数不成功。所以，在这种情况之下，发达国家平均每年经济增长是2%，因为它必须自己发明技术，然后它的技术，它的产业经济在世界是最前沿的，如果没有新技术发明，没有新产业出现，它就没有产业升级的空间。但是，中国现在还处于追赶阶段，我们即使人口不增长，也可以把人口从劳动力附加值比较低的产业配置到附加值比较高的产业，那还是有技术升级、产业升级的空间，经济增长速度就会快。

同时，我们的退休年龄在全世界可能算是最早，男性60岁退休，女性55岁退休，发达国家的退休年龄普遍在65岁以上。如果说因为人口老龄化劳动力的供给少了，我们可以延缓退休年龄，增加劳动力供给。更重要的，劳动力对生产的贡献不仅是数量的贡献，还有质量的贡献。我们可以通过提高教育水平来提高劳动力的素质。

所以，这样讲起来，我不能说人口老龄化对我们没影响。对我前面讲的9%的增长潜力到底会有多大的影响？我们来看看，德国从1946—1962年平均每年的增长是9.4%，它当时的人口增长是每年0.8%，日本从1956—1972年平均每年的增长是9.6%，人口增长每年是1个百分点。韩国从1985—2001年，平均每年的增长是9%，人口增长是0.9%，我们在2019年人口增长是0.3%，将来可能会降到零。即使把人口因素考虑进去，我想对我们增长潜力的影响顶多也就是1个百分点，这也就是为什么这些年我经常在各种场合讲，中国在未来到2035年之前还有8%增长的潜力。就是这么论证来的。

了解增长潜力，其实就像我们买辆新的车子，要看这辆车子设计的最高时速是多少，你这辆车子的设计最高时速可以跑上百公里，可以跑250公里，或者可以跑200公里，或者最高时速像在城里面开的电动汽车，最高时速就是50公里。了解最高时速就是需要的时候可以开那么快，但是不是一定要开那么快呢？那不见得，你要看你碰到的天气的状况、道路的状况，你驾驶时候身体是不是疲惫，等等，这些都要考虑进去。所以，中国有这样8%的增长潜力，也不见得要开足马力，每年都达到8%的增长。尤其现在在新增长上面，我们追求的不是适度，我们追求的是高质量增长，高质量增长要解决环境的问题，"碳达峰""碳中和"的问题，用绿色增长的方式，我们还要在增长过程当中实现共享，所以我们要解决城乡差距、东中西部的差距，这些都要投入。在这种情况之下，实际增长会比我们的增长潜力要慢一点。

（来源：新浪网 作者：林毅夫 时间：2021 年 4 月 30 日，http://finance.sina.com.cn/zl/china/2021-04-30/zl-ikmxzfmk9885948.shtml）

上述第一篇评论的选题是关于近期货币政策的调整问题，作者评论的由头主要是基于 2021 年 7 月经济数据公布后，由于市场再度确认了目前中国经济的下行趋势，所引发的呼吁宽松货币政策这一现象。作者的核心观点是，货币政策的空间仍在利率的调整。文章整体的论证逻辑主要采用的是"演绎推理"，也有部分"类比推理"。首先，作者指出，当前的问题是加或降杠杆的矛盾性，即既担心金融风险又害怕经济下行。而这一矛盾性问题的求解主要依赖于"对经济和信贷的解读"，并因此具体阐释了中国的"个性特征"，即中国经济和信贷分别如何受货币政策影响。并最终认为，虽然货币政策并非能解决所有问题，但由于货币政策的空间在于利率，而中国已经在一段时间内保持了相对正常的利率，因此降息的空间和弹性是存在的。而降息很大程度上能够增加信贷，使经济好转。而"类比逻辑"主要借美国财政政策与经济之关系，讨论了这种策略在中国的适用性。

第二篇评论则与第一篇有很大不同，使用的论证方法主要是"归纳逻辑"和"因果逻辑"。归纳逻辑不如演绎逻辑那样严谨，需要较为全面的总结，但由于这种逻辑是人们日常生活中常使用的论证方式，相比演绎，归纳逻辑的论证过程更容易理解。在评论《人口因素对中国经济增长潜力的影响顶多也就是 1 个百分点》中，作者以"老龄化对经济的影响"为由头提出了总论点，人口因素对中国经济增长潜力的影响顶多也就是 1 个百分点，并非很多学者提出的那么大的影响。依据"因果逻辑"，文章首先以中国与一些发达国家人均 GDP 的历时性的对比数据做因，来说明分论点一"后来者优势不是看我们自己的绝对水平，是看我们跟发达国家比的相对水平"。其次，以发展"新经济"的论据为因，指出分论点二，"从人力资本来讲，我们跟发达国家比，可以讲没有任何劣势，可能还有优势"。最终通过这两个论点，结合中国目前的"追赶阶段"，可以把人口从劳动力附加值比较低的产业配置到附加值比较高的产业，升级产业经济；以及考虑到"退休年纪"，认为可以用提高教育水平来提高劳动力的素质等因素的分析，最终归纳出，中国的老龄化对经济虽有影响，但并不大，中国经济的实际增长仍然会保持较高水平。

## 第四节 财经新闻评论的具体写作方法

分析完财经新闻评论的选题以及论证逻辑，我们要明确，新闻评论这种题材，虽然在这两个层面与学术文章及一般的理论性文章有相似之处，但它们的写法是完全不同的。财经新闻评论追求独特的文章结构、快节奏的出版和语言风格所带来的冲击力，因此，不应把新闻评论看作完整的学术阐述。而本节我们将转向财经新闻评论的具体写作手法，首先，我们将从整体层面分析财经新闻评论的结构，即谋篇布局；其次，将对财经新闻评论这一文体的标题和语言文风做一具体分析；最后，简单介绍当下不同类型之财经新闻评论的不同写作要点。

### 一、财经新闻评论的谋篇布局

所谓谋篇布局，就整体来说，就是评论如何安排论据来论证论点、形成有机的整体，主要包括文章的标题、开头、主题和结尾等。评论的结构一般要求清晰、符合人们的认识规律，合乎逻辑，即"言之有序"，这样的文章才有可读性和说服力。从论证过程看，评论的结构主要可以分为引论、正论和结论，即国内常见的"提出问题，分析问题，解决问题"之结构。接下来，我们主要从这三个维度来分析评论的谋篇布局。

（一）引论

引论是评论的开头部分，主要担负着提出问题或表明观点、吸引受众的作用。由于开头处于一个优势位置，既承担着一下子吸引读者的作用，也同时影响全篇的节奏。在新闻消息中，常采用"倒金字塔"结构，按照新闻事件不同要素的价值大小顺向排序，把最有价值的、最重要的信息放在开头。而对于新闻评论来说，一些从业者也认为，新闻评论的导段也可以称为"导语"，要开门见山，直接点题。

一般来说，评论的开头包含两种信息：事实性信息和观点性信息。事实性信息是指作为评论对象的新闻事实，评论从新闻由头说开去，即在开头先将新闻事件的经过或特点做一概述，为下文的分析论证做铺垫。比如经济观察网刊登的评论《杭州电瓶车爆燃，锂电池行业需要警醒》，① 以杭州电瓶

---

① 李晓鹏：《杭州电瓶车爆燃，锂电池行业需要警醒》，经济观察网，2021 年 7 月 19 日，http://www.eeo.com.cn/2021/0719/495331.shtml。

车爆燃事件为由头，引出文章所要论述的核心议题，即锂电池行业在产品质量和售后保障方面的问题。

观点性信息的应用较为多样：（1）作为全文的结论直接摆出来，即开宗明义，直接提出作者的看法或主张。比如在《经济日报》的文章《人民币债券为何受热捧》①中，作者直接在第一段亮明自己的核心观点"中国金融体系整体较为健康，估值泡沫相对于海外市场而言较小，人民币债券受境外投资机构青睐绝非偶然"。之后就引入对这一现象的原因分析。（2）先把要批驳的论点摆在前面，紧接着进行论述，即"欲擒故纵"。比如 FT 中文网的《美国主流媒体是否背离了客观独立与言论自由原则？》一文，作者开头就指出，部分挺川（川普，特朗普）人士"集中批评美国主流媒体'左'倾，甚至沦为大资本与华尔街的'代言人'，集体'偏袒'拜登阵营、'苛待'特朗普阵营，丧失了媒体应有的客观独立性"。以及"指责推特等自媒体平台删除特朗普及其亲信的大选相关言论，或对其进行特别加注（注明其存在争议等），甚至最后关闭或冻结他们的账号，认为这种做法侵犯言论自由"。紧接着，作者指出自己的观点恰恰与此相反，他认为"美国主流媒体在此次大选中，并未背离客观独立与言论自由原则，而是很好地维护了这些原则"。之后，作者在正文中引入论据对这一观点进行了详细的论证。（3）用设问句直接点名论题，引出下文。比如财新网的文章《全球最低企业税率：中国该如何应对》②，作者在开头就用设问句引入文章的核心讨论问题，即"中国该如何应对全球最低企业税率"，并将这一问题分解为四个小问题：什么是全球最低企业税率？全球最低企业税率的前景怎样？基于目的地的现金流税：一个更好的选择；中国该如何应对全球最低企业税率？继而在下文中一一做出解答。

最后，需要指出的是，引论的写作处理方法有很多，要具体根据评论的选题、立意角度、文章的结构安排以及媒体的定位等综合考虑。

（二）正论

所谓正论是新闻评论最关键的论证部分，它表现为文章的主体论证结构，体现的是作者的论证思路。一般来说，正论处于新闻评论的中间部分，

---

① 周琳：《人民币债券为何受热捧》，经济日报，2021 年 08 月 16 日，http://www.ce.cn/xwzx/gnsz/gdxw/202108/16/t20210816_36808417.shtml。

② 安志勇：《全球最低企业税率：中国该如何应对》，财新网，2021 年 4 月 19 日，https://opinion.caixin.com/2021-04-19/101693008.html。

其主要有并列与递进两种类型。并列式结构能反映评论作者的认识广度，往往是一个归纳推理的过程，体现为从多角度、多侧面对评论对象展开分析和讨论。如果以"总-分"的观点来看，相互并列的论证单元自己得出的结论为分论点，最后一起综合构成总论点。递进式的结构则表现的是不同论证材料之间前后支持的传递关系——前面的论证支持后面的论证，它反映的是评论者对事物的认识深度，最终到达论点。这种结构反映了作者认知和理解的深入性，从"总-分"观点来看，在最终得出全文总论点之前，在前后相继的论证链条上先期得出阶段性结论。总体上，正论部分是作者通过推理逻辑展开的论证过程，非常考究逻辑的力量。

### 流动性经济学 | 周期的错位：欧元区的"德国化"①?

欧债危机之后的欧元区在重走 2000 年互联网泡沫之后德国的结构调整之路，但它是建立在全球失衡基础上的。

欧债危机之后的欧元区 = IT 泡沫之后的德国？

2000 年之后，德国进入资产负债表衰退时间，内需增长停滞，储蓄率提升，投资率下降，财政整顿，经常账户盈余和资本外流规模扩大，其与欧元区其他国家资产负债表周期的冲突加剧了欧元区内部国际收支的失衡状况——德国为盈余国，其他国家为赤字国；德国为资金供给者，其他国家为资金需求方；叠加货币政策宽松和资金流入，外围国家经济泡沫化趋势愈演愈烈。随着美国金融危机的爆发，欧洲房地产泡沫破裂。

金融危机之后，德国当局认识到德国模式产生的失衡问题，同时也认识到，应对经济危机需要一致行动，否则就可能出现以邻为壑的情况，重演大萧条时期的悲剧，导致欧元区解体和极端势力的崛起，甚至引发地缘政治纠纷。

2010 年 5 月，欧元区内部意识到财政协同的重要性，决定推动"财政一体化"（fiscal consolidation），并于 2012 年达成财政条约（Fiscal Compact），将德国的债务刹车（debt break）机制扩大至整个欧元区。它规定，在几乎任何情况下，欧元区各国政府都应该保持财政收支平衡，发行公共债务需征得其他国家的同意，违反规定的国家将受到惩罚。此

---

① 鉴于篇幅考虑，文中图表皆未在此呈现。

后，欧元区国家财政赤字率不断降低，2018 年已经降低到－1%以内，欧债危机的始作俑者希腊甚至在 2016 年就转为盈余。

欧元区政府杠杆率于 2013 年达到峰值，而后缓慢下降。与此同时，居民和非金融企业仍保持盈余，去杠杆不断推进，与之相对应的就是资本账户的净流出和经常账户的盈余。

德国仍然是欧洲最大的贸易盈余国，但其对欧元区其他国家的贸易收支已归于平衡。2009 年一季度，德国贸易盈余降至谷底(360 美元)，而后持续反弹，2016 年二季度已升至 800 亿美元，与 2008 年金融危机之前的 820 亿美元持平。后又受逆全球化的影响，2019 年四季度已降至 620 亿美元。从 2012 年初开始，欧元区对德国贸易盈余的贡献率已经降至 10%以下，2012 年至 2019 年平均贡献率仅为 2%，2018 年三季度以来甚至出现赤字。

发达经济体仍然是德国贸易顺差的主要来源，美国、英国和法国居于前列，德国与其他欧元区国家贸易基本平衡。金融危机之前，德国对美国贸易盈余的季度峰值约 150 亿美元，2012 年已突破前期高点，2015 年至今季均约 190 亿美元，贡献率约 30%。德国对新兴与发展中经济体的贸易盈余整体上在不断上升，季均约 200 亿美元。其中，对欧洲新兴与发展中经济体的顺差在下降，对亚洲新兴与发展中经济体在 2011 年由负转正，其中最主要的变化来自中国。如果扣除中国，德国对亚洲其他新兴与发展中经济体的贸易收支处于赤字状态。

2008 年金融危机之前，欧元区的国际收支状况整体上是平衡的，但内部结构基本上是德国的盈余被欧债危机发生国的赤字所抵消。金融危机之后，德国的盈余总额稍有减少，更重要的是盈余的来源已经从欧元区转移到美国。与此同时，经过财政整顿和社会福利制度改革等措施，欧债危机发生国已经从赤字转为盈余。结果便是欧元区的国际收支从基本平衡转为大幅顺差，2011 年接近 1000 亿欧元，为本世纪以来的峰值；2012 年以来一直位于 2000 亿欧元以上，2016 年以来连续 4 年超过 3000 亿欧元，占欧元区 GDP 的比重超过了 3%。

从国际收支账户的结构来看，2008 年金融危机之后的欧元区正在复制 2000 年互联网泡沫之后的德国：经常账户顺差＋资本净流出。经常账户差额是总产出和内需的"余数"，只有在总产出超过内需的情况下，才会出现经常账户顺差。给定总产出，只有压抑内需，才能实现经常账户盈余。而压抑内需的方式只有两个选择——最终消费和投资，和三个主体——家庭、企业和政府，总共 6 个组合。某种程度上来说，欧债危机之后的欧元区，这三个主体的需求均收缩了。

欧债危机之后，欧元区各国家庭和非金融企业部门自发进入所谓的资产负债表衰退阶段，简单而言就是"存钱还债"模式。政府部门的财政扩张又受到《马斯特里赫特条约》和德国财政刹车机制的约束，赤字率持续低于私人部门的盈余。德国早在 2013 年就实现了财政盈余，至 2019 年底，希腊、爱尔兰和西班牙等欧债危机发生国也都摆脱了财政赤字状态。其结果自然是内需不足、储蓄率上升、资本净流出和经常账户盈余。这就是 IT 泡沫之后的"德国模式"：压抑消费、政府紧缩、福利制度改革、轻投资和贫富分化。

去杠杆（或化解泡沫）的过程大多伴随经济增长的停滞，但政策制定者更为关心的是社会稳定，这又与就业直接相关。虽然经济增长乏善可陈，但失业率却已经从 2013 年的 12% 降至 2019 年年底的 7.4%，总失业人数从 1900 万降至 1200 万，减少了 700 万；单位劳动力工资指数持续上升，德国和外围国家已实现收敛；随着储蓄率和劳动报酬的提升，投资、最终消费和出口对 GDP 的拉动均转为正值。2017 年年底以来，欧元区 GDP 增速开始放缓，原因之一是净出口的显著下降，作为缓冲，政府部门扩大了逆周期调节的力度，德国政府盈余规模收窄，其他欧元区国家赤字率有所提高。受新冠肺炎疫情的冲击，外需和国内私人部门需求骤降，欧盟委员会通过 7500 亿欧元一揽子财政刺激方案，提振了市场对欧洲经济复苏的预期。不仅是因为财政刺激本身，还是因为欧盟成员国的行动的快捷性和意见的一致性。为未来财政等一体化前景打开了想象空间。

欧元区的周期与德国相差 8~10 年，金融危机（或欧债危机）之后的欧元区，像极了互联网泡沫之后的德国。经常账户持续顺差；总储蓄率进入上升通道，达到近半个世纪以来的峰值；投资率先下后上，扭转了长期下行的趋势；失业率先上后下，走势高度一致，拐点均出现在危机的 5 年之后。比较储蓄率和投资率的斜率来看，可知储蓄的斜率更陡峭，这与经常账户从逆差转为顺差是一致的。

### 欧元区重启与全球经济再平衡

欧债危机已经过去 10 年，欧元区经济仍似"一潭死水"。但是，当外界还在担心欧元危机和欧元区解体的时候，欧元区调结构的任务基本完成，国家信用也实现了二次收敛。

经过连续近 10 年的去杠杆、调结构和再平衡，欧元区私人非金融部门资产负债表质量显著改善，家庭持续盈余，非企业收支基本平衡，资产负债表衰退有所缓解，财政政策空间明显提升，欧元区内部国际收支结构也更加均衡。但是，欧元区是通过半自发、半强制地压抑内需的方式实现经常账户盈余的，德国对其他欧元区国家的贸易盈余转变为了欧元区对美国的贸易盈余，这增加了美国调结构和再平衡的难度。欧债危机之后，德国对欧元区的贸易转为逆差，对美贸易成为德国最重要的顺差来源，占比接近 30%，还扭转了对中国的贸易逆差。

只要欧元区继续恪守《马斯特斯赫特条约》，只要私人部门盈余超过公共部门的赤字(或两个部门都出现盈余)，国际收支顺差就会保持，全球再平衡进程还将持续。一个积极因素是，德国人口结构的拐点已经出现，欧债危机之后，生产者/消费者比例降速加快，这会对居民部门的储蓄率形成向下的牵引力量，进而影响投资率和贸易。德国的国际收支趋于平衡的趋势或将延续。

20 世纪 90 年代以来，在不同时间段，几乎所有的追赶型经济体都保持了较长时间的国际收支顺差，换句话说，内需都曾长期处于一种被压抑的状态。原因无非金融抑制、工资增长缓慢、贫富分化加剧和债务的积累等。美国的需求侧也同样受到了压抑，但却可以靠发行美元来吸收其他国家过剩的生产能力。2019 年，全球商品贸易逆差总额约 2.1 万亿美元，美国占了 0.85 万亿美元，占比 40%。其中，美国对中国(包含香港)的双边逆差约 0.32 万亿美元，占比 37%，比 2015 年降低了 6 个百分点。相反，美国对欧元区的贸易逆差却在不断拉大，2009 年为 540 亿美元，2019 年增至 1600 亿美元，占比也从 9% 提升至 19%。其中，对德国的逆差从 290 亿扩大至 670 亿美元。

中期内，美元霸权地位仍不可替代，但美国通过发行美元弥补全球有效需求不足的游戏还能持续多久？布雷顿森林体系已经解体，但困境尚存，即"特里芬难题"。贸易赤字既是维系美元霸权的条件，又同时会侵蚀霸权的基础。在当前的国际货币体系下，全球贸易失衡问题难以解决，但将其控制在合理的边界却是有可能的。这要求对美主要盈余国不再通过压抑内需的方式实现贸易盈余。特朗普上任以来，美国经常账户逆差(占 GDP 的比重)已经从 2017 年年底开始收窄，欧元区的经常账户盈余规模开始收缩，净出口对 GDP 的拉动在 2018 年 2 季度触顶回落，国内最终消费的贡献率缓慢提升。这些新变化都有助于缓解全球失衡。

设立欧元区一直被认为是一种政治行为，但其正常运转不能仅靠政治意愿。协议要求成员国保持生产要素和产品的完全自由流动，这就要求成员国在物价、财政赤字、债务杠杆和长期利率等经济指标的收敛——它们都是欧央行在《收敛报告》中评估尚未加入欧元区的欧盟成员国是否符合条件的维度。然而，实践证明，欧洲一体化的未尽事项还有很多，不仅包括财政政策的协同，如财产税、工资税等，甚至于社会保障、环境保护和就业保障都会影响欧元区能否均衡发展，因为任何影响消费、储蓄和投资关系的政策都会体现在国际收支上。

无论是德国的转型，还是欧洲一体化过程中国家间的协同，对中国都有借鉴意义。因为中国特色的社会主义市场经济体制与德国社会市场经济有诸多相似之处。在价值链方面，德国在欧元区的位置与中国在亚洲的位置相似。德国之所以能够在马克升值和劳动成本提高中保持出口的竞争力，不仅在于技术创新和产业升级，也在于宏观政策的克制。国内外周期的冲突实际上也可以被利用。新冠肺炎期间，国内宽松的货币政策在退出时机的选择上就利用了国内外经济复苏周期的时间差。在国外经济强势复苏时退出，可降低退出的成本，因为外需可弥补国内政策收缩对内需的负效应(阿莱西纳等，2020)。

经过 40 多年的改革开放，中国的"追赶红利"渐行渐远。2008 年金融危机之后，中国也面临着劳动力成本上升和汇率升值的双重挑战。在面临外需急剧收缩的挑战时，中国先是推出了 4 万亿财政刺激计划，而后又通过信贷扩张和房地产投资来实现经济软着陆。需求侧的托底措施确实有助于缓解经济短周期内的剧烈震荡，但只有供给侧结构性改革才能赢得长期自生能力。在应对新冠肺炎疫情的挑战中，中国仍坚持以供给侧改革为主线的思路，逆周期调控方式显著区别于以往，宏观政策较为克制，地产调控方面坚持了"房住不炒"和"不将房地产作为短期刺激经济的手段"，这实际上也是国内国际双循环相互促进的具体体现。从一般均衡的角度看，相对克制的国内大循环，也将为国际循环创造留出空间。

(来源：澎湃 作者：邵宇、陈达飞 时间：2021 年 3 月 26 日，https://www.thepaper.cn/newsDetail_forward_11885554)

以上评论是一篇具有典型递进结构的财经新闻评论。文章首先分析了第一个问题，也即主要论点：欧债危机是一场国际收支危机，在这种全球失衡的基础上，危机之后的欧元区正在重走 2000 年互联网泡沫之后德国的结构调整之路。作者分析了在欧债危机前，德国为盈余国，其他国家为赤字国；欧债危机之后通过欧元区内部的"财政一体化"，发行公共债务，使得德国的盈余抵消了欧债危机发生国的赤字，从而实现欧元区的国际收支平衡。在解读完"是什么"之后，作者进一步分析了"产生什么效果"。在欧元区重启、全球经济再平衡之后，作者提出了新的问题：由于美国对欧元区的贸易逆差在此过程中不断拉大，那么，美国通过发行美元弥补全球有效需求不足的游戏还能持续多久？作者紧接着分析认为，特朗普的一系列政策有一定的效果，使得美国国内最终消费的贡献率缓慢提升。最后，由于中国作为次贷危机之前全球主要的顺差国，作者认为德国的转型或是欧洲一体化过程中国家间的协同，对中国都有借鉴意义。他认为，面对外需急剧收缩的挑战时，中国采取了需求侧的托底措施有助于缓解经济短周期内的剧烈震荡，但之后只有供给侧结构性改革才能赢得长期自生能力。实际上，这一部分论述进一步加深了作者观点的说服力，并提出了中国如何解决当下问题的策略。

## 人民币债券为何受热捧

中央国债登记结算有限责任公司发布数据显示，到今年 7 月底，境外机构已连续 32 个月增持人民币债券，境外投资机构对人民币债券的热情有增无减。中国金融体系整体较为健康，估值泡沫相对于海外市场而言较小，人民币债券受境外投资机构青睐绝非偶然。

中央国债登记结算有限责任公司发布数据显示，截至今年 7 月末，境外机构持有的人民币债券托管量已达 33751.87 亿元，创近 5 个月以来新高，到今年 7 月底，境外机构已连续 32 个月增持人民币债券，境外投资机构对人民币债券的热情有增无减。

继 2020 年境外机构净增持逾 1 万亿元中国债券后，人民币债券依然保持如此高的欢迎度，主要有几方面原因。

从基本面看，主权债券被境外资金持续增持是一个国家综合国力被认可的标志之一。上半年我国国内生产总值同比增长 12.7%，统筹疫情防控和经济社会发展的成果得到持续拓展巩固，经济运行持续稳定恢复，中国经济稳中加固、稳中向好，"十四五"实现稳健开局。人民币债券被境外投资者连续增持，充分说明境外资本对中国经济社会发展保持长期信心。

从资产配置视角看，人民币资产目前的性价比较高，成为外资"避风港"，全球资产配置需求高于其他新兴经济体。其中，人民币债券有比较好的投资回报，比如，10 年期国债收益率稳定，显著高于实施零利率甚至负利率国家的债券。2020 年以来，外资购买境内债券约占全口径外债增幅的一半，这主要是因为中国经济在全球经济中的比重和影响力进一步提升，中国金融资产的投资价值和投资机会得到国际资本普遍认可，"增配中国"是外资的共同策略之一。

从环境因素看，金融开放为国际投资者选择人民币债券创造了更便利化的条件。我国资本市场开放始于 2002 年合格境外机构投资者（QFII）制度出台，2016 年债券市场开放明显提速。随着 2017 年 7 月香港与内地债券市场互联互通机制（即债券通）推出，债市对外开放全面提速。今年 7 月份通过债券通新入市境外机构投资者 26 家，目前债券通汇集了全球 34 个国家和地区的 2673 家境外机构投资者。

从外资的视角看，随着富时罗素世界国债指数、彭博巴克莱全球综合指数和摩根大通全球新兴市场政府债券指数等全球主流债券指数纷纷将中国债券市场纳入其中、提高权重，外资配置动力不断增强，境外投资者参与中国债券市场的渠道不断增加。近期有关部门表示，将在上海临港新片区内探索资本自由流入流出和自由兑换，进一步加快资本账户开放和人民币国际化。

从债券市场自身因素看，我国债券市场目前的泡沫风险相对较小，债券发行、交易市场稳健。为应对外部不利因素冲击，全球主要经济体实施大规模的财政货币刺激政策，中国则坚持实施正常的经济政策，人民币国债和政策性金融债保持正收益，弥补了全球安全性资产的不足。中国金融体系整体较为健康，估值泡沫相对于海外市场而言较小，这也成为吸引外资增配人民币债券的重要原因。

从投资规律看，在全球低利率环境下，中国债券市场利率水平相对更高，人民币汇率长期存在升值趋势。相比于部分经济体零利率或负利率的债市收益率水平，中外债市利差相对可观，中国债市投资收益的比较优势明显。从长期看，中国债券市场"高利差+汇率升值"的双重收益令海外投资者怦然心动。

综上所述，无论是从经济基本面、金融开放视角，还是从债市自身和投资规律视角，人民币债券受境外投资机构青睐绝非偶然。随着经济发展和对外开放的大门越开越大，中国债市将吸引更多外部投资者分享红利。在此过程中，对正常的资本跨境流动，应乐见其成，但必须实施金融安全战略，严防热钱大进大出的风险。

（来源：经济日报-中国经济网 作者：周琳 时间：2021 年 8 月 16 日，http://www.ce.cn/xwzx/gnsz/gdxw/202108/16/t20210816_36808417. shtml）

上文是一篇在正论部分采用并列式结构，通过归纳推理逻辑论证的财经新闻评论。作者分别从基本面、资产配置、环境因素、外资视角、债券市场自身因素、投资规律六个层面分析了人民币债券如此高度受欢迎的原因。不难看出，这种结构条理清晰，有利于把复杂的论题讲清楚，易于理解。

(三)结论(结尾)

与新闻消息的"倒金字塔"结构中重开头、轻结尾不同，新闻评论作为一个传播说服性信息的文本，结尾的重要性在于，它是作者影响读者最后的机会，决定读者最终可能保留的印象。一般说来，能够总括全文、加深读者的印象、引发读者思考的结尾就是好结尾。结尾应在不重复已经陈述的信息基础上，给读者提供一个总体的感觉，一个不偏离论点的自然的升华，是有利于人们记住论点的有力表达。

另外，需要注意的是，在结尾部分一般不应该再提出新观点，而是凝练结论。这首先是因为，已经来不及论证了；其次，这种写法可能对已经论证的论点造成干扰，分散中心论点；最后，它也可能形成论证过程中的漏洞而被读者注意，引发对评论整体论证的怀疑。除此之外，对结论的撰写，也要就具体情况具体分析。比如在一些并列式结构的评论中，即总分式结构，也可以没有结尾，但并不影响整体文章的表达。

二、标题、语言和文风

(一)标题的分析

对于任何文章来说，标题都非常重要，即常说的"题好一半文"。对于财经新闻评论也是如此，标题是正文的有机组成部分，整体内容的高度概括，是文章主题的集中体现。在确定标题之前，首先要考虑的问题是：标题与正文内容之间是什么关系？标题如何反映评论的内容，反映到何种程度？财经新闻评论首先要符合一般评论标题的要求，即效率性和表现性。一方面，标题在内容上要最大限度地反映文章内容的最重要信息，既能高度概括文章核心论点或论据，又要简明易懂，便于受众接受和理解。另一方面，除了有效传递内容信息之外，有表现力的标题要能够吸引读者的注意力。除此之外，在拟定标题上要注意标题与不同媒介、编辑方针以及受众定位的适应性。这是因为，不同类型的媒体以及不同定位的媒体对新闻评论标题有不同的要求，一般来说，网络媒体的标题相对而言更加情感化、主观化，尤其是一些社交平台上的标题，会带有表情包等符号；而传统纸媒所拟定的标题则相较更为客观。

根据标题中论点的表达情况，评论标题通常可以分为三种：完整地表达论点的标题，要求具有高度的概括性；不完整地表达论点的标题以及不表达论点的标题，这两类标题的处理主要强调要与评论的对象紧密相关，或者与核心观点具有逻辑相关性。

### 滴滴快的要合并　我们还能愉快地打车吗

最近，关于滴滴打车和快的打车合并的消息被疯传，多家媒体从"多方渠道"获悉，滴滴打车和快的打车将组成一家新的公司，滴滴打车 CEO 程维或出任新公司 CEO。

针对此消息，滴滴打车相关负责人在 2 月 12 日接受新华社记者采访时称，"滴滴打车与快的打车未合并。"该人士同时还表示，"针对两大公司合并事宜，作为财务投资人之间应该是有洽谈的，但作为创业者与管理层，还在一线激烈博弈。"

这段表态所透露出来的信息是，滴滴快的双方确实有合并的意愿，只是目前尚未敲定，最后谈拢还是谈崩，仍存变数。

意愿从何而来？这两家打车软件分属腾讯、阿里两系，为了争夺用户曾展开补贴大战，此时握手言和，难道补贴耗资的 20 亿只为斗狠？

从两家公司业绩角度考虑更容易理解。快的打车董事长吕传伟曾在 2014 年年底公开表示，公司营收仅千万级别，仍处于亏损状态。滴滴和快的在成长过程中都进行了 4 轮融资，其中滴滴融资总金额超过 8 亿美元，背后金主是腾讯；快的则是获得了主要来自阿里巴巴的近 7 亿美元。

现在两家公司用户有了，能够真正赚钱的商业模式却不甚明朗。合并后打车软件市场从双寡头转为一家独大，确实能够降低司机议价所造成的内耗。

但是滴滴快的若是合并，必然在打车软件市场形成独家垄断之势，当前中国反垄断呼声正盛。对此，上海金融与法律研究院研究员傅蔚冈博士认为，滴滴快的合并所产生的垄断，是市场竞争自然形成的，并非通过阻止外来新进者所致，只要不损害用户的利益，就不触犯反垄断法。

从用户利益角度看，补贴本身只是营销手段，补贴取消后用户仍然拥有选择是否使用打车软件叫车的权利，取消营销手段和主动提价存在本质的不同。

其实从监管角度来看，两家合并取消补贴未尝不是一件好事。滴滴快的实行补贴后，许多出租车司机全凭软件接客，无视路边拦招的消费者，这对于非智能手机用户的利益造成损害。与此同时，如果司机载客时仍将软件设置在接单状态，不间断的报单声严重影响消费者的乘车体验，司机时常在行驶中伸手接单，看手机不看路，也埋下了安全隐患。一旦补贴取消，出租车司机通过手机软件接客的积极性就会下降，这些问题可能会改善。

不过，市场上还有一种普遍担忧，就是滴滴快的合并后，这个"虚拟"出租车公司，对司机收取类似"份子钱"的佣金，有了更强的议价能力。

傅蔚冈认为，打车软件本身就是互联网交易平台，也确实为司机接客创造了便利，可以理解成出租车版的携程，收取返点也不应苛责。

（来源：财新网 作者：王婧慈 时间：2015 年 2 月 13 日，https://opinion.caixin.com/2015-02-13/100784237.html）

## 消除电瓶车隐患不能只盯着电梯

最近，成都某小区一电瓶车在电梯内突然起火的悲剧，触痛了全社会的心。事故造成 5 人受伤，包括一名女婴和她的外婆，老人至今仍未脱离危险。看过起火瞬间监控视频的网友，无不感到触目惊心。

因为惨痛的伤人后果，因为刺激眼球的现场画面，这一电瓶车起火事故引起的关注度很高。包括成都在内的很多城市，纷纷展开行动，从严治理电瓶车进电梯的现象。有的地方采取了技术手段，电瓶车进电梯就会导致电梯停运；有的地方重申举报电话，鼓励居民举报电瓶车进电梯上楼。

这些当然并非无法可依。早在 2017 年，公安部就出台了《关于规范电瓶车停放充电加强火灾防范的通告》，明文规定："严禁在建筑内的共用走道、楼梯间、安全出口处等公共区域停放电瓶车或者为电瓶车充电。"2019 年 7 月，应急管理部、教育部、公安部、住房和城乡建设部四部委也曾联合下发通知，要求清理电动自行车违规在室内停放或者充电。

问题是，这些规定如果按时严格执行到位，根本就不需要今天再来治理电瓶车进电梯。而纸上文件之所以不能高效贯彻落地，原因也不复杂，就是"安全停放"和"安全充电"两大痛点，很难找到解决方案。

在悲剧性的个案面前，公众普遍会同情受害者，指责电瓶车主，认为他们自私而无视公共安全。可考虑到现实庞大的电瓶车保有量，就有必要跳出个案，正视普遍性的问题。那些车主并非不知道自己行为的安全隐患，但如果没有替代方案，那就只能选择无视。毕竟对很多家庭来说，电瓶车依然是性价比最高的出行工具。

所以，正如一些媒体所呼吁的，治理电瓶车的安全隐患，需要疏堵结合。在禁止电瓶车进电梯的同时，也要给停放和充电新的选择。有些地方已经展开探索。比如不久前有报道，山东泰安有小区售卖电动车车位，4500 元一个，带充电桩的永久车位。如此既安全又便利的方案，受到不少居民的欢迎。

有条件的地方，不妨借鉴这样的思路。除了小区之外，公共部门或者市场主体也可以探索建设像服务电动汽车一样的充电站。现在有些城市也有了类似的场所，市民投币或者刷卡可以给电瓶车充电。如果这样的设施多了，把电瓶车搬进高楼停放充电的自然就少了。

此外还值得提醒的是，该预防的是电瓶起火爆炸，而不仅是在电梯里起火爆炸。根据之前相关数据，现在全国每年平均发生电动自行车火灾约 2000 起。而这些事故中，不少电池都是劣质改装电池。相对于普通电瓶车，这些非法违规改装的，应该是管理的重中之重。

现实中有些人为了提升电瓶车续航里程或者速度，会不计后果地要求改装，而某些门店为了赚钱也乐得配合。这些是电瓶车隐患的重要来源，不能总是看到事故才去运动式打击，而要形成常态化的治理。

总之，电瓶车作为一大公共安全隐患，已经反复给了社会无数次教训。这些悲剧案例指向的治理方向，也都比较清晰。缺的不是认知，而是切实行动。哪怕只考虑庞大的电瓶车数量，也该知道这是一个系统工程，需要多个层面的发力，比如，通过政策促动小区、市场建设停车位和充电站等。如果只盯着电梯间，只是"头疼医头"，也很容易陷入法难责众的困境。

（来源：经济观察网 作者：敬一山 时间：2021-05-13，http://www.eeo.com.cn/2021/0513/487947.shtml）

以上两篇财经新闻评论中，第一篇主要讨论的核心议题是，滴滴快的如果合作是否涉嫌垄断，又是否会侵害用户利益？这种标出问题式的标题在财经新闻评论的日常操作中很常见，一般会告诉受众评论侧重于分析事件的性质、动因、过程或者后果等。在这则评论标题中，评论作者并没有直接在标题上表明论点，但这一标题却与选题高度相关，它通过问句并带有情感性的语言"我们还能愉快地打车吗"来告知文章将要侧重于分析这一事件可能对用户权益所造成的影响。这种问题式标题不仅可以向读者表明评论对象或问题，而且有利于激发受众的思考和关注度，在第一时间吸引受众的注意力。第二篇则主要讨论的是电瓶车的安全问题。在标题中，作者直接表明评论对象以及核心论点——"消除电瓶车隐患不能只盯着电梯"，认为在禁止电瓶车进电梯的同时，还要提供停放和充电新的选择。标题言简意赅，"不能"这一带有倾向性的字眼直接表明了作者的态度以及想要传达的观点。

（二）语言和文风的分析

在语言方面，新闻评论可能主要呈现出两种不同的风格：情感化的与理性化的。这两类风格语言在一篇文章中的比例不同，会给读者留下不同的印象。而具体对于财经新闻评论来说，由于它会涉及很多专业术语，在语言的使用方面，首先，要强调准确使用，避免产生歧义，这是逻辑推理形成准确判断的基石。其次，在注重这些专业术语的准确性的同时，还要注重专业性与通俗性的平衡。毕竟财经新闻评论是服务于广大群众的，需要时刻注意对晦涩的专业性知识之深入浅出的解读，以使受众愿意看、看得懂，这就要求评论写作一定要注重通俗性，避免特定阶层化的言说。最后，财经新闻评论语言的选择还要考虑因媒介、定位以及目标受众的不同所存在的一定差异。尤其随着媒体融合下的"两微一端"以及日益兴起的短视频探索，不同平台的评论风格会有不小差异。评论作者必然要适应具体平台的技术可供性以及读者的阅听方式。

文风是语言风格的一种。具体而言，文风是由语言的选择和使用塑造的结果。但是，长期以来，人们所关注、讨论的文风问题，主要着眼于一种在新闻领域非个人化的整体语言倾向，反映的是评论作者与读者的关系。而当下的新闻评论，经过从过去到现在的长期发展，已经从"官话"转向"民话"，更重视参与性和交流性。这也使得对于财经新闻评论来说，要注重使用人们喜闻乐见的外形美，即文采。比如多使用形象生动的语词、反讽的手法等，清楚轻松幽默的文风同样可以表达深刻的观点，并受到受众的欢迎。

## Z世代引领消费新潮流，将带来6万亿美元新增消费

在人类历史长河中，年轻人往往被父辈指责"一代不如一代"，但是笑到最后的永远是年轻人。年轻人愿意尝试新事物，年轻人富有激情勇于变革，不过最重要的优势是年轻，活到最后，自然笑到最后。

世代更替，乃是不可抗拒的自然规律。中国消费市场便正在演绎此进程，"95后""00后"的消费势力开始抬头，他们的审美、消费习惯开始重塑中国的消费产品、消费习惯。医美、宠物、盲盒、抖音等，新现象逐一展现在消费舞台。

笔者将1995—2010年出生的年轻一族，称为Z世代。这批人中绝大多数是独生子女，受到家庭的宠爱，自尊心强、孤独感深，自信、任性、崇尚个性，与互联网同步成长，环保意识强，具有强烈爱国心。

Z世代中国年轻人一出生便享受到中国经济高速增长所带来的红利，物质匮乏对于他们来讲是天方夜谭。他们所受的教育较高，多数人暂时没有购置房产的压力，也暂时没有生儿育女所产生的财政、体力和精神压力。这批人比起老一辈更注重消费体验。

这批人的消费意愿超高，不少人入不敷出，称他们为"拿着中国护照的美国消费者"并不为过。比起美国消费者，他们的个性更鲜明，更热衷属于自己的独特体验。Z世代积极寻找不同于父辈的消费模式、品牌和表达方式。除了要好吃、好玩，还要时尚、便捷，更要推陈出新、与众不同。用新式果茶替代传统奶茶，可能是Z世代推动整个社会消费习惯变迁的一例演示。

与他们的父辈不同，Z世代对国际知名品牌的兴趣明显下降，反而热衷于国内品牌，尤其是在新媒体曝光较高的品牌。Z世代的颜值主义浪潮和直播带货销售，带动起一批国产美颜品牌迅速崛起。这种悦己冲动，更将中国本土的医美产业推向新的高度。

在所有年龄段中，Z世代的爱国热情尤其高涨，他们率先带起了国

货运动，国货替代进口产品在几乎所有行业发生着。经过近二十年的学习、沉淀，中国本土产品从理念到设计、从生产到营销都出现了质的飞跃，并能够更及时有效地迎合不断改变的年轻人的审美特点和价格要求。

科技与信息革命，衍变出娱乐、社交与消费深度融合、绑定。刷抖音、打游戏、朋友聊天过程中，商家精准引领消费理念乃至消费产品，这种商业场景正在迅速改变中国的零售、广告模式，引领潮流的消费者正是Z世代。

Z世代消费者，在中国消费市场渐露头角。他们的成长环境、思维模式、社交喜好、消费习惯，与父辈有着巨大的差异，科技和通信的进步恰好为他们提供了一个全新的平台。Z世代消费者的购买能力目前尚不强劲，但是假以时日一定是未来中国消费市场的主力。

未来十年，中国预计出现6万亿美元新增消费额的大市场，也会浮现出新消费者、新消费产品和新消费模式崛起的大时代。

（来源：第一财经 作者：陶冬 时间：2021年7月15日，https://www.yicai.com/news/101111080.html）

这篇评论的选题贴近当下生活的真实场景，也是对中国消费不足的一个回应。由于讨论的是"1995—2010年出生的年轻一族"，即Z世代的消费模式的变化，作者使用的语言较为活泼、生动，比如一些通俗化的讲法，"一代不如一代""拿着中国护照的美国消费者"等。既传达了文章的核心观点，同时也以轻松的文风吸引了受众。

### 三、不同类型评论的不同写作要点

最后一部分，我们将简单结合不同媒介类型，就目前财经新闻评论的主要类型做一个简要介绍。具体分析将围绕社论、（特约）评论员文章、专栏（博客）、新闻短评进行。

**社论**在传统党报体系，被视为最重要的评论，地位最高，被视为"报纸的旗帜"，这类评论的写作往往要求选题重大。除此之外，社论也被理解为代表媒体立场的不署名评论，是一种制度化的写作。目前在财经媒体，这类评论一般以"社论"字样标出，或是在报纸版面上的固定位置以具体栏目呈现，有些（特约）评论员的文章也发挥社论的作用。

从具体写作来看，社论的标题一般简洁有力，在直接指出评论对象的同时也会鲜明地表达观点。从文章的谋篇来说，社论一般结构严谨，思路非常清晰；而在语言文风方面，一般文字庄重、文风平实、语言简练。

## 社论丨保护个人信息不是"走钢丝"

个人信息保护立法提速。在 10 月 13 日至 17 日举行的十三届全国人大常委会第二十二次会议上，备受社会关注的个人信息保护法草案即将亮相。对这部重要法律，各界已呼吁多年。能否满足公众期许，切实严格保护个人信息，减少侵犯个人信息的违法行为，是检验这部法律质量的"试金石"。

多年来，囿于文化传统、社会观念和法治进程，中国对个人信息保护力度不足。方兴未艾的数字经济又带来了新挑战。不只是身份、姓名等基本个人信息，交易信息、上网痕迹等新型个人信息也具有了巨大的市场价值。大数据、人工智能、云计算、物联网等新技术使个人信息泄露和被滥用的风险空前增加，而侵权责任追究则困难重重。这一领域可谓乱象丛生。远有"徐玉玉事件"，近有知名法学教授对人脸识别的较真，个人信息保护屡屡成为热点事件，也使得人们对这部法律寄予厚望。当前，个人信息保护的相关规定分布在全国人大常委会出台的《关于加强网络信息保护的决定》，刑法修正案(九)整合规定的侵犯公民个人信息罪，以及《网络安全法》和《民法典》等各种法律法规中。制定统一的专门的《个人信息保护法》势在必行，这也是全球的普遍做法。

当前，有一种说法颇为流行，即需要做好数字经济发展与个人信息保护之间的平衡。这一观点似是而非，把产业发展与信息保护视为对立物，二者实际上相辅相成。当前的主要问题不是保护个人信息过度，而是严重不足，应当分清主流与支流，莫把开头当过头。所以，这部法律绝非一部产业促进法，而是公民的权利或权益的保护法。

保护个人信息，不是"走钢丝"，而是一个严肃的治理问题，事关社会正义与公民权利。如果个人信息保护不是从权利视角出发，而是在功利平衡中左摇右摆，公民权利必然为企业短期利益所牺牲，产业也绝不会取得长远发展。以公众反映格外强烈的各种 App 而言，它们获取与服务无关的个人信息，不严格履行告知义务，或者打各种"擦边球"迫使个人不得不同意；个人的敏感信息被各种机构据为己有，如何使用，个人却无从知晓。这类行为的合法、正当、必要性令人生疑，却依然大行其道，迟迟得不到纠正。"以隐私换便利"的思维在不少企业主脑中根深蒂固。种种乱象，反映的是野蛮生长背后对公众权利或权益的漠视和损害。

个人信息保护法的主要任务就是定分与止争。它不仅要明确各方权利或权益归属，还要化解纠纷。只有规则明确了，产业发展才可能进入良性循环，稳定企业预期，避免"劣币驱逐良币"或者比拼谁更没有底线。个人信息保护法为今后各地的具体实施和执法明确了权责，划定了边界，为司法提供裁量依据。没有明晰的授权和限权，监管执法极易陷入要么不作为、要么乱作为的怪圈。这必将增大企业的成本，影响产业的长远发展。

个人信息保护法的成色，一是取决于保护力度，是否真能使违法者"不敢、不能、不想"；二是取决于受害者的救济渠道，能不能做到及时便捷地伸张正义。

对于该法的定位、体系和内容，不同观点交锋激烈。比如在民法典关于个人信息保护的条款中，就曾有一些人士力荐设定"个人信息权"，后来这一表述并未被采纳。个人信息保护的法律定位，究竟是私法还是公法，至今存在争议。有学者坚定主张，个人信息控制权是一项新型公法权利。这些争论并非纯属学理之争，而有着深广的现实影响，特别是监管部门和司法机关的责任。应该说，这部法律是在迫切的现实需求下，暂时搁置重大争议，先立法再完善这一思维的产物。这一务实态度也是可以理解的。

个人信息不能止步于民事权利保护，而要强化事前事中的政府监管与执法。提供更多"公共产品"，是当前保护个人信息亟待完善的环节。监管与执法的缺位，无疑会刺激助长侵犯个人信息的行为。目前存在的多头治理、各自为政的格局应该尽快改变。加强协同配合机制，或者建立专门的执法机制，都是未来的可选项。

各级国家机关以及承担部分公共职能的机构也是个人信息的收集使用者。人们容易假定它们比商业机构道德高尚。须知机关是由有着种种利益纠葛的个人组成的，其行为并不注定服务于公共利益。因此，各级机关和各种机构在收集、处理以及使用个人信息过程中，亦须遵守比例原则、正当程序原则、最小化原则，也必须有严格的规范，明确其权利、责任和义务。目前，对于国家机关对个人信息的侵权，学者多围绕国家赔偿展开，其实，更重要的是对具体人员的责任追究。

有些人担心，严格保护个人信息，会使得企业束手束脚，妨碍数据资源积累，从而影响中国数字经济在全球的竞争力。以中国人口之众和市场之大，这种担心纯属杞人忧天。我们对中国数字经济的前景满怀信心，同时期待在个人信息保护上，比起在建章立制先行一步的欧美发达经济体，中国也能迎头赶上。

（来源：《财新周刊》第 39 期 时间：2020 年 10 月 12 日，https://opinion.caixin.com/2020-10-12/101613577.html）

上文为《财新周刊》的社论，选题关注个人信息保护问题，这是近来随着互联网发展日渐被重视的重要议题，社会关注度高。从标题来看，言简意赅，用"走钢丝"强调了个人信息保护问题是一个严肃的治理问题，事关社会正义与公民权利。文章认为如果个人信息保护不是从权利视角出发，而是在功利平衡中左摇右摆，公民权利必然为企业短期利益所牺牲，产业也绝不会取得长远发展。从语言风格来说，这篇评论的语言风格逻辑概括性强、表达凝练。

**财经新闻短评**是财经新闻评论的一种常见类型，它的主要特点就是短小精悍、文字凝练，一般字数控制在 1000 字左右。这种评论一般讨论的核心论题比较单一、聚焦，具有较强的针对性，常常表现为"攻其一点"。短评现在被誉为评论武器中的匕首，在财经新闻领域，很多短评已经被置于财经评论专栏中。

财经新闻短评最重要的特征就是篇幅较短，虽不可能面面俱到，但由于聚焦于"点"，使得文章能逼近问题本质而具有说服力。

## 从李佳琦被罚到打击网络诈骗，短视频格局生变

如今兵家必争的短视频战场，事情正在发生微妙的变化。

8 月 13 日，直播带货一哥李佳琦工作室回应了此前因为虚假宣传被监管部门罚款一事，当然这已经不是他第一次遭遇监管部门处罚。8 月 15 日，抖音发布今年前六个月的网络诈骗打击治理报告，报告显示，随着用户在网时长的不断增长，网络诈骗逐渐成为案发频率最高的网络犯罪行为之一。而在巨头之间，流量的争夺也开始越过商业的边界。8 月 17 日，腾讯与抖音为视频版权问题在法庭上再一次短兵交接。

如今依然滞留在大洋彼岸的贾跃亭为中国互联网带来的最大贡献之

一，估计就是"生态化反"这一概念的提出。打通生态、扩展流量进而实现变现的化学反应，几乎可以成为概括中国互联网平台的生意核心。而短视频模式几乎就像是为这一模式量身定做：当几乎所有的平台都开始进入流量瓶颈时，如果要在中国互联网世界寻觅新增长点，短视频无疑是仍在风起云涌的蓝海。

而就在这片被认为是开启移动互联网增长新纪元的蓝海中，过去几年来我们看到了类似 PC 互联网时代的故事：在业务版图和商业模式的不断创新和拓展中，一些巨头和平台在纷争中冉冉升起，格局也逐渐落成。但在一段时期的野蛮生长之后，更多的规则和伦理的考量被提上日程，今天我们看到的针对电商二选一的规范、对于并购和垄断的聚焦，都在逐渐成为公司最重要的命题。

直播和短视频在以超乎我们想象的速度取得巨大的增长之后，包括未成年保护、算法影响等的争议也随之到来。这些新闻正在以看似毫不相关但却指向同一个方向的频次密集出现，无论是出于主动的积极配合监管还是被迫的接受处罚，行业的规则和监管的力量正不断在这一片新的"元宇宙"扎起篱笆——即使是李佳琦，同样需要遵守法律和规则的底线。

对于李佳琦来说，辛巴是前车之鉴；而对于平台公司来说，在组织机构和风险防范的设计上也提出了更多的考量。按照抖音上述的报告，抖音在国家反诈中心指导下，抖音安全中心目前每天在运行的反欺诈模型有上百个，风控策略超过 8500 个，能够主动拦截超过 93% 的欺诈行为。

也就是说，在主营业务范围内设立更多的技术伦理和合规部门，这样的安全中心，对于未来的互联网公司们来说，将会成为必须的组织构成。

这是来自非市场层面的公司挑战。事实上，近期的诸多新闻都在指向这样一个趋势：无论是互联网平台还是顶流偶像，只要是具有相当的社会影响力，那么就需要对自己的影响力负责，所有的运营和增长，如果没有合法合规的底线，一切都无从谈起。

短视频领域同样不会例外。短视频的格局正在发生变化：多年以后如果我们回过头看，2021 年的夏天，必然是短视频世界的规则形成时期，作为一种新的内容形式产品，其出现必然会对现有模式和利益主体产生挑战，这是巨头争议的来源，也是各种规范制定的必要性所在。

重要性或许被舆论低估的一份文件，对于短视频领域的发展其实正在起到引领作用。8月3日，中宣部等五部门联合印发了《关于加强新时代文艺评论工作的指导意见》，《意见》中明确提到，要加强网络算法研究和引导，开展网络算法推荐综合治理，不给错误内容提供传播渠道。

包括虚假宣传、网络诈骗在内的老套路，在新的疆域中必然也会遭遇到同样甚至更为严苛的规范。但是对于已经习惯在此前环境中生存的李佳琦们，能不能意识到事情真正发生了变化，适应短视频的新"生态化反"，调整自己的行为和态度，将会是决定顶流和平台未来命运的关键所在。

（来源：经济观察网 作者：陈白 时间：2021年8月20日，http://www.eeo.com.cn/2021/0820/499418.shtml）

上文是经济观察网刊发的一则针对短视频版权问题的讨论。它以李佳琦虚假宣传被罚款的新闻为由头，借鉴PC互联网过去发展的一些经验认识认为，短视频和直播的从业者也将逐渐规范化。评论选题相对聚焦，切口小。短评标题与社论相比，较为轻松活泼，这也与整体的文风相契合。

**(特约)评论员文章**一般被置于特定的栏目，很多时候发挥社论的功能。这种评论与一般评论的写法并无差异，只是选题的重要性介于社论与短评之间。如果是在党报体系内，特约评论员文章的规格要比评论员文章高，写作上讲究较为全面的论证。

### 房地产两个非比寻常的"衡"目标

日前，住房和城乡建设部副部长倪虹在约谈五城市政府会商房地产工作时强调，抓紧编制"十四五"住房发展规划，改善住房供应结构。虽然倪虹没有对"十四五"时期住房发展规划做更多介绍，但我们从《中华人民共和国国民经济和社会发展第十四个五年规划和2035年远景目标纲要》中就可以发现其大致脉络，而其中提到的两个"衡"目标更是非比寻常。

第一个"衡"目标，是"实施房地产市场平稳健康发展长效机制，促进房地产与实体经济均衡发展"，出现在纲要的第十二章"畅通国内大循环"第二节"促进资源要素顺畅流动"中。

为什么房地产行业的风险会集聚？原因之一是各类涉房企业(包括部分金融机构)赋予了房地产太多的金融属性，所以才有了"三道红线"政策的出台。

也正因如此，要实现均衡发展，首先就要弱化房地产的金融属性。

在房地产重回实体经济阵营之后，才能够形成需求牵引供给、供给创造需求的更高水平动态平衡，也才能实现"促进住房消费健康发展"，进而促进国民经济良性循环。

有人说，房地产正在成为夕阳产业，但现实显然不是这样的。在坚持房住不炒的总基调下，在秉持一城一策的调控思路下，在完善多主体供给、多渠道保障、租购并举的住房制度下，在居民消费升级、提高生活品质的现实需求下，房地产的实体经济特征和商品属性将更加突出，住房就会成为完整内需体系中的重要一环。房地产行业的温度仍将持续下去。

第二个"衡"目标，是"让全体人民住有所居、职住平衡"，出现在纲要的第二十九章"全面提升城市品质"第四节"完善住房市场体系和住房保障体系"中。这个目标的前半句比较好理解，也比较好执行。以人口流入多、房价高的城市为重点，扩大保障性租赁住房供给，辅之以税收、金融支持，"住有所居"的目标就能基本实现。

该怎么理解"职住平衡"呢？简单地说，"职住平衡"就是产城融合，让就业者居住在离工作更近的地方，缩短通勤时间。这是一种更高的居住、工作需求。今年的政府工作报告中提出的"尽最大努力帮助新市民、青年人等缓解住房困难"，就可以理解为实现"职住平衡"的一种新方法。因为新市民、青年人是就业的主力军，解决了住房问题，他们就能"安居乐业"。

"职住平衡"目标的实现需要进行顶层设计，产业发展、城市建设、居住的硬件与软件、就业人口的培养与吸纳等问题都要考虑在内，国际通行的有效做法之一是建设卫星城。国内很久之前就开展了这方面的尝试。

从上面的分析可以看出，房地产的这两个"衡"目标实现起来并不容易，需要因地制宜、多策并举，更需要夯实地方政府主体责任，房企回归实体经济属性，金融、财税政策则要向刚需倾斜。现在，这些工作正在抓紧落实，有的已取得实效。房地产调控正朝着两个"衡"目标前行。

(阎岳，《房地产两个非比寻常的"衡"目标》，2021 年 4 月 15 日，http://www.zqrb.cn/review/chanjingpinglun/2021-04-15/A1618414574926.html）

以上评论为《证券日报》刊发的特约评论员的文章，它的选题更接近社论，比较严肃，且是关于房地产的重大选题。整体文章使用了归纳逻辑，指出未来房地产调控目标的方向和任务的艰巨性。

**专栏(博客)** 一般指专家、学者或是记者在媒体上固定开设的评论专栏，比如《财新周刊》的"舒立观察"；另一类则是媒体设置的博客(或是专栏)，可以发表不同作者的评论。比如财新网开设的"财新名家"，以及 FT 中文网的"读者有话说"等。这类评论由于大多是业界或学界的专家所写，往往专业性非常强，且篇幅较长，目标读者往往是专业人士。

## 过度冷却的内循环

2021 年 7 月的中国宏观经济数据中，除了进出口数据表现尚可外，其他经济增长数据全面走弱，内需更是疲弱到令人担忧的程度。由于去年上半年留下的低基数，今年上半年中国各项经济指标的同比增长率都处在较高水平。随着基数效应的变化(去年下半年基数抬高)，今年下半年经济同比增长率数字理应逐步走低。但这种"预期之中"的同比增速下滑反而掩盖了经济的疲弱——因为如果不做仔细的数据处理，其实很难区分经济同比增速的下降是基数效应所致，还是确实反映了经济增长动能弱化。

从季节调整之后的经济指标绝对水平来看，今年 7 月中国固定资产投资金额显著下滑，零售和工业增加值继续延续过去几个月的下行趋势。注意，这都是绝对水平的走低，意味着季调后的环比增速为负。对中国这么一个长期维持较高增速的经济体来说，这样的情况绝不正常。

当前中国经济走势明显弱于笔者四个月前的预期。在今年 1 季度经济数据发布之后，笔者还期待中国经济景气能进一步走高(详见《中国经济的景气高点还在后面》)。但在过去几个月中，中国经济景气却弱化至令人担忧的程度。笔者的乐观预期之所以落空，主要原因是国内极度紧缩的宏观政策过度冷却了国内循环，并阻碍了外循环对内循环的带动。

2021 年上半年，中国公共财政赤字 4560 亿元，比 2020 年上半年的赤字减少了约 1.6 万亿元——财政赤字的减小意味着财政政策正在收缩。事实上，进入 21 世纪之后，中国还从没有过今年上半年这样规模的财政紧缩(详见《财政紧缩下的货币宽松》)。财政紧缩的同时，今年上半年投放到实体经济的社会融资规模也显著小于去年同期。国内财政政策和社融投放的收缩自然会明显抑制国内需求的扩张。

在收紧财政和社融抑制内需的同时，国内还在今年上半年推行了较为严厉的限产政策，强行压降一些上游产品的产量。今年年初以来，高炉、焦化等行业的产能利用率在限产政策的约束下明显走低，与同期显著走高的大宗商品价格形成了明显背离。受此影响，今年 7 月中国粗钢产量同比增速已经下滑至-8.7%，创下 2018 年以来的最低读数。十种有色金属的产量增长也在 7 月接近停滞。限产政策既给经济增长带来了阻力，也推升了通胀压力，让经济陷入了低增长和高通胀并存的"滞胀"状态(详见《当需求扩张遇到供给约束》)。

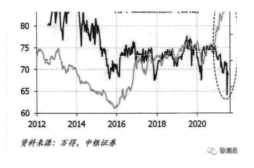

资料来源：万得，中银证券

受国内需求面宏观政策紧缩的影响，中国内需在最近几个月明显走弱。其中，基础设施投资首当其冲。财政政策的紧缩，再加上对地方政府融资的管制，使基建投资资金来源减少，投资显著走弱。季节调整之后的数据显示，基建投资的绝对水平在今年 3 月短暂冲高之后就一路下滑，到今年 7 月已降到疫情前水平之下。今年 2 季度以来，地产投资增长也在地产调控政策的压力下日渐乏力。到今年 7 月，地产销售走弱还让地产投资资金来源断崖式滑坡，令地产投资显著走低。投资低迷的时候，消费也难以独善其身。季节调整后的数据还显示，中国社会消费品零售总额在今年 3 月冲高之后，也持续处于下行趋势中。

以上还只是国内紧缩政策对内循环的第一轮影响。紧缩政策的第二轮影响是阻碍外循环对内循环的拉动。新冠疫情暴发之后，在发达经济体强力的需求刺激政策的带动下，全球进入了"中国生产——美国消费"的"再循环"之中，中国出口因而明显走强（详见《全球再循环》）。这种再循环的格局一直延续至今。

按道理，在外需走强，国内企业利润明显上升的时候，国内制造业投资会随之走强，开启国内产能扩张周期。次贷危机之前，中国经济的繁荣主要就来自出口对国内制造业投资的拉动。但在今年，当存量产能都因为限产政策而开工不足时，企业投资扩产的动能自然大受影响。而基建和地产投资在政策压力下的走弱，也给制造业投资带来负面影响。这样一来，外需在中国经济内部的传导受阻，外循环对中国内循环的拉动作用难以充分发挥。

从 2020 年 2 季度到 2021 年 1 季度，因为外需强劲修复，中国经济处在外需主导的状态——"全球再循环"是当时分析中国经济的主导逻辑。而从 2021 年 2 季度到现在，因为国内紧缩政策对经济的影响已经充分体现，中国经济重新回到国内政策主导的状态，国内经济前景高度取决于国内政策走向——"政策市"变成当前分析中国经济的主逻辑。在"政策市"的逻辑中，要知道政策会根据经济形势的变化而相应调整，因而要有逆向思维，避免对经济趋势做简单的线性外推。

还要注意到，今年上半年国内政策的施行并不完全符合中国"双循环"大战略。双循环战略要求"构建以国内大循环为主体、国内国际双循环相互促进的新发展格局"。但今年上半年国内政策紧缩却过度冷却了中国的内循环，让中国经济增长更加依赖于外循环。在全球新冠疫情不确定性仍然高企，国际上贸易保护主义倾向仍然高涨的时候，这种格局不利于中国经济应对外部挑战。

有鉴于此，今年 7 月 30 日召开的政治局会议已经释放了明确的政策纠偏信号。会议公报中要求"积极的财政政策要提升政策效能，兜牢基层'三保'底线，合理把握预算内投资和地方政府债券发行进度，推动今年底明年初形成实物工作量"——这显然是针对今年上半年偏紧的财政政策说的。会议还要求"坚持全国一盘棋，纠正运动式'减碳'，先立后破"——这是针对上半年的限产政策说的。通过压减产出来减碳，是为"破"；通过在清洁能源方面的投资来减碳，是为"立"。"先立后破"提法背后，显然是不认可运动式限产减碳。当然，730 政治局会议也有对上半年政策的延续，地产政策的提法仍然延续偏紧基调。但整体来看，政治局会议所体现出来的政策基调要明显比上半年更宽松。

今年下半年，尤其是今年4季度，应该是国内宏观政策转向宽松的时间窗口。730政治局会议传递出的政策导向自然是重要原因。此外，基数效应对同比增长数字的扰动在下半年会逐步消除，经济增长动能的衰弱会更明显地体现在数据中。而下半年美联储大概率会开始退出宽松货币政策，可能令全球金融市场震荡。这些因素都会促使国内宏观政策更多转向稳增长，从而改变目前中国内循环过度冷却的状况。

当然，下半年政策转向虽然是大概率事件，但转向之后的政策力度尚待观察。不过，高层对经济的下行风险已经有了清醒认识。730政治局会议已明确定调："当前全球疫情仍在持续演变，外部环境更趋复杂严峻，国内经济恢复仍然不稳固、不均衡。"而今年上半年相当紧缩的政策态势，反过来也意味着下半年政策放松的空间很大。在全球"再循环"仍在持续的背景下，国内宏观政策的放松应该能明显减轻经济的下行压力。

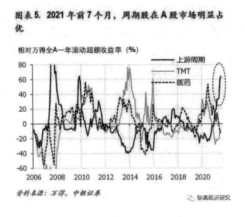

图表5. 2021年前7个月，周期股在A股市场明显占优

资料来源：万得、中银证券

对各类资产而言，当前内循环过度冷却的状况有利于债券市场。不过随着国内宏观政策的转向，债市未来可能会因为经济前景的改善而承压。在政策转向较为确定，但转向后政策力度尚待观察的背景下，A股市场整体估计会处在震荡状态，缺乏系统性机会。在结构性机会中，低估值周期股仍然是配置方向。一方面，供给约束下重估中国产能的逻辑仍然成立(详见《全球再循环的资产价格含义》)；另一方面，政策转向

也会给周期股带来更好预期。此外，今年下半年美联储宽松政策的退出估计会给全球高估值股票带来下行压力。此时低估值周期股的安全性更高。

（来源：财新网　作者：徐高　时间：2021 年 8 月 18 日，https://opinion.caixin.com/2021-08-18/101756602.html）

《过度冷却的内循环》是一篇较为典型的专栏文章，或者说学者博客。这类文章的特点是专业性非常强，使用大量的图表、数据以及专业性语言，具有较高的阅读门槛。这篇文章主要讨论的是中国经济的"内循环"问题。作者认为，由于外循环的压力，以及宏观经济的调控，目前经济满足"预期之中"的同比增速下滑事实上掩盖了经济的疲弱，通过数据分析作者佐证了这一发现。接下来通过内外因素的分析认为，经济的下行压力可能在之后得到缓解。

# 修订版后记

　　修订《财经新闻报道》这本教材，是周根红教授和我院诸多同事多年来的一个愿望。尤其是近几年，财经新闻报道的宏观社会环境、中观媒介形态以及具体实务操作都发生了巨大变化，与此相适应的教材却如凤毛麟角，这种情况更加坚定了我们修订该教材的决心。

　　十多年来，南京财经大学新闻学院的财经新闻教育一直在不断探索，积累了诸多教学材料和丰富的教学经验，并且开展了多方面的教学研究。

　　基于此，我们积极申报江苏省高等学校重点教材项目并成功获得立项。这是继我主译美国哥伦比亚大学财经新闻项目用书《商业新闻报道写作》、周根红出版《财经新闻报道》教材之后，我院财经新闻教育研究的一个新起点。

　　周根红教授作为本教材的原作者，无疑是这次修订的不二人选。然而，当时恰逢周教授高就山东大学，就由我来组织修订工作。

　　此次修订主要体现在以下几个方面：

　　一是因应现实发展需要，增加了新的章节，主要包括财经新闻报道策划、人力资本市场与财经新闻报道、财经人物的报道、数据新闻与财经新闻报道和财经新闻评论写作等部分。

　　二是根据财经报道的发展变化，对其他章节内容进行了优化和充实，包括章节顺序的优化调整、内容和表述的推敲修改、数据的更新增补等。

　　三是对案例进行了更新，保留了具有典型性和说服力的案例，新增了许多鲜活且有启发性意义的案例。

　　本书分工如下：宋祖华修订第一章、第二章、第三章和第五章；周根红修订第七章、第八章和第九章，撰写第四章；张春华修订第十章和第十一章，撰写第十六章；曹志伟修订第十三章和第十五章，撰写第十二章和第十四章；范英杰修订第六章，撰写第十七章。

　　此次修订工作持续近两年的时间，编写组成员不计得失，精诚合作，留下了许多难忘的回忆。尤其是周根红教授，虽然已远赴山东高就，仍然在百忙之中为本书修订付出了大量心血和汗水，对此，我时时心存感激，其精益求精的治学态度，我也深为钦佩。在此期间，我们得到许多方面的关心帮助，尤其是学校教务处的关心指导、武汉大学出版社的大力支持以及财经新闻界朋友的不吝赐教，在此一并表示感谢！书中参考和使用了大量学术成果和新闻作品，我们尽量注明出处，但由于条件和水平所限，难免遗漏，敬请见谅，在此向作者们致以真诚的敬意！

期待各位专家学者和广大读者的批评指正！

宋祖华

2023 年 4 月 18 日